सूचना प्रौद्योगिकी और सामाजिक संरचना

सूचना प्रौद्योगिकी और सामाजिक संरचना

नीरज कुमार राय

GYAN

The publication of this book was financially supported by ICSSR and the responsibility for the facts stated, opinions expressed or conclusions reached are entirely that of the author and ICSSR accepts no responsibility for them.

ICSSR Consultant

Prof. Satendra Tripathi, Chief Consultant and Director, Sulabh International Academy of Environmental Sanitation (States), Delhi

सूचना प्रौद्योगिकी और सामाजिक संरचना

ISBN: 978-81-212-1131-4

प्रकाशन वर्ष 2011

ज्ञान पब्लिशिंग हाउस

23, मेन अंसारी रोड, दिल्ली-110002

फोन : 23282060, 23261060

फैक्स : 011-23285914

ई-मेल: books@gyanbooks.com

अक्षर मुद्रांकन: क्विक मीडिया, दिल्ली

चावला ऑफसेट प्रिंटर्स, दिल्ली

समर्पण

श्रद्धेय गुरुजी

समाजशास्त्री

प्रो. प्रेमनारायण पाण्डेय जी को

अनुक्रम

प्राक्कथन

"सूचना प्रौद्योगिकी और सामाजिक संरचना" शीर्षक से प्रकाशित डॉ. नीरज कुमार राय की पुस्तक का मैंने अवलोकन किया। यह पुस्तक समाज विज्ञान में इनके द्वारा किये गये शैक्षिक एवं बौद्धिक प्रयास की एक अप्रतिम उपज है। समाजशास्त्र सामाजिक संरचना का वैज्ञानिक अध्ययन करता हैं। इस दृष्टि बिन्दू को ध्यान में रखकर डॉ. राय ने सूचना प्रौद्योगिकी तथा इसके प्रभृत संसाधनों का सामाजिक संगठन और उससे जुड़ी संस्थाओं तथा व्यक्ति के आदत, व्यवहार, चिन्तन से लेकर अर्थव्यवस्था, बाजार, सामाजिक मूल्य व्यवस्था में हो रहे अधुनातन परिवर्तनों व रूपान्तरण का विवेचनात्मक और समालोचनात्मक विश्लेषण प्रस्तुत किया है।

विकास के दौर में उत्तर आधुनिक व उत्तर औद्योगिक सामाजिक संरचना में सूचना तंत्र की प्रभाविकता, मीडिया का उभरता साम्राज्यवादी स्वरूप एवं पाश्चात्य से आयातित नवीन संस्कृति, अर्थव्यवस्था पर बाजार का बढ़ता नियंत्रण तथा वैश्विक स्तर पर उभरते सूचना प्रधान, अर्थवादी, भौतिकवादी और व्यक्तिवादी प्रारूप का बहुविध विश्लेषण पुस्तक में समाहित है।

मेरी जानकारी में शायद, सूचना प्रौद्योगिकी के सापेक्ष प्रभावों का अर्थव्यवस्था, बाजार, संस्कृति व समाज व्यवस्था पर पड़ने वाले प्रभावों का बोधगम्य भाषा में यह एक अद्वितीय प्रयास है। समकालीन परिप्रेक्ष्य में विकसित व विकासशील देशों की प्रासंगिकता में यह पुस्तक समाजशास्त्र, अर्थशास्त्र, मनोविज्ञान, राजनीति विज्ञान के अध्येताओं, पाठकों, शोध छात्रों और उच्चानुशीलन से जुड़े लोगों के लिये उपयोग सिद्ध होगी, एशिया, अफ्रिका, लैटिन अमेरिकी विकासशील समाजों में, इलेक्ट्रॉनिक मीडिया व सूचना तंत्र के प्रभावों व परिणामों को समझने तथा

भावी समाज के नियोजन में यह बौद्धिक संकलन विशेष उपयोगी सिद्ध हो सकता है।

पी. एन. पाण्डेय

प्रोफेसर, समाजशास्त्र विभाग एवं

संकाय प्रमुख, सामाजिक विज्ञान संकाय,

काशी हिन्दू विश्वविद्यालय

वाराणसी-221005

अभिस्वीकृति

21वीं शताब्दी की केन्द्रीय धुरी सूचना प्रौद्योगिकी उत्तरोत्तर वृद्धिगत व सार्वभौम घोषणा के रूप में प्रस्थापित एक नवीन प्रवृत्ति है। सूचना प्रौद्योगिकी एक ऐसा कौशल तथ्य व भौतिक उपकरण है जो सूचना का एकत्रीकरण, प्रसंस्करण, हस्तांतरण व सृजन करता है तथा पुरानी सूचनाओं को संरक्षित रख नवीन सूचनाओं के उत्पादन-पुनःउत्पादन का कार्य करता है। यह एकत्रित सूचना का पुनःप्राप्तिकरण, नियंत्रण तथा निर्देशन भी करता है। इसके अन्तर्गत प्राविधिक रूप से मूर्त तथा अमूर्त दोनों तात्विक संरचना कार्य करती है तथा एक के अभाव में सूचना प्रौद्योगिकी की संपूर्णता खण्डित व मृतप्रायः रहती है। सूचना प्रौद्योगिकी के नवीन उपकरण व क्रांतिकारी युक्तियां-कम्प्यूटर, इंटरनेट, मोबाइल, डिजिटलाइज्ड टेलीविजन व वर्ल्ड वाइड वेब की प्रवाहशीलता, जन समाज के कार्यकारी जीवन के आत्म तथा आत्मा के रूप में अनुमोदित होती है। जन समाज के बीच सूचना प्रौद्योगिकी के तीव्र प्रवेशीकरण ने 'द्वितीय जीवन' (सेकेंड लाइफ) के प्रतीकों, चिन्हों व स्थापित वास्तविकता को उद्‌भूत किया है।

यह द्वितीय जीवन (सेकेंड लाइफ) तीन आयामी वर्चुअल वर्ल्ड के रूप में विकसित हो रहा है। द्वितीय जीवन एक तरह से इलेक्ट्रानिक यूनिवर्स है जहाँ व्यक्ति अपना वर्चुअल प्रस्तुतिकरण करता है। यह आने वाले भविष्य का पूर्णतः वर्चुअल सामाजिक संरचना एवं संगठन के रूप में प्रतिबिंब है। इससे जहाँ वर्चुअल मैन, वर्चुअल माइंड व वर्चुअल कार्य की रूपावली निर्मित हो रही है वही यह आसन्न संकटों व पुरातन रूपों का क्षय भी प्रस्तुत करता है लेकिन इसके बावजूद यह नवीन मूल्य, प्रथा, परंपरा, कथाओं, पराकथाओं व वातावरण के निर्माण को प्रोत्साहित कर रहा है।

भारत भी, अंतर्संयोजित व अतिशय सघन वर्चुअल वर्ल्ड के बीच अपनी पुरातन इतिहास समृद्धि के संरक्षण व आने वाले भविष्य में वैश्विक सर्वोच्चता

की प्रस्थापना हेतु नियमों, कार्य योजनाओं, प्रतिबद्धताओं, कृतिक बलों व सूचना विलंबना के निस्तारण तथा सूचना प्रौद्योगिकी के उपकरणों तक जन पहुँच के प्रति प्रयासरत है। आज बहुत से क्षेत्रों यथा - वर्चुअल अर्थतंत्र, वर्चुअल समाज और वर्चुअल संस्कृति, वर्चुअल हेल्थ, वर्चुअल रेलवे, वर्चुअल बैकिंग, वर्चुअल शिक्षा, वर्चुअल सार्वजनिक व निजी सेवायें, वर्चुअल पोलिटिक्स व वर्चुअल नियंत्रण के विकास को भारतीय परिप्रेक्ष्य में प्रक्षेपित कर सकते हैं। आने वाले भविष्य में यह वर्चुअल भारत व वर्चुअल भारतीय सामाजिक संरचना एवं संगठन का निर्माण है जो पूर्णतः सूचना व सूचना के उपकरणों-कम्प्यूटर, इंटरनेट, मोबाइल, डिजिटलाइज्ड टेलीविजन व वर्ल्ड वाइड वेब की अनवरत स्वीकारोक्ति के रूप में परिलक्षित है। यह पुस्तक सूचना प्रौद्योगिकी और सामाजिक संरचना से सम्बन्धित प्रश्नों की खोज व परिलक्षित परिणाम का अध्ययन है।

यह पुस्तक भारतीय सामाजिक विज्ञान अनुसंधान परिषद, मानव संसाधन विकास मंत्रालय, भारत सरकार के वित्तीय सहयोग से प्रकाशित की जा रही है जिसके लिए में आई.सी.एस.एस.आर (ICSSR) के उप निदेशक डॉ. पी.पी. पाण्डेय जी का आभारी रहूंगा।

शोध कार्य व पुस्तक प्रकाशन के दौरान बहुत से तार्किक, ज्ञानवान व भविष्य निर्माण हेतु समालोचनात्मक रूपावली को प्रारूपित करने वाले लोगों से व्यक्त व अव्यक्त सहयोग, समय व सुझाव मिला। अतः यह मेरा नैतिक उत्तरदायित्व है कि मैं अपना आभार प्रकट करूँ। इस संदर्भ में सर्वप्रथम श्रद्धेय गुरु जी समाजशास्त्री प्रोफेसर पी.एन. पाण्डेय जी के प्रति सहृदय आभार प्रकट करता हूँ जिन्होंने अति कठिन परिश्रम व लगन से मेरे शोध कार्य को पूर्ण कराया था तथा पुस्तक प्रकाशन के दौरान आई जटिलताओं को दूर किया है। मैं विभाग के अन्य गुरुजनों प्रो. ए. एल. श्रीवास्तव, प्रो. एम. सलीम, प्रो. विष्णु गोपाल, प्रो. मंजीत चतुर्वेदी, प्रो. जयकांत तिवारी, प्रो. सोहन राम यादव प्रो. अरविन्द जोशी, प्रो. अशोक कौल' प्रो. अजीत पाण्डेय, प्रो. जे. एन. सिंह, डॉ. डी.के. सिंह, डॉ. ए.के. पाण्डेय, जी का भी आभारी हूं, जिन्होंने अनवरत, शोधकार्य व पुस्तक की गुणवत्ता बनाये रखने हेतु प्रोत्साहित किया। मैं डॉ. नेहा काला, डॉ. सुष्मिता सिंह डॉ. अनुपम सिन्हा, डॉ. आलोक, डॉ. आशुतोष (पी.डी. एफ; आई.सी.एस.एस.आर.) के प्रति ऋणी हूं जिन्होंने अपने सुक्ष्म विश्लेषणों से मुझे लाभान्वित किया।

मैं भारतीय समाजशास्त्रीयों प्रो. सत्य मित्र दुबे, प्रो. योगेन्द्र सिंह प्रो. एस. के. श्रीवास्तव, प्रो. आन्द्रे बेलई, प्रो. योगेश अटल, प्रो. के एल. शर्मा, प्रो. पी.के. वी. नायर, प्रो. टी.एन. मदन, प्रो. बैद्यनाथ सरस्वती, प्रो. टी.के. ऊमन, प्रो. बी. डी. त्रिपाठी, प्रो. आनंद कुमार का भी ऋणी हूँ जिन्होंने समाजशास्त्रीय सम्मेलनों, संगोष्ठियों, व कार्यशालाओं के दौरान अपने प्रभावशाली व्यक्तित्व व सामाजिक विमर्शों से मुझे पुस्तक रचना के लिये प्रोत्साहित किया।

यह उच्चता अम्मा (श्रीमती नैना राय) और बाबू जी (श्री अवधेश राय) के स्नेहाशीर्वाद का परिणाम है। हमारी ईश्वर से प्रार्थना है कि उनका स्नेहाशीष मुझे सदैव प्राप्त होता रहे। मैं अग्रज श्री धर्मेन्द्र राय, भाभी श्रीमती पूनम राय, अनुज पंकज राय, बहन श्री मती वंदना राय, बहनोई श्री विजय शंकर राय, भांजे-भांजी अंकित, आर्या, भतीजी अक्षरा राय 'खुशी' के प्यार व चाचा जी (स्व. जुगेश राय) के प्राप्त हुये स्नेह व आर्शीवचन का भी ऋणी हूँ।

मैं डॉ. अजय सिंह, डॉ. शिवानंद नंदू, डॉ. जितेन्द्र तिवारी, डॉ. भानू प्रकाश राय, डॉ. विनोद पाण्डेय, डॉ. धनंजय सिंह, डॉ. राजीव रंजन, डॉ. सुनील दूबे, डॉ. जितेन्द्र तिवारी, डॉ. मिराज हाशमी, डॉ. जया श्रीवास्तव, डॉ. रीता, डॉ. दयाशंकर, डॉ. ध्रुवभूषण, डॉ. शशीकांत दुबे, डॉ. अरविंद चौबे, डॉ. राकेश, डॉ. रत्नेश, डॉ. चन्द्रबहादुर, डॉ. भरत सिंह, डॉ. धनंजय शर्मा, डॉ. कौशल किशोर, डॉ. मुकेश, डॉ. सन्तोष त्रिपाठी, डॉ. अनीश, डॉ. रजनीश, डॉ. विनीत, डॉ. भूपनारायण, डॉ. जय प्रकाश, डॉ. रणधीर सिंह, डॉ. विवेकांत, विपिन, शिखा, गुंजन, विभा, अनुराध ा, स्वाति, अरुणा तथा घनिष्ठ मित्र, शैलेष **तिवारी** (पत्रकार), डा़. अशोक व विभाग के अन्य शोध छात्र-छात्राओं के सहयोग **के प्रति** आभारी हूँ। मैं शोधकार्य व पुस्तक रचना हेतु प्रयुक्त स्रोतों के सैद्धान्तिक विचारकों, पत्र-पत्रिकाओं व आनलाइन सुविधाओं के प्रस्तुतकर्त्ता, लेखकों व विद्वानों का भी ऋणी हूँ। मैं आई.सी.एस.एस.आर. द्वारा अनुमोदित प्रकाशक 'ज्ञान पब्लिशिंग हाऊस' दरियागंज, नई दिल्ली के समस्त पदाधिकारियों और सहयोगियों का आभारी हूँ जिनके अथक परिश्रम से यह पुस्तक प्रकाशित हो सकी है।

अंततोगत्वा मैं अपना विशिष्ट आभार श्री बालेश्वर राय जी (आई.ए.एस.) को देना चाहता हूँ जिनके श्रेष्ठ, कर्मों ने मुझे भी श्रेष्ठ कर्म करने को प्रेरित किया है।

नीरज कुमार राय

अध्याय–1
विषय–संबोध

वैश्विक स्तर पर सामाजिक-सांस्कृतिक-आर्थिक और राजनीतिक क्षेत्र में व्यापक और आश्चर्यचकित कर देने वाले परिवर्तन और परिवर्तन से संबंधित प्रत्याशायें उद्भासित हो रही हैं। इन परिवर्तनों को समाजविद् और भविष्यशास्त्री (Toffler : 1971 : 1983 : 1984; Touraine : 1971 : 1982 : 1984; Bell : 1973 : 1976 : 1979 : 1980; Habermas : 1981; Lash and urry : 1987 : 1994; Webster and Robins : 1986; Forester : 1985 : 1987; Saxby : 1990; Schiller : 1996 : 2001; Beck : 1992; Fukuyama : 1992; Harvey : 1989; Poster : 1990; Smart : 1992; Mercer : 1998; Kuo and Low : 2001; Blattman et.al.: 2003; Lamb and Davidson : 2005; Kumar and Best : 2006; Venkatesh et.al. : 2007) तथा उत्तर औद्योगिक सिद्धान्तकारों के कार्यों में अवलोकित किया जा सकता है। ये परिवर्तन द्वितीय औद्योगिक क्रांति तथा भविष्य से संबंधित समाज व्यवस्था व संस्कृति की परिकल्पनात्मक क्रांति को अभिव्यक्त करती है। इस द्वितीय औद्योगिक क्रांति का आधारभूत संसाधन व अग्रगामी नेतृत्वकारी स्रोत 'कम्प्यूटर और संप्रेषण की नवीन सूचना प्रसंस्करण प्रौद्योगिकी' है। पिछले 100 वर्षों के दौरान तीव्रगति से लक्षित प्रौद्योगिकी का यह सबसे शक्तिशाली अनूठापन, व्यापक स्तर तक प्रभावकारी शुभागमन है। बहुतेरे अन्तर्संबंधित स्वरूपों में, व्याप्त इलेक्ट्रोमैग्नेटिक इसका प्रमुख आधार है। फोटोकापी, फोटोग्राफी, सिनेमैटोग्राफी, होलीग्राफ, टेलीग्राफी, टेलीफोनी, रेडियो कम्यूनिकेशन, राडार, सोनार, टेलीमेट्रीवीडियो रिकार्डिंग, ट्रांसमीटर, लेजर, फाइबर आप्टिक्स, इंटीग्रेटेड सरकिट, लार्जे-स्केल, इंटरग्रेशन, चीप, कम्प्यूटर, इलेक्ट्रानिक डिजिटल कम्प्यूटर इत्यादि ये सभी युक्तियाँ और उपकरण प्रारंभिक रूप से, एक दूसरे से संबंधित होते हैं और किसी में भी उच्चता या प्रायोगिक स्वरूप, दूसरे में उच्चता या प्रायोगिक स्वरूप को सृजित व वृद्धिगत करता है। सूचना और

संप्रेषण के क्षेत्र में जारी प्रयोग व प्रगति निःसन्देह कल्पनायोग्य है। केवल पिछले 40-50 वर्षों के दौरान इलेक्ट्रानिक संप्रेषण और नवीन मीडिया का माध्यम सर्वत्र उपलब्ध व अपरिहार्य हो गया है; कम्प्यूटर की संख्या व उपलब्धता में तीव्र वृद्धि हुई है और यह सबसे तीव्र रूप से लोकप्रिय होने वाला शक्तिशाली, लघु और सस्ता माध्यम बनकर आविर्भूत हुआ है। सूचना आधारित बहुसंख्यक कार्य कम्प्यूटर व इसके अन्य माध्यम स्वयं सम्पन्न करता है। कम्प्यूटर के द्वारा केवल सूचनायें केवल प्रसंस्कारित, संरक्षित, पुनर्संचालित, संप्रेषित व प्रसारित ही नहीं होती है बल्कि इसे पुर्नव्यवस्थित, चयनित, नियंत्रित और रूपान्तरित भी किया जा सकता है।

कम्प्यूटर, इंटरनेट व सूचनात्मक मीडिया के नवीन उपकरणों से सामाजिक संरचना एवं संगठन आधारभूत स्तर पर प्रभावित है। यह सामाजिक जीवन का व्यापक परिवेश है जो मानवीय आवश्यकताओं के संचालन हेतु गठित होता है। सामाजिक संदर्शों के आधार पर सामाजिक संरचना एवं संगठन बहुतेरे स्वरूपों में प्रवर्तित होता है। अर्थतंत्र जो वस्तुओं और सेवाओं के उत्पादन, वितरण, विनिमय और उपभोग से संबंधित मानवीय क्रियाओं को अनुमोदित करता है; सामाजिक संरचना एवं संगठन का एक सशक्त संदर्श है तथा जो अर्थतंत्र के उत्तरदायी क्रियाओं के इतिहास के साथ रूपान्तरित होता है जबकि समाज व्यक्तियों का समूह है जो सामान्य हितों द्वारा अभिलक्षणित होता है तथा जिसके पास भेदकारी संस्कृति व संस्थायें हो सकती है। एक समाज विशिष्ट लोग जैसे - 'न्यूर', 'राष्ट्र-राज्य' या एक व्यापक सांस्कृतिक समूह के रूप में भी अनुमोदित हो सकता है। यह विशिष्ट दृष्टि से संबंधित लोगों का एक संगठित समूह भी हो सकता है। यह सामाजिक नेटवर्क के रूप में भी अनुमोदित होता है। इसके अतिरिक्त संस्कृति जो सामाजिक संरचना एवं संगठन के निर्माण व पुनः निर्माण का एक सशक्त कारण है, मानवीय क्रियाओं, व्यवहारों के प्रतिमान व प्रतीकात्मक संरचनाओं को सामान्यतः अभिविहित करता है तथा जो क्रियाओं को महत्ता प्रदान करता है। यह मूल्यों, आदर्शों, संस्थाओं और कला तथ्यों के पुंज के रूप में अवलोकित होता है जिसे बहुतेरे आकलनकर्ताओं द्वारा सभ्यता, विश्वदृष्टि, प्रतीकों, दृढ़कृतमशीनवाद व उद्विकासीय मनोविज्ञान के रूप में प्रतिबिंबित किया जाता है। सामाजिक संरचना एवं संगठन व उसके घटकों में अनवरत परिवर्तन लक्षित होता है (Effland : 1998; Jenkins : 2002; Lenski :

1974; Barnes : 2006; Marx and Engels : 1848; Chohe : 1985; Forsberg : 2006; Kroeber and Kluckhonhn : 1952; Kim : 2001; Rhoads : 2006; Unesco : 2002; Wilson : 1998; C.F. Wikipedia : 2007)। आज सामाजिक संरचना एवं संगठन में प्रदर्शित अनवरत परिवर्तन का कारण व प्रमुख स्रोत सूचना, कम्प्यूटर व संप्रेषण की नवीन प्रौद्योगिकी (सूचना प्रौद्योगिकी) का व्यापक व आधारभूत अवदान है तथा जो नवीन प्रकार के अर्थतंत्र समाज व संस्कृति तथा इनके गुणधर्मों के उतार-चढ़ाव का प्रस्तोता है।

1. सूचना प्रौद्योगिकी : एक निर्वचन

सूचना प्रौद्योगिकी संबोध का प्रयोग, सामान्य अर्थों में, सूचना क्रांति के साहित्यिक विश्लेषणों में अभिलक्षित है (Barron and Curnow : 1979; Forester : 1980 : 1985)। यह स्वचालित सूचना प्रसंस्करण को प्रस्तुत करता है जो कि इलेक्ट्रानिक डिजिटल कम्प्यूटर द्वारा संचालित होता है। प्रथमतः सूचना प्रौद्योगिकी सूचना प्रसंस्करण का कार्य करता है; न कि भौतिक संसाधनों का, जो कि प्रकार्यात्मक रूप से, इलेक्ट्रानिक कम्प्यूटर व्यवस्था पर आधारित होता है। द्वितीयः सूचना प्रौद्योगिकी एक सूचना संबंधित प्रौद्योगिकी है। सूचना प्रौद्योगिकी व्यापक रूप से, इलेक्ट्रानिक कम्प्यूटर व टेलीकम्यूनिकेशन (दूरसंचार) के समामेलन पर आधारित है। यह सूचना तथा दूरसंचार का संश्लेषण है (Vittal et. al. : 2001)। यह मशीनी एकत्रीकरण है जो संप्रेषण (कम्यूनिकेशन) को व्यक्तियों, व्यक्तियों व प्रसंस्करण करने वाले संगठनों, संगठनों तथा राष्ट्रों के मध्य विस्तारित करता है (Aleksander : 1986)। कठोरतम अर्थों में, सूचना प्रौद्योगिकी सूचना के एकत्रीकरण, संरक्षण, प्रसंस्करण व हस्तांतरण का एक नवीन विज्ञान है (Forester : 1985)। सूचना प्रौद्योगिकी को सूचना विज्ञान, कम्प्यूटर प्रौद्योगिकी, संप्रेषकीय प्रौद्योगिकी व प्रबंधन के संयुक्तीकरण के रूप में विश्लेषित किया जा सकता है (Sah : 1999)। सूचना प्रौद्योगिकी को सृजनकारी प्रौद्योगिकी या जेनेरेटिक प्रौद्योगिकी या परातत्व प्रौद्योगिकी या मेटा प्रौद्योगिकी के रूप में भी प्रक्षेपित किया जा सकता है (Stonier : 1983)। सूचना प्रौद्योगिकी को मशीन आधारित प्रौद्योगिकी (Monk : 1989) के रूप में भी अवलोकित किया जा सकता है जो क्रियाशील रूप से सूचना का प्रसंस्करण (एक अमूर्त संसाधन) और

संरक्षण व हस्तांतरण करता है। इस संदर्भ में यह एक मशीन भौतिक युक्ति (हार्डवेयर) या अमूर्त कौशल तथ्य (साटवेयर) हो सकता है। सूचना प्रौद्योगिकी के अभिलाक्षणिक बिन्दुओं को निम्नवत् प्रदर्शित किया जा सकता है :

(i) हार्डवेयर और साटवेयर पारंपरिक रूप से, सूचना प्रौद्योगिकी का प्रतिस्थानापन्न है। सूचना प्रौद्योगिकी के किसी भी दृष्टांत के लिये दोनों पक्ष (हार्डवेयर/साटवेयर) अत्यावश्यक है। हार्डवेयर व साटवेयर में लोचनीय प्रतीकात्मक संबंध है।

(ii) सूचना प्रौद्योगिकी के किसी भी नये दृष्टांत या खोज का विकास प्रत्यक्ष रूप से हार्डवेयर व साटवेयर के वर्तमान अस्तित्व पर आधारित है। हार्डवेयर व साटवेयर के मध्य प्रतीकात्मक संबंध गत्यात्मक होता है।

(iii) लोचनीय रूप से सूचना प्रौद्योगिकी का स्वरूप व इसकी प्रकार्यात्मकता अन्तर्संबंधित है।

(iv) सूचना प्रौद्योगिकी को मशीन आधारित प्रौद्योगिकी के रूप में परिभाषित किया जा सकता है जो क्रियाशील रूप से सूचना का प्रसंस्करण करता है। अन्य अर्थों में, सूचना संबंधित प्रौद्योगिकी का भी यह प्रदर्शन है लेकिन सूचना प्रौद्योगिकी के सभी अभिलक्षण इसमें निहित नहीं है।

(v) डिजिटल कम्प्यूटरीकरण, सूचना प्रौद्योगिकी का एक प्रमुख साधन है। डिजिटल कम्प्यूटरीकरण, सूचना प्रौद्योगिकी का एक सशक्त पक्ष है।

(vi) सूचना प्रौद्योगिकी एक प्रत्यावर्तित प्रौद्योगिकी है। सूचना प्रौद्योगिकी के पास स्वयं को संसाधन के रूप में प्रक्रियागत करने की क्षमता है।

(vii) सूचना प्रौद्योगिकी व्यवस्था, संभावनागत है। सूचना प्रौद्योगिकी द्वारा सूचना या तथ्य का सृजन अनिश्चितता का विषय है।

(viii) अपने पर्यावरण से अंतक्रिया, सूचना प्रौद्योगिकी प्रत्यक्षतः सूचना रूपान्तरण या प्रयोग द्वारा सीखने के माध्यम से करती है।

(ix) सूचना प्रौद्योगिकी को एक अमूर्त प्रौद्योगिकी के रूप में भी अभिलक्षित किया जाता है।

(x) सूचना प्रौद्योगिकी सूचना का चयनीकरण, नियंत्रण तथा प्रसारण करता है।

इस प्रकार कहा जा सकता है कि 'संरचनात्मक दृष्टि से सूचना प्रौद्योगिकी एक ऐसा कौशल तथ्य व भौतिक उपकरण है जो सूचना का एकत्रीकरण, प्रसंस्करण, हस्तांतरण व सृजन करता है व पुरानी सूचनाओं को संरक्षित रख; नवीन सूचनाओं के उत्पादन-पुनःउत्पादन का कार्य करता है। यह एकत्रित सूचना का पुनर्प्राप्तीकरण, नियंत्रण तथा निर्देशन भी करता हैं। इसके अन्तर्गत प्राविधिक रूप से मूर्त तथा अमूर्त दोनों तात्विक संरचना कार्य करती है तथा एक के अभाव में सूचना प्रौद्योगिकी की संपूर्णता खण्डित व मृतप्रायः रहती है।'

ऐतिहासिक काल से, सूचना के संप्रेषण ने सामाजिक विकास को प्रोन्नत किया है। लेकिन यह आधुनिक सूचना प्रौद्योगिकी क्रांति है जहाँ सूचनाओं को, संरक्षित, प्रक्रियागत हस्तांतरित और प्रौद्योगिकी संसाधनों द्वारा उपलब्ध कराया जाता है। इस कार्य को संपन्न करने का आधार इलेक्ट्रानिक युक्ति है। पूर्व औद्योगिक समाजों में संप्रेषण प्रभुत्व रूप से, नातेदारी या सम-समूह द्वारा संचालित व संगठित होता था लेकिन सूचना समाज में, संप्रेषण आधार संरचना, नवीन प्रौद्योगिकी के जाल द्वारा संचालित होता है व नवीन प्रौद्योगिकी के विकास ने ही स्वचालित रूप से, सूचना प्रसंस्करण की अतिशय क्षमता को विकसित किया है। भाषा, लेखन और इलेक्ट्रोचुंबकत्व संप्रेषण के विकास की पूर्ववर्ती प्रगति ने केवल व्यापक महत्व ही प्रस्थापित नहीं किया है बल्कि सूचना के डिजिटल प्रस्तुतीकरण को प्रोत्साहित किया है। पूर्ववर्ती संप्रेषण जहाँ आख्यानों, मिथकों, पुराणों, साहित्यिक स्रोतों, यात्रा वृत्तांतों व विस्तार, क्षमता, तीव्रता व मूल्यात्मक रूप से कमतर, प्रत्यक्षतः अंतक्रिया पर आधारित थी वही विकास के अगले चरण में प्रिटिंग, परिवहन, सामान्य भाषायी संरचना ने सूचना के विवरण को प्रगतिशील बनाया। इससे सूचना प्रवाह कीमती, सर्वत्र उपलब्ध व तत्कालिक गुणवत्ता से संपन्न हुई है। सूचना संप्रेषण के इस विकास का अगला अग्रगामी चरण संकेतक, टेलीग्राफी, टेलीफोन, वायरलेस, फिल्म और टेलीविजन के उद्‌भव द्वारा प्रारम्भ हुआ। लेकिन सही अर्थों में, सूचना के संरक्षण, एकत्रीकरण व हस्तांतरण की प्रक्रिया का सूत्रपात कम्प्यूटर के उद्‌भव से प्रारम्भ हुआ (Saxby : 1990)।

प्रौद्योगिकी उद्‌विकास के इतिहास में, सूचना प्रौद्योगिकी का विकास अतिशय महत्वपूर्ण है। इसके अन्तर्गत परिवर्तन को प्रभावित करने की क्षमता है। इससे एक नवीन प्रकार की उत्तेजना केवल उत्पादों, सेवाओं, धन व सफलता हेतु ही

नहीं आविर्भूत हुई है बल्कि पेशेवर पद्धति, प्रारूपीकरण, निर्माण कार्य, तकनीक और लोगों की अंतक्रियात्मक प्रकृति, यात्रा, मनोरंजन के क्षेत्र में भी अभिलक्षित होता है, जहाँ सूचना व संप्रेषण संपन्न होता है। सूचना प्रौद्योगिकी ने 'स्वचालन की मात्रा' व प्रारूपीकरण तथा निर्माण में, यथार्थता, समंक एकत्रीकरण व विश्लेषण तथा शोध व विकास की पद्धति को प्रभावी तरीके से संपन्न करने की क्षमता को विकसित किया है जो पूर्व तक नवीन प्रौद्योगिकी के विकसित न होने के कारण संभव नहीं था। इससे मनुष्य जाति की प्रत्याशायें रूपान्तरित हुई जो प्रौद्योगिकी के परिप्रेक्ष्य में मानव जाति ने अभिकल्पित की थी साथ ही राजनीतिक हितों की प्रवृत्ति में इसने बढ़ोत्तरी को प्रोत्साहित किया ताकि भविष्यगत् महत्वाकांक्षाओं व पसंद/नापसंद को निर्धारित किया जा सके। सूचना प्रौद्योगिकी क्रांति ने संख्याओं के डिजिटलीकरण व प्रस्तुतिकरण व मात्रात्मक समंकों के वास्तविक निष्पादन व पुनर्गठन में एक नवीन अध्याय को प्रारंभ किया है (Halton : 1985)। आज सूचना केवल संरक्षित, पुनर्प्राप्तीकरण, संप्रेषकीय और व्यापक मात्रा में प्रसारित ही नहीं बल्कि पुनःव्यवस्थित, चयनित, नियंत्रित और रूपान्तरित हो सकती है (Halton : 1985)।

2. सार्वभौमिक मशीन

समाज के विकास की प्रक्रिया में, 'सार्वभौमिक मशीन' संबोध का प्रयोग एलन तुरिंग ने किया है, जो कम्प्यूटर सिद्धान्तकार है (Saxby : 1990)। एक सार्वभौमिक मशीन वह है जो अन्य सभी मशीनों के व्यवहार की प्रतिकृति कर सकती है जिसके प्रकार्य औपचारिक रूप से विशिष्टीकृत हो सकते हैं। यह मशीन के **'सूचना अन्तर्वस्तु'** के विश्लेषण द्वारा अर्जित किया जा सकता है। यथार्थतः कम्प्यूटर के सिलिकान चीप के प्रभावशाली उद्भव ने सार्वभौमिक रूप से तीव्र परिवर्तन को प्रोत्साहित किया है। इसका विस्तार कलाई घड़ियों, सूक्ष्म तरंगों वाली मशीनों, इलेक्ट्रानिक खेलों, पाकेट कैलकुलेटरों, कैमरा, टाइपराइटर संगीतमय उपकरणों इत्यादि में देखा जा सकता है (Halton : 1985)। कम्प्यूटर के प्रयोग को केवल हम उद्योग, बाजार, समाचार पत्र, बैकिंग, विज्ञापन, विज्ञान, संप्रेषण उद्योग, एयरलाइंस, अस्पताल में ही नहीं देख सकते हैं बल्कि कम्प्यूटर के यथार्थवादी शक्ति को छोटे उद्यमों, कार्यालयों और गृहकार्यों में देख सकते है। कम्प्यूटर के

शक्तिशाली सिलिकान चीप की प्रवाहशीलता तथा सार्वभौमिकता केवल कार्यों के निष्पादन में ही नहीं देखी जा सकती है बल्कि सूचना प्रौद्योगिकी के विस्तार व सुधार में भी देखा जा सकता है।

3. सूचना व विषयिक परिप्रेक्ष्य

मनुष्य सूचना संप्रेषक है। यह मनुष्य का एक अद्वितीय अभिलक्षण है कि वह सूचना का संप्रेषण एक से दूसरे तक करें। जटिल विचारों के संप्रेषण की क्षमता ही सभ्यता के संचालन का प्रतीक है। यह मनुष्य की क्षमता में निहित है कि वह अपने ज्ञान व प्राप्त किये हुए अनुभवों को, मौखिक भाषायी संरचना व प्रतीकों की व्यवस्था या लिखित शब्दों या संप्रेषण के आधुनिक साधनों के द्वारा प्रस्तुत करता है। यह सूचना, आधुनिक सूचना प्रौद्योगिकी क्रांति का केन्द्रीय पक्ष है। क्योंकि आज के युग में सबसे मूल्यवान पक्ष 'सूचना' है न कि अन्य पदार्थ (Bell : 1973)। सूचना का सृजन 'समंको' से होता है। 'समंक' स्वयं में सूचना को अभिव्यक्त करते है। 'समंको' में सारतत्व निहित होता है। ये (समंक) तथ्यों, घटनाओं, मापन, अभिमत, मूल्य नियंत्रण के रूप में प्रदर्शित होते हैं जिससे सूचनाओं का प्रवाह होता है (Saxby : 1990)।

दार्शनिक अभिमत

दार्शनिक अभिमत में, सूचनाओं के सृजन का आधार 'ज्ञान' है। यह संपूर्णतः इस तथ्य पर आधारित है कि क्या जाना जा सकता है? और हम कैसे जान सकते हैं कि हम क्या जानते हैं? और विश्वास तथा ज्ञान में क्या अंतर है? इस तरह के प्रश्न तत्वमीमांसा के अध्ययन के केन्द्रीय पक्ष में होते हैं। यह उन दार्शनिकों का प्रबल पक्ष होता है जो तत्वमीमांसा, नीतिशास्त्र या विज्ञान के दर्शन में अध्ययनरत रहते हैं। ज्ञान की प्रकृति का दार्शनिक संवाद संज्ञानता व सीखने के संदर्भ में, प्रायोगिक है व सूचनाओं के उद्‌भव का आधार है।

गणितीय अभिमत

गणितीय अर्थों में, सूचना सिद्धान्त का आधार संदेशों के सूचना अन्तर्वस्तु का मापन है। किसी भी संदेश जिसके पास घटना की उच्च संभाव्यता निहित होती

है; सूचना को प्रेषित करता है। सूचनायें संदेशों के माध्यम से प्रेषित की जाती है। इस प्रकार सूचना सिद्धान्त 'संभाव्यता' पर आधारित है। शैनन के सिद्धांत का सारतत्व यह है कि सूचना की अधिकतम मात्रा को प्रेषित करने की पर्याप्त क्षमता, इसके द्विबाधी संकेतों के सूत्रीकरण के कारण थी, चाहे संदेश कितना ही जटिल क्यों न हो! इस सिद्धान्त को 'प्रेषित अधिगृहित प्रारूप' के रूप में जाना जाता है व मशीनी अवस्था में इसका प्रयोग 'सूचना' को प्रेषित करता है जिस पर सार्वभौमिक मशीन अर्थात् कम्प्यूटर आधारित है।

संगठनों में, सूचना एक व्यापक व मुख्य भूमिका तथा प्रकार्यों का निष्पादन करता है व प्रकृति के अनुसार, मूल्यों के विविध स्वरूपों को संचालित करता है। सूचना के माध्यम से, निर्णयन क्षमता में, अनिश्चितता की मात्रा कम होती है व नियोजित निष्पादन तथा संचालन में लक्षित विचलन की प्रकृति को कमतर करता है व परियोजनाओं के संचालन, भविष्यवाणी, कार्यविधिकी व दिशा-निर्देश हेतु साधन उपलब्ध करवाता है तथा ऐतिहासिक साक्ष्यों के हस्तांतरण, निष्पादन स्तर, निर्णयन परिणामों की उपलब्धता को सुनिश्चित करता है। यह प्रयोगकर्ताओं के ज्ञान की जटिलता को कम करने की तथा पारिस्थितिक प्रघटनाओं की जटिलता को समझने की क्षमता को विकसित करता है।

संगठन में, सूचना के युक्तिसंगत व रणनीतिक संसाधनों के केन्द्रक के रूप में, वृद्धिगत मूल्यों की संज्ञानता ने संगठन को 'सूचना व्यवस्था' के रूप में परिभाषित किया है जहाँ संगठन समंकों को नियंत्रित, प्रक्रियागत, संप्रेषक व समंकों को सूचना के रूप में परिवर्तित करता है। सूचना को उपलब्ध समंकों के रूप में परिभाषित किया जाता है जो विशिष्ट प्रयोगकर्ता समूह हेतु उपर्युक्त होता है।

आधुनिक सूचना प्रौद्योगिकी ने उच्चस्तरीय सूचना को नियंत्रित करने व निर्देशित करने की क्षमता को विस्तारित किया है। जटिल समाजों में, जहाँ आज संगठन संचालित होता है, सूचना स्रोतों के संपूर्ण शोषण को, नवीन उद्भूत प्रौद्योगिकी ने प्रोत्साहित किया है। इससे सूचना के संदर्भ में, जटिल समस्याओं के निदान का मार्ग भी प्रशस्त हुआ है।

आर्थिक अभिमत

सूचना आर्थिक अभिमत के रूप में एक वस्तु है जिसका बाजारू व्यवस्था में एक निर्धारित मूल्य है। हालांकि मूल्य का स्वरूप अनेक कारकों पर आधारित होता है। यह आर्थिक लाभों के संदर्भ में, सूचना के प्रकार्यों पर आधारित है। आर्थिक रूप से, सूचना का मापन आर्थिक परिणामों की क्षमता द्वारा होता है जिस इसके प्रयोग द्वारा प्राप्त किया जा सकता है। सूचना समाज में सूचना का अतिशय महत्व है। सूचना प्रौद्योगिकी का एक प्रमुख परिणाम, सूचना को निश्चित स्थान पर, निश्चित समय में त्वरित सर्वसुलभ कराना है ताकि बैकिंग, वित्तीय व बाजारू संस्थायें तीव्र निर्णयन क्षमता से युक्त हो सके व सार्वभौमिक मशीन नाटकीय क्रियाकलापों को सूक्ष्म रूप से, सूक्ष्म समय में, व्यापक स्तर पर संचालित कर सकें।

कानूनी अभिमत

कानूनी अभिमत सूचना को संपत्ति के रूप में प्रस्तुत करता है। सूचना का प्रयोग प्रकार्यात्मक कार्यों के विकास में किया जा सकता है जहाँ कानून, विचारों या समूहों के विचारों के विशिष्ट प्रयोग को, बिक्री व प्रयोग हेतु अनुमति देता है। कानून सूचनाओं के उद्भवकर्ताओं को संरक्षण प्रदान करता है व सूचना को वैश्विक स्तर पर प्रसारित करने की अनुमति देता है। आधुनिक सूचना प्रौद्योगिकी के कारण, प्रकार्यात्मक सूचनायें कम्प्यूटर कार्यक्रम के माध्यम से संचालित होती है। कानूनी अभिमत सूचनाओं के उल्लंघन को प्रतिबंधित करता है। इसको गोपनीय निर्माणकारी प्रक्रियाओं, विविध प्रकार के व्यवसायिक/वाणिज्यिक सूचनाओं के संदर्भ में देखा जा सकता है।

कानून सूचना के संप्रेषण को नियंत्रित करता है। सूचना के संप्रेषण से संबंधित कानून को, समाज में शक्ति के अभ्यास के रूप में प्रस्तुत किया जाता है। नियम जो कार्यालय/सूचना, मीडिया या प्रसारण के नियमन हेतु सृजित है, राज्य के अभिलक्षण व नैतिकता के स्तंभ माने जाते हैं। राष्ट्रीय स्तर पर सूचनाओं पर स्वामित्व, नियंत्रण या प्रवाह राष्ट्रीय सुरक्षा, सरकारी नीतियों के सूत्रीकरण या सामुदायिक कल्याण का प्रतीक है।

4. सूचना व आधुनिक संप्रेषकीय प्रौद्योगिकी

पिछले दशकों में, घटित प्रौद्योगिकीय परिवर्तनों तथा नवीन उद्‌भवों ने सूचना व संप्रेषण के साधनों में क्रांतिकारी परिवर्तन को प्रस्तुत किया है। ऐतिहासिक अन्तर्दृष्टि के माध्यम से सूचना की प्रवाहशीलता को देखा जा सकता है। मौखिक संवाद से लेकर लेखन शैली के प्रवाह तथा प्रिटिंग से लेकर टेलीकम्यूनिकेशन (दूरसंचार) तक की विकास यात्रा का अवलोकन किया जा सकता है (Goel : 1999)। मौखिक संवादों से अलग सर्वप्रथम गुटनवर्ग ने 1450 में प्रिटिंग प्रेस का अविष्कार किया। मारीसन ने 1843 में टेलीग्राफ का आविष्कार किया। वेल ने 1878 में टेलीफोन का आविष्कार किया। 1895 में मारकोनी ने रेडियो का आविष्कार किया। जोरीकन ने 1934 में टेलीविजन का आविष्कार किया। न्यूमैन, माऊचले व ऐकर्ट ने 1944-45 में प्रथम कम्प्यूटर प्रारूप निर्देशित किया। 1945 में आर्थर सी. क्लार्क ने कम्यूनिकेशन सेटेलाइट की परिकल्पना प्रस्तुत की जो 1962 में टेलेस्टर में प्रस्तुत की गई। 1976 में जाब्स व बोमजिआक ने पी.सी. का आविष्कार किया व अंतिम विश्वस्तरीय प्रभावकारी आविष्कार बर्न ली ने वर्ल्ड वाइब वेब का 1990 में किया।

5. सूचना प्रौद्योगिकी की ऐतिहासिकता

सूचना प्रौद्योगिकी के ऐतिहासिक विकासक्रम की पृष्ठभूमि का आकलन करें तो यह स्पष्ट है कि 'एबाकस' प्रथम मशीनीगणन उपकरण (मेकैनिकल कांऊटिंग डिवाइस) है। इसे 5000 वर्षों पहले अवलोकित किया जा सकता है। कम्प्यूटर की तरफ अन्य दूसरा महत्वपूर्ण कदम **'गणन-चक्र'** (कांऊटिंग व्हील) था। फ्रैंच गणितज्ञ और दार्शनिक ब्लेस पास्कल (1623.62) ने अंतिम रूप से 1642 में (अपने पिता जो कि टैक्स कलेक्टर थे, की सहायता के लिये) पास्कलाइन का आविष्कार व निर्माण किया। यह गणनचक्र प्रारूप 1960 के मध्य तक सभी मशीनी कैलकुलेटर द्वारा प्रयोग में लाया जाता रहा।

प्रत्येक बैंकर से लेकर (नेवीगेटर्स) तक व्यक्ति औद्योगिक क्रांति के दौरान 'गणितीय टेबल' का प्रयोग करते थे। हालांकि यह हस्त संचालित टेबल बहुतेरे गलतियों से युक्त था। चार्ल्स वेवेज (1793-1871) ने स्टीम संचालित विभेदीकृत

इंजन व तब एक विश्लेषणात्मक इंजन की भविष्यगत कल्पना की जो कैलकुलेशनों का वास्तविक व सही निष्पादन करेगा। यद्यपि बैवेज कभी अपनी युक्ति या उपकरण की पूर्णता को प्राप्त नहीं कर सके लेकिन वे आधुनिक सामान्य उद्देश्य हेतु कम्प्यूटर में प्रयोग में लाये जाने वाले बहुतेरे अवधारणाओं के अग्रकर्ता थे। सूचना प्रौद्योगिकी के विकास में एक अगला महत्वपूर्ण कदम 'पंच-कार्ड टेबुलेटिंग मशीन' का प्रस्तुतिकरण था जो हरमान होलीरीथ (1860-1929) द्वारा किया गया। यह मशीन 1890 में यू.एस. ब्यूरो सेन्सस के लिये अभिकल्पित था और जिसका कार्य पर व्यापक प्रभाव था। 1896 में होलीरीथ ने टेबुलेटिंग मशीन कंपनी की स्थापना की और 1924 में, कंपनी के जनरल मैनेजर थामस वाटसन ने इसका नाम परिवर्तित कर 'इंटरनेशनल बिजनेस मशीन कारपोरेशन' कर दिया जो बहुतेरे दशकों तक कम्प्यूटर के विकास पर वर्चस्व स्थापित किये रहा व इसको गति प्रदान करता रहा।

आधुनिक कम्प्यूटर इतिहास के उद्‌भव को जर्मन इंजीनियर कोनरैड जूस द्वारा 1941 में अविष्कृत जेड-थ्री कम्प्यूटर व कुछ वर्षों बाद आइवोआ स्टेट विश्वविद्यालय के प्रोफेसर (डॉ.) जान.वी. एटनासोफ के द्वारा ए.बी.सी. कम्प्यूटर के रूप में चिन्हित की जा सकती है। दोनों प्रणाली आधुनिक कम्प्यूटर के अत्यावश्यक सिद्धान्तों का प्रयोग में लाती है व वाइनरी प्रणाली पर आधारित थी।

इन प्रथम कम्प्यूटरों का महत्वपूर्ण घटक इलेक्ट्रानिक ट्यूब था व इन वैक्यूम ट्यूबों के व्यापक स्थान घेरने, यथेष्ट ऊर्जा सृजित करने व कम विश्वसनीयता के कारण, मजबूत ट्रांसजिसटर्स द्वारा 1960 के लगभग प्रतिस्थापन कर दिया गया जो आकार में छोटे, अधिक विश्वसनीय व कमतर ऊर्जा का सृजन और अति उच्च तथा तीव्र गति से संचालित होता था। कम्प्यूटर के इन नवीन पीढ़ियों द्वारा निर्देशन का तीव्र रूप से संपन्न होता था व इसका पालन किया जाता था लेकिन उच्च खर्च के कारण; उच्च लागत के कारण, यह केवल बड़ी कंपनियों लायक ही संवहनीय था। 1963 में डिजिटल इक्वीपमेंट कारपोरेशन ने पी.डी.पी. 8 कम्प्यूटर को प्रस्तुत किया जो प्रथम सफलतम मिनी कम्प्यूटर के रूप में अनुमोदित होता है। यह व्यवसाय, वाणिज्य और विज्ञान के लिये छोटे कम्प्यूटरों के वृद्धिगत मांग के रूप में अभिलक्षित होता है।

1970 में, कम्प्यूटरों की अगली नवीन पीढ़ी का प्रादुर्भाव हुआ जो लघु रूप में एकीकृत सर्किटों द्वारा अभिलक्षित था। 1964 में प्रस्तुत कम्प्यूटर्स की आई. बी.एम. सिस्टम 360 लाइन को, इस समय के नेतृत्वकारी प्रणाली के रूप में अवलोकित किया जा सकता है। 'सिस्टम 360 लाइन' एक पारिवारिक कम्प्यूटर के रूप में प्रारूपित किया गया था (जो उर्ध्वमुखी अनुरूपता को कंपनियों में वृद्धिगत विविध मांगों के परिप्रेक्ष्य में प्रस्तुत है)। 1970 व इसके बाद तक विश्लेषक सूचना प्रौद्योगिकी के विकास के पीछे निहित प्रमुख शक्ति का वर्णन 'ग्रोश नियम' के द्वारा करते हैं; जो स्केल के अर्थतंत्र को, कम्प्यूटर प्रारूप में व्याख्यायित करते हैं।

सूचना प्रौद्योगिकी का अगला काल (1980 और 1990 का प्रारंभ) सर्किटों के बड़े स्तर पर एकीकरण, पर्सनल कम्प्यूटर्स के प्रस्तुतिकरण और एक मशीन के अन्तर्गत बहुल प्रोसेसरो द्वारा अभिलक्षित है। इस काल में सूचना प्रौद्योगिकी के विकास के पीछे निहित शक्तिशाली तत्वों का वर्णन तथाकथित 'मूर नियमों' द्वारा किया जाता है।

1990 के मध्य तक, सूचना प्रौद्योगिकी विकास, इंटरनेट प्रयोग के तीव्र विश्व स्तरीय वृद्धि के द्वारा वर्चस्व युक्त था। यह वैश्विक कम्यूनिकेशन प्रणाली नवीन प्रकार के व्यवसाय/वाणिज्य, नेटवर्क अर्थतंत्र, नवीन प्रकार का समाज, नेटवर्क समाज व नवीन प्रकार का संस्कृति - नेटवर्क संस्कृति का प्रस्तोता है। इस काल का प्रमुख स्वरूप तथाकथित मेटकाल्फे नियम द्वारा अभिवर्णित है (Shapiro and Varian : 1999; Long and Long : 2000)।

1450 के प्रारम्भिक काल से आज 21वीं सदी तक सूचना संप्रेषकीय प्रौद्योगिकी का आविष्कार, जो कि बौद्धिक खोजमूलक प्रवृत्ति वाले व्यक्तियों का परिणाम है, ने सामाजिक संगठन का समयानुकूल पथ-प्रदर्शन किया है। यह बौद्धिक लोगों की युक्तियों, कुशलताओं और विस्तारित ज्ञान तथा खनिज सामग्रियों के समामेलन का परिणाम है जिसके द्वारा आविर्भूत नाटकीय परिवर्तन अनवरत जारी है। इसके आगमन से व्यापक रूपान्तरण की शुरूआत हुई है जिसे समाजशास्त्री वेब्लेन ने (Ellul : 1964) सामाजिक स्वायत्तता के संदर्भ में 'प्रौद्योगिकी निर्धारणवाद' या 'प्रौद्योगिकीवाद' के नाम से संबोधित किया है व जो इसको संपन्न करता है वह प्रौद्योगिकीविद् कहलाता है तथा जो प्रौद्योगिकी विकास की

तरफ सकारात्मक भी हो सकता है और नकारात्मक भी। हालांकि 20वीं सदी तक मीडिया प्रौद्योगिकी, विकास के संदर्भ में, अतिशय अलंकारिक हुआ है। ऐसा आकलन है कि सूचना की आधुनिक संप्रेषकीय प्रौद्योगिकी (सूचना प्रौद्योगिकी) जो 21वीं सदी की प्रकृति को निर्धारित करेगा वह प्रमुखतः टेलीफोन, टेलीविजन व इंटरनेट (कम्प्यूटर) है। इससे अप्रत्याशित रूप से न केवल सूचनायें प्रवाहित हो सकती हैं बल्कि नवीन विचारों का सृजन हो सकेगा कि सूचनायें कैसे प्रयुक्त व प्रायोगिक की जा सकती है।

6. टेलीफोन : परिवर्तन के केन्द्र में

सूचना की संप्रेषकीय क्रांति का मूल आधार टेलीफोन है। ग्राहम वेल द्वारा परिकल्पित टेलीफोन ने शताब्दिक परिवर्तनों का सूत्रपात सामाजिक, आर्थिक क्षेत्र में किया है। टेलीफोन व्यापक स्तर पर साहचर्य रोजगार व सूचनाओं का आधार है। नयी विश्व व्यवस्था हेतु यह एक ऐसा नवीन उपकरण है जिसने द्वैतीयक संबंधों को प्राथमिक स्वरूप देने में अद्वितीय योगदान दिया है (Cairncross : 2000)। टेलीफोनिक क्रांति ने लंबी दूरी की कीमतों में गिरावट पैदा की है व ऐसी वस्तुओं की संख्या में वृद्धि की है जिसे टेलीफोन संपन्न कर सकता है। वैश्विक स्तर पर तार व्यवस्था में वृद्धि हुई है क्योंकि टेलीफोन व्यापक उपयोगी व प्रयोज्य है। टेलीफोन व्यापक संभावना वाली प्रौद्योगिकी है। टेलीफोन के माध्यम से विश्व के लाखों कम्प्यूटरों को एक साथ संबंधित किया जा सकता है। इंटरनेट के संचालन का यह एक प्रबल पक्ष है। यह 'सूचना राजमार्ग' और मल्टीमीडिया के शुभागमन के बावजूद सदी के अगले दशक तक लोगों के जीवन स्वरूप को व्यापक स्तर तक प्रभावित करेगा। पी.सी. के अतिरिक्त इसका बैंक खातों के निरीक्षण, रेडियो कार्यक्रमों या टेलीविजन कार्यक्रमों में सहभागिता बीमा, राजनीतिक अन्तःक्रिया, रोमांस, संदेशों का परीक्षण, मित्रों से संपर्क में यह प्रभावशाली है (Stapple : 1995)।

1980 के दशक के दौरान लंबी दूरी की सेवा की क्षमता में, इतनी तीव्र वृद्धि हुई कि इसकी प्रायोगिक क्षमता एक तिहाई थी। इस विस्मयकारी रूपान्तरण का प्रमुख कारण फाइबर आप्टिक केबल का विकास था (Stapple : 1996)। अन्तर्राष्ट्रीय स्तर पर अमेरिका की सभी नेटवर्क प्रणाली फाइबर आप्टिक केबल

का प्रयोग करती है (Waterhouse : 1995)। अगले चरण में, सेटेलाइट संप्रेषकीय प्रणाली ने लंबी दूरी की कार्यक्षमता को टेलीफोन के संदर्भ में और अधिक विस्तारित किया। लेकिन अन्तर्राष्ट्रीय स्तर पर या स्थानीय स्तर पर लंबी दूरी की सेवा हेतु वृद्धिगत प्रतिस्पर्धा ने कीमतों को कम किया। प्रतिस्पर्धा लोगों की सुविधा के लिये अत्यावश्यक है क्योंकि प्रतिस्पर्धा पसन्द, गुणवत्तायुक्त सेवायें कम कीमतों का आश्वासक हैं (Cairncross : 2000)।

कुछ देशों में सरकारों ने अन्तर्राष्ट्रीय स्तर के कालों की कीमतों को कम करने हेतु, कंपनियों की एकाधिकार की प्रवृत्ति पर रोक लगा दी व अन्तर्राष्ट्रीय कालों हेतु बहुत से कंपनियों को प्रतिस्पर्धा में बने रहने की अनुमति दी है। आरंभिक दौर में इस प्रकार की प्रवृत्ति का विकास सिर्फ अमेरिका व ब्रिटेन में था लेकिन 1997 के विश्व व्यापार संगठन के समझौतों ने बहुविध देशों में इस नीति की शुरूआत को प्रारम्भ कराया।

टेलीफोन कंपनियां अपने अतिरिक्त अन्तर्राष्ट्रीय क्षमता की बिक्री, बहुविध लोगों को विभिन्न मूल्यों के आधार पर कर सकती है। बड़े स्तर की कंपनियां व औद्योगिक प्रतिष्ठान अर्थात् एयरलाइन्स, ट्रेवेल एजेंसी, बैंक अपने शाखाओं में टेलीफोन क्षमता का व्यापक स्तर पर प्रयोग करने योग्य है। इससे नवीन सेवाओं की व्यापक संभावना निर्मित हुई है। उच्च दर वाले देशों में, काल बैंक सेवाओं ने कम कीमत पर छोटे व मध्यम स्तरीय व्यवसायिक ग्राहकों को तैयार किया है। वैश्विक स्तर पर काल बैंक सेवाओं का बाजार प्रतिवर्ष वृद्धिगत है।

टेलीफोन कंपनियों के नेटवर्क प्रणाली के अतिरिक्त क्षमता का व्यापक महत्वपूर्ण उपयोग इंटरनेट के संदर्भ में है। टेलीफोनिक क्षमता में से अधिक क्षमता इंटरनेट में निहित है। बड़ी-बड़ी टेलीफोन कंपनियां, इंटरनेट की पहुँच तक सुअवसर प्रदान करती हैं। इंटरनेट व टेलीफोन प्रणाली की दर संरचना एक ही में सम्मिलित होती है।

मोबाइल व सेटेलाइट अवसर

मोबाइल व सेटेलाइट टेलीफोन का पहला प्रभाव लंबी दूरी के दर पर होता है। सदी के अगले दशक तक एक समान मूल्य व्यवस्था पर, मोबाइल ग्राहक सेवा उपलब्ध होगी। भविष्य में व्यापक उतार-चढ़ाव मूल्य व्यवस्था में देखने को मिलेगी।

यह मूल्य परिवर्तन प्रतिकाल पर आधारित न होकर, नेटवर्क प्रणाली के प्रयोग पर आधारित होगा। सामान्य अर्थों में, मूल्य **'सेवा की गुणवत्ता'** पर आधारित होगा न कि ग्राहक क्या चाहता है कि इच्छा पर। विविध दर, विशिष्ट अवसर और छूट में अत्यधिक वृद्धि दिखेगी, इससे टेलीफोन कंपनियों की आय में वृद्धि होगी (Cairncross : 2000)।

टेलीफोनिक प्रौद्योगिकी सर्वतोमुखी व बहुल प्रकार्यवादी है। इसके माध्यम से लाखों मशीनों को एक साथ अन्तर्संबंधित किया जा सकता है जो सुदूर क्षेत्र तक सूचनाओं को हस्तांतरित करता है। इसका आधार कम्प्यूटर है। इसकी प्रकृति पूर्णतः गत्यात्मक व अंतःक्रियात्मक है। टेलीफोनिक प्रभाव की वजह से ही कम्प्यूटर प्रौद्योगिकी को बहुत से लोग 'घरेलू प्रौद्योगिकी' के रूप में अभिचित्रित करते है। टेलीफोन में लक्षित रूपान्तरण को तीन रूपों में अभिव्यक्त कर सकते हैं। प्रथमतः इसके अद्वितीयपना में तीव्र बढ़ोत्तरी, टेलीफोन नेटवर्क की क्षमता में वृद्धि (विशेषतः डिजिटल नेटवर्क के संदर्भ में), नवीन सेवाओं को व्यापक रूप में, सर्वसुलभ कराना, प्रायोगिक उपकरणों में बिना किसी परिवर्तन के, ग्राहकों को नवीन सेवाओं को उपलब्ध कराना; द्वितीयः वायरलेस प्रणाली ने टेलीफोन में तीव्रगामी परिवर्तन को प्रस्तुत किया है और नवीन सेवाओं के व्यापक स्तर का प्रस्तुतीकरण, जिसके उद्देश्य परिवर्तनशील हैं। तृतीयः टेलीफोन नेटवर्क के प्रसारण का विस्तार पूर्ण रूप से सेवाओं के नवीन स्वरूप को अभिव्यक्त करता है जिसे हम इंटरनेट के रूप में अवलोकित कर सकते हैं।

लोगों के लिये टेलीफोन, सदी के अगले दो दशकों में लंबी दूरी के वैयक्तिक संप्रेषण हेतु प्रमुख युक्ति या सिद्धान्त होगा। यह अतिशय वैयक्तिकृत होगा। वैयक्तिक टेलीफोन नंबर संवहनीय होगा। इस टेलीफोन नंबर से वैयक्तिक पहचान होगी। परिणामतः अगले दशक तक वैयक्तिक पहुँच हेतु वैयक्तिक नंबर की जानकारी जरूरी है क्योंकि व्यक्ति की सेवायें व गृह निवास परिवर्तनशील है। यह लोगों की सामाजिक सुरक्षा संख्या का या जन्मतिथि की तरह, व्यक्तित्व परिचय का एक भाग होगा। बिना मानवीय चित्र के, आवाज के संवहन की टेलीफोनिक योग्यता, इसके आकर्षक अभिलक्षण व सूचना शक्ति का एक भाग है। इसका एक पक्षीय/आयामी अभिलक्षण अदृश्य स्वतंत्रताओं का भी वाहक है जिसके कई नकारात्मक अभिलक्षण है। यह मानवीय अवबोधन को आकृति व तीव्रता प्रदान करता है (Cairncross : 2000)।

इस सूचना उपकरण द्वारा विविध अद्वितीय नवीन शक्तियां अर्जित की गई हैं लेकिन यह इंटरनेट से भिन्न है जहाँ सूचना गोपनीयता नेटवर्क में निहित न होकर कम्प्यूटर में लघु या व्यापक रूप में निहित होता है। ग्राहकों की टेलीफोन कंपनियों पर निर्भरता, नेटवर्क के माध्यम से नवीन सेवाओं को उपलब्ध करवाता है व कंपनियों हेतु एक प्रकार से प्रतिस्पर्धात्मक हथियार भी प्रस्तुत करता है।

डिजिटल प्रणाली के माध्यम से 'टच-टोन टेलीफोन' का संचालन टेलीफोनिक नवीन सेवाओं का एक प्रकार है लेकिन वैश्विक स्तर पर सर्वव्याप्त नहीं है। पूर्ववर्ती टेलीफोन का 80 प्रतिशत भाग पल्सेस द्वारा संचालित है न कि स्वर शैली (टोंस) द्वारा। लेकिन जहाँ तक संभव है 'टच-टोन टेलीफोन' प्रभावकारी रूप से अन्तःक्रियात्मकता का नवीन प्रस्तुतिकरण है। इसे संदेशों को भेजने की दक्षता के संदर्भ में देखा जा सकता है। इस डिजिटल विनिमय के माध्यम से, यह संभव है कि आसानी से क्रेडिट कार्ड द्वारा बिलों को भरा जा सके या आसानी से बैंक खातों का निरीक्षण किया जा सके। अभिव्यक्ति व आवाज भविष्य का यथार्थ है। अभिव्यक्तियुक्त को टेलीफोनिक प्रक्रिया की आशावादिता में अभिवृद्धि हुई है लेकिन विस्तारण कम हुआ है। इसके प्रभाव को तीन रूपों में देख सकते हैं : प्रथमः कार संचालन के समय। द्वितीयः नियंत्रण स्थापना हेतु, जब टच टोन अनुपलब्ध हो। तृतीयः सुरक्षा की आवश्यकता हेतु।

टेलीफोन के उपयोगकर्ताओं के लिये, वैश्विक स्तर पर कही भी काल फारवार्डिंग की सुविधा (क्योंकि अब वैयक्तिक स्तर पर नंबरों की उपलब्धता है) ने वैयक्तिक स्तर पर संपर्क स्थापित करने का सशक्त उपकरण प्रदान किया है व टेलीफोन कालर्स की पहचान को सुनिश्चित किया है जो कि टेलीफोन वाणिज्य व सुरक्षा हेतु विशिष्ट महत्व का है। इसने कंपनी को ग्राहकों व कार्यकर्ताओं की कार्यक्षमताओं से संबंधित सूचना प्राप्त करने में सहयोग प्रदान किया है (Cairncross : 2000)। इससे दो अन्य समरूप सेवाओं के विकास की संभावना प्रबल हुई है। इलेक्ट्रानिक मेल (ई-मेल) से प्रतिस्पर्धा के बावजूद, फैक्स प्रणाली ने अपना अलग अस्तित्व प्रभावित किया है क्योंकि इलेक्ट्रानिक मेल की तुलना में, फैक्स प्रणाली वैयक्तिक हस्ताक्षर का भी हस्तांतरण कर सकता है। लेकिन आम जीवन में, इलेक्ट्रानिक मेल (ई-मेल) अतिशय प्रायोगिक है। ऐसा आकलन है कि फैक्स और इंटरनेट दोनों ही एकाभिमुख होगा व इनके अन्तर्परिवर्तित प्रयोग में

अभिवृद्धि होगी। पेजर भी सातत्यमूलक विकास का एक पक्ष है। पेजर कम खर्च में, सरल रूप में, मूल संदेशों को भेजने का उपकरण है। इसके अधिकतर प्रयोगकर्ता एशिया में है। जापान में स्कूल के छात्र इसका व्यापक स्तर पर प्रयोग करते हैं। लंबे संदेशों के प्रसारण हेतु चीन ने एक सांकेतिक व्यवस्था का सृजन व विकास किया है। लेकिन टेलीफोन सेवाओं का सबसे सरल अनूठापन इंटरनेट के एकीकरण के संदर्भ में है। बहुतेरी कंपनियों ने, कालर्स के लिये 'वेब' आधारित प्रार्थनापत्र के माध्यम से वैयक्तिक पहचान को अभिव्यक्ति दी है। इससे कालर्स व्यवसाय व वैयक्तिक कार्यों को सरलतम तरीके से संपन्न कर सकता है। टेलीफोन व इंटरनेट का एकीकरण भविष्य की बनावट है।

टेलीकम्यूनिकेशन राष्ट्र की जीवन रेखा है (Sah : 1999)। टेलीकम्यूनिकेशन के विकास ने सदी के अंत में, महान प्रभाव स्थापित किया है (Saxby : 1990)। संप्रेषण सभी मानवीय अंतःक्रियाओं, सांस्कृतिक विस्तारण व वैयक्तिक सुअवसरों व राज्य की आर्थिक, सामाजिक स्वायत्तता का आधारभूत साधन है (OTA : 1990)। 20वीं सदी के मध्य तक टेलीकम्यूनिकेशन के विस्फोट की तुलना हजारों वर्ष पूर्व घटित संक्रमण शिकारी अवस्था से कृषिमूलक अवस्था में प्रवेश से की जा सकती है व अधुनातन कृषिमूलक अवस्था से औद्योगिक अवस्था में परिवर्तन (संक्रमण) से अवलोकित कर सकते है। औद्योगिक अवस्था से उत्तर औद्योगिक समाज जो सूचना समाज के रूप में अभिलक्षित है, के संक्रमण में भी प्रतिबिंबित कर सकते है। टेलीकम्यूनिकेशन हमारे समाज व्यवस्था व संगठन का एक परिभाषित अभिलक्षण व उत्कृष्टता है। यह संपन्न समाज व विपन्न समाज का मापन है। परिवर्तन हेतु अग्रसर समाजमूलक क्षमता का एक प्रमुख कारक है।

कम्प्यूटर के साथ डिजिटल संप्रेषण के प्रभावशाली विस्फोट ने अतिशय वैयक्तिकृत सूचना संस्कृति का बीजारोपण किया है। सूचना की पहुँच के साथ/सूचना की उपलब्धता व व्यापक वितरण ने, वैयक्तिक पसन्द/नापसंद, दुराव/लगाव की आवृति तथा सुअवसर में, पहले की अपेक्षा उतार-चढ़ाव प्रस्तुत किया है। नवीन हस्तांतरणीय मीडिया ने बहुविध विकल्पों की उपलब्धता को सुनिश्चित किया है जो आज से पहले न टेलीफोनिक व्यवस्था के माध्यम से अर्जित हुई थी व न ही प्रिंटिंग प्रेस व टेलीविजन के माध्यम से। रूपान्तरण का यह मार्ग मीडिया हस्तांतरण

के विकास व चित्र, आवाज तथा टेक्स्ट के डिजिटल आकार में समामेलन में निहित है। पूर्व तक जहाँ व्यक्ति घरेलू प्रसारण के माध्यम (एकाकी माध्यम) से सूचना अर्जित करता था वहीं आज बहुसंख्यक स्रोत सूचना हेतु, मीडिया के संदर्भ में उपलब्ध है (Miles : 1988)। आज विश्वव्यापी डिजिटल प्रसारण की सुविधा उपलब्ध है जिसके माध्यम से संप्रेषण व सूचना सहभागिता, कम्प्यूटर व प्रौद्योगिकी प्रदत्त समंकों के प्रसंस्करण तथा भविष्यमूलक कृत्रिम बौद्धिक क्षमता के शोषण का असमान सुअवसर उपलब्ध है (Saxby : 1990)।

अधुनातन वर्षों में, वैश्विक स्तर पर सूचना व संप्रेषकीय प्रौद्योगिकी की वृद्धि ने विस्फोटक प्रभाव आविर्भूत किया है। प्रमुखतः मोबाइल संप्रेषण (कम्यूनिकेशन) में अवलोकित किया जा सकता है (Srivastava : 2004)। वैश्विक स्तर पर सूचना संप्रेषण की यह सबसे शक्तिशाली व प्रभुत्वशाली प्रौद्योगिकी है। दैनिक जीवन प्रयोग में, यह वैज्ञानिक युक्ति की अपेक्षा, सामाजिक लक्ष्य के रूप में प्रतिबिंबित है। गत्यात्मकता व संयोजनशीलता के कारण, मोबाइल प्रौद्योगिकी केवल भविष्य की प्रौद्योगिकी प्रयोगशीलता का एक आधार नहीं है बल्कि सामाजिक-राजनीतिक लक्ष्यों का केन्द्रक है। मोबाइल टेलीफोन नवीन व्यवसाय के रूप में, बड़ी टेलीफोन कंपनियों के लिये लाभदायक संसाधन है (Cairncross : 2000)। मोबाइल टेलीफोन बड़ी कंपनियों के लिये प्रतिस्पर्धा का कारण भी है। मोबाइल टेलीफोन के कारण, टेलीफोन कंपनियों के प्रतिस्पर्धा में बने रहने की संभावना कम हुई है (इस चलन का विस्तार स्वीडेन व कंबोडिया में अवलोकित कर सकते हैं)। बहुतेरे देशों में, व्यक्ति उच्च लागत पर एक निर्धारित नेटवर्क से बंधे नहीं रहना चाहता है क्योंकि वे पेशागत व्यवसाय, पार्टनर व निवासस्थान के संबंध में परिवर्तनशील होते हैं। मोबाइल कम्यूनिकेशन दर भी निर्धारित टेलीफोन दर से कमतर होता है। लेकिन यह सत्य आकलन है कि मोबाइल टेलीफोन व निर्धारित टेलीफोन का सम्मिश्रण बहुतेरे कार्यों को संपन्न करेगा। मोबाइल टेलीफोन केवल एक सेवा प्रदाता नहीं होगा बल्कि यह मोबाइल टेलीफोन के कार्य के साथ निर्धारित रूढ़िवादी टेलीफोनिक कार्यों को भी संपन्न करेगा। मोबाइल टेलीफोन के हैंडसेट के अभिलक्षणों व अद्वितीयपना में उत्तरोत्तर वृद्धि जारी है। आज विश्व स्तरीय हैंडसेटों की प्रलब्धता सुनिश्चित है। यह धरातलीय लोगों के लिये भी एक सरल व सुलभ साधन बनता जा रहा है। सेल्समैन से लेकर स्कूली छात्र व कालेज के विद्यार्थियों तथा घरेलू गृहणियों के हाथों में आसानी से

अवलोकित किया जा सकता है। इसे विश्व संप्रभु/राष्ट्र संप्रभु से लेकर सब्जी विक्रेता/रिक्शा चालक के पास आसानी से अवलोकित किया जा सकता है। मोबाइल टेलीफोन के संदर्भ में यह भविष्यमूलक आकलन है कि व्यक्ति जैसे कलाई घड़ियों का या वस्त्रों का प्रयोग करता है वैसे ही मोबाइल टेलीफोन का प्रयोग करेगा। मोबाइल टेलीफोन के 'लघु आकार व महासागरीय प्रकार्य' (Rai : 2005) ने मानवीय दशाओं के रूपान्तरण की धुरी के रूप में प्रस्तुत किया है। मोबाइल टेलीफोन व कम्प्यूटर के संश्लेषण ने समंको (सूचनाओं) को खोजने, ई-मेल भेजने, रेस्टोरेंट में आदेश देने से लेकर कार्यस्थल, पूजागृह, पारिवारिक दायित्व, मित्रवत् मण्डली, सांस्कृतिक-सामाजिक पहचान, टेलीविजन प्रसारण का अवलोकन, गोपनीयता के संरक्षण सामाजिक अंतक्रिया, रोमांस व मनोरंजन के एक साधन के रूप में प्रस्तुत हुआ है (Cairncross : 2000; Srivastava : 2004; Rai : 2005)।

यह भी अवलोकन है कि स्थानीय टेलीफोन नेटवर्क का निर्माण खर्चीला है। वायरलेस लोकल लूप एक सस्ता व सरल विकल्प उपलब्ध कराता है। घर या कार्यालय में, एक निश्चित लघु रेडियो एंटिना के द्वारा, नजदीक के प्रसारण केन्द्र से इसको स्थापित कर, उपयोग किया जा सकता है। हवाई संकेतक या वायु संकेतक के माध्यम से कार्य करने के कारण यह उपकरण कम खर्चीला है। कम खर्च व तीव्र कार्य क्षमता टेलीफोन सेवाओं के विकास की नवीन संभाव्यता आविर्भूत करती है। वैश्विक स्तर पर वायरलेस लोकल लूप (डब्ल्यू.एल.एल.) का व्यापक प्रयोग हो रहा है। विश्व के अनेक देशों में, (खास तौर से धनी देशों में) कुछ कंपनिया वायरलेस लोकल लूप का निर्माण निर्धारित टेलीफोन की तुलना में, व्यापक स्तर पर कर रही है (Huber et.al. : 1993)। लेकिन सीमित वैंडविथ के कारण, उच्च्य गुणवत्तायुक्त इंटरनेट व वीडियो प्रसारण/अन्तर्संबंधन पर निषेध है। विश्व के बहुतेरे भागों में, जहाँ निश्चित/निर्धारित तार टेलीफोन की उपलब्धता सुनिश्चित नहीं है वहाँ वायरलेस लोकल लूप गैर लाभदायक नहीं है।

जब टेलीफोन कंपनियों ने विलंब से इंटरनेट व वर्ल्ड वाइड वेब के बहुल माध्यम पर गौर किया तो निष्कर्षतः उन्होंने पाया कि पूर्ण रूप से टेलीफोन कनेक्शनों के नवीन प्रयोग में, विस्फोटक वृद्धि अभिलक्षित हो रही है। वरदान व अभिशाप दोनों रूपों में, 1990 के दशक में, टेलीकम्यूनिकेशन व्यवसाय में, तीव्र

बढ़ोत्तरी हुई व इसने नवीन अवसरों को आविर्भूत किया। वायरलेस सूचना प्रणाली ने भविष्य में नवीन सेवाओं व नवीन भूमिकाओं के सृजन को प्रभावित किया व नवीन आधार तैयार किया।

अधिकतर व्यक्ति जो घरेलू स्तर पर या छोटे व्यवसाय हेतु इंटरनेट का प्रयोग करते हैं वो साधारण टेलीफोनिक कनेक्शनों का प्रयोग करते है। इससे एक बार पुनः टेलीफोन कनेक्शनों की मांग में, लाभदायक वृद्धि दृष्टिगोचर हुई (Kehoe : 1997)। इससे टेलीफोनिक आय में वृद्धि भी हुई। जहाँ समयानुसार काल दर निर्धारित होता है वहाँ इंटरनेट के नवीन आय में नाटकीय ढंग से वृद्धि का आकलन है कि इंटरनेट के सुरक्षित सेवाओं व सरल कनेक्शनों से लाभ में वृद्धि की जा सकती है व विचारों की गुणवत्ता से इंटरनेट के भविष्य को व्यापक बनाया जा सकता है।

अगर टेलीफोन कंपनियां ग्राहकों/व्यक्तियों तक इंटरनेट की पहुँच की गुणवत्ता को सुनिश्चित करना चाहती है तो अत्यावश्यक है कि वे स्थानीय क्षमता में अनवरत सुधार करें। कार्यक्षमता में वृद्धि हेतु ग्राहकों तक फाइबर आप्टिक केबलों का पहुँच अत्यधिक लाभकारी है। फाइबर आप्टिक केबलों का व्यापक प्रवाह नगर केन्द्रित व्यवसायों व अतिशय घनत्व वाले शहरों के बहुमंजिली इमारतों व लैटों में, बहुतेरे देशों में आसानी से अवलोकित किया जा सकता है (Negro ponte : 1995)। अतः यह अत्यावश्यक है कि टेलीफोन कंपनियां अपने स्थानीय क्षमता में क्रमागत रूप से वृद्धि करना चाहती है तो इंटरनेट की पहुँच तक उपलब्धता सुनिश्चित होनी चाहिए। इंटरनेट का प्रयोग (कम्प्यूटर व टेलीफोन के सहमिश्रण के साथ) स्वयं की गुणवत्ता के सुधार हेतु करना चाहिये। इससे कंपनियों की सेवायें, जैसे उनके मूल्य में सकारात्मक प्रभाव अभिलक्षित होगा।

धनी विश्व में, जब टेलीफोन कंपनियां अपने निर्धारित ग्राहकों को, नवीन व लाभदायक सेवायें उपलब्ध कराने हेतु, सोचने के लिये संघर्ष कर रही हो, इसके बावजूद इस पृथ्वी पर टेलीफोन तक लोगों की पहुँच न हो, यह विस्मयकारी है। लेकिन साथ ही यह वास्तविकता भी है कि विश्व के बहुतेरे भागों में, प्रथम बार टेलीफोनिक सेवाओं का आगमन/पहुँच सुलभ हो रहा है। टेलीफोन लाइनों का औद्योगिककृत देशों में पुनःव्याप्तीकरण/पुनःप्रस्तुतीकरण हो रहा है। नवीन निवेश में यह अति विशाल उछाल का परिणाम है। बहुतेरे विश्लेषण भविष्य में

टेलीकम्यूनिकेशन प्रणाली में, व्यापक निवेश का आकलन करते है। बहुतेरे विकासशील देश कम कीमत पर, टेलीफोन कनेक्शनों को उपलब्ध करा रहे हैं। विश्व में एशिया का स्थान टेलीकम्यूनिकेशन के क्षेत्र में, वृद्धि करने वालों में तीव्रतम है। लेकिन विकसित/विकासशील देशों के अनेक भागों में वृद्धि की गति धीमी है।

टेलीकम्यूनिकेशन नेटवर्क के निर्माण में, गरीब देशों के समक्ष दो लाभ है : बहुत सारी प्रौद्योगिकी नवीन नेटवर्क की स्थापना की लागत को कम करती है व नवीन नेटवर्किंग प्रणाली का स्थापना को उच्च स्तरीय बनाती है। लागत को नियंत्रित करने वाली प्रौद्योगिकियां लागत को कम कर सकती हैं व सेवाओं की विश्वसनीयता को बढ़ा सकती है। इस तरह की संभावना वायरलेस लोकल लूप में दिखती है जिसका एशिया के देशों में व्यापक स्तर पर प्रयोग हो रहा है। इसके अतिरिक्त 'वर्चुअल टेलीफोन' का भी प्रयोग हो सकता है जो एक ऐसी प्रौद्योगिकी के रूप में लक्षित है जो लोगों को टेलीफोन से सुरक्षित मेल बाक्स को सुनिश्चित करती है (Cairncross : 2000)।

विकासशील देशों के पास डिजिटल नेटवर्क से भी संपूर्णतः सम्बद्ध होने के सुअवसर है। आज विश्व के बहुतेरे देश डिजिटल नेटवर्क प्रणाली से संबद्ध है। यथा : जर्मनी, अमेरिका, जापान, आस्ट्रेलिया, मालदीव, सोलोमन व रंवाडा इत्यादि (Cairncross : 2000)। क्योंकि यह भी एक सत्य है कि 2000 से पहले डिजिटल नेटवर्क की प्रलब्धता व्यापक नहीं थी (Klinenberg and Benaecry : 2005)। लेकिन आज डिजिटल नेटवर्क व इलेक्ट्रानिक कम्यूनिकेशन की उपलब्धता सर्वसुलभ है। इससे कार्य करने की प्रवृत्ति, समयबद्धता व बाधाओं को विनष्ट करने में मदद मिला है व बौद्धिक अकादमिक, व्यवसायिक व तकनीक विद् लोगों के कार्य करने के स्वरूप में परिवर्तन हुआ है व 'डिजिटल युग' का आर्विभाव हुआ है (Norris : 2001; Servon : 2002; Zook : 2005)।

विकासशील देश मोबाइल टेलीफोन का भी उपयोग, तीव्र गति से धनी देशों की अपेक्षा कर सकते हैं। मोबाइल संचालकों को व्यापक स्तर पर स्थापित तार प्रणाली युक्त टेलीफोन से प्रतिस्पर्धारत होने की कोई आवश्यकता नहीं है क्योंकि मोबाइल नेटवर्क को बिना समय बाधा व प्रतिरक्षारत व्यवस्था के, कम समय में व्यापक स्तर पर स्थापित किया जा सकता है।

बाजारीकरण, प्रतिस्पर्धा व खुली बाजार प्रणाली ने विकासशील देशों में व्यापक महत्व प्राप्त किया है क्योंकि प्राथमिक स्तर पर वहाँ राष्ट्रीय एकाधिकार की नीति पूंजी व गलत प्रबंधन के कारण गैर-प्रासंगिक होती है। तथ्यात्मक रूप से विकासशील देशों के संदर्भ में, खुली बाजार प्रणाली के सफलीभूत होने के अतिवादी उदाहरण मौजूद है। इससे सेवाओं में नाटकीय वृद्धि भी लक्षित हुई है। बाजारीकरण, प्रतिस्पर्धा व खुली बाजार प्रणाली कम खर्च पर टेलीफोनिक सेवाओं की प्रलब्धता को सुनिश्चित करती है व धनी देशों के समकक्ष स्तर पाने हेतु विकास की पराकाष्ठा की ओर वृद्धिगत होने हेतु प्रेषित करती है (Cairncross : 2000)।

शहरों की अपेक्षा गांवों में रहने वाले लोगों के पास टेलीफोनिक सेवाओं की पहुँच तक की व्यापक समस्या अभिलक्षित होती है। यह असंगति व्यापक स्तर पर अवलोकित किया जा सकता है जहाँ संपूर्ण जनसंख्या का अधिकांश भाग गाँवों में रहता है व टेलीफोन प्रणाली की उपलब्धता कमतर होती है (जैसे भारत में) शहरी वातावरण की राजनीतिक-सामाजिक जागरूकता व सहजता, कम खर्चीलापन व्यापक टेलीफोन प्रणाली की स्थापना को प्रोत्साहित करता है जबकि ग्रामीण इलाकों में टेलीफोनिक प्रणाली की स्थापना अतिशय खर्चीली है। अतः ग्रामीण इलाकों में वायरलेस प्रणाली की स्थापना कम खर्चीला व व्यापक पहुँच वाला हो सकता है। इससे ग्रामीण क्षेत्र में, सुदृढ़ संप्रेषण, समाचार, शिक्षा, मेडिकल व कृषि कार्यों से संबंधित युक्तियों को प्रसारित हो सकता है। यह शहरी अभिमुखन को प्रसारित कर सकता है। ग्रामीण समाज में गुणवत्ता को बनाये रखा जाय तो ग्रामीण टेलीफोनिक सेवायें, शहरों की अपेक्षा व्यापक आय अर्जित कर सकती है। टेलीफोन सेवाओं की नवीन प्रणालियों से, विश्व के संदर्भ में ग्रामीण क्षेत्रों को व्यापक स्तर पर शहर से अन्तर्संबंधित किया जा सकता है।

टेलीकम्यूनिकेशन के क्षेत्र में व्यापक निवेश के शक्तिशाली प्रभावों में, एक विकसित व विकासशील देशों के बीच अंतराल का निस्तारण है। आज तीव्रगति से विकासशील देशों में विशेषतः एशिया के देश टेलीकम्यूनिकेशन के शक्तिगृह के रूप में आविर्भूत हो रहे हैं। चीन व भारत इसके अग्रगामी पंक्ति में खड़े है। विकासशील देशों का वैश्विक टेलीफोन प्रणाली से संबंध व्यापक प्रभावशाली है। यह सत्य है कि एक दिन विकासशील देशों की टेलीकम्यूनिकेशन प्रणाली की स्थापना व निर्वहन लागत कम होगी/टेक्सटाइल, इलेक्ट्रानिक वस्तुओं व सेवाओं

की उपलब्धता सहज होगी। इसको हम कालसेन्टर के उद्भव के रूप में भी अवलोकित कर सकते हैं जो अनवरत वृद्धिगत है।

टेलीकम्यूनिकेशन प्रणाली विश्व के बहुविध क्षेत्रों से, सूचनाओं की प्रलब्धता सुनिश्चित करती है। प्रौद्योगिकी सूचनायें अर्थात् उद्योग, स्वास्थ्य, शिक्षा व अन्य सेवाओं के विवरण, व्यवसायिक सूचनायें अभिप्रेरणाओं में वृद्धि व उपभोग के रूपान्तरित प्रतिमान और राजनीतिक रूपान्तरण (जो कि लोकतांत्रिक रूपान्तरण की प्रभावशीलता को स्थापित करता है और लोकतांत्रिक विमर्श को प्रारम्भ करता है) को उपलब्ध कराता है। निवेश का व्यापक प्रभाव, विश्व को एक उत्पादक के रूप में प्रस्तुत करना है। कम खर्चीली टेलीकम्यूनिकेशन सेवायें विकासशील देशों के उपर, धनी विश्व (प्रथम विश्व) के लाभों को कम करेगा। एक अर्थ में, यह स्पष्ट व अच्छी टेलीकम्यूनिकेशन सेवाओं के या प्रणाली के साथ विशिष्ट बन सकेगा। यह व्यापक अंतराल की समाप्ति व वैश्विक व्यापार प्रकोष्ठ से इलेक्ट्रानिक वस्तुओं के संदर्भ में, संबंधन है (Cairncross : 2000)।

7. टेलीविजन : एक नवीन रूप का प्रस्तोता

बहुतेरे वैश्विक समालोचकों ने टेलीविजन के आर्विभाव पर, टेलीविजन की तुलना में नकारात्मक टिप्पणियां अभिव्यक्ति की है (Bryson : 1995)। जबकि आज वैश्विक स्वीकारोक्ति टेलीविजन के संदर्भ में सर्वलक्षित है। सर्वत्र दैनिक क्रियाकलापों की संलग्नता के बावजूद व्यक्ति का अधिकतर समय टेलीविजन प्रसारणों के समक्ष व्यतीत होता है। मनोरंजन, सूचना व आकर्षक प्रदर्शन की टेलीविजन की योग्यता ने 20वीं सदी का प्रमुख आकर्षक प्रकार्य खाली समय को पूरा करने को बनाया है तथा यह अतिशय सांस्कृतिक प्रदर्शन का प्रिटिंग प्रेस के बाद आविष्कार है।

आज टेलीविजन का प्रौद्योगिकी रूपान्तरण टेलीफोन की तरह हो रहा है। इसके अन्तर्गत दो व्यापक प्रभाव अभिलक्षित है : वितरण व्यवस्था (डिलिवरी सिस्टम) की क्षमता में व्यापक वृद्धि ताकि व्यक्ति सौ चैनलों का ही नहीं बल्कि हजारों चैनलों का प्रसारण यथासंभव देख सके व कार्यक्रम निर्माण तथा लागत में कमी व कार्यक्रम निर्माण तथा वितरण लागत में कमी। इन परिवर्तनों ने टेलीविजन की प्रकृति को रूपान्तरित किया है। इसके अतिरिक्त अन्य प्रभाव जो लक्षित है वह 'इंटरनेट के साथ टेलीविजन के समामेलन' के रूप में अवलोकित कर सकते हैं।

टेलीफोन की तुलना में, लेकिन कुछ अर्थों में यह परिवर्तन अलग होगा क्योंकि दृढ़ निश्चयात्मक रूप से यह कहा जा सकता है कि व्यक्ति आकर्षक व पसंदीदा कार्यक्रमों हेतु उच्च दर/शुल्क प्रदान कर सकता है। केबल व सेटेलाइट टेलीविजन के कारण टेलीविजन की बिक्री स्थिति में बढ़ोत्तरी हुई है। बहुतेरे धनी देशों में, व्यक्ति अधिकतर टेलीविजन कार्यक्रमों को देखते हैं लेकिन समय की मात्रा में कमी हुई है। भविष्य में, अन्य साधनों की अपेक्षा टेलीविजन सूचना एकत्रीकरण, सामाजीकरण व खेलों के प्रदर्शन के आकलन हेतु अन्य प्रसारण साधनों की तुलना में प्रतिस्पर्धी होगा (Rose : 1996)। अतः टेलीफोन की समयावधि बढ़ी है लेकिन टेलीविजन देखने हेतु समयावधि में कमी आयी है। यह कहा जा सकता है कि टेलीविजन लोगों (व्यक्तियों को) कार्यक्रमों को देखने हेतु ज्यादा प्रेरित करेगा लेकिन समयावधि की मात्रा कम होगी (Cairncross : 2000)।

आकलन है कि विकासशील देशों में जहाँ प्रसारण चैनलों की अपर्याप्तता होगी व प्रसारण अवधि कमतर होगी वहाँ सामाजिक-सांस्कृतिक क्रांति का प्रारूप कुछ अलग किस्म का होगा। टेलीविजन के स्वामित्व व मल्टी चैनल टेलीविजन का प्रवाह, विश्व के कम आय वाले भागों में, उच्च आय वाले भागों की अपेक्षा अधिक होगा व एक व्यापक बाजार की उपलब्धता सुनिश्चित होगी। यह बहुत कुछ धनी विश्व के आयातो/निर्यातों पर निर्भर होगा व कुछ सतर तक इसे नवीन स्थानीय मनोरंजन उद्योग के विकास के द्वारा भी पूरा किया जा सकता है।

बहुल चैनल के रूप में, टेलीविजन विकेन्द्रित है। टेलीविजन अद्वितीय रूप से एक राष्ट्रीय प्रघटना है। यह सांस्कृतिक अनुभवों की सहभागिता का मुख्यक केन्द्रक है जो दृढ़ व लंबी अवधि के सामुदायिक बंधनों के सहभागिक अनुबंधनों को निर्मित करता है।

टेलीविजन कार्यक्रमों के व्यापक विस्तार से, आज प्रत्येक व्यक्ति बहुविध चैनलों को देखने हेतु योग्य है (जैसे कि इंटरनेट के प्रत्येक प्रयोगकर्ता बहुविध साइट का चुनाव कर, अध्ययन व अवलोकन कर सकता है)। मोबाइल या टेलीफोन की तरह मनोरंजन के अन्य स्रोत की अपेक्षा, टेलीविजन उपकरणों का एक वैयक्तिक अंश होगा। लेकिन यह भी संभव है इन वैयक्तिककृत मशीनों से बहुसंख्यक लोग, अतिशय उत्तेजित कार्यक्रमों का अवलोकन करते हैं। टेलीविजन

सिनेमा व्यवसाय की तरह वैश्विक स्तर पर अत्यधिक सफल आकर्षण के रूप में, विस्तारित वैश्विक श्रोताओं को आकर्षित करने वाला उपकरण होगा।

आज टेलीविजन व्यवसाय वैश्विक है व सामाजिक-सांस्कृतिक मूल्यों के रूप में प्रदर्शित हो चुका है (Rai : 2005)। क्योंकि आज इसके अन्तर्गत व्यापक स्तर पर तीन परिवर्तन अभिलक्षित हैं : (i) वितरण नेटवर्क का एनालाग से डिजिटल प्रणाली की ओर आगमन व नवीन वितरण प्रणाली का आगमन विशेषतः सेटेलाइट प्रणाली का विकास (ii) देखने वालों द्वारा चैनलों की दर अदायगी (iii) उद्योगों का वैश्विक गठबंधन द्वारा प्रभावित होना। प्रयोग या नवाचार की अनिश्चितता व उत्तेजना का एक महत्वपूर्ण परिणाम टेलीविजन को इंटरनेट या इंटरनेट में टेलीविजन को अवलोकित कर सकते हैं। वितरण प्रणाली में, संयुक्त वृद्धिगत क्षमता के साथ इंटरनेट टेलीविजन की भूमिका को विस्तारित करेगा जो नवीन आशय व संभावनाओं का सृजनदाता है। यह केवल घरेलू मनोरंजन के क्षेत्र में ही नहीं होगा बल्कि कारपोरेट कम्यूनिकेशन में इसे अवलोकित किया जा सकता है।

टेलीविजन वितरण में दो व्यापक परिवर्तन अभिलक्षित हो रहे हैं प्रथमः केबल व सेटेलाइट प्रणाली के माध्यम से नवीन वितरण प्रणाली द्वारा, पुरानी वितरण प्रणाली को चुनौती। द्वितीयः सभी वितरण प्रणाली का डिजिटल हो जाना; जिससे उनकी क्षमता में व्यापक वृद्धि आविर्भूत हुई है। इसके प्रभावों की गति अत्यधिक तीव्र है व बहुविध पसन्द की वस्तुयें टेलीविजन पर उपलब्ध है। आज यह एक ऐसा माध्यम है जिसमें व्यापक क्षमता निहित है।

पूर्व में, विश्व के अनेक भागों में, टेलीविजन की वायु नेटवर्किंग प्रणाली व्याप्त थी तथा राष्ट्रीय स्तर पर प्रतिबंधों के कारण व्यक्ति केवल चार/पाँच चैनलों का अवलोकन कर सकता था। पसंद पर प्रतिबंध ने टेलीविजन की प्रकृति हेतु व्यापक परिणाम पैदा किया। प्रथमः टेलीविजन प्रसारण अधिकतर सरकार द्वारा धारित था। द्वितीयः व्यापक संभावित श्रोताओं की आवश्यकताओं को पूर्ण करना व प्रोत्साहित करना ताकि असीमित जनमाध्यम का निर्माण हो सके और तृतीयः टेलीविजन के व्यापक श्रोताओं ने व्यापक बाजार विज्ञापन के विकास को आकार दिया है व उसके विकास को संपोषित किया है (Klien : 2000)।

वैश्विक स्तर पर, कुछ देशों में केवल टेलीविजन सामान्य है। अमेरिका का जहाँ बहुसंख्यक भाग केबल से आच्छादित है वही यूरोप के अन्य देशों में कुछ कमतर है (Kee et.al. : 1996)। विश्व के अनेक भागों में केवल टेलीविजन का प्रवाह बढ़ता जा रहा है। तीव्र गति से वृद्धि विकासशील देशों में भी अवलोकित की जा सकती है। भारत के अधिकतर घर केबल प्रणाली से सम्बद्ध है तब टेलीफोन से। लेकिन टेलीविजन के विस्तारण में क्रांतिकारी परिवर्तन सेटेलाइट के माध्यम से प्रत्यक्ष प्रसारण द्वारा प्राप्त हुई है। इसे 'डीटीएच' या 'डायरेक्ट टू होम' भी कहा जा सकता है। प्राथमिक रूप से सेटेलाइट का प्रयोग टेलीकम्यूनिकेशन के क्षेत्र में होता है तत्पश्चात् केबल कंपनियों के कार्यक्रम प्रसारण हेतु इसका उपयोग किया जाता है। 1980 व 1990 के दशक के दौरान इस सरल अनूठेपन की वजह से, सेटेलाइट टेलीविजन की शुरूआत हुई व व्यापक प्रचारित/प्रसारित हुआ। डीटीएच सेटेलाइट टेलीविजन की शुरूआत इस सेटेलाइट की ही देन है। प्रसारण हेतु सेटेलाइट का व्यापक स्तरीय प्रयोग 1990 के दौरान टेलीकम्यूनिकेशन की बजाय अतिशय हुआ। अब तक जहाँ चैनलों का प्रसारण क्षेत्रीय टेलीविजन संस्थान से किया जाता था व वहाँ राष्ट्रीय प्रसारण की सुविधा उपलब्ध नहीं थी। अब वहाँ चैनलों का प्रसारण कार्य राष्ट्रीय स्तर पर सेटेलाइट के माध्यम से किया जाने लगा व एक प्रकार से परिपक्व बाजार व सुदृढ़ बाजार व्यवस्था की स्थापना हुई।

वाह्य रूप से भौतिक विश्व प्रमुखतः एनालाग प्रणाली पर आधारित है। एनालाग से डिजिटल रूपान्तरण वाह्य भौतिक विश्व हेतु एक पद्धति है व डिजिटल से एनालाग रूपान्तरण वाह्य विश्व से वार्तालाप करने की एक कम्प्यूटर प्रणाली है। डिजिटल तकनीक कम्प्यूटर में अग्रगामी भूमिका का निर्वहन करती है। इसे नियंत्रण व्यवस्था, सांकेतिक प्रसंस्करण, संप्रेषण प्रणाली व मापन प्रणाली में अवलोकित किया जा सकता है। डिजिटल तकनीक का व्यापक प्रयोग कम्यूनिकेशन के क्षेत्र में, संकेतों की गुणवत्ता व सुधार हेतु प्रयुक्त होता है। इससे संकेतों का पुनर्सृजन हो सकता है। यही वजह है कि आज संपूर्ण विश्व डिजिटल कम्यूनिकेशन से प्रभावित है (Waterhouse : 1995)।

टेलीविजन कार्यक्रम के प्रसारण व वितरण की क्रांति ने इसके अन्तर्वस्तु के विश्लेषण में क्रांति पैदा की है। विश्व में आज बहुतेरे चैनलों का घरेलू वितरण

है लेकिन सभी टेलीविजन का अन्तर्वस्तु भिन्न व अलग किस्म का है। इसका कारण टेलीविजन का अधिक विविधीकृत व पुनरावृत्तियुक्त होना है। इसके अतिरिक्त टेलीविजन व्यवसाय में आविर्भूत समस्याओं का धीरे-धीरे नष्टीकरण, कार्यक्रमों का बहुल प्रयोग व अभिमतकर्ताओं (देखने वालों) के पास उच्च स्तरीय फिल्म व कार्यक्रमों के चयन के पर्याप्त अवसरों की उपलब्धता इत्यादि प्रमुख आधार स्तंभ है।

बदलावित चैनल संरचना, आय स्रोत व टेलीविजन

आज व्यापक स्तर पर चैनल के संरचनाओं में परिवर्तन अभिलक्षित है। आज प्रत्येक समय व्यक्ति आकर्षक व प्रभावी चैनल कार्यक्रमों का अवलोकन कर सकता है। चैनलों की अधिकता के कारण अवांछित कार्यक्रमों को भी देखा जा सकता है। अधिकतर टेलीविजन चैनल केबल या सेटेलाइट के माध्यम से संचालित है। यह सर्वत्र लक्षित है कि नये चैनलों की तीव्र वृद्धि का आधार केबल व सेटेलाइट माध्यमों से प्रसारण है। इसके विकास को, सौन्दर्य प्रसाधन के क्षेत्र में अवलोकित किया जा सकता है। सौन्दर्य प्रसाधन, कम लागत पर ब्रांडेड होते हैं तथा ये बाजार पर ही प्रभाव स्थापित नहीं करते हैं बल्कि नवीन बाजार व्यवस्था का सृजन भी करते हैं व पुरानी व्यवस्था क्रमिक रूप से क्षीण होती जाती है। इसको टेलीविजन के संदर्भ में देखा जा सकता है। आज विश्व के अधिकतर भागों में पुरातन नेटवर्क व्यवस्था क्षीणवत् है व घरेलू स्तर पर अधिकतर लोग केबल व सेटेलाइट चैनलों की तरफ अभिमुख है (Cairncross : 2000)। वैश्विक स्तर पर आकलन किया जाय तो यह सत्य है कि 1990 से 1996 के मध्य अधिकतर घरेलू स्तर पर 'मल्टी चैनल टेलीविजन' में अतिशय वृद्धि हुई है। युवाओं, बच्चों व युवाओं के मध्य व भविष्य के दर्शकों के मध्य, यह आकर्षक व असाधारण विकल्प के रूप में प्रस्तुत हुआ है व पुरानी नेटवर्क प्रणाली के प्रति स्वामिभक्ति व लगाव में कमी दृष्टिगोचर हुई है (Clemens and Key : 1996)। लेकिन यह भी सत्य है कि इससे टेलीविजन प्रणाली की पुरातन नेटवर्क प्रणाली की सोद्देश्यता नष्ट नहीं होगी। यह (नेटवर्क/टेलीविजन) उत्तरोत्तर समरूप सांस्कृतिक शक्ति को व्युत्पन्न करता है। यह प्रत्येक व्यक्ति की अनुभूति होगी कि अगली शताब्दी के द्वितीयक दशक तक टेलीविजन केवल दर्जनों/हजारों चैनलों का प्रतीक

नहीं होगा बल्कि असीमित भिन्नता का वाहक होगा। इसके विशिष्ट घटनाओं व कार्यक्रमों से व्यापक दर्शक आकर्षित होंगे लेकिन टेलीविजन देखने का स्वरूप अतिशय वैयक्तिक अनुभूतिपूर्ण होगा।

दर्शकों के पुरातन विश्व व नेटवर्क की अपेक्षा, व्यापक पसन्द व विकेन्द्रित श्रोताओं का नवीन टेलीविजन विश्व, आय के बहुविध स्रोतों का प्रदर्शीकरण है। नवीन टेलीविजन विश्व में आकर्षक छूट व कार्यक्रम दर कार्यक्रम शुल्क प्रदाता की व्यवस्था ने आय स्रोत में वृद्धि की है। संयोगवश अपने प्रभुत्वकारी समय में पुरातन टेलीविजन विश्व व्यवस्था 'जन बाजारू विज्ञापन व शक्तिशाली ब्रांडो' से आच्छादित नहीं थी। ब्रांडों के युग का संयोगत प्रसारण 'जन बाजारू टेलीविजन युग' द्वारा प्रसारित हुआ। आश्चर्यजनक रूप से 'ब्रांड जागरूकता' का शक्तिशाली उपकरण जन बाजारू टेलीविजन युग का संयोजन है (Klein : 2000)।

विज्ञापन ने संभवगत स्तर तक नेटवर्क प्रणाली की दर्शकों तक की पहुँच हेतु स्पष्ट कदमों का सृजन किया है। इससे व्यापक स्तर पर लागत जो नेटवर्क से संबंधित है, में कमी आयी है व विज्ञापन के आय से, लागत में भी कमी हुई है। केबल व सेटेलाइट चैनल, वैश्विक स्तर पर, मान्यताओं के विविध पूंजी पर कार्य करते हैं। नेटवर्क की तुलना में उनके दर्शक कुछ कमतर होते हैं कारण यह कि मुक्त टेलीविजन प्रसारण की अपेक्षा इनका प्रसारण व अवलोकन दर आधारित होता है।

जन योगदानों या विज्ञापन की अपेक्षा ग्राहक से प्राप्त आय में तीव्र वृद्धि होती है। ग्राहकों से प्राप्त आय से एक विशिष्ट प्रकार का लाभ होता है। जन बाजारू विज्ञापनकर्ता नौजवान दर्शकों की एक श्रृंखला प्राप्त करना चाहता है जो उपभोक्तावादी व रोमांचकारी वस्तुओं का व्यापक उपभोगकर्ता व खर्चकर्ता होता है व व्यवसायिक नेटवर्क चैनलों का प्रदाता होता है। यह सत्य आकलन है कि विश्व में कहीं भी आने वाले भविष्य में ग्राहकों से प्राप्त आय में अन्य साधनों की अपेक्षा सतत वृद्धि होगी। यह माध्यमों की प्रकृति में व्यापक/आधारभूत परिवर्तन का आधार होगा।

ग्राहकों से प्राप्त आय के विस्तार हेतु टेलीविजन कंपनियां शुल्क प्रदाता कार्यक्रमों से अधिकाधिक मात्रा में आय अर्जित करेगी। दर्शक कार्यक्रमानुसार

अधिक शुल्क/दर प्रदान करेंगे जैसा कि केबल व नेटवर्क चैनलों की प्रथा है। आज जो दर्शक अक्सर कार्यक्रम देखते हैं वो अतिरिक्त लागत को पसन्द नहीं करते हैं व इस तरह की सौदेबाजी भविष्य में कम ही होगी। डिजिटल टेलीविजन की मान्यता इस तथ्य पर आधारित है कि कार्यक्रमों के मूल्य का आकलन दर्शकों के आधार पर किया जा सकता है। नवीन मूल्य व्यवस्था कार्यक्रम प्रदर्शन की अन्तर्वस्तु से संबंधित अधिकार के प्रबंधन को अतिशय महत्व देता है। डिजिटल टेलीविजन के अनुभव के आधार पर कहा जा सकता है कि प्रत्येक फिल्म के साथ दर प्रदान की स्थिति दर्शकों को अधिकाधिक मात्रा में आकर्षित करता है। अधिकतर डिजिटल सेवायें शुल्क प्राप्ति के साथ तुरन्त मांग के आधार पर विडियो (नियर विडियो आन डिमांड) का प्रदर्शन करती है। अगले कुछ वर्षों तक डिजिटल टेलीविजन का 'तुरन्त मांग के आधार पर शुल्क प्राप्ति के साथ प्रदर्शन' बड़े स्तर पर अकेले नवीन चैनल क्षमता हेतु अकेला बड़ा प्रायोगिक आधार होगा। दर्शक अपने प्रिय कार्यक्रमों को अतिशय या कमतर मात्रा में देखने हेतु सक्षम होंगे। 'रेफ्रिजरेटर टेलीविजन' इसी क्षेत्र में एक प्रयास है जहाँ टेलीविजन पर प्रसारित कार्यक्रमों को अनवरत देखने हेतु टेलीविजन के अन्दर एकत्रित किया जा सकता है। एक अन्य महत्वपूर्ण परिणाम तुरंत मांग के आधार पर शुल्क प्राप्ति के साथ प्रदर्शन की व्यवस्था से आय के स्रोतों में वृद्धि होगी व दर्शकों की क्षमता भी बढ़ेगी। अध्येताओं का आकलन है कि वैश्विक स्तर पर आय का यह एक सशक्त स्रोत है।

यह आकलन है कि टेलीविजन अंतःक्रियात्मक सेवाओं की नवीन विश्व व्यवस्था का प्रमुख द्वार है। गृह या व्यवसाय के तीन इलेक्ट्रानिक मुख्य द्वार टेलीविजन, टेलीफोन व पी.सी. है। जिसमें सबसे ज्यादा खरीददारी टेलीविजन सेटों की है। अमेरिकन आकड़ों पर विश्वास किया जाय 100 स्थायी निवासियों में से 80 प्रतिशत के पास टेलीविजन सेट है जो कि विश्व में उच्च स्तरीय प्रवेशीकरण है। जबकि वैश्विक स्तर पर अवलोकित किया जाय तो 5.6 अरब लोगों में, लगभग 1.2 अरब लोगों के पास टेलीविजन है जो निर्धारित टेलीफोन व पी.सी. की व्यापक प्रचार-प्रसार को प्रस्तुत करता है (Cairncross : 2000)। इस अंतःक्रियात्मक प्रवृत्ति का विस्तार इंटरनेट की वृद्धि के विस्तार व डिजिटल टेलीविजन प्रसारण के माध्यम से विस्तारित होगा। बहुतेरे लोगों ने डिजिटल विश्व में, टेलीविजन व इंटरनेट के समामेलन के

व्यवसायिक महत्व को सिद्धता प्रदान की है। ब्रिटेन बी.बी.सी. के प्रमुख जान विर्ट ने इंटरनेट को रेडियो व टेलीविजन की अपेक्षा तीसरा सबसे सशक्त माध्यम बताया है (Cairncross : 2000)।

पी.सी. व कम्प्यूटर साटवेयर के निर्माण ने समामेलन की संभावनाओं को व्यापकता प्रदान की है। कम्प्यूटर व्यवसाय के तीन प्रमुख स्तंभों यथा : माइक्रोसाट, कम्पैक व इंटेल ने पी.सी. के निर्माण को गति प्रदान की है। टेलीविजन व इंटरनेट का व्यापक संबंधन डिजिटल टेलीविजन के विकास का प्रतीक है। डिजिटल टेलीविजन का प्रसार, टेलीविजन उद्योग व पी.सी. की संसाधन व सामग्री, आसानी से अर्न्तपरिवर्तनीय होगी। इसी क्रम में, माइक्रोसोट ने एन.बी.सी. के साथ मिलकर एमएसएनबीसी को प्रस्तुत किया है जो आनलाइन व केबल सेवाओं के माध्यम से 6 टेलीविजन चैनलों को, एमएसएन के भाग के रूप में, पी.सी. पर देखा जा सकता है। माइक्रोसोट ने अप्रैल 1997 में वेब टी.वी. नेटवर्क की स्थापना की है। कंपनी ने टेलीविजन सेट को एक ऐसें मार्ग के रूप में प्रस्तुत किया जिससे इसे पी.सी. के रूप में प्रयोग किया जा सके व इलेक्ट्रानिक मेल (ई-मेल) का बहिर्गमन व अधिग्रहण हो सके व वर्ल्ड वाइड वेब का विस्तार व व्याख्या हो सके।

वैश्विक टेलीविजन : एक परिकल्पना

घरेलू स्तर पर, टेलीविजन की वृद्धिगत मांग व नवीन घरेलू बाजार व्यवस्था ने निम्न दर्शक दर व स्थानीय कार्यक्रमों की निम्न गुणवत्ता ने विश्व में नवीन दर्शक गण को प्रस्तुत किया है। धनी देशों की टेलीविजन की पहुँच में बहुतेरे विकासशील देशों में आश्चर्यजनक रूप से वृद्धि हुई है व प्रसारण की अवधि तथा कार्यक्रमों की पसन्द में भी पर्याप्त वृद्धि हुई है। एशिया के बहुतेरे भागों में टेलीविजन की पहुँच में व्यापक वृद्धि हुई है व बाजार व्यवस्था तथा उद्योगों में क्रांति को प्रवर्तित किया है। इससे विज्ञापन के संचालन ने नवीन उत्पाद व्यवस्था को संचालित व सृजित किया है। टेलीविजन के व्यापक प्रवाह आर्थिक व सामाजिक परिवर्तनों का आधार स्तंभ हुआ है और यह वैश्विक टेलीविजन व्यवसाय के प्रवर्तन का देवत्तक है। लेकिन यह वैश्विक टेलीविजन, वैश्विक तेल साम्राज्य की तरह उपर्युक्त नहीं है क्योंकि हर राष्ट्रीय टेलीविजन का परिस्थितिकीय आवरण

भिन्न होता है; क्योंकि लोग विविध मुद्दों, विविध क्रियाकलापों व विविध समाचार प्रघटनाओं से संचालित होते हैं इसलिये आज बहुतेरी कंपनियां, स्थानीय बाजार व्यवस्था के हिसाब से कार्यक्रमों का संचालन करती है (Cairncross : 2000)।

यह आकलन है कि बहुतेरे वैश्विक टेलीविजन कार्यक्रम राष्ट्रीय रूप से, हमेशा विरोधाभासी होगा। वास्तव में चैनलों की बहुलता टेलीविजन को, सावधानीपूर्वक व अधिक यथार्थता के साथ क्षेत्रीय व स्थानीय पसन्द को प्रस्तुत करेगा। प्रत्येक जगह दूसरे देशों से अधिक टेलीविजन चैनल उपलब्ध होगा जहाँ स्थानीय टेलीविजन द्वितीय या साधारण श्रेणी के होते हैं। साथ ही लोग बाहर से आयातित सामग्री का प्रमुखतः अवलोकन कर सकेंगे। प्रतिस्पर्धा व कम लागतों में आधारभूत कार्यक्रमों का निर्माण जैसे - स्थानीय बाजार समाचार व्यापक रूप से टेलीविजन की गुणवत्ता को सुधारेगा वह भी खास तौर से विकासशील देशों में। यह केवल आशाओं व प्रत्याशाओं को ही प्रभावशाली या प्रभावित नहीं करेगा बल्कि जीवन स्तर को भी नवीन रूप में प्रस्तुत करेगा। आयातित सामग्री का व्यापक सांस्कृतिक प्रभाव स्थापित होगा यह साथ ही साथ व्यापक स्वतंत्राओं का भी (राजनीतिक/सामाजिक/सांस्कृतिक/आर्थिक) प्रस्तोता होगा। इसके अतिरिक्त टेलीविजन कार्यक्रम जो पश्चिमी जीवन स्तर को अभिव्यक्त करेगा वह आर्थिक अभिप्रेरणाओं को भी अभिव्यक्त करेगा। यह बाजारू अर्थव्यवस्था व लोकतांत्रिक प्रक्रिया के सृजन का आधार होगा।

(धनी विश्व में टेलीविजन पर प्रभुत्वकारी प्रभाव इंटरनेट के रूप में अभिलक्षित होगा। इंटरनेट कुछ वस्तुओं में परिवर्तन करेगा। इंटरनेट का एक महत्वपूर्ण अति साधारण स्वरूप जन प्रयोगों का/जन अनुभवों का वृद्धिगत शक्तिशाली केन्द्रक है या वृद्धिगत विस्तार है)।

भविष्य में आज की अपेक्षा टेलीविजन अतिशय विविधीकृत माध्यम होगा और वर्तमान की अपेक्षा अधिक अवलोकित हो सकेगा। व्यवसायिक रूप से सम्बन्ध मूविंग विडियो पिक्चर व एक सामान्य अन्तर्वस्तु होगा। टेलीविजन हाथों में रखने वाला एक छोटा उपकरण होगा तथा साथ ही इसका सम्बंध खेलों से होगा। यह नवीन कार्यक्रमों का प्रसारण तुरंग मांग के आधार पर जन समाज हेतु स्क्रीन पर करेगा व एक नवीन आर्थिक सहायक आंतरिक उद्योग व्यवस्था को संगठित करेगा। इसे खासतौर पर कंपनियों, प्रसारणकर्ताओं, आपूर्तिकर्ताओं, वितरणकर्ताओं व ग्राहकों

के संदर्भ में अवलोकित कर सकते हैं। अगले दशक तक टेलीविजन सेटों के स्वरूप व गुणवत्ता में अतिशय सुधार होगा व सर्वत्र बड़े स्तर का प्लाज्मा, एल.सी.डी व त्रिआयामी च नैनोटेक्नोलोजी युक्त सेट उपलब्ध होंगे। पी.सी. की अपेक्षा यह विविध रूप से अलग होगा व डिजिटल प्रसारण व वितरण तथा लैट स्क्रीन जो दीवारों पर लटकाया जा सके टेलीविजन को अतिशय सहयोगी व आरामदायक रूप में प्रस्तुत करेगा (Cairncross : 2000; Rai : 2005)।

8. इंटरनेट/कम्प्यूटर : वर्चुअल सामाजिक संरचना एव संगठन का कारण व समामेलित उपकरणों का परिणाम

प्रौद्योगिकी विलम्बना, अमेरिका तथा विश्व के अन्य भागों के मध्य कम्प्यूटर व कम्यूनिकेशन के अतिरिक्त विद्यमान है वह भी विशिष्टतः इंटरनेट के प्रयोग में। आधे से अधिक कम्प्यूटर व इंटरनेट के प्रयोगकर्ता अमेरिका में है (हालांकि यह स्थिति परिवर्तनशील है)। हालांकि 20वीं सदी की सबसे महत्वपूर्ण प्रौद्योगिकीय प्रघटना इंटरनेट की वृद्धि है। 1990 में जहाँ केवल कुछ अकादमिक/शैक्षणिक जगत के लोगों ने इंटरनेट के बारे में सुना था वहीं 1997 के दौरान एक आकलन के अनुसार 57 लाख लोग इसका प्रयोग कर रहे थे जिसके अन्तर्गत इलेक्ट्रानिक मेल (ई-मेल) करने वालों की संख्या भी शामिल है। लेकिन यह प्रशंसनीय है कि सिर्फ लोकप्रियता के चलते नहीं बल्कि अपने नवाचार शक्ति के कारण टेलीफोन तथा टेलीविजन के आविष्कृत होने के बावजूद, शैक्षणिक विश्व के क्षेत्र में, इंटरनेट के आविर्भाव ने लाखों अध्ययनकर्ताओं (अब संख्या करोड़ों में है) के माध्यम से इसको शक्तिशाली स्वरूप प्रदान किया है। इसके अतिरिक्त कारपोरेट जगत का भी व्यापक प्रभाव रहा है। इसने नवीन विचारों को उत्पादन को प्रवाहित किया है। यह सेवाओं व अवसरों के सृजन का भी द्योतक है। आज सूचना व संप्रेषण के क्षेत्र में बहुतेरे आविष्कार संपन्न हुए हैं लेकिन इंटरनेट प्रमुखतः एक है जो संपूर्ण संप्रेषकीय रूपान्तरण का द्योतक होगा। आज इस तथ्य का कोई विश्लेषणकर्ता नहीं होगा जो यह अभिव्यक्त कर सके कि अब से 20 वर्ष बाद इंटरनेट का अविस्मरणीय परिणाम क्या होगा (MIDS : 1997)।

इंटरनेट समतुल्य प्रौद्योगिकी का उत्पाद है जिसने टेलीफोनिक विश्व का संचलन व टेलीविजन कार्यक्रमों की लागत को तीव्रतर गति से कमतर किया व

नेटवर्क के उपकरण के रूप में दोनों उपकरणों को गुणात्मक बनाया है। टेलीविजन व टेलीफोन की तरह इंटरनेट के प्रमुख प्रयोग का कोई संस्थापित आधार नहीं है। इंटरनेट एक अकेले व्यापक उद्योग द्वारा प्रभुत्वकारी नहीं है। इंटरनेट ने पूर्व क्रांतिकारी लागत संरचना व अस्पष्ट बाजार व्यवस्था से बचाव किया है। इसने भविष्य की संप्रेषकीय क्षमता में अनवरत वृद्धि की व्यापक संभावना को प्रस्तुत किया है। संप्रेषण (कम्यूनिकेशन) का एक ऐसा विश्व प्रस्तुत किया है जहाँ सूचना का प्रसारण लागत कुछ भी नहीं है जहाँ दूरी गैर तार्किक व विषयवस्तु तक पहुँच अति सरलीकृत है व अति आसान है।

इंटरनेट की व्यापक उपयोगिता व इसके अभिलक्षणों के आकलन हेतु इंटरनेट के इतिहास पर ध्यानाकर्षण अत्यावश्यक है। क्योंकि इंटरनेट के इतिहास का अध्ययन इसके भविष्य की चाभी है। इंटरनेट प्रारंभिक दौर से ही कम या अधिक मात्रा में विभिन्न स्वरूपों या उपकरणों का एक अद्वितीय गठबंधन है। यह एक सार्वजनिक क्षेत्र का उत्पाद है। टेलीफोनिक या टेलीविजन उद्योग की बजाय यह अवधारणा निरस्त है कि यह एकाकी उपकरण या स्वरूप या स्तर द्वारा निर्मित है। यह एक सार्वजनिक संपत्ति है। इसका कोई केन्द्रीय कमान (नियंत्रण) नहीं है और यह संपूर्ण अमेरिकी साम्राज्य द्वारा प्रभावित है। 1990 के दशक के दौरान डब्ल्यू.डब्ल्यू.डब्ल्यू. के इंटरनेट के साथ समामेलन ने संप्रेषण का एक नवीन व शक्तिशाली माध्यम प्रस्तुत किया है (Winston : 1998)।

इंटरनेट एक उत्पाद है न कि एक उद्यम, जो कि पूर्णतः अकादमिक शोध में, सार्वजनिक रूप से अनुमोदित है। 1960 के दशक में कम्पयूटर आकार में बड़े खर्चीले व अप्राप्त थे। अमेरिका रक्षा विभाग की उच्चतर शोध परियोजना ऐजेंसी ने कम्प्यूटरों की शक्ति के गुणात्मक वृद्धि हेतु कम्प्यूटरों के अन्तर्संबंध्रन को प्रोत्साहित व संपन्न किया। कम्प्यूटर मशीनों के मध्य इलेक्ट्रानिक संबंधन के निर्माण से, विश्वविद्यालयों तथा शोध संस्थानों में हुये शोध से, स्रोत व परिणामों में गुणवत्ता प्राप्त हुई है। 1969 में कम्प्यूटरीकृत स्वीच जो प्रोटोकाल नेटवर्क का प्रमुख स्वरूप है, की स्थापना यू.सी.एल.ए. में हुई। यह राष्ट्र आधारित नेटवर्क का आधार था जिसे अर्पानेट कहा जाता था व जिससे 1990 तक विश्वविद्यालय साइट सम्बद्ध थे। इंटरनेट जो अर्पानेट के कारण अनवरत वृद्धिगत है, आज व्यवसायिक और गैर व्यवसायिक कम्प्यूटर नेटवर्क का वैश्विक नेटवर्क है। दूसरे शब्दों में, यह नेटवर्कों का नेटवर्क है जिसमें कुछ अति विशाल व कुछ छोटी है।

इंटरनेट एक सार्वजनिक संपत्ति है जो किसी भी व्यक्ति के मुत प्रयोग हेतु उपलब्ध है। इंटरनेट प्रोटोकाल प्रयोग हेतु प्रत्येक व्यक्ति हेतु उपलब्ध है वह भी बिना किसी लाइसेंस, पेमेंट या अनुमोदन या आदेश के। 1980 के दशक तक इसके अधिकतर प्रयोगकर्ता बड़े स्तर पर, विश्वविद्यालय या शोध संस्थान थे। खुले तौर पर आश्चर्यचकित कर देने वाली इस गुणवत्ता ने सृजनात्मकता में अचानक तीव्र वृद्धि की। जबकि टेलीफोन नेटवर्क टेलीफोनिक कंपनियों द्वारा नियंत्रित व संचालित होता है जबकि इंटरनेट का शक्ति संचालन आधार संपूर्णतः प्रयोगकर्ता के हाथों में है।

इंटरनेट का कोई केन्द्रीय नियामक नहीं है। इसका ट्रैफिक टेलीकम्यूनिकेशन कंपनियों से वैधानिक अनुमोदन द्वारा टेलीफोनिक लाइनों के माध्यम से संचालित होता है। लेकिन इसके बावजूद इसे न टेलीकम्यूनिकेशन कंपनियां व्यवस्थित करती हैं और न ही कोई उत्तरदायित्व होता है। इंटरनेट के ऊपर किसी का कोई स्वामित्व नहीं होता है चाहे वह संचालन का मामला हो या इसके रख-रखाव व संरक्षण का। कोई भी इसके गेटकीपर या नियामक के रूप में कार्य नहीं करता है। कोई भी संदेशों का सृजन या वितरण कर सकता है या 'साइट' का सृजन व पुनर्सजन कर सकता है या सूचना का फाइल कम्प्यूटर पर सृजित संरक्षित व वितरित कर सकता है ताकि जिसका अन्य दूसरे प्रयोगकर्ता उपयोग कर सके। हालांकि इंटरनेट से सम्बन्धित कुछ मुद्दों पर जैसे : इंटरनेट एड्रेसेस या डोमेन नेम्स पर केन्द्रीय रूप से निर्णयन का कार्य, अंशकालिक स्तर पर वैज्ञानिक व इंजीनियर व विषय विशेषज्ञ लेते हैं व इससे संबंधित कुछ कार्य संस्थायें जैसे : आई ए.एन.ए. व आइ.इ.टी.एफ. इत्यादि। लेकिन यह सभी कार्य संस्थायें स्व-नियुक्त सलाहकार/संरक्षक के रूप में कार्य करती हैं व इनका कार्य अभिगत अनौपचारिक व अत्यधिक स्वतंत्र होता है (Cairncross : 2000)।

वर्ल्ड वाइड वेब की प्रवाहशीलता

शैक्षणिक जगत से लोकप्रिय जन समाज तक, इंटरनेट को प्रस्तुत करने का श्रेय अथवा रूपान्तरित करने का श्रेय वर्ल्ड वाइड वेब की प्रवाहशीलता को जाता है। जिसका आविष्कार टीम बर्नली ने 1989 में किया। वेब से इंटरनेट को नये तरीके से कार्य करने का मार्ग प्रशस्त हुआ। इसने (वेब) इंटरनेट के समक्ष

मल्टीमीडिया स्वरूप को प्रस्तुत किया। वेब कलरफुल डिस्पले, पिक्चर, म्यूजिक, मूविंग इमेज व डाटा तथा टेक्स्ट को अनुमोदित व प्रस्तुत करता है। वेब के परिणामस्वरूप इंटरनेट अतिशय पहुँच युक्त व मनोरंजनकारी हुआ है। यह हायपरटेक्स्ट को प्रस्तुत करता है व क्रॉस रिफरेंस के लिये अत्यावश्यक उपकरण का कार्य करता है। हायपर टेक्स्ट इंटरनेट प्रयोगकर्ताओं का प्रत्यक्ष तरीके से सूचना से सम्बन्धित किसी भी तथ्य को, विश्व के किसी भी भाग में, विविध कम्प्यूटरों पर संरक्षित व एकत्रित करने की अनुमति देता है। यह कहीं भी एकत्रित/संरक्षित प्रलेखों से संबंधित लोगों को प्रयोग/उपयोग की अनुमति देता है। यह वास्तविक अवलोकन है कि वेब ने इंटरनेट को प्रायोगिक रूप से मित्रवत् बनाया है व नवीन पहुँच को संभावित किया है। ब्राऊजर भी वेब क्रियाशीलता व लोकप्रियता का कारण है। वेब व नेटस्केप ब्राऊजर के आगमन से इंटरनेट के बढ़ते प्रयोग ने परिवर्तन को प्रारंभ किया है। 1993-94 के दौरान इंटरनेट के बढ़ते प्रयोग ने प्रकाशन की परिकल्पना को प्रभावित किया। 1995 तक यह संभव था कि कम्प्यूटर व कम्यूनिकेशन उद्योग के भविष्य पर एक कृति का सृजन व लेखन हो सके। माइक्रोसोट के मालिक बिल गेट्स की 1996 में लिखित कृति 'दी रोड अहेड' इसी का परिणाम है। 1996 के अंत तक तो इंटरनेट व्यक्तियों के कार्यकारी जीवन का एक भाग बन गया (Gates : 1995; Cairncross : 2000)।

इंटरनेट एक ऐसे विश्व की परिकल्पना प्रस्तुत करता है जहाँ दूरी का अंत होता है तथा न ही दूरी संप्रेषकीय लागत व मूल्य को प्रभावित करती है। इस परिप्रेक्ष्य में इंटरनेट काफी लोकप्रिय है जो संप्रेषकीय स्वरूप में, कम खर्चीला व कम लागत युक्त है। इंटरनेट 'पैकेट स्वीच्ड्' टेक्नोलोजी (पैकेट स्वीच्ड) है जो उच्च स्तरीय टेलीफोनिक काल की अपेक्षा, समान हस्तांतरणीय स्थान में, कम लागत में अधिकाधिक संदेशों को प्रेषित करता है। इंटरनेट प्रयोगी उपभोक्ताओं के लिये लागत दो रूपों में प्रभावित होता है : प्रथम : वैधानिक लाइनों की लागत जो कि सेवा प्रदाता के मूल्य को प्रभावित करता है व द्वितीय : स्थानीय टेलीफोन काल का मूल्य। वैधानिक टेलीफोन लाइनों के मामले में अमेरिका गलाकाट बाजारू प्रतिस्पर्धा में सबसे बड़ा है जिसने अपनी लागत को कमतर किया है। जबकि इसके विपरीत यूरोप के कुछ भागों में व जापान में उच्च

लागत सीमित क्षमता व बाधामूलक टेलीफोन एकाधिकार व्याप्त है। एक अध्ययन के अनुसार वैधानिक टेलीफोन लाइन पर आधारित इंटरनेट की पहुँच का, प्रतिस्पर्धी टेलीफोन व्यवसाय की तुलना में, औसत मूल्य, बहुतेरे देशों में राष्ट्रीय एकाधिकार की अपेक्षा (Paltridge : 1996) कम है। बहुतेरे देशों में लोकल काल का समयावधि के दौरान शुल्क लगता है और जितना अधिक संप्रेषण होगा उतना अधिक लागत आयेगा। लेकिन अमेरिका तथा कुछ देशों में, लोकल काल 'फ्री' है या दर कम है। यह प्रवृत्ति इंटरनेट प्रयोग की लागत में, व्यापक अंतराल पैदा करता है। अतः जहाँ दर वृद्धि समय के अनुसार लगता है वहाँ उन देशों की अपेक्षा जहाँ दर कम है या 'फ्री' है, ज्यादा लागत आयेगा (Paltridge : 1996)। एक कनाडीयन व्यक्ति की अपेक्षा एक जर्मन व्यक्ति जो अधिकांश समय इंटरनेट का प्रयोग करता है, चार गुना शुल्क देगा (OECD : 1997)। अतः यह स्पष्ट है कि उन देशों में जहाँ लोकल काल कमतर है वहाँ इंटरनेट का प्रयोग उच्चतर मात्रा में है। 'फ्री' या कम लागत में, इंटरनेट का प्रयोग, समस्याओं का भी सृजन करता है। यह अवरूद्ध प्रवाह तथा विलम्बनकारी परिणाम प्रस्तुत करता है।

बिल गेट्स इंटरनेट की लोकप्रियता को IBM, PC के रूप में अवलोकित करते हैं जो 1981 का अतिशय महत्वपूर्ण क्षण है। निश्चित रूप से, इंटरनेट ने व्यापक स्तर पर पी.सी. के मूल्य में वृद्धि पैदा की है। हालांकि संबंधों का यह दोहरा स्वरूप है। व्यापक स्तर पर पी.सी. का प्रसार भी इंटरनेट हेतु आधारशिला तैयार रखता है। यह कम्प्यूटर के संदर्भ में लोगों को बहुविध तरीके से सोचने के लिये अभिप्रेरित करता है व इंटरनेट के प्रयोग हेतु एक उपकरण उपलब्ध कराता है (Gates : 1995)। 1970 व 1980 के दशक के दौरान, कम्प्यूटर का आकार व कार्य प्रणाली विकसित नहीं था तथा एक बार मुख्य केन्द्रक से पी.सी. को अलग कर दिया जाता था तो पुनः व्यवस्थापित व सुलभ संचालन करना काफी कठिन था लेकिन 1980 के अंत तथा 1990 के प्रारंभिक दौर में कंपनियों ने पी.सी. (पोर्टेबल कम्प्यूटर) के माध्यम से कम्प्यूटर के मुख्य ढाँचे (मेन फ्रेम) को परिवर्तित किया। इन नवीन छोटे कम्प्यूटरों के प्रयोग ने क्रमिक रूप से, पुरानी कम्प्यूटर प्रणाली की अपेक्षा, पारिवारिक महसूस किया। इसमें कम्प्यूटर संचलन की शक्ति, डेस्कटाप में निहित थी न कि केन्द्रीय कम्प्यूटर ढाँचे में। पी.सी. के बारे में सोचने के नवीन तरीकों ने, पी.सी. से अन्तर्संबंधित नेटवर्क

प्रणाली के बारे में चिंतन के नवीन मार्ग को सृजित किया। मुख्य केन्द्रीय नेटवर्क प्रणाली की अपेक्षा, नवीन नेटवर्क प्रणाली कार्यालयी स्तर पर सभी से, एक दूसरे से अन्तर्संबंधित थी। कार्यस्थल पर व्यक्ति कहीं भी, किसी भी संदेश या आंकड़ों को संप्रेषित कर सकता था व ले सकता था (Cairncross : 2000)। 1990 से 2000 तक कम्प्यूटर सस्ता, सरल, संवहनीय घरेलू उपकरण के रूप में विख्यात हो चुका था। पी.सी. का विस्तार कार्य स्थल से लेकर गृह अभिमुख था। यह इंटरनेट के प्रसारण का प्रमुख आधार था। पी.सी. की वृद्धिगत संख्या ने, इंटरनेट प्रसारण की क्षमता/संख्या को उच्चतर किया। अमेरिका इसका प्रत्यक्ष उदाहरण है। हालांकि यूरोप के देश इसकी तुलना में कम है। एशिया में पी.सी. का प्रचार-प्रसार व इंटरनेट का प्रयोग, विश्व के अन्य देशों की अपेक्षा तीव्रगति से वृद्धिगत है।

घरेलू पी.सी. से, व्यक्तियों में आश्चर्यजनक रूप से पृथ्वी पर किसी भी कार्य को संपन्न करने की कार्यक्षमता बढ़ी है। 'मोडेम' जो एक उपकरण है तथा कम्प्यूटर को टेलीफोन लाइन से अंतःसम्बन्धित करता है। आज एक शक्तिशाली साधन के रूप में प्रायोगिक है जहाँ बहुतेरे पी.सी. एक दूसरे से एकीकृत होते हैं। बहुतेरी कंपनियां इस तरह की सेवाओं को उपलब्ध करा रही है जहाँ व्यक्ति पी.सी. से संदेश, संवाद व सूचना संग्रह का कार्य सम्पन्न करता है। 1980 से 1990 तक यह सुविधा उपलब्ध नहीं थी। प्रयोगकर्ता केवल एक दूसरे प्रयोगकर्ता तक संप्रेषण कर सकता था व सेवा प्रदाता जो उपलब्ध है उसी तक अपनी सेवा दे सकता है (Anderson : 1995)। वर्ल्ड वाइड वेब के विकास तथा अमेरिका आनलाइन, कम्प्यूसर्व, माइक्रोसाट नेटवर्क, प्रो डिग्री की आनलाइन सेवाओं ने लोगों को प्रथम बार कम्प्यूटर नेटवर्क प्रणाली की असीमित संभाव्यता से परिचित कराया। लेकिन वर्ल्ड वाइड वेब ने इंटरनेट को सबसे अधिक पहुँच योग्य बनाया तथा आनलाइन सेवाओं के लाभ को सुस्पष्ट किया। 1996 के पश्चात् आनलाइन सेवा प्रदाता कंपनियों ने इंटरनेट तक की पहुँच हेतु शुल्क कम किया है। इससे लोगों में इंटरनेट के साथ प्रयोग की क्षमता बढ़ी है। इंटरनेट आनलाइन सेवा प्रदाता कंपनियों ने सर्वाधिक पहुँच हेतु विविध किस्म के पैकजों व योजनाओं को जो आकर्षककारी हैं, प्रस्तुत किया है। अमेरिका आनलाइन ने 'आल यू कैन इट' पैकेज को प्रस्तुत किया है। बिल गेट्स ने 'ब्राडेड कम्यूनिटी' को अभिव्यक्त

किया है। समुदाय के लिये प्रलोभन हेतु 'माइक्रोसाट नेटवर्क ने 'सिक्स चैनलस प्लान' को प्रस्तुत किया है। इसके अतिरिक्त अन्य योजनायें भी प्रस्तुत की गई है। इंटरनेट के दो प्रमुख उपयोग 'इलेक्ट्रानिक मेल' और 'सूचना प्राप्ति' के रूप में है। इसका व्यावसायिक/वाणिज्यिक प्रारूप भी बेहतर स्थिति में है। इलेक्ट्रानिक मेल (ई-मेल) आज सबसे महत्वपूर्ण तथा प्रासंगिक व लोकप्रिय इंटरनेट सेवा है। यह उतनी ही पुरानी कार्यप्रणाली है जितना कि स्वयं में इंटरनेट। प्रथम बार इलेक्ट्रानिक मेल (ई-मेल) का प्रयोग 1972 में बी.बी.एन. इंजीनियर रेटामलिनसन द्वारा दो मशीनों के मध्य किया गया। इंटरनेट इतिहासविदों के लिये यह कार्य मील का पत्थर है। इंटरनेट के व्यापक प्रयोग को ई-मेल ने बढ़ाया है व नया स्वरूप प्रदान किया है। ऐसा आकलन है कि 200 लाख ई-मेल प्रत्येक दिन सायबर स्पेस से प्रसारित होता है (Behar : 1997)। एक आकलन के अनुसार, इंटरनेट का प्रयोग करने वालों में 2/3 लोग केवल इसका प्रयोग ई-मेल के लिये करते हैं न कि किसी अन्य कार्येगत स्वरूप के लिये। 1997 के इंटरनेट के शुरूआती दौर से 1999 के अंत तक आकलन है कि इलेक्ट्रानिक मेल बाक्स डबल अर्थात् 75 लाख से 150 लाख तक हो चुका था (Gurely : 1997)। इलेक्ट्रानिक मेल द्वारा प्रसारित संदेशों को डिजिटल पुनःउत्पादन के साथ जोड़ने की योग्यता, कम कीमत पर बहुत लोगों की पहुँच (कार्बन पहुँच) तक की व्यापक योग्यता को सुनिश्चित करती है। इस प्रकार यह उन सामग्रियों तथा स्रोतों को वितरित करने का सस्ता व सरल मार्ग उपलब्ध कराता है जो कभी भारी-भरकम कागजों व हस्तलेखों से होता था। उदासगत रूप से, सुयोजित गतिविधियां संचालित करने वाले लोगों, गलत संदेश भेजने वाले लोगों (जेक मेलर) तथा कैक्रपाटो के लिये यह एक आदर्श है। व्यक्ति अक्सर दो तरह के मेल बाक्सों का प्रयोग करते हैं। प्रथम : सार्वजनिक मेल; द्वितीय : व्यक्तिगत मेल। यह मेल प्रभावी रूप से 'फ्री' होता है। यह अतिशय अतार्किक प्रयोग को भी बढ़ावा देता है (Houlder : 1997)। हालांकि बहुसंख्यक कंपनियों में इंटरनेट का प्रयोग बढ़ता जा रहा है। यह कार्य प्रतिवेदनों को भेजने व मंगाने में ज्यादा होता है। इस कार्य हेतु कंपनियां इसे वेब पर प्रस्तुत करेगी व नियत स्थान या स्टाफ या ग्राहक को ई-मेल के माध्यम से भेज देगी। एक प्रबंधक या मुख्य अधिकारी यदि किसी कार्य का विवरण अपने साथियों व स्टाफों के समक्ष प्रस्तुत

करना चाहता है जो विश्व के किसी कोने में अवस्थित है तो वह इसे सरलतम तरीके से ई-मेल के माध्यम से भेज सकता है। यह कम खर्चीला व बेहतर गुणवत्ता वाला होता है (Cairncross : 2000)। इलेक्ट्रानिक मेल बहुसंख्यक कार्यों को संपन्न करता है :

- फार्मों को भेजना, लोन व टैक्स से संबंधित फार्मों को डाउनलोड करना, स्क्रीन पर ही इसे भरना, अतिरिक्त सूचना को प्राप्त करना, प्रश्नों के उत्तर प्राप्त करना तथा संपूर्ण भरे फार्मों को भेजना या जमा करना।
- इलेक्ट्रानिक बिल जमा करना, इलेक्ट्रानिकली पुनः बिल का आना, क्रेडिट नंबर के माध्यम से पुनः बिल को अदा करना।
- परिवार व मित्रों तथा अन्य लोगों के संपर्क में रहना, नवीन चित्रों सृजन करना व भेजना तथा अन्य व्यवसायिक, राजनीतिक, आर्थिक सामाजिक व अध्ययन/अध्यापन से संबंधित क्रियाकलाप को संपन्न करना, भेजना व ग्रहण करना।

सूचना प्राप्ति, टेलीफोनिक कार्य व रेडियो का एक सशक्त आधार

इंटरनेट एक बड़ा क्रांतिकारी संभव परिवर्तन 'सूचना तक की पहुँच' को लाना है। लागत को एक ही झटके में कम कर, इंटरनेट अ-पहुँच योग्य संसाधनों व सामग्रियों को कम लागत पर उपलब्ध करवाता है। इसके अतिरिक्त इंटरनेट प्रयोगकर्ताओं को आनलाइन लाइब्रेरी, शोध के योग्य अध्ययन व खोज को, माऊस व कीबोर्ड के माध्यम से सर्चसाइटों (जैसे : गुगुल) द्वारा उपलब्ध करवाता है। अधिक आनलाइन सूचनायें या तो 'फ्री' होती हैं या शुल्क रहित होती है। कुछ सूचनायें इंटरनेट अध्ययनकर्ताओं द्वारा, कुछ परहितवादियों द्वारा तथा कुछ विज्ञापनदाताओं द्वारा प्रस्तुत की जाती हैं ताकि अतिशय व्यापक स्तर पर अविष्कार, नवाचार व प्रसार का कार्य संपन्न हो सके। बहुविध स्तर की अन्तर्राष्ट्रीय परियोजनायें, लेखक व अध्ययनरत विद्वान इंटरनेट पर सूचनाओं को प्रस्तुत करते हैं ताकि यह अध्ययनकर्ताओं व खोजियों के लिये उपयोगी हो सके। बहुतेरी सूचनायें सार्वजनिक क्षेत्र के तहत होती हैं लेकिन बहुत लोगों तक पहुँच से बाहर होती हैं क्योंकि यह नियत स्थान पर संपन्न होती है या कुछ विशिष्ट

लोगों द्वारा प्रचारित-प्रसारित व शुभारंभित होती है। लेकिन आज सूचनायें (व्यक्तिगत/सरकारी) इंटरनेट पर प्रकाशित हो सकती है व बहुत से व्यक्तियों द्वारा अध्ययन की जा सकती है। नेटस्केप के संदर्भ में इसे अवलोकित कर सकते हैं (Cortese : 1997)। इसके अतिरिक्त यह व्याकरण से संबंधित अशुद्धियों, वर्णाक्षर, विलोम, पर्यायवाची अर्थ तथा शब्दों व लेखकों तथा सूचना प्रदाताओं के नाम व संकेताक्षरों की अशुद्धियों को भी अभिव्यक्त करता है व सही पहुँच उपलब्ध कराता है। बहुत सी कंपनियों व नियामकों ने उपभोक्ताओं तथा प्रयोगकर्ताओं के उद्देश्य संचालन व सही सूचना प्राप्ति हेतु इंटरनेट पर दिशा/निर्देशक भी जारी किया है ताकि उपभोक्ता तथा प्रयोगकर्ता आसानी से पहुँच सके जहाँ वो नहीं पहुँच सकते हैं। ऐसी दिशा में निर्देशक विज्ञापन के माध्यम या आनलाइन स्क्रीन पर दिशा निर्देशक एक दिन में, कम से कम 14 लाख बार सलाह हेतु प्रक्षेपित किया जाता है व इसका कम्प्यूटरीकृत बिल बोर्ड बहुसंख्यक लोगों द्वारा अवलोकित किया जाता है।

इंटरनेट विश्व स्तर पर टेलीफोनिक कार्य को सरल सुचारू रूप से संपन्न करता है। विश्व स्तर पर टेलीफोन सेवाओं का विस्तार 600 करोड़ डालर से ऊपर का है। यदि इंटरनेट इस अति विशाल बाजार का एक छोटा सा भाग को संपन्न करता है तो इसका मूल्य रूपान्तरित हो सकता है। 1996 में, पूर्व मारकोनी युग की प्रणाली को परिवर्तित करते हुए न्यू जर्सी की कालबैंक कंपनी आई डीटी ने पहला व्यवसायिक इंटरनेट सेवा दूसरे व्यक्तियों के टेलीफोनिक संप्रेषण हेतु प्रस्तुत किया। इंटरनेट के प्रयोग से पूर्व, टेलीफोनिक संवा हकलाहट युक्त, अप्रिय व आशंका व्युत्पन्न करने वाली थी लेकिन टेलीफोनिक सेवाओं में इंटरनेट के बढ़ते प्रयोग से यह स्पष्ट व मधुर आवाज तथा तीव्र कार्य संचालन का आधार बन चुका है।

जैसे-जैसे ध्वनि व वीडियो प्रसारण सुधारता जाता है, इंटरनेट रेडियो कार्यक्रम को वितरित करने वाला कम खर्चीला, अतिसाधारण मार्ग साबित होता है। उदाहरण के लिये : प्रगतिकामी नेटवर्क सिएटल कंपनी ने एक 'साटवेयर' तैयार किया है व इसे 'रियल आडियो' नाम दिया है जो प्रयोजककर्ताओं को वैसी ही आवाज उपलब्ध कराता है जैसा आवाज व्युत्पन्न व हस्तांतरित होता है। परिणामतः प्रयोगकर्ता वर्ल्ड वाइड वेब पर रेडियो संचालित कर सकता है जो प्रसारण स्टेशन

की तरह कार्य करता है तथा वह भी कम लागत पर, पृथ्वी के किसी भी केन्द्र से रेडियो प्रणाली कार्यरत हो सकती है व प्रसारण को संरक्षित रखा जा सकता है ताकि बाद की मांगों को पूर्ण किया जा सके। इंटरनेट के माध्यम से 'आनलाइन स्टेशन' तक की पहुँच आसान व सरल है।

केन्द्रीय समस्यायें : घरेलू अन्तर्सम्बद्धता व गुणवत्तायुक्त सेवाओं की

बहुत से लोग जो इंटरनेट का प्रयोग करते हैं, कनेक्शन की निम्न उपलब्धता व निम्न गुणवत्ता का प्रस्तुतीकरण करते हैं। यह उनके अन्तर्गत हताशा व कुंठा को व्युत्पन्न करता है। आप्टिक फाइबर केबल के माध्यम से, जो डिजिटल प्रसारण व संचालन को संपादित करता है, लोगों को घरेलू व कार्यालयी स्तर पर सफल पहुँच योग्य बनाता है। यह सत्य है कि 1996 के दौरान केवल टेलीविजन कंपनियों ने बहुत से देशों में, अपनी नेटवर्क प्रणाली के माध्यम से उच्च स्तर की गुणवत्ता को पहुँच योग्य बनाया। लेकिन इसके बावजूद समस्यायें विद्यमान है। कुछ देशों में लोगों के पास केबल कनेक्शन है तो टेलीफोन नहीं।

'यूनाइटेड स्टेट्स' में पाँच घर में से 1 घर के पास पी.सी. है वह भी मोडेम के साथ। इंटरनेट पहुँच सुलभ है। पाँच घरों में से दो के पास मात्र पी.सी. है। यह एक सफल प्रयोगधर्मिता है। हालांकि टेलीविजन या वीडियो कैसेट रिकार्डर की तुलना में अभी भी पी.सी. व इसके अन्तर्संबंधित उपकरण खर्चीला है लेकिन इससे 'यूनाइटेड स्टेट्स' में गिरावट के कोई संकेत नहीं है। यदि इंटरनेट आधे से अधिक संख्या में धनी देशों में, संचालित है या विकासशील देशों में, पहुँच योग्य है तो उससे अधिक 'यूनाइटेड स्टेट्स' में है या पहले से व्याप्त है व अन्य नवीन प्रौद्योगिकी की अभिकल्पना की जा रही है (आंकड़ों में परिवर्तन अनवरत जारी है)। इंटरनेट की तुलना में, कुछ अन्य कम खर्चीला मशीनी उपकरण जैसे : डिजिटल सेटटाप वाक्स, वेब टी.वी., नेटवर्क कम्प्यूटर व अन्य इलेक्ट्रानिक वस्तुएँ उपलब्ध हैं। यह सर्वविदित है कि : घरेलू स्तर के दो प्रमुख उपकरण टेलीविजन तथा पी.सी. का प्रयोग बहुविध स्तर पर होता है। टेलीविजन का प्रयोग सामान्य उपकरण की तरह सर्वत्र है जबकि पी.सी. का उपयोग व्यक्तिगत है। पी.सी. की अपेक्षा टेलीविजन का प्रयोग लोग विधिवत् तरीके से करते हैं। लोग डिजिटल टेलीविजन का बहुतायत मात्रा में प्रयोग करते हैं। सेटेलाइट प्रसारण कंपनियां या

केबल कंपनियां, खर्च कटौती कर यह कार्य संपन्न करती है। यह इंटरनेट की पहुँच को सुगमतापूर्वक प्रस्तुत करता है क्योंकि वेब का प्रसारण के साथ समामेलन अत्यधिक प्रासंगिक हो रहा है। इसके अतिरिक्त भीड़-भाड़ व कन्जेनशन की समाप्ति तथा सही समय पर तत्काल सूचनाओं की पहुँच गुणवत्तायुक्त सेवाओं का प्रदर्शन है।

यह अवलोकनीय तथ्य है कि इंटरनेट की सफलता का प्रमुख कारण 'खुला नेटवर्क प्रणाली' है जो इसको आकर्षक व प्रभावी बनाती है तथा जहाँ से प्रत्येक व्यक्ति कोई भी सूचनायें भेज सकता है व ले सकता है। लेकिन यह 'खुलापन' व्यापक समस्याओं का सृजन करता है। खास तौर पर उनके लिये जो इंटरनेट का प्रयोग कीमती सौदेबाजी के लिये करते है। यह प्रणाली दो तरह से क्षतिग्रस्त होती है। प्रथम : हकर्स; द्वितीयः वायरस के माध्यम से; दोनों इंटरनेट के आंतरिक भाग से सूचनाओं को, जो क्रेडिट कार्ड नं. या व्यक्तिगत सूचनायें या अन्य महत्वपूर्ण कोड या संकेत या सूचनाओं को नष्ट कर देते हैं। हैकर्स से खतरे की आशंका तथा सुरक्षा रखने वालों की लागत में तीव्र गति से दिनों-दिन वृद्धि हो रही है। सुरक्षा के खतरों के अनेकों कारक वृद्धिगत हैं : प्रथम : हजारों तार्किक प्रणाली, जो कंपनी के केवल विशेषज्ञों द्वारा ही आकलित हो सकता है, सार्वभौमिक इंटरनेट के प्रोटोकाल के तहत पुनःस्थापित हो सकता है या होता है। द्वितीय : व्यक्तिगत रोजगारकर्मी जानबूझकर अधिक सूचनायें जो संवेदनशील होती है क्षतिग्रस्त करता है व ग्राहकों से संबंधित सूचनाओं को अर्जित करता है व उन्हें इलेक्ट्रानिकली वितरित करता है। तृतीय : भविष्य कम्प्यूटर व्यवस्था को क्षतिग्रस्त करने की प्रबल संभावना हैकरों को एक उद्योग के रूप में प्रस्थापित करता है जो अधिकतर अपने कम्प्यूटरों पर निर्भर होता है। इंटरनेट के साथ, सुरक्षा प्रणाली का विकास नहीं हुआ है। ऐसा आकलन है कि प्रत्येक 20 सेकेण्ड में एक कम्प्यूटर हैकर्स या वायरस द्वारा संक्रमिक होता है (Kehoe : 1996)। कम्प्यूटर वायरस कार्यक्रमों (प्रोग्रामों) को नष्ट करता है व कम्प्यूटर समंकों तथा तथ्यों को अयोग्य बनाता है। कुछ वायरस हैकर्स द्वारा निर्मित व संचालित होते हैं जो अक्सर प्रयोगकर्ता की बिना इच्छा के प्रस्तुत होते हैं। बहुतेरे आकलनकर्ताओं की चिंता है कि 'वेब कास्टिंग की वृद्धि' वायरस को तीव्र गति से फैलाता है

(Cortese : 1997)। इस संदर्भ में नियंत्रण व संरक्षण हेतु ताकि सूचनायें, संकेत अत्यावश्यक सामग्री गोपनीय व सुरक्षित रह सके; इनक्रिप्सन सहयोग प्रदान करता है। हालांकि इनक्रिप्सन का प्रयोग नकारात्मक भी हो सकता है।

जरूरत कन्जेनशन फ्री सूचना सेवाओं की उपलब्धता

प्रारंभिक दौर में; इंटरनेट समंको/तथ्यों का उपयोग टेक्स्ट के रूप में करता था लेकिन आज इसकी क्षमता में या सेवा में अतिशय क्षमतावान रूप से वृद्धि लक्षित हुई है। इस नये मानदंड व विस्तारित क्षमता ने, विविध बाधायी अड़चनों व बाधाओं व रूकावटों को आविर्भूत किया है। इस समस्या का एक मात्र कारण-क्षमता का विस्तारण है लेकिन इसके अतिरिक्त इंटरनेट हेतु एक पुनःपरिभाषित मूल्य संरचना की आवश्यकता है। इसके बिना यह सेवा की गुणवत्ता को प्रस्तुत नहीं करेगा जिसकी आवश्यकता व्यवसायिक कार्मिकों व व्यवसायिककर्ताओं की होती है। इंटरनेट के कार्यक्रमों में बिलंब होने के विविध कारण है। कुछ लोकप्रिय साइट्स के व्यापक-पर्याप्त कनेक्शन की उपलब्धता, प्रयोगकर्ताओं की मांग के अनुरूप उपलब्ध नहीं है।

घरेलू स्तर पर कार्यक्षमता में सुधार तथा कनेक्शन में सुधार कन्जेनशन की क्षमताओं को कम करता है। गुणवत्ता सेवा के लिये शुल्क एक सफल परिणाम पैदा करता है। इस तरह के शुल्कों के दो प्रभाव लक्षित होते हैं। प्रथम : गुणवत्ता को सुधारने का कार्य करता है तथा आधार संरचना के निर्माण को संपन्न करता है तथा द्वितीय : यह नियमित होने से सस्ता व मितव्ययी होता है। प्रयोगकर्ता यह आशा करता है कि इंटरनेट कनेक्शन अपना कार्य तीव्र गति से संपन्न करे तथा प्रयास करने पर साइट का प्रस्तुतिकरण वैसे ही हो जैसे टेलीफोन सेट या टेलीविजन सेट अपना प्रस्तुतिकरण सही करता है। यदि कन्जेनशन व्याप्त रहेगा तथा स्तरीय कार्य प्रणाली नहीं प्राप्त होगी तो इंटरनेट का प्रयोग करना व्यक्ति कम कर देगा। कंपनियां गारंटीयुक्त सेवाओं को उपलब्ध कराने हेतु, व्यक्तिगत/निजी नेटवर्क का निर्माण करती है। यह अतिशय सेवा क्षेत्र का प्रसार करता है। इसकी प्राथमिकता गारंटी प्रदान की होती है। यह गारंटी, सेवा व सुरक्षा की प्रदाता होती है तथा मूल्य के क्षेत्र में, एक प्रभावशाली मार्ग का विकास करती है जो इंटरनेट के भविष्य हेतु काफी प्रभावशाली व महत्वपूर्ण होता है।

मौलिक निष्कर्ष

बहुतेरे सैद्धान्तिक एजेंटों ने सूचना प्रौद्योगिकी को बहुविध रूप में व्याख्यायित किया है। सैद्धान्तिक व सूचना प्रवर्तकों व विश्लेषकों के आलोक में यह मशीनी एकत्रीकरण; इलेक्ट्रानिक प्रौद्योगिकी, टेलीकम्यूनिकेशन तथा कम्प्यूटर का समामेलित स्वरूप, सृजनकारी प्रौद्योगिकी (जनेरेटिक टेक्नोलॉजी) परा प्रौद्योगिकी (मेटा टेक्नोलॉजी) या मशीन आधारित प्रौद्योगिकी है जो सूचना को एकत्रित, संरक्षित व प्रदर्शीकृत करता है। मेरा आकलन है कि : 'सूचना प्रौद्योगिकी एक ऐसा संरचनागत कौशल तथ्य का भौतिक उपकरण है जो सूचना का एकत्रीकरण, प्रसंस्करण, हस्तांतरण व सृजन करता है व पुरानी सूचनाओं को संरक्षित रख नवीन सूचनाओं के उत्पादन-पुनःउत्पादन का कार्य करता है। यह एकत्रित सूचना के पुनःप्राप्तिकरण, नियंत्रण तथा निर्देशन भी करता है। इसके अन्तर्गत प्राविधिक रूप से; मूर्त तथा अमूर्त दोनों तात्विक संरचना कार्य करती है तथा एक के अभाव में, सूचना प्रौद्योगिकी की संपूर्णता विखण्डित व मृतप्रायः होती है।' प्रिटिंग प्रेस की तरह, नवीन सूचना प्रौद्योगिकी व इसके उपकरणों ने कार्य करने के तरीके, व्यवसाय संचालन की प्रवृत्ति, अंतःक्रियात्मक प्रकृति, सामाजिक उन्मुखन व विमुखन, सूचना की प्रक्रिया, सृजन व सीखने की प्रवृत्ति का संशोधन व नवीन प्रस्तुतिकरण, वैश्विक अभिमत, स्थान व समय प्रवाह का गहनीकरण व समय-दूरी व अभिवृत्ति तथा स्थान के अंत के साथ नवीन वैश्विक सामाजार्थिक, सांस्कृतिक प्रवृत्तियों का सृजन व अन्तर्वैषयिक व अन्तर्वैयक्तिक समस्याओं के सृजन का सूत्रपात किया है तथा सार्वभौमिक मशीन के सार्वभौमिक स्थापित प्रभावों का पथ प्रदर्शन किया है। सूचना प्रौद्योगिकी व इसके उपकरणों ने 'ज्ञान', अन्तर्वस्तु का मापन, वस्तु विनिमय व वर्चस्व स्थापन की प्रक्रिया तथा संपत्ति के रूप में अपने को प्रस्थापित किया है। इसने संरक्षण व एकाधिकार की समाप्ति, अतिरिक्त क्षमता की पुनर्बिक्री, सरल अनूठापन, अतिशय वैयक्तिककृत व सूचना समाज, सूचना अर्थतंत्र, सूचना राजनीति व सूचना के सार्वभौमिक-नियंत्रण व नियोजन को प्रस्तावित किया है। इससे कृत्रिम बौद्धिक क्षमता के शोषण का असमान सुअवसर भी प्रदर्शित हुआ है। सूचना प्रौद्योगिकी व इसके अन्तःक्रियात्मक उपकरण, सूचना ग्लैक्सी; सूचना जंगल; सूचना जटिलता; सूचना महासागर; व सूचना सृष्टि व सूचना दृष्टि के नवीन अवधारणात्मक आशय व जीवन-रेखा के आधार-स्तम्भ के रूप में अवलोकित

हुआ है। मोबाइल टेलीफोन को तो मेरे आकलन में 'लघु आकार व महासागरीय प्रकार्य' के रूप में अवलोकित किया जा सकता है, जो आज वर्चस्व स्थापन व विश्वस्तरीय व्यक्ति के निर्माण व स्वयं को केन्द्रीय भूमिका में प्रस्तुत करने हेतु अतिशय आवश्यक घटक के रूप में प्रस्तुत होता है। मेरा आकलन है कि इसे मानवीय दशाओं के रूपान्तरण की केन्द्रीय धुरी के रूप में प्रस्तावित किया जा सकता है जो आदेशक से लेकर, पूजागृह पारिवारिक-सामाजिक दायित्व, मित्रवत् मण्डली, सांस्कृतिक-सामाजिक पहचान, गोपनीयता के संरक्षण, रोमांस-मनोरंजन व दूसरे रूप में स्मृति विलोपन, अलगाव व हताशा के रूप में अभिवर्णित हुआ है। यह कम खर्च व तीव्रकार्य क्षमतायुक्त है। सूचना प्रौद्योगिकी के क्षेत्र में, डिजिटल प्रस्तुतिकरण, कार्य करने की प्रवृत्ति, सम्बद्धता व बौद्धिक, अकादमिक तथा तकनीकविद् के कार्यगत स्वरूपों में क्रांतिकारी रूपान्तरण का प्रस्तोता हुआ है। इससे 'डिजिटल नेटवर्किंग युग' की आधारशिला निर्मित हुई है जो 'डिजिटल विलम्बना', 'डिजिटल समानता', 'डिजिटल सुअवसर' व 'डिजिटल पहुँच' के संबोधों के रूप में अभिलक्षित है। आज ग्लोबल टेलीविजन; डिजिटल टेलीविजन के विकेन्द्रित, विखण्डित व विश्व-स्थानीयवाद अभिलक्षणों का सूत्रपात हुआ है। सूचना प्रौद्योगिकी के नवीन उपकरणों के गठबंधन की नवीन उत्तेजना, नवीन आकांक्षा, नवीन प्रवृत्ति व नवीन अनिश्चितता के स्वरूप के निर्माण के रूप में भी प्रस्तावित किया जा सकता है और डी.टी.एच. (डिश टी.वी.) रेफ्रिजरेटर टी.वी.; टेलीविजन इंटरनेट; मोबाइल टी.वी.; प्लाज्मा टी.वी. एवं एल.सी.डी. टी.वी. व सेटेलाइट टी.वी. तो गृहस्थल में विश्व संस्कृति व समाज संगठन तथा विशिष्टताओं का संकुचन व प्रस्तुतिकरण है। इंटरनेट को सर्वोपयुक्त की उत्तर जीविता के आत्म व आत्मा के रूप में अवलोकित करता हूँ। जिसका कोई केन्द्रीय नियामक नहीं है तथा यह सार्वजनिक उत्पाद के रूप में अभिलक्षित अन्तर्राष्ट्रीय नेटवर्किंग का उत्तरोत्तर वृद्धिगत माध्यम है। यह सभी दूर-दूरस्थ व स्थानीय व व्यक्तिगत स्तर पर अभिलक्षित रूपान्तरणों का एकमात्र कारण है तथा वर्ल्ड वाइड वेब के उद्भव व प्रवाहशीलता ने तो इसको विध्वंश तथा वर्चस्व के एकाकी माध्यम के रूप में प्रस्तुत किया है। यह ब्रांडेड कम्यूनिटी, साइबर कम्यूनिटी, इंटरनेट कम्यूनिटी, मोबाइल कम्यूनिटी, आनलाइन कम्यूनिटी, वर्ल्ड वाइड वेब कम्यूनिटी, डिजिटल कम्यूनिटी, पोर्नोग्राफी कम्यूनिटी, साइबर फेमिली, साइबर इंटर एक्टिव कम्यूनिटी व सूचना, संप्रेषण व कम्प्यूटर से सम्बन्धित

अन्य तद्जनित प्रभावों का प्रस्तुतिकरण है। ऐसा आकलन है कि नवीन विश्व की समाज व्यवस्था, संगठन व संस्कृति तथा राजनीतिक-आर्थिक व्यवस्था के निर्माण, विखण्डन व विध्वंश तथा वर्चस्व स्थापना व एकाधिकार व ग्लोबल हब के अनवरत बढ़ाव का यह एक कारण है।

सूचना प्रौद्योगिकी से 'वर्चुअल सामाजिक संरचना एवं संगठन' की अवधारणा प्रासंगिक हुई है। 'वर्चुअल सामाजिक संरचना एवं संगठन' की सूचना के उपकरणों से मजबूत जुड़ाव है, जहाँ इसके घटक अपने लक्ष्य व साधन के रूप में सूचना व सूचना के नवीन उपकरणों- टेलीविजन, टेलीफोन (मोबाइल) कम्प्यूटर व इंटरनेट से अंतर्संयोजित होते जाते हैं तथा यह इनके साधनों का व लक्ष्यों का 'वर्चुअल प्रदर्शन' होता है जिसके अन्तर्गत कम्प्यूटर, इंटरनेट, मोबाइल व टेलीविजन एक आधारस्तंभ का कार्य करता है। यह उपभोग, उत्पादन, वितरण व बाजार व्यवस्था का एक मात्र संचालक तत्व है वही यह पुरातन सांस्कृतिक मूल्यों, प्रथाओं, परंपराओं व कथाओं पराकथाओं तथा जनजातीय व प्राचीन धरोहरों का डिजिटलाइज्ड प्रदर्शन हैं यह नवीन प्रकार की सूचना-मीडिया संस्कृति (सूचना उद्योग, बी.पी.ओ., के.पी.ओ., डिजिटल कल्चर) मूल्य, कार्यशैली तथा गतिविधियों का प्रस्तोता है जो अतितीव्र, अतिविकेन्द्रित, अतिक्षणभंगुर व अति अलगावित तथा सामुदायिक सहभागिता के अंत के रूप में प्रस्तुत है। लेकिन इसके बावजूद सूचना प्रौद्योगिकी के अनवरत वृद्धिगत प्रयोग से समाज के सदस्यों के कार्यकारी जीवन हेतु नवीन मंच प्राप्त हुआ है जो नये वातावरण व प्रौद्योगिकी परिवेश के मध्य कार्य का अभ्यास है। इसमें 'वर्चुअल मैन', 'वर्चुअल माइंड', 'वर्चुअल फैमिली', 'वर्चुअल फ्रैंडशिप' व वर्चुअल अर्थतंत्र, वर्चुअल समाज तथा वर्चुअल संस्कृति की प्रबलता स्थापित हुई है।

REFERENCES

Aleksander, I. (1986): 'Information Technology and the Management of Change', Journal of Information Technology, Vol. 1, No. 1, February, pp. 7-13.

Anderson, C. (1995): 'The Accidental Super Highway: A Survey of the Internet', The Economist, 1 July, 1995, 9.

Barnes, Peter (2006): Capitalism 3.0, A guide to Reclaiming the Commons, San Francisco (http://whatiseconomy. com/ joomla/ index. php? option=com_content&task = view &id=29.

Barron, I. and Curnow, R. (1979): The Future with Microclectronics, Milton Keynes, Open University Press.

Behar, R. (1997): 'Who's Reading Your E-mail?', Fortune, 2 Feburary, 1997, 31.

Bell, D. (1973): The coming of Post-Industrial Society: A Venture in Social Forecasting, New York, Basic Books.

Bell, D. (1976): The Cultural Contradictions of Capitalism, New York, Basic Books.

Bell, D. (1979): 'The Social Framework of the Information Society' In M.L. Dertouzos and J. Moses (eds.) The Computer Age: A Twenty Year View, London, MIT Press.

Bell, D. (1980): Sociological Journey: Essays 1960-1980, London, Heinemann.

Blattman, et.al. (2003): Assessing the Need and Potential of Community Networking for Development in Rural India, The Information Society, Volume 19, Issue 5, November 2003, pages 349-364.

Chohe, A. P. (1985): The Symbolic Construction of Community, Routledge, New York.

Clemens, J. and Key, J. (1996): Tends in Viewing in Cable T.V. Homes 1990-95, London, Independent Television Commission, 1996,7.

Cortese, A. (1997): 'A Way out of the Web Maze', Business Week, 27 February, 1997.

Ellul, J. (1964): The Technological Society, New York, Knopf.

Forester, T. (1985): The Information Technology Revolution (ed.), Oxford, Blackwell.

Forester, T. (1987): High Tech Society, Oxford, Blackwell.

Forsberg, A. (2006): Definitions of Culture. http: // fog. ccsf. cc. ca. us/ - aforsber/ ccsf/ culture_defined. html.

Gates, B. (1995): The Road Ahead, New York, Viking Penguin.

Goel, S.K. (1999): Communication Tomorrow, New Delhi, Commonwealth Publishers.

Gurley, J.W. (1997): 'E-mail Gets Rich', Fortune, 17 Feburary 1997, 67-68.

Habermass, J. (1981): 'Modernity versus Postmodernity', New German Critique, No. 22.

Halton, J. (1985): 'The Anatomy of Computing' In T. Forester (ed.): The Information Technology Revolution, Oxford, Blackwell.

Houlder, V. (1997): 'Failing to Get the Message', Financial Times, 17 March, 1997.

Huber, P.W., et.al.(1993): The Geodesic Network II: 1993 Report on Competition in the Telephone Industry, Washington D.C., The Geodesic Company.

Jenkins, R. (2002): Foundations of Sociology, London: Palgrave MacMillan, ISBN 0-333-96050-5.

Kee, et.al. (1996): Cable: The Emerging Force in Telecoms and Interactive Markets, London, Ovum.

Kehoe, L. (1996): 'Big Rise in Hacker Break-Ins', Information Technology Review, Financial Times, 3 July, 1996.

Kim, U. (2001): Culture, Science and Indigenous Psychologies: An Integrated Analysis, In D. Matsumoto (Ed.), Handbook of Culture and Psychology, Oxford University Press.

Kroeber, A.L. and Kluckhohn, C. (1952): Culture: A Critical Review of Concepts and Definitions. Cambridge, MA: Peabody Museum.

Kumar and Best (2006): Impact and Sustainability of E-Government Services in Developing Cuntrries: Lessons Learned From Tamilnadu, India, The Information Society, Vol. 22, Issue 1, June 2006, pages 1-12.

Kuo, E.C.Y. and Low, L. (2001): Information Economy and Changing Occupational Structure in Singapore, The Information Society, Volume 17, Issue 4, October 2001, Pages 281-293.

Lamb, R. and Davidson, E. (2005): Information and Communication Technology Challenges to Scientific Professional Indentity, The Information Society, Vol. 21, Issue 1, 2005, Pages 1-24.

Lash, S. and Urry, J. (1987): The End of Organised Capitalism, Cambridge, Polity Press.

Lash, S. and Urry, J. (1994): Economics of Signs and Space, London, Sage.

Lenski, G. (1974): Human Societies: An Introduction to Macrosociology, New York: McGrawHill, Inc.

Long, L. and Long, N. (2000): Computers, 8th edn. New York, Prentice-Hall Business Publishing.

Marx, K., Engels, F. (1848): The Communist Manifesto. http:// www. marxists. org/ archive/ marx/ works/ 1848/ commnist-manifest/ index. htm.

Mercer, D. (1998): Future Revolutions: A Comprehensive Guide to Life & Work in the Next Millennium, London, Orion Business.

Miles, I. (1988): Home Informatics – Information Technology and the Transformation of Everyday Life, London, Pinter Publishers.

Monk, P. (1989): Technological Change in the Information Economy, London, Pinter Publishers.

Negroponte, N. (1995): Being Digital, New York, Vintage Books.

Norris, P. (2001): Digital Divide: Civic engagement, Information Poverty and the Internet World Wide, New York, Cambridge University Press.

OECD (1997): Communication Outlook, Paris, OECD, 1997, 115.

OTA Report (1990): US Congress, Office of technological Assessment, Critical Connections: Communication for the Future (OTA-CIT-407) cited in S. Saxby. (1990): The Age of Information, London, Macmillan.

Paltridge, S. (1996): 'Information Infrastructure, Convergence and Princing: The Internet, Paris, OECD, 30.

Rai, N.K. (2005): Media, Mobile aur Internet: Sama-Sanskritik Rupantaran, Paper Presented at the XXXI All India Sociological Conference, Organized by Department of Sociology, University of Jammu, Jammu, October 25-27, 2005, RC No. 15.

Rhoads, K. (2006): The Culture Variable in the Influence Equation, http: // www. workingpsychology. com/download_folder/ culture_And_ Influence.pdf.

Rose, F. (1996): The End of TV as We know It, Fortune, 23 December, 1996, 62.

Sah, S.L. (1999): Information Technology, New Delhi, Gyan Publishing House.

Saxby, S. (1990): The Age of Information, London, MacMillan.

Schiller, H. (1996): Information Inequality: The Deepening Social Crisis of America, London, Routledge.

Schiller, H.I. (2001): 'The Global Information Highway: Project For an Ungovernable World' In D. Trend (ed.): Reading Digital Culture, Oxford, Blackwell.

Servon, L. (2002): Bridging the Digital Devide: Technology, Community and Public Policy, Oxford, U.K. Blackwell, U.K.

Shapiro, C. and Varian, H.R. (1999): Information Rules: A Strategic Guide to the Network Economy, Boston, Harvard Business School Press.

Srivastava, S. (2004): A Lesson in e-democracy from India, Oct. 6, 2004. www. atimes. com/ atimes/ south_Asia/Fj06DF04. htm/.

Staple, G.C. (1995): Tele Geography (ed.): Global Tele Communications Traffic Statistics and Commentary, Washington, D.C. 84.

Staple, G.C. (1996): TeleGeography (ed.): Global TeleCommunication Traffic Statistics and Commentary, Washington, D.C. XV.

Stonier, T. (1983): The Wealth of Information: A Profile of Post-Industrial Economy, London, Thames Methuen.

Toffler, A. (1971): Future Shock, London, Pan Books.

Toffler, A. (1983): The Third Wave, London, Pan Books.

Toffler, A. (1984): Previews and Premises: An Interview, London , Pan Books.

Toffler, A. and Toffler, H. (1985): 'An Appointment with the Future', The Sunday Times, 17 Feb. 1985.

Tomlinson, J. (1991): Cultural Imperialism, London, Pinter Publishers.

Touraine, A. (1984): 'The Waning Sociological Image of Social Life', International Journal of Comparative Sociology, Vol. 25, Nos. 1-2.

Touraine, A. (1989): 'Is Sociology Still the Study of Society', Thesis Eleven, No. 23.

UNESCO (2002): Universal Declaration on Cultural Diversity. http: //www. unesco.org/education/imld_2002/ unversal_decla.shtml, Issued on International Mother Language Day, Februrary 21, 2002, Retrieved: 2006-06-03.

Venkatesh, et.al. (2007): Civil Society and Cyber Society: The Role of the Internet in Community Associations and Democratic Politics, The Information Society, Vo0l. 23, Issue 1, December 2007, pages 29-50.

Vittal et.al. (2001): Information Technology: India's Tomorrow, New Delhi, Manas Publication.

Waterhouse, P. (1995): Technology Forecast: Entertainment, Media and Communications, Calif., Menlo Park, 109.

Webster, F. and Robins, K. (1986): Information Technology: A Luddite Analysis, New Jersey, Ablex.

Wikipedia. (2007): http:// en. wikipedia. org/wiki.

Wilson, Edward O.(1998): Consilience: The Unity of Knowledge, Vintage, New York.

Winston, B. (1998): Media Technology and Society: A History, From the Telegraph to the Internet, London, Routledge.

Zook, M. (2005): The Geography of the Internet Industry, Oxford, UK, Blackwell.

अध्याय–2
शोध–प्रारूप

अध्ययन की समस्या

आज बदलती सामाजिक संरचना व संगठन के बदलाव का आधारकीय कारक प्रारम्भ के संकेत, भाषायी तथा औद्योगिक क्रांति के बजाय कम्प्यूटर, इंटरनेट तथा डिजिटल तकनीक में प्रवाहमान उच्चतर क्रांति है। सूचना के ये नवनीकृत संसाधन सामाजिक साहित्य में द्वितीय औद्योगिक क्रांति एवं सूचनात्मक क्रांति के रूप में अभिवर्णित है। सूचना के साधन वर्तमान में संगठित मीडिया संस्थानों व निगमों द्वारा संचालित है जो अपने आप में शक्तिशाली, अनूठापन तथा व्यापक स्तर तक प्रभावकारी शुभागमन से युक्त है। यह मानवीय सामाजिक प्रतिकात्मक स्वरूपों का अनवरत प्रदर्शन है। सूचना पर आधारित बहुसंख्यक कार्य 'कम्प्यूटर' व इसके अन्य माध्यमों द्वारा स्वयं सम्पन्न करता है। कम्प्यूटर के द्वारा केवल सूचनायें प्रसंस्करित, संरक्षित, पुनर्संचालित, संप्रेषित व प्रसारित ही नहीं होती है बल्कि इसे पुनर्व्यवस्थित, चयनित, नियंत्रित और रूपान्तरित भी किया जा सकता है। सूचना प्रौद्योगिकी संबोध का प्रयोग व अवधारणात्मक आशय तथा सामाजिक संगठन व्यवस्था तथा संस्कृति पर व्याप्त बहुतेरे प्रभावों का प्रस्तुतिकरण बहुतेरे साहित्यिक विश्लेषणों में अभिलक्षित है। यह स्वचालित सूचना प्रसंस्करण को प्रस्तुत करता है जो कि इलेक्ट्रानिक डिजिटल कम्प्यूटर द्वारा संचालित होता है। प्रथम स्तर पर सूचना प्रौद्योगिकी सूचना प्रसंस्करण का कार्य करता है न कि भौतिक संसाधनों का; जो कि इलेक्ट्रानिक कम्प्यूटर प्रणाली पर आधारित होता है। द्वितीय; सूचना प्रौद्योगिकी एक सूचना सम्बन्धित प्रौद्योगिकी है। सूचना प्रौद्योगिकी व्यापक रूप से इलेक्ट्रानिक कम्प्यूटर व दूर संचार (टेली कम्यूनिकेशन) के सम्मिलन पर आधारित है।

जबकि संगठन को बहुतेरे सैद्धान्तिक अभिकर्त्ताओं ने, तार्किक व्यवस्था, आधुनिक व्यवस्था के पुनर्निर्माण व औद्योगिकीकरण के उत्पाद तथा संचालक तत्व के रूप में अभिविहित किया है। साथ ही यह तार्किककरण का वाहक भी है। इस समकालीन समाज में, इसका निर्माण केवल विभेदीकृत, विशिष्टीकृत कार्यों के संयोजन से ही सम्पन्न नहीं है बल्कि इसकी प्रतीकात्मक तार्किक प्रक्रिया व कार्य के प्रति उत्तरदायी ढ़ाँचा भी है। सामाजिक संरचना एवं संगठन में अभिलक्षित अनवरत परिवर्तन का कारण व प्रमुख स्रोत सूचना कम्प्यूटर व संप्रेषण की नवीन प्रौद्योगिकी का व्यापक व आधारभूत अवदान है और यही अध्ययन की समस्या का केन्द्रण है।

पूर्ववर्ती शोध अध्ययनों की समीक्षा

शोध कार्य को वैज्ञानिक व तारतम्ययुक्त बनाने के लिये पूर्ववर्ती शोध अध्ययनों की समीक्षा की गई है जो अपने आप में अद्यतन, प्रभावकारी और प्रासंगिक है।

Lyon : 1998

वैयक्तिक समंकों को एकत्रित करने का इलेक्ट्रानिक स्वचालित उपकरण 'सर्विलोस' है जो इंटरनेट पर तीव्रता के साथ वृद्धिगत है और कम्प्यूटर मध्यस्थ संप्रेषण नेटवर्क के व्यवसायीकरण के साथ गहन रूप से प्रक्रियागत है। साइबर स्पेस सर्विलांस का परीक्षण भी इसी से संबंधित है जो रोजगार संचालन, स्थान व सुरक्षा और बाजारू व अन्य सूचनाओं को समाविष्ट रखता है। **'कूकीस'** और **'स्पाइडर'** नवीन तकनीक नवाचार सामाजिक उद्देश्यों के संबंध में वर्णित है। ऐसा तर्क है कि खतरनाक प्रबंधन सर्विलांस व अन्य स्वचालित उपकरणों को उत्प्रेरित करता है जो विशिष्ट रूप से महत्वपूर्ण होता है। इस तरह की सैद्धान्तिक उच्चता अक्सर संपूरक का कार्य कर सकती है। उसकी अपेक्षा जो अभिज्ञान और भाईचारे या विभिन्नता और सामाजिक विभाजन पर केन्द्रित होता है। यह साइबर स्पेस सर्विलांस' के माध्यम से आफवर्ल्ड के शक्ति प्रवाह को समझने का प्रयास है।

Webb : 1998

यह समालोचनात्मक रूप से समालोचनात्मक मुद्दों/विषयों का सायबर स्पेस और

डिजिटल मीडिया के साथ सांस्कृतिक आयामों का वर्णन है। यह तर्क दिया गया है कि सायबर स्पेस विरोधाभासी उत्तरदायित्वों का प्रतीक है जो संस्कृति और संस्कृति राजनीति के स्तर पर डिजिटल मीडिया हेतु निर्मित है। इसके अतिरिक्त यह स्थानिक परिवर्तनों, प्रौद्योगिकीय विस्तारवाद, डिजिटल समुदायों तथा यूरोपियन सौन्दर्यवाद के रचना व निर्माण का प्रतीक है। यह विशिष्ट रूप से परामानववाद परिप्रेक्ष्य का वर्णन है।

Webster and Robins : 1998

यह सूचना समाज के संदर्भ में अद्यतन विचारों का विश्लेषण व समालोचना है। यह दो अवस्थाओं का परीक्षण करता है। प्रथम अवस्था 1980 के समय की है जो 'प्रौद्योगिकीय उत्साहवाद' से प्रेरित है और द्वितीय 1990 का काल है जो स्वयं सूचना के रूपान्तरणकारी क्षमता पर प्रकाश डालता है। द्वितीय अवस्था को 'प्रतीकात्मक विश्लेषक' और 'सूचनात्मक श्रम' की अवधारणा जो राबर्ट रीच और मैनुअल कैसटेल्स की लेखनी में अवलोकित होता है, के संदर्भ में अभिवर्णित किया जा सकता है। अद्यतन सिद्धान्तों में, आर्थिक मामलों हेतु 'सूचना' एक केन्द्रीय अवस्था के रूप में अनुमोदित हो चुका है। एक नवीन बौद्धिक एजेंडा का सृजन, वैश्वीकरण, नेटवर्कों की गति, लोचनीयता और शिक्षित श्रमिकों की महत्वपूर्ण भूमिका के संदर्भ में, केन्द्रीय स्वरूप के रूप में हो चुका है। इसके तहत तीन पक्षों का विश्लेषण शामिल है जो साम्यवाद के अंत पूंजीवाद का उल्लास और योग्यतातंत्र विचारों के पुनःउद्‌भव का प्रतीक है। अंततोगत्वा यह तार्किककरण और नियंत्रण के प्रक्रिया को विस्तारित करता है जिसे नवीन अनुलग्नता के रूप में अवलोकित किया जा सकता है।

Fuller : 1998

सूचना प्रौद्योगिकी के प्रथम युग में संबंधित विशेषज्ञ समुदाय वैधताकृत ज्ञान को संरक्षित रखते थे तथापि सापेक्षिक रूप से स्वतंत्र बाजार (जो सूचना प्रौद्योगिकी के द्वितीय युग को वचःस्वकृत करता है) मानवीय विशेषज्ञों को उपभोक्ता आवश्यकताओं को संतुष्ट करने हेतु शक्तिकृत करता है। बहुतेरे क्षेत्रों में यह विशेषज्ञों के सामाजिक भूमिका को कम करता है। लेकिन इसके अतिरिक्त दूसरी प्रवृत्ति भी अवलोकित होती है जहाँ ज्ञान इंजीनियरिंग ट्रांसनेशनल पूंजीवाद

के बड़ी प्रवृत्तियों द्वारा समाविष्ट हो जाती है। इसे आई.पी.आर. के संदर्भ में अवलोकित किया जा सकता है। हालांकि सूचना प्रौद्योगिकी मानवीय निष्पादन का स्तर है।

Tan : 1998

'स्मार्ट सिटी' के रूप में सिंगापुर की विश्वदृष्टि या बौद्धिक द्वीप (स्मार्ट सिटी या एटेलीजेंट आइसलैंड) के रूप में सिंगापुर की विश्वदृष्टि शताब्दी के बदलाव के दौरान यथार्थ के रूप में घटित हो रहा है। एक सिंगापुर (प्रत्येक के लिये एक नेटवर्क) के अद्वितीय प्रस्तुतिकरण के साथ एक राष्ट्रीय स्तरीय ब्रांडवैड उच्च तीव्रतायुक्त नेटवर्क व्यापक स्तर पर अन्तःक्रियात्मक, मल्टीमीडिया प्रयोगीकरण और प्रत्येक घर, स्कूल और कार्यालय के लिये सेवाओं की सुनिश्चितता होगी। आज वन-स्टाप, नान-स्टाप व्यवसाय/वाणिज्य और सरकारी सेवाओं का आनलाइन शापिंग, सायबर बैकिंग और स्टाक बाजार/व्यापार, वर्चुअल कालेज और वर्चुअल लाइब्रेरी का प्रावधान सूचना प्रौद्योगिकी प्रोत्साहित आइसलैंड के कुछ महत्वपूर्ण कार्यान्वयन है। 1980 व बाद के आर्थिक संरचना को प्रोत्साहित व प्रोन्नत करने में सूचना व संप्रेषकीय प्रौद्योगिकी का विशिष्ट व अद्भूत अवदान है। यह इलेक्ट्रानिक वाणिज्य (ई-कामर्स) व सायबर समाज हेतु रणनीतिक रूप से नियोजित व इसका लागूकरण उद्भव को समर्थित करता है। लेखक का यह शोध सिंगापुर के राष्ट्रीय सूचना संरचना के निर्माण का विश्लेषण है जो इलेक्ट्रानिक कामर्स के माध्यम से डिजिटल अर्थतंत्र को सृजित करता है (21वीं शताब्दी में) तथा सूचना प्रौद्योगिकी को समर्थित करता है। यह उच्च गुणवत्तायुक्त 'सूचना प्रौद्योगिकी हब' के निर्माण को, नीति-निर्मायकों के प्रयास से प्रस्तुत करता है। लेखक के अनुसार इसके प्रसार/अप्रसार का आकलन रूचिपूर्ण है।

Green : 1999

समंकगणन में प्रौद्योगिकी उच्चता के साथ, आज दैनिक जीवन की बढ़ती सूचनात्मकता और सामाजिक प्रबंधन के लिये संभाव्यता के कारण वैश्विक सूचनात्मकता अर्थतंत्र के अन्तर्गत शक्ति की क्रियाशीलता को समझने के लिये 'सर्विलांस' एक प्रमुख साइट हो चुका है। वैश्विक स्तर पर, लेखक के अनुसार - नवीन प्रौद्योगिकीयों ने प्रभावी रूप से मीडिया और इंटरनेट श्रोताओं से संबंधित अनौपचारिक व स्थानीय सर्विलांस हेतु स्थानों को खोला है। यह सर्विलांस नेटवर्क,

बहुतेरे क्रियाओं को संपन्न करता है। सर्विलांस अध्ययन पूर्णतः सूचना प्रौद्योगिकी के नियंत्रण क्षमता से संबंधित है तथापि लेखक के अनुसार इसे प्रोत्साहमूलक, पहुँच योग्य व जनतांत्रिक स्वरूपयुक्त होना चाहिए।

Klienberg and Perrin : 2000

यह शोध पत्र 1996 के दौरान; अमेरिकन राष्ट्रपति के कैंपेन (चुनावी सहलग्नता) के संदर्भ में राजनीतिक संप्रेषण के माध्यम के रूप में वर्ल्ड वाइड वेब के प्रयोग (चुनावी प्रयोग) का आकलन है। चुनाव कैंपेन के दौरान वर्ल्ड वाइड वेब की आवश्यकता महसूस होती है लेकिन विभिन्न अभ्यर्थी विविध माध्यमों का प्रयोग करते हैं। कोई भी इसका पूर्ण प्रयोग नहीं करता है लेकिन मासमीडिया साहित्य के हस्तांतरण (वीडियो, ग्राफिक्स इत्यादि) के एक नवीन माध्यम के रूप में इसका प्रयोग करता है और इसका प्रयोग कैपेंन सूचना के बड़े सूचना रूपों (वोटिंग रिकार्ड्स, स्पीच, पोजीशन, पेपर इत्यादि) को उपलब्ध व पहुँचाने हेतु करता है।

Webster : 2000

शोध लेखक की टिप्पणी है कि 'सूचना युग' के रूप में उद्घोषित परिवर्तन व विशेषतायें बहुत से टिप्पणीकर्ताओं द्वारा एक नवीन समाज के प्रवेश मार्ग के रूप में न अवलोकित कर, पूंजीवाद के सातव्यता, सबलीकरण व विस्तार के रूप में प्रस्तुत है। इसके अन्तर्गत 'सूचना श्रमिकों' का विशिष्टगत महत्व व लोचनीयता, नवीन युग के संकेतक के रूप में नहीं बल्कि वैश्वीकृत पूंजीवाद की आवश्यकता के रूप में अनुमोदित किया गया है। यह उस प्रक्रिया का परीक्षण है जो सार्वजनिक निजी सूचना के प्रावधान को प्रदर्शित करता है तथा सामाजिक जीवन की अस्थिरता व अनिश्चितता को उद्यमी पूंजीवाद के प्रभाव में प्रस्तुत करता है।

Madon and Sahay : 2000

तीव्र नगरीकरण की प्रघटना, विकासशील देशों में, नियोजकों हेतु व्यापक समस्या थोप रही है। यह धीरे-धीरे नियोजकों हेतु बहुत कठिन व उलझाऊयुक्त होता प्रतीत हो रहा है कि वो विश्व को स्थानीय से अलग करें। यह वृद्धिगत रूप से अनुमोदित है कि बिना स्थानीय सामाजिक आधार के शहर सरकारों के पास ताकत नहीं होगी जो वैश्विक जुड़ाव व संचालन हेतु अत्यावश्यक है। इस सामाजिक

एकीकरण हेतु लोकतांत्रिकृत राजनीतिक मशीनवाद की आवश्यकता होती है जो कि प्रशासनिक विकेन्द्रीकरण पर आधारित होता है और साथ ही साथ यह नगर के स्थानीय स्वशासन में नागरिकों की सहभागिता पर आधारित होता है। अध्ययनकर्ता इस लोकतांत्रिक प्रक्रिया में सूचना को एक महत्वपूर्ण तत्व के रूप में अवलोकित करते हैं जो बंगलौर के नवस्थानीय गर्वनेंस पर आधारित है। अध्ययनकर्ताओं के आलोक में, क्षेत्रीय व वैश्विक रूप से साटवेयर विकास हेतु एक प्रमुख केन्द्र के रूप में स्थापित हो चुका है। यह क्षेत्रीय और वैश्विक अन्तर्संयोजन व्यापक रूप से नवीन स्थानीय गर्वनेंस संरचना को प्रोत्साहित कर रहा है।

Kuo and Low : 2001

अध्ययनकर्ताओं क़ा आकलन है कि 1980 के दौरान सिंगापुर में 'सूचना समाज' की रचना व्यापक समर्थनकारी सरकारी नीतियों का परिणाम है जो औद्योगिक पुनर्संरचना व व्यवसायिक परिवर्तन को शहर राज्य में प्रस्तुत करता है। यह प्राप्त निष्कर्ष है कि सूचना संबंधित व्यवसायों में लक्षित वृद्धिगत प्रवृत्ति, सिंगापुर में औद्योगिक परिवर्तनों हेतु नियोजित और समर्थनकारी है तथा साथ ही अगले आने वाले दशकों में सूचना उत्पादकों व सूचना वितरकों में वृद्धिगत प्रवाह की प्रत्याशा की गई है। लेकिन साथ ही सूचना और ज्ञान की अर्थव्यवस्था (ज्ञान आधारित अर्थव्यवस्था) हेतु प्रतिस्पर्धा की शुरूआत हो चुकी है व इसके लिये अर्थात् ज्ञान आधारित अर्थव्यवस्था की समस्याओं से सामना करने हेतु सरकार ने शिक्षा प्रणाली में आधारभूत परिवर्तन को प्रारंभ व प्रोन्नत किया है क्योंकि इस राज्य (छोटे शहर) के पास परिवर्तनों को स्वीकार करने की व्यापक क्षमता (चाहे प्रौद्योगिकी का क्षेत्र हो या क्षेत्रीय राजनीति का) विद्यमान है। यह प्रत्याशित है कि 'आविर्भूत सूचना समाज' आने वाले दशकों में पूर्ण पद को प्राप्त करेगा।

Waite : 2001

एक कम्प्यूटर - मध्यस्थ समूह एक जटिल सारतत्व का प्रतीक है जिसके सदस्य बहुतेरी सूचनाओं का विनिमय करते हैं (अपने पर्यावरण के संदर्भ में विशिष्य लक्ष्यों के अनुमोदन के संदर्भ में, संप्रेषण के बहुविध साधनों द्वारा) यह जटिल अंतःक्रिया व्यापक महत्व का प्रतीक है। जो वेबबोर्ड, इंटरनेट चैट और ई-मेल कम्प्यूटर मध्यस्थ समूह या अन्तर्संबंधित समूह के मध्य संप्रेषण का कारण है

तथा जहाँ आमने-सामने की अन्तःक्रिया कैंपस सेसन (सत्र) के दौरान संक्षिप्त समय के लिये घटित होती है जो सामाजिक व भावनात्मक विनिमय के प्रभावों हेतु उत्प्रेरक का कार्य करता है। परिणामतः एक संरचना की आवश्यकता होती है जो क्लास के अनुरूप विचारों की सहभागिता व विनिमय को संतुलित कर सके।

Blom et.al. 2002

सूचना प्रौद्योगिकी और संप्रेषकीय प्रौद्योगिकी के प्रसार के साथ कार्य प्रक्रिया अतिशय ज्ञानयुक्त गहनता से आच्छादित होते जा रहा है। इस प्रवृत्ति को फिनलैण्ड के संदर्भ में अवलोकित कर सकते हैं जहाँ सूचनात्मक (ज्ञान आधारित) वर्करों की संख्या में तीन गुनी वृद्धि प्रदर्शित है जो 1988 में 12 प्रतिशत था वह 2000 में 39 प्रतिशत है। 1990 के मंदी के आये बदलाव में फिनलैंड ने उच्चतर सूचना अर्थतंत्र में अपने आपको परिणित किया है। लेखक का आनुभविक विश्लेषण 1988, 1998 और 2000 के समंक सर्वेक्षण पर आधारित है जो सूचना समाज व अर्थतंत्र के समालोचनात्मक चित्र को प्रस्तुत करता है। सूचनात्मक कार्य के वृद्धि के द्वारा सामाजिक समानता के लिये अनुमोदित सुअवसर अतिशय सीमित है।

Haythomthwaite : 2002

यह तर्क है कि बंधनों की ताकत का संप्रेषकों के मध्य अनुमोदन, सामंजस्य को प्रस्तुत करता है जो नवीन मीडिया के सामाजिक संबंधों के प्रभाव के रूप में अवलोकित किया जा सकता है। लेखक द्वारा यह तर्क दिया गया है कि जहाँ बंधन मजबूत है, संप्रेषक एक-दूसरे (प्रत्येंक को) आसानी से प्रभावित कर सकते हैं व स्वीकार करते है और मीडिया का प्रयोग बंधनों के विनिमयकारी महत्व के समर्थन हेतु विस्तारित कर सकते हैं लेकिन जहाँ बंधन कमजोर है संप्रेषक सामान्य संगठनात्मक रूप से स्थापित संप्रेषण के स्थापित साधनों पर आधारित होते हैं तथा जहाँ प्रोटोकाल अन्य द्वारा स्थापित होता है। मीडिया के इस विभिन्नतामूलक प्रयोग के कारण एक नवीन माध्यम व साधनों और सुअवसरों (पूर्ववर्ती अ-संबंधित लोगों के लिये (संप्रेषण के लिये) जोड़ता है; प्रस्तुत करता है) का कमजोर बंधनों और कमजोर बंधन नेटवर्क पर सकारात्मक प्रभाव होता है। यह अप्रकट बंधनों के अतिरिक्त, कमजोर बंधनों के लिये सुअवसर उपलब्ध

कराता है ताकि यह विकसित व ताकतवर हो सके। मजबूत बंधनकारी जोड़ों पर एक नवीन माध्यम का सकारात्मक प्रभाव है जहाँ यह संप्रेषण का अन्य नवीन दूसरा माध्यम प्रस्तुत करता है और जोड़ों के संप्रेषकीय आवश्यकता तथा कार्य को समर्थन करता है। नवीन माध्यम संप्रेषण के सामान्य साधनों को प्रतिस्थापित करता है जबकि इसकी तुलना में, मजबूत बंधनकारी नेटवर्क परिवर्तन की दशाओं के तहत अतिशय दृढ़, उत्साहपूर्ण, मजबूत रूप में प्रत्याशित हो सकता है।

Agre : 2002

लेखक का आकलन है कि यह सामाजिक नेटवर्कों के विकास और कार्यों (मार्गों) को समाविष्ट करता है जहाँ प्रौद्योगिकी लोगों को एक साथ बांधता है और वह भी राजनीति के क्षेत्र में।

Sandvig : 2003

लेखक का यह अवलोकन है कि प्रयोगकर्ता उच्च स्तर पर एक दूसरे से प्रभावित है और साइटों के एक छोटे से सार्वभौम के प्रति लगाव रखते हैं। इसके अन्तर्गत ई-मेल व चैटिंग के माध्यम से लोगों के साथ संप्रेषण और गेम खेलना, महत्वपूर्ण रूप से शामिल होता है। बच्चों का पोर्नोग्राफी के प्रति अनिच्छा प्रकट होती है और साइटों का अभिमुखन भी बच्चों की तरफ ही लक्षित होता है। विज्ञापन असाधारण रूप से सामान्य है और बच्चे अधिकतर सहभागिता में संलग्न रहना पसन्द करते हैं (प्रमुखतः गेमों और चैटिंग में)। इस जनसंख्या के लिये पहुँच, गोपनीयता और अशोभनीय प्रयास (इंटरनेट प्रयोग को नियंत्रित करने के लिये) लक्षित लक्ष्य को हासिल/अर्जित करने हेतु असफल साबित होता है बल्कि क्रियाकलाप जो सार्वजनिक स्थानों में सहभागिता को प्रोत्साहित करता है जो निर्माणकारी कम्प्यूटर ज्ञान हेतु कुछ शर्तों को लागू करता है।

Blattman et.al. : 2003

यह शोध आलेख एक मिश्रित पद्धति शोध रणनीति प्रारूप के निष्कर्ष और परिणाम को प्रतिवेदित करता है जो भारत के ग्रामीण तमिलनाडु राज्य में 'सामुदायिक नेटवर्किंग' की संभाव्यता का आकलन है। इस शोध आलेख में जिन समंकों को प्रतिवेदित और विश्लेषित किया गया है। उसके अन्तर्गत सामाजिक आर्थिक, घरेलू खर्च, कृषिमूलक बाजार और शोध मूल्य/मूल्य शोध, कृषिमूलक समस्याओं

पर सूचना के प्रयोग व उपलब्धता और संप्रेषण मीडिया प्रयोग (कम्यूनिकेशन मीडिया प्रयोग) सम्मिलित है। इस समंक का प्रयोग किसानों पर विशिष्ट प्रकाश के साथ बहुतेरे सामुदायिक एजेंटों के लिये सूचना के अस्तित्वकारी स्रोतों/संसाधनों के ढ़ांचा को परिभाषित करने के लिये किया जाता है। हम पद्धति का और लागत का विश्लेषण करते हैं जहाँ से ऐजेंट सूचना प्राप्त करते हैं और सूचना तथा संप्रेषण विलम्बना की पहचान करते हैं जिसका सूचना और संप्रेषण प्रौद्योगिकीयां निस्तारण या शमन में सहायता कर सकता है। यह अध्ययन सुअवसरों के वर्णन हेतु अनुमति प्रदान करता है जिसे सामाजिक-आर्थिक विकास के लिये आई.सी. टी. द्वारा 'सूचना पहुँच' योग्य बनाने से लिया जा सकता है। यह शोध आलेख आधारभूत संप्रेषकीय प्रौद्योगिकीयों के महत्व को प्रदर्शित करता है। यह प्रांसगिक सूचना सेवाओं की महत्ता को भी प्रदर्शित करता है और इस क्षेत्र में व्यापक अनुमोदनों को प्रस्तुत करता है।

Hampton : 2003

यह आलोचनात्मक तर्क है कि सूचना और संप्रेषकीय प्रौद्योगिकी लोगों को उनके सामाजिक नेटवर्क से विच्छेदित करता है और सार्वजनिक सहभागिता को कम करता है। इस परिप्रेक्ष्य के समर्थन में शोध दो मान्यताओं के रूप में पक्षपातयुक्त है। प्रथम यह सामाजिक व्यवस्था के रूप में इंटरनेट को विशेष अधिकारी देने की प्रवृत्ति जो लोगों को संप्रेषण के अन्य कारकों से हटाता है। द्वितीय यह कि व्यापक समर्थनकारी मजबूत सामाजिक संबंधों के पक्ष की प्रवृत्ति, सर्वेक्षण व अन्य अवलोकन सुझावित करते हैं कि कमजोरियाँ, न कि मजबूत बंधन अनुभव आई.सी.टी. के परिणाम के रूप में वृद्धिगत होता है। यह शोध आलेख वर्णित करता है कि कैसे आई.सी.टी. सामुदायिक सहभागिता को प्रोत्साहित करता है।

Lamb and Davidson : 2005

सूचना और संप्रेषकीय प्रौद्योगिकी का वृद्धिगत स्वरूप पेशेवर क्रियाकलापों, व्यवसायिक क्रियाकलापों और अंतःक्रियाओं को बहुतेरे रूपों में रूपान्तरित कर रहा है और पेशेवर/व्यवसायिक अभिज्ञान के संदर्भ में, पारंपरिक मान्यताओं को प्रति उत्तरित कर रहा है। लेखक यह विश्लेषणात्मक सुझाव प्रस्तुत करता है कि आई.सी.टी. संबंधित प्रौद्योगिकी का विकास और प्रयोग बहुतेरे वैज्ञानिकों के अभिज्ञान या

व्यक्तित्व को विस्तारित और वैज्ञानिक ज्ञान के बहुतेरे अद्वितीय क्षेत्रों के विकास को प्रोत्साहित करता है। आई.सी.टी. संबंधित समंक एकत्रीकरण, सामूहिक सहसामंजस्य और वैज्ञानिक अन्तःक्रिया में लक्षित परिवर्तन भी विशेषज्ञों व पेशेवरों की पहचान की पुरातन परिभाषा को प्रतिउत्तरित करता है।

Barzilai - Nahon and Barzilai : 2005

अवलोकनकर्ता धार्मिक रूढ़िवादिता के चार प्रमुख आयामों (संस्करण, पितृसत्तात्मकता, अनुशासन और एकांतिकता) का, (जो इंटरनेट के साथ अंतक्रिया के रूप में लक्षित है) का परीक्षण करते हैं या पहचान करते हैं। लेखकों का आकलन है कि परिणाम, धार्मिक रूढ़िवादिता व इंटरनेट के मध्य अंतःक्रिया की जटिलता को प्रस्तुत करता है। लेखकों के अनुसार इंटरनेट सांस्कृतिक रूप से निर्मित संशोधित तथा रूढ़िवादी समुदायों के आवश्यकता के अनुरूप स्वीकृत हो चुका है तथा कैसे यह इसके द्वारा प्रभावित है पर एक संवाद आमंत्रित करता है जिसे लेखकद्वय संस्कृति प्रौद्योगिकी के रूप में अनुमोदित करता है।

Parayil : 2005

व्यापार, निवेश, व्यवसाय/वाणिज्य नियामक उत्पादन और उपभोग के वैश्वीकरण के साथ सूचना और संप्रेषकीय प्रौद्योगिकियों में दूर-दूरस्थ उच्चता ने 'सूचनात्मक पूंजीवाद' के उद्भव को संकेतीकृत किया है। यह शोध लेख 'सूचनात्मक पूंजीवाद' के सामाजिक-आर्थिक असमानता पर प्रकाश डालता है। प्रमुखतः आई.सी.टी. के माध्यम से जारी आर्थिक विकास के विरोधाभासों के परीक्षण द्वारा (बढ़ता बदलाव व डिजिटल डिवाइड)। इस संदर्भ में दो महत्वपूर्ण और अन्तर्संबंधित साक्ष्य प्रस्तुत किया गया है (1) प्रत्याशाओं के विपरीत बढ़ता प्रतिव्यक्ति आय धन और मजदूरी असमानता को कम करेगा, देशों और व्यक्तियों हेतु (दोनों के लिये) आय और धन का वितरण तीव्र रूप से एक दूसरे सूचना युग में जुड़ा है। (2) ज्ञान उत्पादन एक स्वयं सुदृढ़ संचालित चक्र है जो असमान रूप से कुछ को लाभांश जारी करता है तथा अन्य को अलग करता है तथाकथित डिजिटल डिवाइड इन व्यापक प्रौद्योगिकी-आर्थिक प्रघटना के एक कारण तथा एक अभिलक्षण के रूप में प्रस्तुत है और संयोजन को सरल मुद्दे के रूप में अनुमोदित करता है।

Kavanaugh et.al. : 2005

यह शोध प्रदर्शित करता है कि समूह के विपरीत लोगों का कमजोर बंधन उच्च स्तर के सामुदायिक संलग्नता का प्रतीक है उन लोगों की अपेक्षा जो समूह के मध्य बिना जुड़ाव के होते हैं। इंटरनेट प्रयोगकर्ता (जो जुड़ावकारी बंधनों से संबंधित होता है) की उच्चतर सामाजिक संलग्नता होती है जो इंटरनेट का व्यापक प्रयोग सामाजिक उद्देश्यों, स्थानीय घटनाओं/मीटिंगों में भाग लेने हेतु (जो आनलाइन के माध्यम से संपन्न होता है) करता है, इंटरनेट प्रयोगकर्ता की अपेक्षा जिसका कोई जुड़ावकारी बंधन नहीं होता है। लेखकों का यह निष्कर्ष है कि जुड़ावकारी लोगों के हाथों में, इंटरनेट सामाजिक संबंधों के विस्तार का एक हथियार है, जो सूचना विनिमय का कार्य भी व्यापक रूप से संपन्न करता है। यह आमने-सामने की अंतःक्रिया को विस्तारित भी करता है। यह समुदाय में बंधनकारी व जुड़ावकारी सामाजिक पूंजी (दोनों) को निर्मित करता है या निर्माण में सहायता करता है।

Kumar and Best : 2006

यह ग्रामीण इंटरनेट सेवाओं व सुविधाओं तथा सरकारी प्रयासों का एक सकारात्मक प्रस्तुतिकरण है। यह दो इंटरनेट सेवाओं यथा : बच्चों के लिये जन्म प्रमाणपत्र की प्राप्ति, पुराने या वृद्ध लोगों के पेंशन हेतु आवेदन पत्र के संदर्भ में अवलोकित किया जा सकता है। इन दोनों सरकारी सेवाओं का नागरिकों हेतु व्यापक सामाजिक व आर्थिक की मत मूल्य है। ग्रामीण लोगों के आलोक में, इन इंटरनेट आधारित सेवाओं का व्यापक महत्व है जो समय व धन को संरक्षित तो करता है साथ ही सरकारी कार्यालय से प्रत्यक्षतः प्रयास को संरक्षित करता है। यह भी अवलोकन है कि इन सेवाओं के वितरण में व्याप्त भ्रष्टाचार को, इंटरनेट आधारित सेवायें, कम कर सकती है। हालांकि ई-गवर्नमेंट कार्यक्रम बहुतेरे समालोचनात्मक असफल कारकों से लड़खड़ाता भी है जिसमें राजनीतिक व संस्थात्मक अस्तित्व के साथ लोगों का, प्रबंधन का, संस्कृति व संरचनात्मक कारकों का, व्यापक अवदान होता है।

Deuze : 2006

विश्व स्तर पर आज मीडिया सिद्धान्त, 19वीं शताब्दी के प्रिंट संस्कृति से 20वीं

शताब्दी के इलेक्ट्रानिक संस्कृति व आज 21वीं शताब्दी के डिजिटल संस्कृति के रूप में बदलावित होकर अच्छी तरह से प्रलेखित हो गया है। लेखक नेटवर्कूड कम्प्यूटरों, बहुल प्रयोगी साटवेयरों और इंटरनेट की वृद्धिगत लोकप्रियता को डिजिटल संस्कृति को गतिशील तथा शक्तिकृत करने के रूप में अवलोकित करता है।

इस लेख के संदर्भ में, लेखक का अवलोकन है कि डिजिटल संस्कृति को, मूल्यों, प्रथाओं और प्रत्याशाओं के आविर्भूत पुंज के रूप में प्रस्तुत किया जा सकता है जहाँ व्यक्ति क्रिया व प्रतिक्रिया करता है वह भी समकालीन नेटवर्क समाज के अन्तर्गत। यह डिजिटल संस्कृति आनलाइन/आफलाइन प्रघटना के संदर्भ में एक तद्जनित संपत्ति है जिसे वर्ल्ड वाइड वेब के पूर्व निर्धारित विकास व प्रवृत्ति के साथ संबंधित किया जा सकता है; जिसका तत्कालिक प्रभाव है और विशिष्ट रूप से उस तरीके को परिवर्तित करता है जिसका हम प्रयोग करते हैं और वृद्धिगत अंतर्संयोजित, आनलाइन पर्यावरण में जीवन शैली व रहन-सहन को अर्थ प्रदान करता है।

Mesch and Talmud : 2006

अध्ययन से यह प्रस्तुत होता है कि किशोरवय के लोग इंटरनेट का प्रयोग केवल दूरस्थ संबंधियों व मित्रों के साथ सामाजिक संबंधों को जारी रखने व बनाये रखने हेतु नहीं करते हैं बल्कि नवीन आन लाइन संबंधों के सृजन हेतु भी इंटरनेट का अनवरत् प्रयोग करते है। कुछ मित्रता उनके सामाजिक क्षेत्र के अन्तर्गत एकीकृत होता है। यह अस्तित्वकारी संबंधों या आनलाइन बंधनों की प्रकृति पर इंटरनेट के प्रभावों पर प्रमुखतः केन्द्रित है। यह आनलाइन की गुणवत्ता का अध्ययन है जहाँ आमने-सामने की अंतःक्रिया नष्ट रही है। इस अध्ययन का उद्देश्य इस अंतराल को पाटना है। ऐसा तर्क है कि सामाजिक संबंधों की गुणवत्ता, विषयों और क्रियाकलापों की विविधता तथा अवधि पर आधारित होती है। हम पाते हैं कि एक मित्र से घनिष्ठता एक सामाजिक समानता का प्रकार्य है और इंटरनेट से उद्भूत मित्रता-संबंधों की अवधि, अन्तर्वस्तु और प्रकार्य बहुलता, कम घनिष्ठ और समर्थनकारी के रूप में, अनुभूत होता है क्योंकि यह सापेक्षिक रूप से नवीन और आनलाइन मित्र, कम जुड़े व क्रियाकलापों में संलग्न होते है। संवाद के विषयों पर भी इनका कम जुड़ाव होता है।

Petric : 2006

शोधकर्ता इंटरनेट को एक उपकरण के रूप में ही अवलोकित नहीं करते हैं बल्कि सामाजिक संबंधों के प्लेटफार्म के रूप में प्रस्तुत करते है। यह हैबरमास के संप्रेषकीय व रणनीतिक क्रिया का प्रयोग है। इंटरनेट के तीन रणनीतिक सामाजिक क्रियाओं और तीन संप्रेषकीय क्रियाओं (एक सामान्य अवधारणात्मक प्रारूप है) को अनुमोदित किया गया है जो किसी भी इंटरनेट अंतःक्रियात्मक सेवाओं के प्रयोग के माप हेतु प्रयुक्त किया जा सकता है। व्यक्तिगत वेबसाइटों के सामाजिक प्रयोग हेतु एक विशिष्ट आनुभविक आशय अभिवर्णित करता है कि तार्किक मापक उपकरण वैधता व विश्वसनीयता के संतुष्टिपरक स्तर को हासिल करता है।

Horrigan et.al. : 2006

अध्ययनकर्ताओं का आकलन है कि सूचना और संप्रेषकीय प्रौद्योगिकी उद्योग का इंटरनेट प्रभाव 2007 तक 1.5 अरब प्रयोगकर्ताओं तक पहुँच हेतु अभिकल्पित है। सामान्यतः ब्रांडवैंड के रूप में, अनुमोदित, बहुसंख्यक वैकल्पिक प्रौद्योगिकीय आज व्यापक स्तर पर यूनाइटेड स्टेस से परे, प्रभावी ढंग से इस्तेमाल होती है। यह शोध लेख प्यू इंटरनेट और अमेरिकन लाइफ प्रोजेक्ट 2004 द्वारा सृजित अद्वितीय समंकों व तथ्यों को बहुत से स्थानीय कारकों के प्रभावों के परीक्षण हेतु लाता है। ब्रांडबैंड का उपयोगीकरण बड़े शहरों में व्यापक रूप से पाया जाता है वह भी उन शहरों में, जहाँ बड़ा टेलीकम्यूनिकेशन गहनीकृत आर्थिक क्षेत्र विद्यमान होता है। यद्यपि जननांकिकीय अभिलक्षण भी महत्वपूर्ण होता है और यह भी भौगोलिक कारकों की अपेक्षा मजबूत होता है ब्रांडवैंड उपयोगीकरण के निर्धारण में।

Farooq et. al. : 2007

भौगोलिक या स्थान आधारित सामुदायिक संगठनों में पड़ोसियों के मध्य, सामुदायिक कम्प्यूटिंग व मानवीय कम्प्यूटर अन्तःक्रिया को समर्थित करता है। इस तरह के संगठन के अन्तर्गत वेबसाइटों के प्रारूपण की प्रक्रिया का यह एक परीक्षण है जो सामुदायिक स्वीकारोक्ति, मूल्यांकन व वेबसाइटों को अस्तित्व में बनाये रखने को प्रस्तुत करता है। इस संदर्भ में शोध अध्ययनकर्ताओं ने तीन प्रारूपण समुदाय आधारित प्रौद्योगिकी हेतु किया है जो सहभागिता, गत्यात्मकता, संगठनात्मक

ज्ञान और सीखने की आकांक्षा के लिये नवीन संभाव्यता को सम्बद्ध व संवहनीय बनाता है तथा साथ ही साथ यह सामुदायिक संगठन के अन्तर्गत व्यापक समुदाय के साथ सामाजिक पूंजी को विस्तारित करता है।

Luxiao and Carroll : 2007

कम्प्यूटर प्रौद्योगिकी तीव्रगत रूप वृद्धि की ओर अग्रसर है तथा समस्याओं से सामना करने की अद्भूत क्षमता है। स्कूल के परिप्रेक्ष्य में केवल औपचारिक शिक्षा हेतु आधारभूत कम्प्यूटर कुशलता की आवश्यकता नहीं है बल्कि जीवनपर्यन्त सीखने की प्रक्रिया हेतु अनौपचारिक सीखने की योग्यता का विकास को छात्रों हेतु प्रोत्साहित व प्रोन्नता करना चाहिए। जबकि दूसरी तरफ डिजिटल विश्व में छात्रों की कुशलता व क्षमता, अध्यापकों की अपेक्षा तीव्रगत रूप से बढ़ाव की ओर कम्प्यूटर प्रौद्योगिकी के क्षेत्र में अभिलक्षित है। शोध अध्ययनकर्ता इस क्षेत्र में, आनलाइन कोर्स प्रारूप परियोजना का वर्णन करता है जिसमें एक समूह (छात्रों का) मिडिल स्कूल के लिये आनलाइन हेल्थ कोर्स को प्रारूपित करता है और अध्यापक प्रोत्साहक तथा सीखने वाले की भूमिका को प्रस्तुत करते है। अध्ययनकर्ता वास्तविक जीवन की परियोजना से संबंधित वास्तविक जीवन की समस्या के निदान हेतु औपचारिक कम्प्यूटर प्रौद्योगिकी की कुशलता के पूरक के रूप में स्कूलों में, कम्प्यूटर प्रौद्योगिकी के 'अनौपचारिक सीखने की प्रक्रिया वाला समुदाय' के प्रोत्साहन को प्रस्तुत करता है।

Mbarika et.al : 2007

अवलोकनकर्ताओं का मत है कि उप सहारा अफ्रिकन महिलाओं की ऐतिहासिक भूमिका प्रमुखतः गृहणी और जीविकोपार्जन हेतु किसान के रूप में अभिलक्षित होती है तथा उनके पास आधुनिक क्षेत्रीय अर्थतंत्र में सहभागिता के कम सुअवसर उपलब्ध होते है। हालांकि इस प्रवृत्ति में बदलाव लक्षित हो रहा है जो कि प्रमुखतः सूचना व संप्रेषकीय क्रांति के परिणामों द्वारा अभिलक्षित है। उप-सहारा अफ्रिकन महिलाओं का कम्प्यूटर, इंटरनेट व अन्य संबंधित प्रौद्योगिकीयों तक व्यापक पहुँच सुनिश्चित हो रहा है। अवलोकनकर्ता शोध लेख के माध्यम से, केन्या में, औपचारिक आई.सी.टी. कार्यक्षेत्र के अन्तर्गत महिला कालेज छात्राओं के एकीकरण का परीक्षण करता है व परिणाम के रूप में यह प्रदर्शित करते हैं

कि महिलायें अतिशय आशावादी है और श्रम बाजार में प्रवेश हेतु आई.सी.टी. को एक महत्वपूर्ण प्रायोगिक मशीनवाद के रूप में समाविष्ट करती है। हालांकि कुछ संरचनात्मक बाधायें व रूकावट व्याप्त है जैसे : आई.सी.टी. के विकास हेतु सार्वजनिक नीति का फेल होना, रोजगार कर्मियों द्वारा लिंग भेदभाव तथा अपर्याप्त तकनीकी कुशलता, जो प्रशिक्षण द्वारा प्राप्त होता है (इससे कार्यस्थल पर कार्य निष्पादन सही ढंग से नहीं हो पाता है)।

Venkatesh et.al. : 2007

एक स्वस्थ सभ्य समाज, एक स्वस्थ लोकतंत्र के रूप में प्रस्तुत है। और इंटरनेट इस जुड़ाव को प्रभावित करता है। यह अध्ययन यू.एस. संदर्भ में, स्थानीय सरकार के साथ आफलाइन/आनलाइन अंतःक्रिया का विश्लेषण है वही यह सहयोगी जीवन के आफलाइन/आनलाइन संसाधनों के मध्य विद्यमान संबंधों की भी व्याख्या है। 1203 उत्तरदाताओं के आनुभविक विश्लेषण पर आधारित यह अध्ययन प्रदर्शित करता है कि आनलाइन सहभागिता सरलतम रूप में, आफलाइन सहभागिता का विस्तार नहीं है बल्कि बहुतेरे महत्वपूर्ण रूपों में अन्तर प्रस्थापित किया जा सकता है।

Floridi : 2007

यह लेखक का सूचना और संप्रेषकीय प्रौद्योगिकी से संबंधित जीवन पर पड़ने वाले प्रभावों व भविष्य के विकास की ओर एक अभिमुखन हैं लेखक भविष्यवाणी करता है कि आफलाइन और आनलाइन के मध्य विद्यमान मानदंड आने वाले समय में अदृश्य हो जायेगा और इनके बीच कोई अंतर विद्यमान नहीं होगा।

शोध प्रविधि एवं संरचना

समकालीन वैश्विक प्रसंग के साथ, भारतीय संदर्भ में, आविर्भूत सूचना प्रौद्योगिकी के प्रकृति, प्रभाव, परिणाम और सामाजिक, आर्थिक तथा सांस्कृतिक व्यवस्थाओं पर पड़ने वाले प्रभावों व तद्‌जनित परिवर्तनों का उल्लेख, विवेचन व विश्लेषण से सम्बन्धित यह अध्ययन है। शोध अध्ययन पूर्णतः सैद्धान्तिक विवेचन, समीक्षा एवं समालोचना से युक्त है क्योंकि सुलभ संसाधनों का विषय-वस्तु विश्लेषण के माध्यम से शोध-प्रबन्ध को अग्रसारित किया गया है। 1970 और 1980 के

दशक से उद्भूत इलेक्ट्रानिक मीडिया, सूचना प्रौद्योगिकी और तदजन्य संप्रेषक यंत्रों के बढ़ते प्रभाव ने विश्वस्तर पर सूचना व संप्रेषकीय क्रांति को आविर्भूत किया है। अतः संप्रेषण के दौर में निदर्श के प्रसंग पर 1980 से लेकर अब तक के सम्बद्ध ग्रंथों एवं व्यवसायिक व सरकारी पत्र-पत्रिकाओं तथा सूचना तंत्र द्वारा सुलभ संसाधनों का प्रयोग किया गया है। शोध का अभिकल्प पूर्णतः विवेचनात्मक एवं विश्लेषणात्मक है। प्रस्तुत शोध-ग्रन्थ समकालीन सूचना प्रौद्योगिकी व सामाजिक संरचना का एक समाजशास्त्रीय अध्ययन है।

शोध का उद्देश्य

सूचना प्रौद्योगिकी और सामाजिक संरचना से सम्बन्धित समाजशास्त्रीय विश्लेषण व समीक्षा की संपुष्टता व प्रवाहशीलता हेतु प्रमुख व प्रासंगिक उद्देश्यों का सृजन व प्रस्तुतिकरण किया गया है ताकि शोध अध्ययन भविष्य हेतु अनुकूल व प्रभावोत्पादक हो सके।

1. सूचना प्रौद्योगिकी के प्रमुख अभिलक्षात्मक स्वरूपों व सृजित, पुनर्सृजित व संशोधित उत्प्रेरकों का प्रस्तुतिकरण करना।
2. सूचना प्रौद्योगिकी व इसके नवीन माध्यमों का सामाजिक संरचना व इसके घटकों पर आविर्भूत प्रभावों का प्रदर्शीकरण।
3. सूचना, कम्प्यूटर व इलेक्ट्रानिक कम्यूनिकेशन के अर्थतंत्र, उत्तर औद्योगिक समाज, मीडिया सांस्कृतिक साम्राज्यवाद पर स्थापित प्रभावों की समीक्षा प्रस्तुत करना।
4. नवीन मीडिया संस्कृति, परिवर्तित सामाजिक परिवेश व नवीन वैश्विक अर्थतंत्र के संरचना व पुनर्सरचना को प्रोत्साहित व प्रकटीकरण करने वाले नवीन सूचना, कम्प्यूटर व टेलीकम्यूनिकेशन प्रणाली का स्पष्टीकरण करना।
5. सूचना प्रौद्योगिकी व इसके नवीन माध्यमों द्वारा उद्भूत नवीन वैश्विक सामाजिक प्रारूप व सूचना प्रौद्योगिकी, भारत व भविष्य के अन्तर्सम्बन्धित परिलक्षित अभिलक्षणों का समाजशास्त्रीय आकलन करना।

शोध प्रश्न

शोध के वैज्ञानिक, सार्वभौमिक तथा भविष्यमूलक प्रभाव स्थापना हेतु शोध प्रश्नों का सृजन किया गया है। ये शोध प्रश्न निम्नवत् हैं :

1. सूचना प्रौद्योगिकी नवीन अभिलक्षित परिवर्तनों का एक मात्र आधार कारण है?
2. सूचना, कम्प्यूटर और संप्रेषण प्रौद्योगिकी सामाजिक-सांस्कृतिक-आर्थिक संरचना एवं संगठन का एक निर्मायक आधारतत्व है?
3. सूचना व मीडिया से सम्बन्धित उपकरण मीडिया-सांस्कृतिक साम्राज्यवाद, बदलता पूँजीवाद व सूचना समाज का क्रांतिकारी माध्यम है?
4. क्या सूचना, नवीन मीडिया संस्कृति, सामाजिक परिवेश व अर्थतंत्र के नवीन वैश्विक प्रारूप का प्रभावी कारक सूचना व कम्प्यूटर सम्बन्धित प्रौद्योगिकी है?
5. क्या वैश्विक स्तर पर आविर्भूत नवीन नेटवर्क समाज व नेटवर्क युग के निर्माण का सशक्त प्रबल व आधारभूत कारक सूचना व उससे सम्बन्धित प्रौद्योगिकी है?
6. सूचना प्रौद्योगिकी व उसके उपकरण भारत को 'वैश्विक हब' 'सार्वभौमिक महाशक्ति', 'प्रौद्योगिकी उच्चता का केन्द्र' व भविष्य में सूचना से सम्बन्धित 'सामाजिक-सांस्कृतिक का केन्द्रक' के रूप में आविर्भूत क्या करेगा?

अध्यायीकरण

प्रस्तुत शोध-प्रबन्ध को आवश्यकता व प्रारूप के अनुरूप सात अध्यायों में विभाजित किया गया है। यथा–

1. विषय संबोध
2. शोध प्रारूप
3. परिवर्तन, उत्तर औद्योगिक समाज एवं सूचना तंत्र

4. मीडिया साम्राज्यवाद एवं सूचना समाज
5. नवीन मीडिया संस्कृति एवं सूचनात्मक अर्थतंत्र
6. नेटवर्किंग व्यवस्था एवं सामाजिक संरचना : उभरता वैश्विक प्रारुप
7. सूचना प्रौद्योगिकी : भारतीय संदर्श

REFERENCES

Agre, P.E. (2002): Real-Time Politics: The Internet and The Political Process, The Information Society, Volume 18, Issue 5, October 2002, Pages 311-331.

Barzilai-Nahon, K. and Barzilai G. (2005): Cultured Technology: The Internet and Religious Fundamentalism, The Information Society, Volume 21, Issue 1, 2005, Pages 25-40.

Blattman, et.al. (2003): Assessing the Need and Potential of Community Networking for Development in Rural India, The Information Society, Volume 19, Issue 5, November 2003, pages 349-364.

Blom, et.al. (2002): Social Contradictions in Informational Capitalism: The Case of Finnish Wage Earners and Their Labor Market Situation, The Information Society, Volume 18, Issue 5, October 2002, Pages 333-343.

Deuze, M. (2006): Participation, Remediation, Bricologe: Considering Principal Components of a Digital Culture, The Information Society, Vol. 22, Issue 2, April 2006, papges 63-75.

Farooq et.al. (2007) : Supporting Community based hearning : case study of a grographical community organization desiging its website, Behaviour and Information Technology, Volume 26, Issue 1, Journal 2007, page 5-21.

Floridi, L. (2007): A Look into the Future Impact of ICT On Our Lives, The Information Society, Volume 23, Issue 1, December 2007, pages 59-64.

Fuller, F. (1998): Society's Shifting Human Computer Interface: A Sociology of Knowledge for the Information Age, Information, Communication and Society, volume 1, Number 2, Summer 1998.

Green, S. (1999): A Plague on the Panopticon: Surveillance and Power in the Global Information Economy, Information, Communication and Society, Volume 2, Issue 1, March 1999, Pages 26-44.

Hampton, K.N. (2003) : Grieving for a last Network : Collective Action in a wired suburb, the Information society. Volume 19, Issue 5, November 2003, Pages 417-428.

HaythomthWaite, C. (2001): Exploring Multiplexity: Social Newwork Structures in a Computer Supported Distance Learning Class, The Information Society, Volume 17, Issue 3, July 2001, Pages 211-226.

Haythomthwaite, C. (2002): Strong, Weak and Latent Ties and the Impact of New Media, The Information Society, volume 18, Issue 5, October 2002, Pages 385-401.

Horrigan et.al. (2006): Broadband Utilization in Space: Effects of Population and Economic Structure, The Information Society, Vol. 22, Issue 5, December 2006, Pages 341-354.

Kavanaugh, et.al. (2005):Weak Ties in Networked Communities, The Information Society, Volume 21, Issue 2, April 2005, Pages 119-131.

Klinenberg, E. and Perrin, A. (2000): Symbolic Politics in the Information Age: The 1996 Republican.

Kumar and Best (2006): Impact and Sustainability of E-Government Services in Developing Cuntrries: Lessons Learned From Tamilnadu, India, The Information Society, Vol. 22, Issue 1, June 2006, pages 1-12.

Kuo, E.C.Y. and Low, L. (2001): Information Economy and Changing Occupational Structure in Singapore, The Information Society, Volume 17, Issue 4, October 2001, Pages 281-293.

Lamb, R. and Davidson, E. (2005): Information and Communication Technology Challenges to Scientific Professional Indentity, The Information Society, Vol. 21, Issue 1, 2005, Pages 1-24.

Luxiao, J. and Carrol (2007) : Fosfering an infornel Learing community of computer technologies at school, Behaviour and Information Technology, Vol. 26, Issue 1, January 2007, Page 13-36.

Lyon, D. (1998): The world Wide Web of Surveillance: The Internet and Off-world Power – flows, Information, Communication and Society, Volume 1, Number 1, Spring 1998.

Madon, S. and Sahary, S. (2000): Democracy and Information : A Case Study of New Local Governance Sturcture in Bangalore, Information, Communication and Society, Volume 3, Issue 2, June 2000, Pages 173-191.

Mbarika et.al. (2007): IT Education and workforce Participation: A New Era For women in Kenya?, The Information Society, Vol. 23, Issue 1, December 2007, pages 1-18.

Mesch, G. and Talmud,L. (2006): The Quality of Online and Offline Relationship: The Role of Multiplexity and Duration of Social Relationship, The Information Society, Vol. 22, Issue 3, June 2006, Pages 137-148.

Parayil, G. (2005): The Digital Divide and Increasing Returns: Contradictions of Informational Capitalism, The Information Society, Volume 21, Issue 1, 2005, Papges 41-51.

Petric, G. (2006): Conceptualizing and Measuring the Social Uses of the Internet: The case of Pesonal Web Sites, The Information Society, Vol. 22, Issue 5, December 2006, pages 291-301.

Sandvig, C. (2003): Public Internet Access for Young Children in the Inner City: Evidence to Inform Access Subsidy and Content Reulation, The Information Society, Volume 19, Issue 2, April 2003, Pages 171-183.

Tan, M. (1998): Plugging into the World: Perspective From Singapore, Information, Communication Society, Volume 1, Number 3, Autumn, 1998.

Venkatesh, et.al. (2007): Civil Society and Cyber Society: The Role of the Internet in Community Associations and Democratic Politics, The Information Society, Vo0l. 23, Issue 1, December 2007, pages 29-50.

Webb, S.A. (1998): visions of Excess: Cyberspace, Digital Technologies and New Cultural Politics, Volume 1, Number 1, Spring 1998, Information Communication and Society, Presidential Campaigns in Cyberpace, Information Communication and Society, Volume 3, Issue 1, March 2000, Pages 17-88.

Webster, F. and Robins, K. (1998): The Iron Cage of the Information Society, V. Information Communication and Society, Volume 1, Number 1, Spring 1998.

Webster, F. (2000): Information, Capitalism and Uncertainty, Information, Communication and Society, Volume 3, Issue 1, March 2000, Pages 69-90.

अध्याय–3
परिवर्तन, उत्तर औद्योगिक समाज एवं सूचना तंत्र

1. परिवर्तन : आशय व प्रासंगिकता

परिवर्तन, आधुनिक जीवन व संचालन प्रक्रिया के वृद्धिगत वर्चस्वकारी पक्षों को निर्मित करता है। अतः परिवर्तन के संदर्भ में, परिभाषित तथा सर्वमान्य संवाद की आवश्यकता आधुनिक समय के परिवर्तित क्षण-प्रतिक्षण हेतु समाजशास्त्रियों तथा अन्य विषय पक्ष के विचारकों के मध्य दिखायी पड़ती है। केन्द्रीयभूत रूप से परिवर्तन कभी न समाप्त होने वाली वचनबद्धता व खतरे की आशंका के मध्य वर्तमान समय में, विद्यमान प्रतीत होता है। दैनिक जीवन से सम्बन्धित 'दृश्यात्मक स्वरूप' जो परिवर्तन की संभाव्यता तथा प्रत्याशा के रूप में प्रतीत होता है, परिवर्तन की यथार्थता के कमतर साक्ष्य के रूप में उपलब्ध नहीं है। सामाजिक, सांस्कृतिक, राजनीतिक, आर्थिक परिवर्तनों के विस्तारण तथा गठनमूलक प्रक्रियागत व दैनिक जीवन के अनुभवों के ऊपर पड़ने वाले इस तरह के रूपान्तरण के प्रभाव इस मत हेतु एक विवाद आविर्भूत करता है कि आज वैश्विक स्तर पर, आधारभूत स्तर पर परिवर्तन लक्षित हो रहा है। लेकिन आज सावधानीपूर्वक परिवर्तन की मात्रा पर ध्यानाकर्षण की जरूरत है जो सामाजिक जीवन के 'अपवाद रूप' को प्रदर्शित करता है (Heilbroner : 1961 : 1976)।

बहुसंख्यक विश्लेषणकर्त्ताओं तथा टिप्पणीकर्त्ताओं का आकलन है कि वर्तमान युग, इतिहास में महत्वपूर्ण क्षण को निर्मित करता है जो कि एक रूपान्तरणकारी केन्द्र; संक्रमणकालीन अवस्था व अतिवादी परिवर्तनों का प्रतीक है। 'इतिहास

का अंत', 'सामाजिकता का अंत' और 'औद्योगिक समाज का अंत' तथा 'प्रबोधन का विश्वास', सम्बन्धित विचार इससे सम्बन्धित हैं। बहुसंख्यक व बहुविध क्षेत्रों में इस तरह के परिवर्तनों तथा परिवर्तन के महत्वपूर्ण स्वरूपों के चिन्हों को, वैज्ञानिक ज्ञान व प्रौद्योगिकी, संस्कृति व संप्रेषण (कम्यूनिकेशन), कार्य उद्योग तथा अर्थतंत्र, राजनीतिक संगठन व आंदोलन तथा सामाजिक संबंधन व वैयक्तिक निष्ठा के स्वरूपों में अवलोकित किया जा सकता है (Smart : 1992)।

समाजशास्त्रीय जाँच पड़ताल के अन्तर्गत परिवर्तन का अवधारणात्मक आशय व विश्लेषण एक केन्द्रीय पद के रूप में अवस्थित है। एक सामाजिक परिवर्तन के सिद्धान्त का निर्माण एक वर्चस्वकारी तथा दीर्घ समय तक चलने वाले एक उद्देश्य के रूप में निर्मित हुआ है तथा साथ ही यह सामाजिक परिवर्तन आसानी से उपलब्ध हो सकने वाला एक लक्ष्य हो चुका है। दृढ़ निश्चयात्मक रूप से, परिवर्तन की प्रक्रियागत समझ तथा अवधारणात्मक आशय व विश्लेषण आवश्यक है। आधुनिक समाजशास्त्र का विरोधाभासी केन्द्रण समाज व समाजमूलक परिवर्तनों के अस्तित्व के विश्लेषण हेतु कठिन प्रतीत होता है (Touraine : 1989)। आशय यह है कि जैसे-जैसे विश्व व इसके देश वैश्वीकृत होते जा रहे हैं, परिवर्तन से संबंधित अस्तित्वकारी समाजशास्त्रीय परिप्रेक्ष्य जो शास्त्रीय समाजशास्त्रियों के चिंतन में अवलोकित होता है वर्तमान समय में कमतर उपर्युक्त तथा अतिशय समस्यामूलक होता दीख पड़ता है (Robertson and Lechner : 1985: Giddens : 1987)।

यह एक मूल्यवान तथा उचित चिंतन है कि सामाजिक जीवन का संगठन तथा सामाजिक परिवर्तन की प्रक्रिया, दोनों के वैज्ञानिक विश्लेषण की संभाव्यता, विशिष्ट रूप से ऐतिहासिक तथा सामाजिक-सांस्कृतिक संदर्भ में यूरोपीय समाज (पश्चिमी) में 18वीं से 19वीं शताब्दी के दौरान दीख पड़ती है। संक्षेपतः आधुनिकता के साथ समाजशास्त्र का उद्भव, अस्तित्व से संबंधित इसकी तत्वमीमांसा तथा संस्थात्मक दशाएँ जीवन के आधुनिक स्वरूप के विकास के समानार्थी हैं। विशिष्ट मुद्दे तथा पद्धतिशास्त्रीय पूर्व व्यवसाय (जो समाजशास्त्र के पूर्व विकास को आकार प्रदान करता है) ने समकालीन विश्लेषण तथा समझ पर एक प्रभाव स्थापित किया है और यह इस पैतृकता का एक पक्ष है तथा कुछ मामलों में यह पैतृकता अपने आप में संपूर्ण हैं तथा आज समस्या व आलोचना के केन्द्र में है। आधुनिकता आज संघर्ष, स्पर्धा, तीव्र असहमति तथा विविध अभिमत का मुद्दा हो चुका है।

समाजशास्त्र का आधुनिकता की परियोजना के साथ संबंधन है (Giddens : 1987)। विरोधाभासी संदर्श में, आधुनिकता व सामाजिक परिवर्तन से संबंधित अनुमोदन, आधुनिकता के संभाव्य रूपान्तरण के समाजशास्त्रीय जाँच पड़ताल के लिये इस आशय की ओर झुकाव है जो कि उत्तर आधुनिकता का संदिग्ध प्रारूपण व प्राविधानिक रूप से प्रकट दशाओं का विकास है (Bauman : 1988a : 1988b; Smart : 1990; 1992)।

सामाजिक जीवन तथा संगठन का वैज्ञानिक विश्लेषण और सामाजिक परिवर्तन की प्रक्रियायें, विपरीत रूप से आधुनिक युग के स्वरूप को निर्मित करती है। जाँच-पड़ताल के सामाजिक वैज्ञानिक स्वरूप का विश्लेषणात्मक उद्भव प्रबोधन युग के विविध दार्शनिकों की लेखनी में अवलोकित किया जा सकता है यथा फ्रांस में मोटेस्क्यू, रूसो, कोन्डेरसेंट, इटली में विको, स्काटलैंड में ह्यूम, फर्ग्यूसन, मिलर व इसके अतिरिक्त अमेरिका व जर्मनी में विस्तारित देखा जा सकता है। बहुविध प्रबोधन दार्शनिकों का मूल पाठ व संदर्भों का आधुनिक विचारों से सम्बन्धित प्रमुख तत्व विज्ञान की प्रासंगिकता, तर्कशक्ति, अत्यधिक आकर्षक प्रगति या मानवता की उच्चतर सीमा तथा स्वतंत्रता की प्रत्याशा है। उद्भव की संस्थात्मक दशाओं के लिये रूढ़िवादी बुद्धिमानी यह है कि फ्रेंच और औद्योगिक क्रांति के सामाजिक, आर्थिक और राजनीतिक परिणाम समाजशास्त्रीय विश्लेषण व तर्कणा स्वरूप हेतु उपर्युक्त संदर्श उपलब्ध करवाता है (Bierstedt : 1979; Nisbet : 1980; Badham : 1986)। सामाजिक परिवर्तन का आधुनिक विचार प्रबोधन के दौरान वैज्ञानिक ज्ञान के विकास तथा प्रौद्योगिकी के विकास पथ में अवलोकित किया जा सकता है। इन मुद्दों तथा नीतियों व तत्वों को ग्रीक तथा प्रारम्भिक हिब्रू विचारों में अवलोकित किया जा सकता है जो मानवता के प्रगतिकामी उच्चता का प्रतीक है तथा जो सामाजिक विकास के सिद्धान्त में ईसाईयत मीमांसा में संचित है (Nisbet : 1980)। इतिहास प्रभावी रूप से परिवर्तन की प्रक्रिया के रूप में निर्मित था जिसके द्वारा मानवता दैवीय व पूर्ण निर्णित लक्ष्य के रूप में प्रस्तुत होती है। ऐतिहासिक विकास का एक तुलनात्मक आशय लेकिन एक कल्पित निरपेक्ष स्वरूप परिवर्तन के आधुनिक स्वरूप के बारे में संबंधित विचारों के ऊपर पड़ने वाले प्रभावों के अभ्यास की निरन्तरता है। महत्वपूर्ण अन्तर यह है कि हम यह आकलन नहीं कर सकते हैं कि - लक्ष्य क्या है या क्या होना

चाहिए या इस पर कार्य कैसे किया जाना चाहिये? आतंरिक रूप से यह सत्य है कि मानवता के प्रति, आधुनिकता के प्रति आशा व निराशा विनष्ट नहीं हुई है लेकिन यह प्रभावों के बदलाव का प्रतीक है। परिवर्तन के जटिल स्वरूप (जो आधुनिकीकरण की प्रक्रिया द्वारा चोटिल है) से उत्पन्न खतरों व समस्याओं के लिये 20वीं शताब्दी खुला है (Giddens : 1990)। परंपरामूलक संस्थानों के नष्टीकरण की लंबी जटिल प्रक्रिया तथा जीवन के आधुनिक स्वरूप का प्रसार पुनः वृद्धिगत प्रगति तथा नियंत्रण के प्रत्याशा को बचनबद्ध करता प्रतीत होता है व परिणाम सकारात्मक रूप से, उत्साह तथा संतुलन के रूप में अनुमोदित होता है।

स्पष्ट रूप से, सामाजिक परिवर्तन के सिद्धान्तों तथा आधुनिक अवधारणात्मक आशयों का अभिलक्षणात्मक स्वरूप शास्त्रीय विचारकों तथा आविर्भूत आधुनिक यूरोप से परे, स्पष्टतः 17वीं शताब्दी व इसके समकालीन विचारकों के अध्ययन में दीख पड़ता है। 'आधुनिक' का यह मत है कि 'ज्ञान' समय से परे संचित होता है अतः मानवीय दिमाग को 'उच्च दिमाग' या स्वरूप के रूप में अनुमोदित किया जा सकता है। ज्ञान के ऐतिहासिक वृद्धि से संबंधित आशय प्रबोधन के दार्शनिकों के लिये इस तर्क हेतु मार्ग तैयार करता है कि मानवीय विकास की एक अतिशय सामान्य प्रक्रिया अस्तित्वकारी होती है जहाँ संस्कृति व सभ्यतायें साकारात्मक रूप से ढ़लान पर होती है। यह आंदोलन तथा परिवर्तन की प्रक्रिया थी जिसके तर्क के आशय का सत्य व अवलोकन की वैज्ञानिक सामाजिक जीवन के तार्किक नियामक या प्रगतिकामी पुनः व्यवस्थापन की प्रत्याशा द्वारा आधारभूत रूप से स्थापित सत्य को प्रस्तुत करेगा। इसका एक प्रमुख आशय यह था कि प्रगतिकामी परिवर्तन तथा मानवीय अस्तित्व से संबंधित स्वरूप के आंतरिक स्वरूप के रूप में, अनुमोदित किया जा सकता है।

प्रबोधन के 18वीं शताब्दी के दार्शनिक जो 'दर्शन' तथा 'बौद्धिक विचारों' के तत्वों के प्रभावी संश्लेषण का प्रतीक है, 17वीं शताब्दी के जाँच पड़ताल के केन्द्रीय स्वरूप नामतः 'तार्किक' और 'आनुभविक' दर्शन के रूप में है। प्राकृतिक या सामाजिक यथार्थ की समझ तर्क की एकता व अवलोकन पर निर्भर प्रतीत होता है जो जाँच-पड़ताल की वैज्ञानिक पद्धति की प्रथाओं द्वारा संभव है। वैज्ञानिक तर्क व विश्लेषण उपर्युक्त तार्किक आधार उपलब्ध करवाता है जिससे सामाजिक

जीवन पुनर्संगठित किया जा सकता है तथा सामाजिक समस्यायें व संघर्ष कमतर की जा सकती हैं।

आधुनिकता का एक पक्ष नकारात्मक भी है जैसा कि समाजशास्त्रीय विचारों का इतिहास वर्णित करता है। यह समस्यायें स्थान, क्षेत्र तथा रूपान्तरण की विशेषताओं द्वारा जो कि जीवन के आधुनिक स्वरूप के उद्भव के समानार्थी हैं, से सृजित हैं। एक सामान्य इच्छा आधुनिकता द्वारा सृजित समस्याओं का सामना करने से है व निदान के रूप में, समस्याओं को चिन्हित तथा भविष्य की प्रत्याशाओं को निर्मित किया गया है। अतिशय सामान्य उत्तरदायित्व आधुनिकता के बारे में यह वर्णित करना है कि यह अत्यावश्यक रूप से प्रगतिकामी हैं और परिणाम के रूप में, संबंधित अस्थिरता, विघटन के स्वरूप व खतरे तथा दुर्घटनाओं (जिन्हें संकट प्रवृतियों के रूप में वर्णित किया जा सकता है) को अस्थायी या संक्रमणकालीन दुष्प्रकार्य के रूप में चिन्हित किया जा सकता है। संक्षेप में, आधुनिकता की समस्या पर विचार तथा इसकी समाप्ति व सुधार हेतु सामाजिक जीवन के बारे में बढ़ता वैज्ञानिक ज्ञान तथा नवीन अत्यधिक उच्चीकृत प्रगतिकामी सामाजिक व्यवस्था की ओर अभिमुखन सामाजिक-राजनैतिक हस्तक्षेप से संबंधित स्वरूप के द्वारा शक्तिशाली सम्मिश्रण द्वारा (संवाद की प्रक्रिया) जारी है। यद्यपि विविध समयांतर पर विविध विचारकों यथा : सेंट साइमन, कोंत, मार्क्स और दुर्खीम तथा वेबर और समकालीन विश्लेषणकर्त्ता 'पारसंस' (जिसने सामाजिक परिवर्तन के उद्विकासीय व्यवस्था को एक नवीन स्वरूप दिया है) की लेखनी व विचार प्रवाहशीलता में अवलोकित किया जा सकता है (Kumar : 1978; Bock : 1979; Nisbet : 1980; Giddens : 1984; Smart : 1992)। कथानक व परा-ग्रंथ कथाओं के माध्यम से यह परिकल्पित किया गया है कि पश्चिमी समाज का सामाजिक, आर्थिक और राजनीतिक विकास आधुनिकीकरण के उद्विकासीय प्रक्रिया का दृष्टांत पेश करता है। लेकिन यह संपूर्ण सत्य नहीं है। अन्य भी दूसरे प्रति उत्तर हैं। अन्य विश्लेषण जिसने आधुनिकता से संबंधित कुछ समस्याओं को प्रदर्शित किया है अतिशय महत्वपूर्ण है। इस संदर्भ में बेबर का आधुनिक से संबंधित भविष्यमूलक विश्वास जो कि 'औपचारिक' या 'तकनीकी तार्किकता' के रूप में विहित है आधुनिक औद्योगिक पूंजीवादी समाज के अतिमहत्वपूर्ण तत्व के रूप में अभिवर्णित है तथा जो पश्चिमी मूल्य उन्मुखता तथा प्रथा पर प्रहार करता है (स्वायत्तता, सृजनात्मकता और लोकतंत्र) टाकविले का

पश्चिमी सभ्यता से संबंधित समानता के आधुनिक लोकतांत्रिक स्वरूप पर आलोचनात्मक भविष्यवाणी करने की शक्ति; शोपेनहार का ऐतिहासिक प्रगति की संभाव्यता के विरूद्ध संशयवाद; पश्चिमी समाज के निरन्तर घटाव की अवस्था पर नीत्शे की अवधारणा व इस तरह के अन्य मुद्दों ने पुनः एक व्यापक विस्तार बाद की शताब्दी (20वीं शताब्दी) की लेखनी में प्राप्त किया है जिसे 'जनसमाज' तथा 'जन संस्कृति' के उद्भव के रूप में अवलोकित किया जा सकता है। यह वृद्धिगत औद्योगिककरण, पूंजीवादी उत्पादन के बढ़ते साधनों तथा बाजारों व अन्य सामाजिक परिवर्तनों तथा उससे संबंधित तीव्र दरों में भी अवलोकित किया जा सकता है।

प्रगति का आधुनिक विचार 17वीं शताब्दी के दौरान 'प्राचीन' तथा 'आधुनिक' के मध्य आविर्भूत संवादों तथा विवादों का परिणाम है (Bock : 1979)। यह शास्त्रीय सभ्यता तथा आधुनिक यूरोप की सापेक्षिक गुणवत्ता व श्रेष्ठता से संबंधित संचित ज्ञान के सैद्धान्तिकीय स्वरूप का प्रदर्शन है। दो सभ्यताओं के मध्य ज्ञान में वृद्धि का अभिज्ञान मानव विकास की प्रगतिकामी प्रक्रिया का एक अभिलाक्षणिक स्वरूप है। 18वीं शताब्दी के दौरान प्रगति का विचार व मानव विकास की प्राकृतिक उद्‌विकासीय प्रक्रिया का आशय ज्ञान के परिवेश से विस्तारित था। ज्ञान तथा सामाजिक, नैतिक और भौतिक उच्चता में संचित सुधार 19वीं शताब्दी तथा 20वीं शताब्दी के आधुनिक सामाजिक जीवन, सामाजिक परिवर्तन की प्रक्रिया और संभावित सामाजिक भविष्य की परिकल्पना के केन्द्र में है (Smart : 1992)। सामाजिक परिवर्तन के केन्द्र में सेंट साइमन से लेकर कोंत तथा वर्तमान में, आधुनिक समाजशास्त्रीय सिद्धान्तकार पारसंस के कार्यों में अवलोकित किया जा सकता है जो समाज को भविष्यमूलक विकास, ज्ञान के वैज्ञानिक स्वरूप का विकास व अवदान, सामाजिक परिवर्तन की प्रक्रिया के नियामक हेतु प्रौद्योगिकी सम्बद्ध नवाचार व सामाजिक जीवन के स्थापित व्यवस्थित स्वरूप से संबंधित है। सेंट साइमन तथा कोंत इस तथ्य का उल्लेख करते हैं कि प्रत्येक सभ्यतायें, सामाजिक परिवर्तन के उद्‌विकासीय प्रक्रिया द्वारा प्रगतिकामी हुई है। सभ्यता के नवीन सावयवी स्वरूप के चिंतन/उद्‌भव पर वो ध्यानाकर्षण करते हैं व व्याख्यायित करते हैं कि आधुनिक औद्योगिक समाजव्यवस्था का निर्माण व विकास विज्ञान पर आधारित होगा। परिकल्पनात्मक रूप से जीवन के आधुनिक औद्योगिकी

स्वरूप व सामाजिक अव्यवस्था तथा विघटन को भी प्रस्तुत करते हैं। सेंट साइमन के कार्यों की पुनरावृत्ति कोंत के कार्यों में, अवलोकित की जा सकती है। मानवीय सभ्यता के उद्‌विकासीय विकास पर विचार सेंट साइमन का ही अनुकरण है जो फ्रेंच तथा औद्योगिक क्रांति से उत्पन्न सामाजिक अस्थिरता व समस्या के निराकरण हेतु प्रस्तुत है। हालांकि एक सकारात्मक दर्शन तथा नैतिक पुनर्संगठन के मिश्रण द्वारा फ्रेंच व औद्योगिक क्रांति से व्युत्पन्न समस्याओं को कमतर किया जा सकता है न कि पूर्णतः समाधान (Fletcher : 1974)। उत्तरदायित्व समस्याओं का परिकलन करना है जो जीवन के पारंपरिक स्वरूप की समाप्ति तथा नवीन औद्योगिक सामाजिक व्यवस्था का उद्‌भव जो पश्च 20वीं शताब्दी की आधुनिकता के संक्रमण के साथ जीवन के उत्तर-औद्योगिक पूंजीवादी स्वरूप से, संबंधित है (Bell : 1973 : 1976)।

परिवर्तन से संबंधित उद्‌विकासीय प्रक्रिया व आशय तथा प्रगति से संबंधित सहयोगी मान्यतायें, दुर्खीम तथा मार्क्स के कार्यों में अवलोकित की जा सकती है। यद्यपि इनका मशीनवाद तथा परिवर्तन की प्रवृत्ति व स्तर (एक-दूसरे से भिन्न हैं) परिवर्तन के देशज प्रारूप में नजर आता है (Giddens : 1984)। दुर्खीम के कार्य में सामाजिक परिवर्तन, संरचनात्मक विभेदीकरण की वृद्धिगत, प्रक्रिया से संचालित है और परिवर्तन का पथ अत्यावश्यक रूप से धीमा प्रतीत होता है (Smith : 1973)। मार्क्स के लिये सामाजिक परिवर्तन स्पष्टतः उत्पादन के साधन के साथ रूपान्तरित होता है। यह समाज के दिये प्रकार के उत्पादन शक्तियों के विस्तार से सम्बद्ध होता है (Giddens : 1984)। मार्क्स की नजर में सामाजिक परिवर्तन अपरिहार्य है। मार्क्स सामाजिक परिवर्तन के संदर्भ में, 'संघर्ष' को महत्व देता है लेकिन 'हिंसा' को नहीं तथा सामाजिक परिवर्तन की प्रकृति को 'तीव्रगति' के रूप में अवलोकित करता है। भविष्य की मानवीय संभावनाओं के संदर्भ में; भौतिक पूर्वदशाओं को मार्क्स परिवर्तन के एक कठोर पक्ष के रूप में अवलोकित करता है। प्रगति तथा परिवर्तन के संदर्भ में, मार्क्स व इंजेल बहुतेरे ग्रंथों में, ऐतिहासिक अवस्था के आशय को अभिव्यक्त करते हैं। स्वामित्व के स्वरूप के उद्‌विकास के संबंध में मानवीय विकास का वर्णन 'जर्मन विचारधारा' में अवलोकित किया जा सकता है। इसके समतुल्य तर्क 'कम्यूनिस्ट घोषणापत्र' में भी अवलोकित किया जा सकता है (Marx and

Engles : 1968 : 1976)। यह सत्य है कि मार्क्स का विश्लेषण पूर्णतः यूरोपीय समाज व्यवस्था तथा पूंजीपति उत्पादन के साधन के परिप्रेक्ष्य में है लेकिन इसे एक भविष्यमूलक प्रारूपण के रूप में, सार्वभौमिक रूप से अवलोकित किया जा सकता है (Smart : 1992)।

परिवर्तन के उद्विकासीय आशय का गुण और प्रगति से संबंधित सहयोगी मान्यतायें केवल मार्क्स के विरोधाभासी कार्यों में ही नहीं अवलोकित की जा सकती है बल्कि यह दुर्खीम की परियोजना का भी केन्द्र बिन्दु है। दुर्खीम अपनी परियोजना का वर्णन वृद्धिगत संरचनात्मक विभेदीकरण की प्रक्रिया के संदर्भ में करते हैं (Durkheim : 1984)। दुर्खीम 'उच्चीकृत' या अतिशय जटिल समाज तथा 'निम्नीकृत' या सरल समाज जो सामाजिक एकता/सामाजिक सम्बद्धता के स्वरूप पर आधारित है व प्रमुखतः 'सावयवी' तथा 'मशीनवाद' के रूप में नामित है को प्रस्तुत करते हैं। यह सादृश्यता पर आधारित सम्बद्धता श्रम विभाजन की उच्चता, विशिष्टीकरण का निदर्शन, वैयक्तिक विभिन्नता और अतिशय मानवीय तथा अतिशय तार्किक नैतिकता के रूप में प्रस्तुत हुआ है। वृद्धिगत सामाजिक प्रक्रिया के रूप में सभी समाजों को देखने वाले दुर्खीम 'उद्विकास और प्रगति' की विचारधारा से प्रभावित दीख पड़ते हैं (Bock : 1979)। लेकिन दुर्खीम समाज का वर्गीकरण, सामाजिक प्राणियों के रूप में करते हैं न कि ऐतिहासिक विकास की अवस्था के रूप में (Smart : 1992)।

इस सन्दर्भ में यह तर्क दिया गया है कि मार्क्स तथा दुर्खीम दोनों के कार्य का पक्ष, जो किसी न किसी रूप में, उद्विकासीय परिवर्तन तथा प्रगति के साथ असंयत रूप से जुड़ा हुआ है वह पारसंस के कार्य हेतु सत्य नहीं है। पारसंस का कार्य उद्विकासीय सिद्धान्त का नवजीवन है (Giddens : 1984)। पारसंस समाज व्यवस्था व संगठन के अन्तर्गत संरचनात्मक विश्लेषण के संबोध में, सामाजिक परिवर्तन को अभिवर्णित करता है। इस स्तर पर समाज व्यवस्था के परिवर्तन की प्रक्रिया के संबंध में, एक सामान्य सिद्धान्त संभव नहीं है (Parsons : 1951)। लेकिन बाद में पारसंस अपनी विचारणा को परिवर्तित करते हैं तथा ऐतिहासिक विकास के सामान्य प्रवृत्ति से अलग कहते हैं कि सामाजिक परिवर्तन दिशामूलक तथा प्रगतिगामी है (Rocher : 1974)।

सामाजिक विकास के नव-उदूविकासीय आशय के भविष्यमूलक समर्थक के रूप में पारसंस को देखा जा सकता है। पारसंस की उदूविकासीय नीति का आधार 'उच्चतर सामान्यीकृत अनुकूल क्षमता' के संदर्भ में, एक विकासमूलक सामाजिक प्रवृत्ति का आशय है। इस संदर्भ में पारसंस अभिव्यक्त करते हैं कि मध्यस्थ समाज, आदिम समाज से अतिशय उच्च है और आधुनिक समाज अतिशय उच्च है, मध्यस्थ समाज से (Parsons : 1977)। समाज के उदूविकास के बाद के कार्य में, पारसंस शास्त्रीय समाजशास्त्रीय मत का समर्थन करते हैं कि ब्रिटेन में, औद्योगिक क्रांति तथा फ्रांस में लोकतांत्रिक क्रांति ने, पश्चिमी यूरोप व समाज व्यवस्था में व्यापक रूपान्तरण को प्रस्तावित किया है जो आधुनिक समाज का निर्माण करता है और यह समाज प्रमुखतः 'उच्चतर सामाजिक विभेदीकरण' के रूप में अभिलक्षित है। औद्योगिक क्रांति अर्थतंत्र को **'समाजमूलक समुदाय'** से विभेदीकृत करता है तथा लोकतांत्रिक क्रांति, राजनीति को विभेदीकृत करता है। विभेदीकरण की दोनों प्रक्रियायें, पारसंस के द्वारा सामाजिक एकीकरण के स्वरूप के पुनर्निर्माण के लिये आवश्यकता के अनुरूप अनुमोदित की गई है। आधुनिक समय में, 'एकीकरण का अभिज्ञान' केन्द्रीय समस्या है। पारसंस उन क्षेत्रों का वर्णन करता है जहाँ एकीकरण पुनर्संरक्षित किया जा सकता है। पारसंस कानूनी व्यवस्था, नागरिकता का विस्तार, बाजार व्यवस्था, नौकरशाही संगठन, गठबंधित संगठन को एकत्रीकरण के पुनर्संरक्षण के रूप में अवलोकित करता है (Parsons : 1977)।

औद्योगिक तथा फ्रेंच क्रांति प्राथमिक रूप से पश्चिमी यूरोप में आविर्भूत हुई लेकिन पारसंस के अनुसार ये अतिशय रूप में अमेरिका से भी संबद्ध थी। समाजमूलक समुदाय का नवीन स्वरूप यू.एस.ए. में पाया गया जो आधुनिकीकरण की अधुनातन अवस्था को अभिव्यक्त करता है (Parsons : 1977)। आधुनिकता का अभ्युदय राजतंत्र, अभिजात्य तंत्र, स्थापित चर्च तथा स्थानीयवाद व नातेदारी से संचालित अर्थतंत्र के कमजोर पक्ष तथा क्रमिक विस्थापन से जुड़ा है (Parsons : 1977)। इसके अतिरिक्त इस आधुनिकता का संबंध सार्वभौमिक कानून व्यवस्था तथा निरपेक्ष संस्कृति, राजनीतिक विकास का विस्तार (राष्ट्रवाद, नागरिकतावाद, प्रतिनिधित्वकारी सरकारें) और बहुसंख्यक आर्थिक रूपान्तरण, (उत्पादन के कारक के लिये बहुविध बाजार व्यवस्था की वृद्धि, विशेषतः श्रम और गृहकार्य से व्यवसायिक सेवाओं का संरचनात्मक विभेदीकरण) से जुड़ा है (Parsons : 1977)।

स्पष्ट आशय है कि आधुनिकता का प्रारम्भ यूरोप में हुआ था। लेकिन यह तीव्र रूप में अमेरिका में विकसित हुआ वह भी एक विशिष्ट प्रकार के सांस्कृतिक संरूपण के रूप में, जो धार्मिक बहुलवाद का अस्तित्व, सांस्कृतिक/सामाजिक निरपेक्षता, सार्वजनिक शिक्षा, एक सार्वजनिक वर्ग चेतना के स्वरूप की सापेक्षित उपलब्धता, वर्ग संरचना का खुलापन, प्रदत्त प्रस्थिति से अर्जित प्रस्थिति में बदलाव, आधुनिक समाजमूलक समुदाय के विकास के प्रोत्साहन के रूप में, अभिविहित होता है। अमेरिका के संदर्भ में पारसंस यह तथ्य भी प्रस्तुत करते हैं कि अमेरिकन समाज के अन्तर्गत समतावादी और स्वेच्छावादी प्रवृत्ति एक स्पष्ट अभिलक्षण है तथा एक प्रमुख मूल्यव्यवस्था विद्यमान है जो क्रियावाद और सार्वभौमिकतावाद से आच्छादित है। अमेरिका के अन्य गुणों के संदर्भ में पारसंस व्याख्यायिक करते हैं कि यू.एस.ए. में विकास के सहयोगी प्रतिमान की उपस्थिति एक अन्य क्रांति को संपोषित करती है जो शैक्षणिक क्रांति के रूप में विस्तारित होता है (Parsons : 1977)। यह एक तीसरी क्रांति का प्रतिनिधित्व करता है तो आधुनिक और लोकतांत्रिक क्रांति के केन्द्र में है जो आधुनिक और लोकतांत्रिक क्रांति की आधुनिकता के केन्द्र में है क्योंकि यह उस मशीनवाद को विस्तारित करता है जो स्तरीकरण तथा व्यवसायिक व्यवस्था को खोलता है तथा सहयोगी प्रतिमान को ताकत प्रदान करता है।

आधुनिकता अपने अभ्युदय में यूरोप से संबंधित है लेकिन आज इसके संपर्क में विश्व के अधिकांश समाज है और इस संदर्भ में यू.एस.ए. समाजमूलक विकास के लिए एक प्रारूप का निर्माण करता है। पारसंस व्याख्यायित करते हैं कि बहुतेरे आधुनिक समाजों में संज्ञानतायें विविधीकृत होती है, चाहे वो सोवियत यूनियन हो या नवीन यूरोप या जापान हो। लेकिन सभी आधुनिकता से संबंधित सामान्य अभिलक्षण को प्रस्तुत करते हैं। यह अभिलक्षण 'एक विश्व के रूप में' प्रौद्योगिकी, आर्थिक, सामाजिक-सांस्कृतिक अर्थों में ज्यादा प्रतीत होता है लकिन अंततोगत्वा आधुनिकता के प्रसंग पर, पारसंस का आकलन है कि आधुनिकता का भविष्य संदेहास्पद है, अनिश्चित है तथा आधुनिकता की परियोजना का स्वरूप प्रश्नवाचक है? लेकिन साथ ही पारसंस 'उत्तर-आधुनिक' को भविष्य के प्रारूपण के रूप में अवलोकित करते हैं जो उचित, प्रत्याशित तथा सामान्य समय से पूर्व है (Parsons : 1977; Smart : 1992)।

2. परिवर्तन का प्रवाह

योजना, मान्यतायें और भविष्यवाणी करने की क्षमता जो परिवर्तन व भविष्य से सम्बद्धित है आधुनिक युग के लिये अद्भुत नहीं है। भविष्य के जीवन के स्वरूप, सामाजिक सम्बन्ध और मानवीय दशाओं में सुधार से संबंधित विचार, शास्त्रीय समाजशास्त्रियों तथा विचारकों दोनों के मध्य विद्यमान था (Nisbet : 1980; Kumar : 1987)। आधुनिक युग एक दृढ़ अवस्था है जहाँ वैज्ञानिक ज्ञान की वृद्धि चरम पर है। वैज्ञानिक ज्ञान प्राकृतिक व्यवस्था रहस्यों तथा गोपनीयताओं को उजागर करता है तथा प्रौद्योगिकी निर्माण को (जो भविष्य का आधार साबित हो सकती है) संभाव्य बनाता है। इससे घटनाओं तथा उसके प्रभावों व नकारात्मक परिणामों को नियंत्रित किया जा सकता है। वैज्ञानिक ज्ञान तथा संबंधित प्रौद्योगिकी स्वरूप उस क्षमता को अनुमोदित करता है जिसके द्वारा विश्व प्रगतिकामी रूप से रूपान्तरित हो सकता है (Roszak : 1972; Bell : 1980)। सूचना प्रौद्योगिकी की क्रांति का विचार तथा जीवन के उत्तर-औद्योगिक स्वरूप के संभावित उद्भव से संबंधित संवाद व विचार, समकालीन प्रकटीकरण का प्रतीक है जो प्रबोधन के प्रमुख तत्वों को अभिव्यक्त करता है तथा प्रमुखतः तकनीकी तार्किकता के विकास को संरचित करता है जो प्राकृतिक तथा सामाजिक प्रघटना के नियंत्रण तथा अवबोधन को संचालित करता है और अस्तित्व की सुधरी दशाओं को संभावित बनाता है। प्रौद्योगिकी प्रगति तथा उसके अस्तित्व से सम्बन्धित आलोचनाओं का एक विशाल तथा विविध स्वरूप भी विद्यमान है जो प्रौद्योगिकी नवाचारों तथा उससे सम्बन्धित/वैकल्पिक दृष्टि, परिदृश्य तथा इसके विकास और प्रभावी ढंग से इस्तेमाल से संबंधित है (Bahro : 1984; Gorz : 1982 : 1985; illich : 1985; Roszak : 1972; Smart : 1992)। प्रौद्योगिकी समस्या नहीं है। यह प्रौद्योगिकी नवाचार के गठन तथा प्रोन्नति का आधार है जो सामाजिक, राजनीतिक और आर्थिक समस्याओं के हल का स्रोत है। यह परिवर्तन का आधार है जहाँ शास्त्रीय समाज की तुलना में नवीन समाज व उसके स्वरूप संरचनायें, मूल्य, विश्वास तथा संबंधित नवीन परिवर्तन का प्रादुर्भाव होता है।

उत्तर औद्योगिक समाज का प्रादुर्भाव आधुनिक समाज व्यवस्था तथा संरचना का एक तत्व या आयाम है। परिवर्तन के प्रवाह में इसे नवीन उद्भव के रूप में

अवलोकित किया गया है जो नवीन समाज व्यवस्था व सभ्यता का आविर्भावीकरण है। परिवर्तन का नवीन स्वरूप औद्योगिक समाज के विस्तार की एक सीधी रेखा नहीं है बल्कि यह दिशा का अतिवादी बदलाव है। इस तरह के परिवर्तन को व्यक्त करने के लिये बहुतेरे संबोधो (सूचना युग, टेक्नेट्रोनिक युग, उत्तर औद्योगिक समाज, सर्वोच्च औद्योगिक समाज, ज्ञान युग, संप्रेषण समाज, विज्ञान समाज) का प्रयोग होता है लेकिन इनमें अभीष्ट गुणों, अभिलक्षणों का अभाव है क्योंकि इस संदर्भ में, एलविन टाफलर का अवलोकन है कि ये रूपान्तरण के मापन विषयक्षेत्र और जटिलता को पूर्णतः प्रस्तुत करने तथा सामना करने में अक्षम व अप्रभावी हैं। टाफलर जिस संक्रमण या रूपान्तरण की प्रभावी व्याख्या करते हैं उसका अधिकतर भाग उत्तर औद्योगिक समाज के विचार पर जारी संवाद-प्रतिवाद हेतु तुलनीय तथा उपयोगी हो सकता है (Smart :1992)। टाफलर का कार्य भविष्य की संभावनाओं पर एक परिकल्पनात्मक व्याख्या है। यह वर्तमान के आधार पर परिवर्तन से संबंधित भविष्यवाणी नहीं बल्कि विश्व के भविष्यमूलक दशाओं का एक परिकल्पनात्मक चित्रण व निर्देशन है। टाफलर के संदर्भ में, जिस विश्लेषण को प्रस्तुत किया गया है, उसको मापा जा सकता है; उसकी तुलना की जा सकती है। इसके स्रोत व संसाधन के रूप में - टेक्नीकल जर्नल...न्यूज पेपर ... स्टैटीस्टीकल समरीज ... रिर्पोट्स ... नावेल्स ... फिल्म्स ... पोइट्री ... इत्यादि है (Toffler : 1984)। निश्चयात्मक रूप से, टाफलर अध्ययन योग्य पहुँच यद्यपि विरोधाभासी, सामाजिक परिवर्तन के तुलनात्मक स्वरूपों के प्रमुख पक्षों और प्रत्याशाओं तथा जीवन के भविष्यमूलक स्वरूप के लिये संभाव्यता उपलब्ध करवाता है (Smart : 1992)।

टाफलर परिवर्तन के तीन प्रवाहों : कृषिमूलक प्रवाह; औद्योगिक प्रवाह; सर्वोच्च औद्योगिक प्रवाह को अभिव्यक्त करते हैं। टाफलर का अध्ययन दैनिक जीवन में घटित परिवर्तनों के गतिशील पक्ष से मजबूत रूप से संबंधित है जो व्यक्तियों के संबंधों, भौतिक वस्तुओं, स्थानों, संस्थाओं, विचारों और सूचना में बढ़ते अनुभवों को प्रतिपादित करता है तथा साथ ही साथ नौकरशाही प्रशासनिक संरचना का टूटन और संबंधित नवीन विशिष्ट कार्यों का उद्भव व कम संस्तरणात्मक संगठनात्मक स्वरूप (एडहोक्रेसी) का भी प्रतिपादन है। यह नवीन समाज का प्रतीक है न कि परिवर्तित समाज का (Toffler : 1971)। इस क्षेत्र में 'प्रौद्योगिकी' परिवर्तन का 'इंजन' है और 'ज्ञान' इसका 'ईंधन'।

प्रथम प्रवाह : कृषिमूलक प्रवाह

टाफलर के अनुसार पुरातन समाज व्यवस्था को व संस्कृति को विस्थापित करता है तथा नवीन समाज व्यवस्था व संस्कृति के सृजन तथा प्रस्थापना का प्रतीक होता है। शिकारी संग्रहित संस्कृति को विस्थापित करने के बाद आविर्भूत कृषि क्रांति से निर्मित समाज व्यवस्था व संस्कृति को प्रथम प्रवाह कहा गया है।

द्वितीय प्रवाह : औद्योगिकमूलक प्रवाह

द्वितीय प्रवाह के रूप में, टाफलर औद्योगिक समाज व्यवस्था व संस्कृति की प्रस्थापना को स्वीकार करता है जो कृषिमूलक समाज व्यवस्था व संस्कृति के विस्थापन के बाद आविर्भूत हुआ है। औद्योगिकमूलक द्वितीय प्रवाह के प्रमुख घटक - नाभकीय परिवार, फैक्टरी प्रारूपित शिक्षा व्यवस्था व कारपोरेशन है। इस व्यवस्था व संस्कृति के अन्दर - जन उत्पादन, जन वितरण, जन उपभोग, जन शिक्षा, जनमीडिया, जन पुर्नसृजन, जन मनोरंजन व जन विध्वंश का विशेष प्रभाव होता है। यह वस्तुओं के उच्च स्तरीकरण, केन्द्रीयकरण, केन्द्रीयभूतकरण व समकालिकीकरण का प्रतीक है। इस औद्योगिक व्यवस्था को एक संगठन के रूप में व्याख्यायित किया जा सकता है जो 'नौकरशाही' का 'स्वरूप' या 'तरीका' है।

तीसरा प्रवाह : सर्वोच्च औद्योगिकमूलक प्रवाह

तीसरा प्रवाह सर्वोत्तम औद्योगिकमूलक प्रवाह है। 1950 के पश्चात् बहुतेरे देशों का रूपान्तरण द्वितीय प्रवाह (औद्योगिकमूलक प्रवाह) से तृतीय प्रवाह (सर्वोच्च औद्योगिक मूलक प्रवाह) में था। तीसरे प्रवाह की जीवनशैली में, व्यापक तरह की विविधता, उपव्यवस्था, संप्रदाय, तदर्थशाही प्रवाहपूर्ण परिवर्तन (जो तत्काल परिवर्तन को स्वीकार करता है) की प्रभावशीलता है। इस समाजव्यवस्था व संस्कृति के अन्तर्गत 'सूचना' किसी भी भौतिक संसाधनों के प्रस्थापन्न का कार्य करती है व कार्यरत कार्मिकों तथा श्रमिकों के लिये प्रमुख संस्था या संसाधन होता है। जनग्राहकीकरण सस्ता, सरल व सर्वसुलभ की संभाव्यता को प्रस्तुत करता है। व्यक्तिगत उत्पादन लघु स्तर पर, उपर्युक्त व संतुष्टिपरक प्रबंधन करता है।

उत्तर औद्योगिक समाज/सर्वोच्च समाज में उत्पादक व उपभोक्ता के मध्य 'विद्यमान विलम्बना' हेतु 'प्रौद्योगिकी' का प्रयोग 'जुड़ाव' का कार्य करता है। इसे 'विन्यास' स्वरूप व व्यवस्था कहा गया है। सर्वोच्च औद्योगिक समाज व्यवस्था व संस्कृति में परिवर्तन, जीवन शैली, मूल्य और उपसंस्कृति और वैषयिकता के सर्वोच्च रूप जो सामाजिक और वैयक्तिक एकीकरण दोनों की समस्याओं को सृजित करते हैं, के संदर्भ में, अतिशय आश्चर्य प्रस्तुत करता है (Toffler : 1984)।

टाफलर व्याख्यायित करते हैं कि समाज आज व्यापक संरचनात्मक परिवर्तन के दौर से गुजर रहा है। यह क्रांतिकारी परिवर्तन औद्योगिक समाज व्यवस्था से उत्तर औद्योगिक सर्वोच्च औद्योगिक समाज व्यवस्था का प्रतीक है। ये क्रांतिकारी परिवर्तन व्यक्तियों को संपूर्णतः पराजित कर देंगे व अगतिशील प्रौद्योगिकी तथा सामाजिक परिवर्तन का दर तथा पूर्णतः नष्ट प्रत्याशाओं तथा विगुखताओं का भविष्य में प्रतीक होगा और इस तरह के आघात का प्रमुख घटक 'सूचना अतिभार' होगा (Toffler : 1971 : 1984)।

उत्तर औद्योगिक समाज : एक चिंतन

वर्तमान को वृद्धिगत संक्रमण के समय के रूप में अनुमोदित किया जा सकता है। यह अतीत के रूपान्तरण के बहुविध चिन्हों (जो परिवर्तन के कई स्वरूपों के रूपों में अवधारित तथा महत्व प्राप्त कर चुका है) से अलग है। एक महत्वपूर्ण समकालीन केन्द्रण उद्योगों के पुनर्संरचनाकरण तथा पुनर्संगठन, व्यवसायिक संरचना में सहयोगी परिवर्तन और संबंधित नवाचारों (जो प्रौद्योगिकी के संदर्भ में है) से सम्बन्धित है। जो द्वितीय विश्व युद्ध के बाद पश्चिमी पूंजीवादी समाजों (औद्योगिक समाजों में) में अतिवादी रूपान्तरण तथा उत्तर औद्योगिक समाज के उद्‌भव की संभाव्यता के रूप में अवलोकित होता है।

'उत्तर आधुनिक समाज' या उत्तर औद्योगिक समाज का अस्तित्व 1960 और प्रारंभिक 1970 के दशक के दौरान प्राथमिक रूप से अमेरिकन समाजशास्त्री 'डेनियल बेल' के कार्यों में प्रक्षेपित होता है। यद्यपि 'उत्तर औद्योगिक समाज' का संबोध बेल द्वारा उद्‌भासित नहीं किया गया है लेकिन विवाद, संवाद व संश्लेषण हेतु प्रमुख धारा में लाने का श्रेय डेनियल बेल को जाता है। 'उत्तर औद्योगिक समाज' की अवधारणा स्पष्ट रूप से रिजमैन (Riesman : 1958)

द्वारा प्रवर्तित है। रिजमैन ने इसका प्रयोग 'वर्क एण्ड लेजर' के विश्लेषण में किया है (Riesman : 1958)। इस संदर्भ में पेंटी 'बुराई के लिये संभाव्यता' (औद्योगिकवाद से संबंधित) के परिप्रेक्ष्य में, 'उत्तर औद्योगिक स्टेट' की अवधारणा को प्रतिपादित करता है (Penty : 1917 : 1922)। पेंटी 'उत्तर औद्योगिक स्टेट' का प्रतिपादन श्रम के उपविभाजन में बदलाव की प्रक्रिया, दस्तकारी उत्पादन तथा गिल्ड समाजवाद के कुछ स्वरूपों के निर्माण के वर्णन हेतु करता है (Bell : 1973)। बेल के अवधारणात्मक आशय की तरह अन्य समकालीन अवधारणायें भी वाद, प्रतिवाद व संश्लेषण के रूप में विद्यमान है। जैसे - उत्तर औद्योगिक समाजवाद (Gorz : 1982 : 1985)। पारिस्थितिकीय उत्तर औद्योगिक वाद (Roszak : 1972; Bahro : 1984) और उत्तर औद्योगिक वाद (Illich : 1985)। इस संदिग्धता को बरकरार रखने हेतु अन्य अनेक समानार्थी संबोध (जो चिन्हित रूपान्तरण को प्रस्तुत करते हैं) को व्यक्त किया जा सकता है। जैसे - सेवा समाज, सूचना समाज और ज्ञान समाज इत्यादि। अंततोगत्वा यह कहा जा सकता है कि बहुतेरे अवधारणात्मक आशय जो औद्योगिक तथा उत्तर औद्योगिक समाज के बीच महत्वपूर्ण सातत्य को बनाये रखते हैं, विद्यमान है। ये महत्वपूर्ण सातत्य, बाद के अवधारणात्मक स्वरूप से संबंधित 'विशिष्टता' तथा 'अद्वितीय अभिलक्षण' से संबंधित प्रश्न को जीवित रखते हैं (C.F. Kumar : 1978; Badham : 1986)। समाज की उत्पादक व्यवस्था में, परिवर्तन से संबंधित आधारभूत सामाजिक रूपान्तरण कठोरतम आदर्श है। उदाहरण के लिये इसे मार्क्स के कार्यों में अवलोकित किया जा सकता है। मार्क्स इस संदर्भ में, औद्योगिक पूंजीवादी उत्पादन के साधनों को, संक्रमणकालीन अवस्था के रूप में अभिकल्पित करते है। मार्क्स उत्पादन के साधन को कभी न समाप्त होने वाला (चिरस्थायी) विषय के रूप में वर्णित करता है तथा जो प्रतिस्पर्धा द्वारा संचालित होता है (ताकि अधिक वस्तुओं का उत्पादन किया जा सके व व्यवस्था में बना रह सके यदि लाभांश का स्तर नहीं बढ़ता है)। इसके अतिरिक्त यह भी प्रक्षेपित किया जा सकता है कि मार्क्स जीवन के उत्तर पूंजीवादी स्वरूप पर के आकार पर ज्यादा टिप्पणी नहीं करता है। मार्क्स बहुत ही शान्त तरीके से इसके अभ्युदय की संभावना पर उत्पादन के सामाजिक संबंधों तथा शक्तियों के विकास व विज्ञान तथा प्रौद्योगिकी के आशय के बढ़ते प्रयोग के संदर्भ में संकेत करता है। इस तरह मार्क्स व्याख्यायित करता है कि - उत्पादन की शक्तिशाली एंजेसिया 'उपर्युक्त प्रौद्योगिकी' के प्रगतिकामी

व प्रभावी इस्तेमाल को बढ़ावा देती है। विकास के संदर्भ में, मार्क्स के विचार बाद में, प्रभावी रूप से 'उत्तर औद्योगिक समाज' का केन्द्रीय तत्व बनता है। अर्थात् 'विस्थापन' और 'मानवीय प्राणियों का विकेन्द्रीकरण और सामाजिक उत्पादन की प्रक्रिया में, वैज्ञानिक ज्ञान तथा प्रौद्योगिकी से संबंधित बढ़ता महत्व (Marx : 1973a; Gorz : 1982; Smart : 1992)। मार्क्स के कार्य में विज्ञान तथा प्रौद्योगिकी में उच्चता, सामाजिक जीवन से संबंधित स्वरूप तथा पूंजीवादी उत्पादन के साधन के रूपान्तरण हेतु पूर्व-दशाओं के विकास के लिये; आवश्यकता के रूप में कल्पित की गई है। बहुतेरे चिंतनकार सामाजिक तथा राजनीतिक प्रवृत्ति के बारे में (सामाजिक-राजनीतिक प्रगतिकामी प्रवृत्ति जो आधुनिक विज्ञान तथा प्रौद्योगिकी के संदर्भ में है) संशयवादी प्रवृत्ति रखते हैं। रोसजैक, इलिच और बाहरो ने इस संदर्भ में, अपनी प्रत्याशायें व्यक्त की है। इस संदर्भ में पेंटी 'उत्तर औद्योगिक वाद' की अवधारणा को प्रतिपादित करते हैं जो औद्योगिकवाद से संबंधित समस्याओं की आलोचना, टिप्पणी तथा प्रलेखीकरण के स्रोत के रूप में उपर्युक्त हो सकता है। यह वैज्ञानिक उदारवाद, आणविक ऊर्जा का प्रयोग, श्रमविस्थापन तथा मशीनरी के अप्रतिबंधित प्रयोग से बढ़ती बेरोजगारी (जो पूंजीवादी औद्योगिक समाजों में लक्षित है) के संदर्भ में अवलोकित किया जा सकता है। इसको पेंटी विनाशकारी रूप में अवलोकित करते हैं हालांकि व्याख्यायित करते हैं कि मार्क्स के कार्य 'मशीनरी' स्तर पर एक सृजनात्मक शक्ति है। पेंटी व्याख्यायित करते हैं कि औद्योगिकवाद एक बंद तथा अंधा मार्ग है। मार्क्स के विपरीत इनका विचार है कि उत्पादन की औद्योगिक व्यवस्था एक नवीन उच्च स्तरीय सभ्यता का निर्माण नहीं कर सकती है। पेंटी के बहुतेरे तर्क पश्च 20वीं शताब्दी में, 'उत्तर औद्योगिक समाज' या 'उत्तर औद्योगिक पूंजीवादी समाज' के आकार के केन्द्र में है। नामतः उत्पादन व प्रौद्योगिकी में नवाचार का प्रभाव तथा बेरोजगारी से संबंधित समस्यायें, कार्य की अकुशलता तथा वृद्धिगत अर्थहीन स्वरूप तथा प्रदूषण व अतिशय कचरे के द्वारा पर्यावरण का विघटन व क्षय इत्यादि। वर्तमान समय में औद्योगिकवाद कमजोर, अलगावित या संकुचित न होकर, अपने स्थान व अस्तित्व में विस्तारित तथा इसका प्रभाव वैश्विक हो चुका है। पेंटी सभ्यता के सातव्य व अस्तित्व के लिये (ताकि यह जीवित रह सके) विचार तथा उद्योगों के पूर्व मशीनरी स्तर और उत्पादन के पूर्व-औद्योगिक स्वरूप को समर्थित करते हैं। पेंटी के तर्क को बहुतेरे उत्तर-औद्योगिक सिद्धान्तकारों ने

स्वीकृति प्रदान की है तथा अपने शोध अन्वेषण में पेंटी से संबंधित मुद्दों को शामिल किया है व साथ ही पेंटी के सैद्धान्तिकीय निष्कर्ष को स्वीकार करते हैं कि उत्पादन का औद्योगिक पूंजीवादी साधन सतत नहीं है (Smart : 1992)।

पश्चिमी सामाजिक आकार में अभिलक्षित परिवर्तन हेतु, सामाजिक भविष्यवाणी के संदर्भ में, एक केन्द्रीय तत्व (मुद्दे) के रूप में, 'उत्तर औद्योगिक समाज' की अवधारणा को प्रतिपादित किया गया है (Bell : 1973)। इसके अन्तर्गत उत्पादन की धुरी से सम्बद्ध परिवर्तन के विशिष्ट स्वरूप के उद्‌भव को अनुमोदित किया गया है तथा इसे अमूर्तिकरण के रूप में, प्रस्तुत किया गया है। बेल तथा अन्य दूसरों द्वारा संबोध का परवर्ती प्रयोग से यह प्रदर्शित होता है कि तार्किक निर्माण 'यथार्थ' के रूप में, उल्लिखित होता है। यद्यपि 'संबोध' की उपर्युक्तता को व्यापक स्तर पर चुनौती दी गई है तथा यह संबोध तीव्र स्पर्धा, असहमति, संघर्ष, तीव्र अभिमत और बेढ़गा, गलत, अनुपयुक्त व कष्ट्युक्त संबोध के रूप में जाना जाता है (Gorz : 1982)। उत्तर औद्योगिक समाज की अवधारणा, सामाजिक जीवन के अतिवादी रूपान्तरण को प्रस्तुत करता है। यह समाज तथा संबंधित मुख्य संस्थाओं के संपूर्ण रूपान्तरण को नहीं प्रस्तुत करता है और इसी आधार पर बेल के कार्यों की आलोचनायें आगे बढ़ती हैं (Smart : 1992)। बेल संपूर्णता के रूप में, समाज को अभिविहित नहीं करते हैं बल्कि तीन आयामों पर अंतर स्पष्ट करते हैं। ये तीन आयाम : सामाजिक संरचना, राजनीति और संस्कृति है। यह प्राथमिक रूप से, अर्थतंत्र, प्रौद्योगिकी व्यवसायिक व्यवस्था व विज्ञान तथा प्रौद्योगिकी को विस्तारित करता है तो उत्तर औद्योगिक समाज के केन्द्र में है। इस तरह प्रश्नों व मुद्दों की एक महत्वपूर्ण श्रृंखला विश्लेषणात्मक एंजेंडा के रूप में, अर्थतंत्र, प्रौद्योगिकी, राजनीति और सामाजिक सांस्कृतिक स्वरूपों से संबंधित है। संक्षेपतः डेनियल बेल का विश्वास है कि आधुनिक समाज 'एकीकृत व संपूर्ण' की अपेक्षा विखण्डित है तथा तीन आयामों पर अर्थात् सामाजिक संरचना, राजनीति और संस्कृति (जो स्वयं में बहुतेरे परिवर्तनों का प्रतीक) को प्रस्तुत करता है। आवश्यक रूप से, बेल के उत्तर औद्योगिक समाज संबोध का प्रयोग विज्ञान व प्रौद्योगिकी में विकास से वृद्धिगत उत्पादन परिवेश में परिवर्तन से संबंधित है। इसके अन्तर्गत पाँच प्रमुख परिवर्तनों को चिन्हित किया गया है नामतः आर्थिक क्षेत्र में वस्तु उत्पादन से सेवा प्रावधान में बदलाव और स्वास्थ्य,

शिक्षा शोध तथा विकास में वृद्धि और विशिष्ट रूप से सरकारी एजेंसियों में वृद्धि; व्यवसायिक/पेशेवर तथा तकनीकी वर्गों की संख्या तथा प्रभावों में वृद्धि। नवाचार व नीतियों के संसाधन के रूप में, सैद्धान्तिकीय ज्ञान की प्राथमिकता और प्रौद्योगिकी का नियंत्रण व प्रौद्योगिकी मूलक आकलन और नवीन बौद्धिक प्रौद्योगिकी का सृजन (Bell : 1973)। बेल तर्क देते हैं कि ये परिवर्तन सैद्धान्तिकीय ज्ञान के महत्व को बढ़ाते है जो उत्तर औद्योगिक समाज के धुव्रीय सिद्धान्त को निर्मित करता हैं। जहाँ औद्योगिक समाज कार्य कार्मिकों व श्रमिकों के सहसामजस्य की ओर अभिमुख होता है व मशीन केन्द्रक का कार्य उत्पादन हेतु करते हैं वहीं उत्तर औद्योगिक समाज 'ज्ञान' के चारों ओर संगठित होता है। सामाजिक नियंत्रण के उद्देश्य तथा नवाचार व परिवर्तन के दिशा निर्धारण हेतु औद्योगिक समाज के व्यापक उद्योग को बेल 'बिना जानकार लोगों' या गैर-जानकार लोगों का बड़ा आविष्कार मानता है (Bell : 1973)। बदले में, नवीन उत्तर औद्योगिक समाज के नवीन उत्पादक उद्यमी नियोजित प्रौद्योगिकी नवाचार को प्रस्तुत करते हैं जो शोध तथा विकास के क्षेत्र में, विज्ञान, प्रौद्योगिकी और अर्थतंत्र के वृद्धिगत एकीकरण की भविष्यवाणी पर आधारित होता है। यह शोध तथा विकास के नियोजित कदमों से संभव है जो कम्प्यूटर, इलेक्ट्रानिक्स, आप्टिक्स व पालीमॉर के नवीन विज्ञान आधारित उत्तर औद्योगिक क्षेत्रों से संबंधित है। इससे समाज का वर्चस्वकारी निर्माण क्षेत्र आविर्भूत हुआ है। इससे ज्ञान के सभी क्षेत्रों के विकास में जो वाह्य प्रारूपण निर्मित हुआ है वह सैद्धान्तिकीय कार्य में उच्चता पर निर्भर है तथा जो आविर्भूत समाज की ध्रुवीय संरचना अर्थात् विश्वविद्यालय व शोध पर निर्भर होता है। भविष्यवाणी करने की क्षमता में उच्चता एक नियोजित तथा नियंत्रित प्रौद्योगिकी के विकास को प्रोत्साहित करता है और प्रौद्योगिकी नवाचारों के अनिच्छित परिणामों को कमतर करने के साधनों को उपलब्ध कराता है (जैसे - प्रदूषण) और 'कम्प्यूटर' से संबंधित बौद्धिक प्रौद्योगिकी का अभ्युदय, उत्तर औद्योगिक समाज से संबंधित बड़े बौद्धिक तथा समाजशास्त्रीय समस्याओं को उद्भासित करता है। इसे 'संगठित जटिलता' के रूप में अवलोकित किया जा सकता है (Bell : 1973)। लेकिन इस तरह के तत्वों (या आयामों) को बेल संभाव्यता के रूप में परिकल्पित करता है न कि यथार्थ के रूप में (Smart : 1992)।

डेनियल बेल औद्योगिक और उत्तर औद्योगिक समाज के सातव्य के संबंधों के अस्तित्व से संज्ञायित है और समाज के रूपान्तरण में इंजीनियर और विज्ञान की प्रभावी भूमिका के अवधारणात्मक आशय के महत्व को प्रदर्शित करते हैं। बेल अपने तर्क के विकास में व्यक्त करते हैं कि - उत्तर औद्योगिक समाज एक अवधारणा है जो एक सावयवीकृत व्यवस्था का निर्माण नहीं करता है और अकेले यह सामाजिक संरचना में परिवर्तन को अभिव्यक्त करता है और यह संबंधित या सामान परिवर्तन की कल्पना या लागू राजनीति और संस्कृति में नहीं करता है (Bell : 1973; Smart : 1992)। इस तर्क के साथ एक समस्या यह है कि - सत्य लगने वाला मगर दिखावट की एक सीमा व समाज तथा व्यवस्था से संबंधित बहुविध आशय अवधारणात्मक आशय सातत्य रूप से अरूचिकर है। उदाहरण के लिये - विविध सामाजिक स्तरों का विवेचन व विस्तार करते समय, बेल विविध स्वायत्त संबोधों का प्रयोग ध्रुवीय सिद्धान्तों या संस्थाओं के आकलन हेतु करते हैं। बेल पूंजीवादी समाज के ध्रुवीय संस्थान के रूप में, निजीगत संपत्ति को अभिव्यक्त करते हैं तथा उत्तर औद्योगिक समाज व इसके सिद्धान्त के रूप में, सैद्धान्तिकीय ज्ञान की केन्द्रीयता को प्रस्तुत करते हैं। इसके अतिरिक्त पश्चिमी संस्कृति का ध्रुवीय पक्ष 'आधुनिकतावाद' है तथा पश्चिमी राजनीति व्यवस्था का ध्रुवीय पक्ष संगठन तथा प्रशासन के नौकरशाही स्वरूप को पुनर्जीवित करना है ताकि लोकप्रिय सहभागिता हो सके।

बहुसंख्यक अन्तर औद्योगिक समाज तथा उत्तर औद्योगिक समाज के बीच प्रस्तुत किया गया है। औद्योगिक समाज वस्तु उत्पादन तथा मशीन प्रौद्योगिकी पर आधारित है और औद्योगिक समाज का मुख्य ध्रुवीय सिद्धान्त आर्थिक वृद्धि है। औद्योगिक समाज का रूपान्तरणकारी तथा रणनीतिक संसाधन 'सृजित ऊर्जा' तथा 'वित्तीय पूंजी' है। इसके अन्तर्गत मशीन प्रौद्योगिकी तथा वृद्धिगत श्रम विभाजन कार्य को रूपान्तरित करता है। इस तरह के समाज में कृत्रिम प्रकृति के विरूद्ध जीवन एक खेल है (Bell : 1973) जबकि इसके विपरीत उत्तर औद्योगिक समाज सेवाओं पर आधारित है। रोजगार बौद्धिक प्रौद्योगिकी से संबंधित है और उत्तर औद्योगिक समाज का प्रमुख सिद्धान्त, सैद्धान्तिक ज्ञान का संकेतीकरण रूपान्तरणकारी तथा रणनीतिक संसाधन का आधार 'सूचना, कम्प्यूटर तथा डाटा ट्रांसमिशन' और 'ज्ञान' परिणामतः पेशेवर व्यवसाय रोजगार के वैज्ञानिक, तकनीकी

तथा पेशेवर स्वरूप की ओर उन्मुख होता है। एक बार पुनः कार्य रूपान्तरित होता है लेकिन इस समय प्रभाव का निवारण विभिन्न होता है। उत्पादन प्रक्रिया में, स्वायत्त प्रौद्योगिकी की भूमिका के परिणाम के रूप में, रोजगार और कार्य के बहुतेरे रूपों के विस्थापन तथा विकुशलता में वृद्धि होती है और शिक्षा तथा प्रशिक्षण के साथ पेशेवर कार्मिकों (श्रमिकों) के भर्ती की बढ़ती प्रक्रिया, कुशलता के बहुतेरे प्रकारों को उपलब्ध कराता है जिसकी मांग उत्तर औद्योगिक समाज में, ज्यादा है (Bell : 1973)। उत्तर औद्योगिक समाज नीलंवसन श्रमिकों जो औद्योगिक समाज की व्यवस्था है, से अलग रोबोट, सेवा और पेशेवर श्रमिक से युक्त है। इस प्रकार उत्तर औद्योगिक समाज व्यक्तियों के मध्य खेल है तथा जो जीवन की गुणवत्ता और स्वास्थ्य, शिक्षा, पुर्नसृजन और कला सेवाओं के रूप में और सुख-सुविधाओं के रूप में, वांछनीय तथा संभव सभी के लिये प्रतीत होता है तब कहीं जाकर जीवन स्तर से संबंधित मात्रात्मक प्रश्न। अच्छे जीवन से संबंधित नवीन चेतना का अभ्युदय, उत्तर औद्योगिक समाज को एक सामुदायिक समाज (या एक सर्वमान्य के लिये समाज) के रूप में प्रस्तुत करता है जो व्यक्ति या उसके हितों की अपेक्षा समुदाय, समुदायिक प्रवृत्ति तथा सामुदायिक मूल्य व्यवस्था को प्रोत्साहित करता है। बेल व्याख्यायित करते हैं कि औद्योगिक समाज की तरह ही उत्तर औद्योगिक समाज की संरचनात्मक समस्यायें शान्त है, हल नहीं की जा सकी है। इसलिये उत्तर औद्योगिक समाज बहुतेरी समस्याओं का सामना करता है (इसे प्रमुखतः विज्ञान के संगठन व वित्तीय समर्थन, संस्थात्मक समर्थन, वैज्ञानिक कार्यों का राजनीतिकरण व अन्य मुद्दों में अवलोकित किया जा सकता है)। उत्तर औद्योगिक समाज (Bell : 1973) के अन्तर्गत सामाजिक वर्गों में अन्तर, स्वामित्व तथा उत्पादन के साधनों के नियंत्रण के संबोध में (जैसा कि बेल द्वारा कल्पित है) कम अर्थपूर्ण है, तब कहीं संगठन में तकनीक तंत्र का निर्णयन प्रक्रिया में प्रभाव और वैधता से संबंधित विषय, जैसा कि वह अभिवर्णित करते हैं :

"If the Struggle between Capitalist and worker, in the Locus of the factory was the hallmark of Industrial Society, the Clash between the Professional and the populace in the organization and in the community is the hallmark of conflict in the Postindustrial Society." (Bell : 1973)

उत्तर औद्योगिक समाज के अन्तर्गत बाजार की सर्वोच्चता तथा व्यक्तियों की मांग नहीं है बल्कि यह सामुदायिक, सार्वजनिक मशीनवाद व सार्वजनिक पसन्द पर आधारित है जो सेवाओं व उससे संबंधित प्रावधानों को आकारगत व प्रभावित करता है। एक सामुदायिक समाज सीमान्तीकृत/अल्पसंख्यक समूह के अधिकारों को अधिक तत्पर तरीके से चिन्हित करता है तथा सामुदायिक व उससे संबंधित पर्यावरण की संरक्षा हेतु निजीगत निगम तथा व्यक्तियों के कार्यों को संचालित तथा सही दिशा में ले जाने का कार्य सरकार के लिये अतिशय संवेदनशील हो जाता है। अधिक शिक्षा, सुविकसित स्वास्थ्य सुविधा विस्तार, अधिकार और सुख-सुविधायें व वित्तीय पोषण तथा 'स्तर के संरक्षक' के रूप में, सरकार को अवलोकित किया जाता है। फिर भी, प्रस्तुत करने की योग्यता (किसी भी तरह) पर्याप्त सामाजिक प्रौद्योगिकी तथा वित्तीय पोषण (फंडिग) की कमी द्वारा सीमायित व बाधित है। बाद में यह बढ़ती प्रत्याशाओं के द्वारा तीव्रतर रूप से बाधित हो जाती है जिसे बेल 'वृद्धिगत अधिकार की क्रांति' के रूप में संबोधित करते हैं। अंततोगत्वा उत्तर औद्योगिक समाज के अन्तर्गत आकस्मिक रूप से समस्याओं से सामना होता है (जैसा कि) :

"Not technical but political, for even though in the nature of new complexities a large kind of new social engineering is involved, the essential questions are those of values...the central question of the postindustrial Society therefore is the relation of the technocratic decision of politics." (Bell : 1973)

यह तर्क प्रस्तुत किया जा सकता है कि तकनीकी तंत्र निर्णयन तथा राजनीति का अभिव्यक्तिकरण, उत्तर औद्योगिक समाज के अन्तर्गत एक केन्द्रीय प्रश्न नहीं है बल्कि इसका उद्भव व विकास, निकटस्थ रूप से, विज्ञान तथा प्रौद्योगिकी से संबंधित है, लेकिन यह विज्ञान तथा प्रौद्योगिकी द्वारा निर्धारित नहीं है। इस तरह के मुद्दे व नीतियों को (जो प्रौद्योगिकी नवाचार तथा प्रभावी इस्तेमाल की राजनीति को व्यापक रूप में प्रस्तुत करता है)। बेल द्वारा गहराई व आत्मीय रूप से संबोधित नहीं किया गया है। उत्तर औद्योगिक समाज के विचार के संवाद में प्रौद्योगिकी नवाचार तथा विकास स्वःप्रेरण के रूप में प्रकट होता है जिसका अपना तर्क होता है (Bell : 1973 : 1980)।

सूचना तंत्र (कम्प्यूटर) व सैन्य तंत्र के गठबंधन के रूप में आविर्भूत उत्तर औद्योगिक समाज

उत्तर औद्योगिक समाज का केन्द्रीय विचार विज्ञान तथा प्रौद्योगिकी के क्षेत्र में, विकास तथा अनवरत् नवाचारों की श्रृंखला है जो पूर्णतः सैन्यीकृत है। इसे सैद्धान्तिक ज्ञान के महत्व के संदर्भ में अवलोकित कर सकते हैं जो प्रौद्योगिकी नवाचार, नियोजन तथा भविष्यवाणी है। बेल द्वारा सम्पन्न यह अनोखा परीक्षण है (उस प्रक्रिया का जिसके द्वारा विशिष्ट संभाव्य प्रौद्योगिकी नवाचार व्युत्पन्न, विकसित व प्रभावी ढंग से इस्तेमाल होती है)। यह संज्ञायित है कि प्रौद्योगिकी इतिहास से स्वरूप ग्रहण करती है जो यह सरकार द्वारा प्रौद्योगिकी में तथा अर्थतंत्र के प्रबंध से संबंधित है। उदाहरण के लिये डेनियल वेल की टिप्पणी :

"Since the end of world war II the extra-ordinary development of Scientific technology has led to hydrogen bombs, distant early warning networks coordinated in real time through computer systems...war too has now come under the 'terrible' domination of Science, and the shape of war, like all other human activities has been drastically changed." (Bell : 1973)

'विशिष्ट प्रौद्योगिकी' का उद्भव अवसर का उत्पाद नहीं है न कि एक आकस्मिक प्रघटना बल्कि शोध व विकास की विशिष्ट प्रक्रिया का परिणाम है जो केन्द्रित, प्रश्नों, स्पष्ट मुद्दों व नीतियों व सावधानीपूर्वक अनुमोदित प्राथमिकताओं द्वारा निर्देशित है तथा एंजेसियों के हितों व प्रत्याशाओं के अनुरूप प्रयोग व प्रभावी ढंग से इस्तेमाल है (Williams : 1974; Noble : 1984; Webster : 1986; Robins and Webster : 1989; Smart : 1992)। किसी भी नवीन प्रौद्योगिकी का अस्तित्वकारी स्वरूप तथा प्रभावी इस्तेमाल अंततोगत्वा प्रथम चरण में इसके स्वयं के विकास में निहित होता है। वाइजेनवाम ने प्रौद्योगिकी के संदर्भ में, सावधान किया है जो उत्तर औद्योगिक समाज़ में, केन्द्रीय भूमिका में प्रतीत होता है :

"The computer in its modern form was born from the womb of the military. As with so much other modern technology of the same parentage. Almost every technological advance in the computer field, including those motivated by the demands of the military, has had its residual payoff-fallout- in the civilian sector. (Weizenbaum: 1979)"

उत्तर औद्योगिक समाज के संदर्भ में, केन्द्रीकृत प्रौद्योगिकी नवाचार का अतिशय सामाजिक व ऐतिहासिक विवरण तथा अवधारणात्मक आशय नोबल द्वारा प्रस्तुत किया गया है (तथा जो शक्ति तथा ज्ञान के सम्बद्ध में है) प्रौद्योगिकी का विकास, इसके प्रारूप तथा इसके प्रयोग दोनों रूपों में जो नोबल द्वारा कल्पित है सामाजिक तथा राजनीतिक प्रक्रिया का उत्पाद है। नोबल का अवलोकन है कि आधुनिक विज्ञान का सामान्य आकार तथा अभिलक्षण, शोध तथा विकास के प्रतिमान के साथ-साथ वैज्ञानिक ज्ञान में वृद्धि तथा अतिरिक्तता और प्रौद्योगिकी का उपलब्ध भंडार (प्रगति के साथ) द्वितीय विश्वयुद्ध के बाद से संचालित है। एक प्रतीकात्मक संबंध विज्ञान, पूंजी और बहुविध एजेंसियों तथा सरकारी संस्थाओं के मध्य अस्तित्वकारी होता है तथा जो प्रौद्योगिकी प्रगति तथा अवसर व दुर्व्यवस्था में कमी से संबंधित हितों और भविष्यवाणी तथा नियंत्रण के विस्तार पर आधारित होता है। यह 'सैन्य' तथा औद्योगिक जटिलता' का व्यापक प्रभाव है (Webster and Robins : 1986; Lyon : 1988) मुख्य केन्द्रीय मुद्दा वैज्ञानिकी की पसन्द या नापसन्द नहीं है बल्कि यह शक्ति तथा ज्ञान का संबंध है जो वैज्ञानिक ज्ञान द्वारा गठित व संरचित है। विशिष्टतः यह विज्ञान का मामला, जो वृद्धिगत निश्चयात्मकता या नियंत्रण की तरफ अभिमुख है संस्थात्मक, संगठनात्मक व सांस्कृतिक स्वरूप में, सैन्य तथा औद्योगिक जटिलता या संकुल से संबंधित है। नोबल का अवलोकन है कि सैन्य शक्तियों का वैश्विक स्तर पर प्रभावी ढंग से इस्तेमाल व द्वितीय विश्वयुद्ध के बाद से कारपोरेट आपरेशन का उत्तरोत्तर वृद्धिगत अन्तर्राष्ट्रीयकरण ने अमेरिकन सैन्य तथा औद्योगिक उपकरणों का तीव्र विरोध व संप्रेषण तथा नियंत्रण संबंधी समस्या को प्रस्तुत किया है। लेकिन सूचना और संप्रेषण के क्षेत्र में, प्रमुखतः इलेक्ट्रानिक्स, उत्कृष्ट मशीनवाद और कम्प्यूटर, सैद्धान्तिकरण तथा तकनीकी विकास हेतु आधारभूत आवश्यक तत्व हमेशा से आस्तित्वकारी तथा जो सैन्य द्वारा प्रायोजित युद्ध के दौरान विकसित हुआ है। संक्षेपतः यह कहा जा सकता है कि एक नवीन वैश्विक (सर्वोच्चता) शक्ति तथा तकनीकी संभाव्यता, एक शक्तिशाली बौद्धिक संश्लेषण द्वारा (जो विज्ञान तथा इंजीनियरिंग के मध्य अभिलक्षित है) प्रस्तुत है तथा जो सूचना, संप्रेषण व अतिशय

उपर्युक्त नियंत्रण पर आधारित है (Noble : 1984)। इलेक्ट्रानिक्स, सर्वमशीनवाद और कम्प्यूटर से संबंधित प्रौद्योगिक विकास प्रथम स्तर पर युद्ध की ओर उन्मुख है तथा साथ ही साथ विशिष्ट सैन्य लक्ष्यों की ओर जो शक्तिशाली नवीन प्रौद्योगिकी तथा नियंत्रण सिद्धान्त को सृजित करता है तथा जो आटोमेटिक युक्तियों व उपकरणों (स्वचालित उपकरणों) तथा चिंतन के नवीन तरीकों को जन्म देता है (Noble : 1984)। सिस्टम इंजीनियरिंग तथा वैज्ञानिक प्रबंधन के क्षेत्र में, विकास के साथ गठबंधित सैन्य उद्भूत आपरेशन शोध सिस्टम विश्लेषण को बढ़ावा देता है। एक कम्प्यूटर आधारित प्रणाली विश्लेषण सैन्य तथा औद्योगिक व्यवस्था के प्रभावों को विस्तारित कर, सर्वत्र सामाजिक व्यवस्था हेतु (सामाजिक तथा सरकारी एजेंसियों द्वारा) लागू किया है। व्यवस्था अभिगम में संलग्न चरों व तथ्यों (वेरियबल एण्ड डाटा) की जटिलता तथा मापन को संचालित करने की योग्यता, कम्प्यूटर से संबंधित बौद्धिक प्रौद्योगिकी आविर्भूत उत्तर औद्योगिक समाज या सूचना समाज के लिये अपरिहार्यता के रूप में अनुमोदित होता है (Bell : 1979)। कम्प्यूटर की अपरिहार्यता का एक सामान्य तथा व्यापक विश्वास वृद्धिगत है क्योंकि यह स्पष्ट है कि जटिल वैज्ञानिक, प्रौद्योगिकी व प्रबंधकीय समस्यायें, कम्प्यूटर प्रौद्योगिकी व सिस्टम विश्लेषण से पहले, प्रभावी रूप से संचालित हुई है (इसे मैनहट्टन परियोजना के संदर्भ में अवलोकित कर सकते हैं) इस संदर्भ में वाइजेनवाम का अवलोकनात्मक तर्क है कि :

"The computer was not a pre-requisite to the survival of modern society in the post-war period and beyond; its enthusiastic, uncritical embrance by the most 'progressive' elements of American government, business and industry quickly made it a resource essential to society's survival in the form that the computer itself had been instrumental in shaping." (Weizenbaum:1984)

परिष्कृत कम्प्यूटर आधारित प्रौद्योगिकी का प्रस्तुतिकरण (बृद्धिगत सांगठनिक जटिलता और संबंधित समस्याओं के साथ) सामाजिक तथा राजनीतिक नवाचारों को प्रस्तुत करता है। यह मानवता के सतत प्रगतिकामी विकास को सुनिश्चित नहीं करता है 'या' श्रम के बहुतेरे स्वरूपों से संबंधित विमानवीयकरण, अपक्षरण, प्रबल कठिनाई को कम करने के द्वारा 'जीवन गुणवत्ता' को विस्तारित करता है लेकिन यह सत्य है कि संपूर्ण सामाजिक, राजनीतिक संरचना अतिवादी तरीके

से पुनःनवीनीकृत हो रही है। वाइजेवाम का अवलोकन है कि कम्प्यूटर अमेरिकन सामाजिक राजनीतिक संरचना को संरक्षित करता है। कम्प्यूटर अमेरिकन सामाजिक राजनीतिक संस्थानों को संरक्षित रखता है। कम्प्यूटर इनको (सामाजिक राजनीतिक व अन्य संस्थानों को) समर्थित एवम् प्रतिरक्षित करता है (व्यापक परिवर्तन के व्यापक दबाव हेतु) व्यापक प्रभावों के परिप्रेक्ष्य में, कम्प्यूटर को अन्य दूसरे समाजों के संस्थाओं में भी लागू किया जाता है। (Weizenbaum : 1984)

व्यवसाय, सरकार और शिक्षा में, 'सूचना विस्फोट' सैद्धान्तिकीय ज्ञान की केन्द्रीयता, शोध व विकास का महत्व, कम्प्यूटर प्रौद्योगिकी का प्रभावी ढंग से बढ़ता प्रयोग (जैसा कि डेनियल वेल के कार्यों में प्रकट है) 'तटस्थ प्रघटना' है। उत्तर औद्योगिक समाज में ज्ञान तथा सूचना सरलतम रूप में आविर्भूत नहीं है बल्कि विशिष्ट हितों के परिप्रेक्ष्य में, कार्यरत एजेंसियों के लक्ष्यों के रूप में विकसित है। बहुतेरे अधुनातन अध्ययन 'सूचना प्रौद्योगिकी के क्षेत्र में, सैन्य-औद्योगिक धुरी द्वारा व्यवस्थित समकालीन विकास को अभिवर्णित करते हैं (Noble: 1983; Roszak: 1986; Lyon: 1988; Robins and Webster: 1989)। इसके अतिरिक्त :

"The Information society is not a matter of destiny, but a product of interests shared and decision taken in a number of key institutional sites to dovelop a new generation of technologies, and to unleash an 'Information Revolution'." (Smart: 1992).

अमेरिका तथा ब्रिटेन दोनों जगह, सैन्य तथा रक्षातंत्र का व्यापक उच्चस्तरीय मजबूत गठबंधन शोध तथा विकास कार्यक्रमों तथा सूचना प्रौद्योगिकी के उद्योगों से है। उच्च प्रौद्योगिकी उद्योग (हाईटेक उद्योग) तथा व्यापक कम्प्यूटर विकासमूलक निवेश अमेरिका में पेंटागन बजट पर आधारित है (खासतौर पर शोध व विकासमूलक पूँजी के लिये) उदाहरण के लिए - आई.सी.ए.एम. यह सरकारी अनुदान के साथ उद्योगों व विश्वविद्यालयों का प्रभावशाली गठबंधन था (Noble: 1984)। ब्रिटेन में भी इस तरह के तुलनात्मक गठबंधन सूचना प्रौद्योगिकी कारपोरेशनों तथा रक्षा मंत्रालय के मध्य देखने को मिलता है (Robins and Webster: 1989)। इस तरह का उदाहरण एशिया व अन्य विकसित तथा विकासशील देशों में अवलोकित होता है (भारत में, विश्वविद्यालय या अकादमिक, उद्योगों व

सरकारों के मध्य नवीन गठबंधन का स्वरूप उत्तरोत्तर वृद्धिगत है) इस उच्चतर द्वितीय औद्योगिक क्रांति के बहुतेरे कारक हैं: आर्थिक प्रतिस्पर्धा का सघनीकरण, उत्पादन के लागत में वृद्धि, वैज्ञानिक प्रबंधकर्त्ता और सैन्य स्तर पर प्रौद्योगिकी जड़वाद इत्यादि। पूर्णतः स्वचालन व्यवसाय तथा प्रबंधकीय नियंत्रित कम्प्यूटरीकृत उत्पादन प्रणाली, स्वामीभक्ति प्रतिस्पर्धा, उत्पादकता तथा प्रगतिशीलता को सतत् रखता है। इसके दो निहित उद्देश्य होते हैं: (किसी भी तरह) वर्चस्व व नियंत्रण को जारी रखना (Noble: 1984) उत्पादन की शक्तियों के विकास में, अमेरिकन सैन्यवाद की व्याख्या करते हुये नोबल तर्क प्रस्तुत करते हैं कि - वायु सेना स्वचालन के उच्चतर विकास तथा कम्प्यूटर नियंत्रित उत्पादन प्रौद्योगिकी को प्रस्तुत करता है तथा जो प्रबंधकीय नियंत्रण को सुधारता है, श्रमशक्ति समस्याओं का निदान प्रस्तुत करता है तथा उत्पादन में वैयक्तिक लगाव के स्तर को कम करता है। इसका निहित उद्देश्य 'यूचर फैक्टरी' का सृजन करना था ताकि निर्माणकार्य व्यापक स्तर पर कम्प्यूटर द्वारा नियंत्रित व संचालित हो सके तथा मानवीय हस्तक्षेप की आवश्यकता कम हो। यह व्यापक रूप से सैन्य-औद्योगिकी-शैक्षणिक त्रियाद के परिणाम के रूप में अवलोकित किया जा सकता है (Noble: 1984)। इस तरह के प्रभावों के पीछे प्रमुख अभिप्रेरक 'नियंत्रण' को विस्तारित करते हैं तथा मानवीय सहभागिता को कम करता है, या विस्थापित करता है। अतः यह स्पष्ट है कि उत्पादन शक्तियों में नवाचार, उत्पादकता को बढ़ाता है तथा उत्पादन लागत को कमतर करता है (Wilkinson: 1983)। सूचना प्रौद्योगिकी के प्रस्तुतिकरण से श्रमिकों में वि-कुशलता भी व्याप्त हुई है (Noble : 1984; Lyon : 1988)।

द्वितीय विश्वयुद्ध के बाद से, नवीन प्रौद्योगिकी के विकास ने महत्वपूर्ण तथा प्रभावकारी प्रश्नों को भी आविर्भूत किया है तथा जो किसी न किसी रूप में सैन्य व्यवस्था द्वारा प्रस्तावित है। प्रौद्योगिकी नवाचार अत्यावश्यक रूप से लाभदायक नहीं है बल्कि इसका प्रयोग तथा प्रभावी संचालन उसके स्वयं के संस्थातमक संदर्भ तथा सांस्कृतिक स्वरूप द्वारा संचालित होता है जहाँ वह विकसित होता है। इसके अतिरिक्त यह खतरों व संकटों को भी यथार्थ व संभावित रूप में (उत्तर औद्योगिक समाज हेतु) प्रस्तुत करता है। उदाहरण के लिए बेरोजगारी का सामाजिक और आर्थिक परिणाम, उत्पादन के श्रम बचत प्रौद्योगिकीयों के प्रस्तुतिकरण

से आविर्भूत होता है (Gorz: 1982; 1985; Webster and Robins: 1986; Lyon: 1988; Kumar: 1988) और वृद्धिगत सर्विलास की राजनीतिक समस्या जो सूचना तथा संप्रेषण (कम्यूनिकेशन) प्रौद्योगिकी के प्रभावी ढंग से इस्तेमाल के साथ संबंधित है (Roszak: 1986; Robins and Webster: 1989)। यद्यपि बेल बेरोजगारी से संबंधित समस्या को (जो 'श्रम' बचत प्रौद्योगिकी से आविर्भूत है) को अनुमोदित करते हैं। इसके अतिरिक्त समस्यायें संप्रेषण सेवाओं तथा डाटा बैंक पर केन्द्रीयकृत नियंत्रण से भी संबंधित है। बेल टिप्पणी करते हैं किः संप्रेषण सेवाओं के ऊपर नियंत्रण शक्ति एक स्रोत है व संप्रेषण तक 'पहुँच' स्वतंत्रता की एक दशा है ... एक स्वतंत्र समाज के भविष्य के लिये ये महत्वपूर्ण प्रश्न है (Bell : 1980) लेकिन यह भी सत्य है कि जिन समस्याओं की पहचान की गई है उन्हें अव्याख्यायित ही छोड़ दिया गया है। बेल की यह व्याख्या सही प्रतीत होती है कि :

"There is no technological imperative, no immanent logic. It is indisputable that the same technology may be compatible with a range of social organization, but does not mean that 'we choose the one we want to use." (Bell : 1980)

बहुत से रूपों में; हम इतिहास के निर्माण में योगदान देते हैं; यह हमारे पसन्द की दशा (अवस्था) के तहत नहीं है। उत्तर औद्योगिक समाज के केन्द्र में, बहुत से सूचना तथा संप्रेषण प्रौद्योगिकीय के संदर्भ में, यह स्पष्ट है कि पसंद संबंधी प्रभावी इस्तेमाल तथा पूर्वभासित प्रयोग संबंधित मुद्दे व नीतियां, हमेशा से पूर्व निर्मित है। इस तरह की टिप्पणी का आशय दैववाद (भाग्यवाद) या सांस्कृतिक निराशावादिता नहीं है बल्कि जरूरत वर्तमान परिप्रेक्ष्य में, प्रौद्योगिकी की समझ से है जो भविष्य परित्याग व्यवस्था से नहीं बल्कि इसको संभावित बनाने से है (Noble : 1983)।

सूचना प्रौद्योगिक क्रांति एवं लोचनीय संचयन की नवीन आधारशिला

बेल द्वारा अनुमोदित प्रौद्योगिकी प्रकटीकरण तथा सामाजिक विकास के पीछे उत्तर औद्योगिक समाज के उद्भव का एक अभिलाक्षणिक स्वरूप विद्यमान है जो सैन्य, औद्योगिक और राजनीतिक संस्थाओं के बदलाव में निहित होता है। परिणामतः

यह उत्तर औद्योगिक प्रौद्योगिकी विकास की प्रक्रिया के लिये सैन्य के योगदानों की पहचान के लिये केवल आवश्यक नहीं है बल्कि यह राजनीतिक तथा आर्थिक हितों के महत्व से भी संबंधित है (Webster and Robins : 1986; Lyon : 1988; Robins and Webster : 1989; Harvey : 1989)। उत्तर औद्योगिक समाज कार्य और औद्योगिक संरचना के विकेन्द्रीकरण की संभाव्यता को प्रस्तुत करता है और साथ ही साथ 'ज्ञान तथा सूचना' की मात्रा में वृद्धि को पोषित करता है लेकिन यह याद रखना अत्यावश्यक होता है कि ये परिवर्तन विशिष्ट परिस्थितियों में उद्‌भूत होते है; सामाजिक जीवन का वृद्धिगत निजीकरण तथा व्यवसायीकरण; सूचना तथा ज्ञान का वस्तुकरण; सर्विलांस तथा नियंत्रण के अन्य साधनों का विस्तार इत्यादि सामाजिक संबंधों तथा उत्पादन की शक्तियों में इस तरह के व्यापक रूपान्तरण विशेष अवसर पर आधारित होता है जो कारपोरेट पूंजीवाद के मल्टीनेशनल विस्तार, वृद्धिगत वैश्विक श्रम बाजार का संचालन और सैन्य तथा राजनीतिक पूर्व व्यवसाय जो नियंत्रण तथा निर्देशन, राष्ट्रीय सुरक्षा और कानून तथा व्यवसाय/वाणिज्य के साथ सह सम्बन्धित है। इसलिये नवीन फोर्डवाद या लोचनीय संचयन और बढ़ता सर्विलांस तथा नियंत्रण, कारपोरेट पूंजीवाद और संबंधित सामाजिक राजनीतिक समस्याओं के संकट हेतु अभिव्यक्त उत्तरदायित्व के रूप में चिन्हित किया गया है (Webster and Robins : 1986; Harvey : 1989)।

नव-फोर्डवाद या पूंजी संचयन का अतिशय लोचनीय स्वरूप से सम्बन्धित संक्रमण, बहुतेरे महत्वपूर्ण रूपान्तरणों को (जो सामाजिक जीवन के स्थानिक तथा अल्पकालिक आयाम से सम्बन्धित होता है) संलग्न करता है। एक सीमा तक उत्पादन अधिक विकेन्द्रित हो चुका है तथा विशालकाय व बोझिल संरचनायें लोचनीय रूप (छोटे स्वरूप में) विद्यमान होती है। नवीन संभाव्यता के रूप में मीडिया वि-जनीकृत हो चुका है तथा इसकी अन्तःक्रियात्मक प्रवृत्ति अत्यधिक विकसित व बाजारू हुई है। लेकिन इस तरह के विक्रेन्द्रीकरण का प्रारूप एक विशिष्ट संदर्श में विकसित होता है तथा जो सूचना प्रौद्योगिकी संप्रेषण में, नवाचार, स्वचालन और डिजिटल कम्प्यूटर द्वारा प्रोत्साहित व प्रोन्नत तथा प्रेषित होता है। लेकिन ये व्यापक स्तर पर

वृद्धिगत केन्द्रीयकृत, कारपोरेट पूंजी व राज्य एजेंसियों द्वारा प्रारूपित होता है (Webster and Robins : 1986; Smart : 1992)। इसके पीछे निहित आशय यह है कि उत्तर औद्योगिक पूंजीवाद का पुनर्संरचन तथा पुनर्संगठन विविधता, बहुलता, सृजनात्मकता के नवीन स्वरूप को उद्भासित करता है और इस तरह का विकास व्यवसायीकरण/पेशेवरीकरण तथा उच्चतर वृद्धिगत वस्तुकरण के रूप में परिलक्षित होता है (जो कि असुरक्षित भी है)। संप्रेषण तथा सूचना स्रोतों में वृद्धि अत्यधिक पसन्द तथा लोचनीयता को व्यक्त करता है। यह वितरण प्रणाली वस्तु उत्पादन की व्यवसायिक संचालन व्यवस्था द्वारा अस्तित्वकारी, प्रारूपित तथा बाजारूकृत होती है (तथा प्रमापक जिसके तहत 'पसन्द' व 'लोचनीयता' अभ्यासीकृत होती है व्यापक स्तर पर पूर्व निर्धारित होती है)। विकेन्द्रीकरण का यह स्वरूप एक प्रभावी रणनीति के रूप में अनुमोदित होता है तथा जो सामाजिक जीवन के नवीन तत्वों को, वाणिज्यिक बाजारू स्थान की तरफ अभिमुख करता है। वर्तमान समय में विकेन्द्रीकरण तथा वि-जनीकरण जो वि-बाजारीकरण की प्रक्रिया को जारी करता है एक संभाव्यता के रूप में चिन्हित किया जाता है (Toffler : 1983)। टाफलर के अनुसार सामाजिक जीवन के निजीकरण को 'गृह केन्द्रीयता' या 'इलेक्ट्रानिक काटेज' की अवधारणाओं के द्वारा अभिव्यक्त किया जाता है तथा जो वस्तुओं के वैयक्तिककृत उपभोग के बढ़ते क्षेत्र को प्रस्तुत करता है (इसे नवमध्यकालीन छोटा किला के रूप में भी अवलोकित किया जा सकता है)। यह एक ऐसा स्वरूप है जहाँ इलेक्ट्रानिक घर पुनर्गठित होता है। इसे केवल सूचना तथा मनोरंजन सेवाओं के क्षेत्र में ही नहीं अवलोकित किया जा सकता है बल्कि अन्य शैक्षणिक, खरीददारी, बैकिंग और अन्य दूसरे क्रियाकलापों में भी अवलोकित किया जा सकता है (Webster and Robins : 1986)। यह सामाजिक जीवन तथा सामाजिक स्थान से पीछे मुड़ने की क्रिया है व सुरक्षा की भावना को बढ़ाता है जो उत्तर औद्योगिक/आधुनिक नगरीय पर्यावरण का वृद्धिगत विशिष्ट अभिलक्षण है (Eco : 1987)। इस तरह 'अस्तित्व का विकेन्द्रीकृत' तथा 'निजीकृत स्वरूप' केवल वैयक्तिक उपभोक्ता वस्तुओं के लिये 'बाजार' को बढ़ावा नहीं देता है बल्कि उच्च केन्द्रीयकृत व्यवस्था तथा संगठन पर आधारित होता है जो एकीकृत संप्रेषण, सूचना तथा वितरण नेटवर्क के लिये अत्यावश्यक होता है। परिणामतः विकेन्द्रीकरण की प्रवृत्ति स्वयं अभिव्यक्त होती है तथा यह व्यक्तियों की स्वायत्तता में निहित नहीं होता है बल्कि यह तो सामाजिक

जीवन में बढ़ता व्यवस्थीकरण है जो केन्द्रीयकृत प्रणाली द्वारा संचालित होता है (Webster and Robins : 1986) और इस तरह यह सर्विलांस, सुरक्षा और नियंत्रण के नवीन स्वरूप के विकास को प्रस्तुत व संलग्न करता है (Smart : 1992)।

अर्थतंत्र के सेवा क्षेत्र में, वृद्धि के साक्ष्य और प्राथमिक तथा द्वितीयक क्षेत्रों में गिरावट; व्यवसायिक संरचना तथा कार्यकुशलता में परिवर्तन और सूचना प्रौद्योगिकी का उत्पादन तथा उपभोग के क्षेत्रों में बढ़ता प्रयोग, उत्पादन के औद्योगिक पूंजीवादी साधन के अतिवादी पुनर्संरचना के एक स्पष्ट प्रतीक के रूप में, अभिव्यक्त व अनुमोदित किया गया है। यह अतिवादी रूप से, फोर्डवाद के जन उत्पादन से (जो केन्द्रीयकृत होता है) 'लोचनीय संचयन' के स्वरूप की ओर बदलाव है। व्याख्यात्मक रूप से; फोर्डवाद से विशिष्टीकरण तथा संचयन के लोचनीय स्वरूप का संक्रमण को संगठित पूंजीवाद के अंत के अभिलक्षित स्वरूप के रूप में उल्लखित किया जा सकता है (Lash and urry : 1987) या 'असंगठित पूंजीवाद' के प्रस्तुतिकरण के रूप में, अवलोकित किया जा सकता है (Offe : 1985)। इस तरह का आशय व अवधारणायें, स्थापित संगठित स्वरूप, संरचनायें, संबंधों व प्रथाओं के विखण्डन के संबंध में है। पुनर्संरचनाकरण तथा पुनर्गठन की एक प्रक्रिया घटित हो रही है जिसके तहत पूंजीवाद अधिक कठोर तथा मजबूत स्वरूप में आविर्भूत हो रहा है। इसका कारण छितराने की प्रक्रिया; भौगोलिक गतिशीलता, श्रम बाजार, श्रम प्रक्रियायें तथा उपभोक्ता बाजार का लोचनीय उत्तरदायित्व है (Harvey : 1989)। इस संदर्भ में, टेलीकम्यूनिकेशन में विकास तथा सूचना प्रौद्योगिकी का योगदान समालोचनात्मक होता है तथा यह तकनीकी आशयों को उपलब्ध कराता है जिसके द्वारा 'उत्पादक विकेन्द्रीकरण' अनुभूत किया जा सकता है (Webster and Robins : 1986: Harvey : 1989)। 'सूचना' तथा 'ज्ञान' अति महत्वपूर्ण चर होता है जो बड़े नियमों को विकेन्द्रित या वि-जनीकृत करता है और उत्पादन प्रणाली के संदर्भ में, प्रभावी प्रशासन तथा संगठनात्मक नियंत्रण को जारी रखता है। विकेन्द्रीकृत तथा लोचनीय उत्पादन व्यवस्था को सूचना प्रवाह की आवश्यकता होती है।

फोर्डवाद से लोचनीय संचयवाद के मध्य विद्यमान संक्रमण ने श्रम बाजार के अतिवादी पुनर्संरचनाकरण को प्रस्तुत किया है। संरचनात्मक बेरोजगारी में वृद्धि पैदा की है तथा सदस्यता के स्तर व ट्रेड यूनियनों की सहभागिता तथा

प्रभावशीलता को कमतर किया है। नवीन उत्पादन प्रणाली का प्रस्तुतिकरण और विकेन्द्रित सांगठनिक स्वरूप से पूर्ववर्ती समस्याओं का निदान हुआ है तथा नवीन सूक्ष्म इलेक्ट्रानिक प्रौद्योगिकी, लघु स्तर का उत्पादन, उपअनुबंध, आऊटसोर्सिंग, तुरंत प्रणाली उत्पादन हेतु प्रस्तुत हुई है। संप्रेषण तथा सूचना तथा वितरण प्रणाली में सुधार (जो साथ-साथ वैकिंग तथा वित्तीय सेवाओं से संबंधित है) सूक्ष्म इलेक्ट्रानिक प्रौद्योगिकी द्वारा जारी है। इसने विनिमय की प्रक्रिया के गतिवर्धन में योगदान दिया है। इसके अतिरिक्त सेवा क्षेत्र में रूपान्तरण उत्तर औद्योगिक समाज के अभिलक्षण के रूप में अनुमोदित होता है। यह उत्पादन के पूंजीवादी साधन के तहत 'पुनर्संरचना' की व्यापक प्रक्रिया के एक भाग का निर्माण करता है (Gershuny and miles : 1983)। विक्षुब्धता तथा संक्रमणशीलता जो वर्तमान वैयक्तिक तथा सामाजिक जीवन के बहुतेरे पक्षों का प्रमुख अभिलक्षण होता जा रहा है तथा जो पूंजीवाद के सांस्कृतिक स्वरूप व लोचनीय संचयन के गठन का एक कारक बन रहा है। हार्वे के आलोक में, इस तरह की दशाओं को उत्तर आधुनिक के रूप में संबोधित कर सकते हैं और आगे तेजी से बदलने वाली बाजार व्यवस्था व निगमों के प्रभावी संचालन हेतु तथा उपभोग प्रतिमानों के नियंत्रण हेतु नियामकों व नियंत्रकों की आवश्यकता होती है। यह सूचना तथा ज्ञान के माध्यम से किया जा सकता है। इस संदर्भ में 'सूचना प्रौद्योगिकी क्रांति' का व्यापक व महत्वपूर्ण प्रभाव स्थापित है क्योंकि नवीन सूक्ष्म इलेक्ट्रानिक और दूरसंचार प्रणाली के प्रस्तुतिकरण ने अप्रत्याशित तरीके से, इच्छाओं, उपभोग, अभिप्रेरणाओं तथा प्रोत्साहन को प्रेरित किया है। सूचना प्रौद्योगिकी का प्रस्तुतिकरण, सूचना तथा ज्ञान के वस्तुकरण के साथ संबंधित है तथा साथ ही यह केन्द्रीयकृत डाटा बैंक्स के संचयन से भी संबंधित है जो सूचनाओं को वैयक्तिक अभिलक्षण, क्रियाओं और स्वादों तथा इच्छाओं के अनुरूप नियंत्रित तथा धारित किये रहता है। सूचना तथा संप्रेषकीय प्रौद्योगिकी ने 'इलेक्ट्रानिक्स सर्विलांस' के विकास में योगदान दिया है। सूचना तथा संप्रेषकीय प्रौद्योगिकी की भविष्यमूलक सांकेतिक सफलता सामान्यतः वृद्धिगत ज्ञान और सूचना के बढ़ते परिदृश्य के रूप में प्रस्तुत है जो स्वतंत्रता, आत्मनिर्भरता तथा स्वायत्तता की व्यापक मात्रा को प्रस्तुत करता है। इसका विकास तथा प्रभावी ढंग से इस्तेमाल का यथार्थ (जो उत्पादन के सामाजिक संबंधों में व्याप्त होता है) वस्तुओं तथा सेवाओं के लिये नवीन बाजार प्रस्तुत करता है; नवीन उत्पादों का सृजन करता है तथा उपभोग के

परिवेश को विस्तारित करता है। वास्तव में, सूचना समुदाय (जो अपने स्वरूप में बेहतर है) की कुछ तकनीकी पूर्वदशाएँ हैं।

यह तर्क दिया जा सकता है कि सूचना क्षेत्र का विनियमीकरण व निजीकरण और सूचना तथा ज्ञान का सहयोगी वस्तुकरण के विपरीत प्रभाव भी है। सूचनायुक्त जनता के विकास को अभिप्रेरित व प्रोत्साहित करने वाली सूचना प्रौद्योगिकी की संभाव्यता, सूचना को वस्तु के रूप में प्रस्तुत करती है तथा साथ-ही-साथ सूचना के बढ़ते वैयक्तिक, बढ़ते एकाधिकार को प्रस्तुत करता है (Lyon: 1988)। इस तरह के बदलाव जहाँ सूचनायें सार्वजनिक क्षेत्र से वैयक्तिक स्तर पर उपलब्ध करायी जाती है तथा सूचना को वैयक्तिक वस्तु के रूप में प्रस्तुत किया जाता है, सूचना की सार्वजनिक तथा सामाजिक उपयोगिता को नष्ट करता है (Webster and Robins: 1986)। सूचना तथा संप्रेषण मीडिया का व्यवसायीकरण बहुत से वृद्धिगत विकासरत प्रक्रिया में स्पष्ट है। उदाहरण के लिये जनसेवा प्रसारण कार्यक्रमों के स्वरूपों का क्षय तथा दूरसंचार उद्योगों और सरकारी सूचना सेवाओं और कम्प्यूटर संचालन का निजीकरण, घरेलू कम्प्यूटरों का बढ़ता प्रयोगीकरण या बढ़ता बाजार; बहुविध स्तर के रिकार्डर यंत्र, वीडियो कैसेट, डी.वी.डी., सी.डी., केबल टेलीविजन का विस्तार व अब डाइरेक्ट टी.वी. सेटेलाइट (या डी.टी.एच.) व प्रसारण इत्यादि, सूचना और संप्रेषण के क्षेत्र में, इस तरह का विकास सार्वजनिक परिवेश व इसके संस्थाओं में व्यापक रूपान्तरण को प्रोत्साहित करता है और युगपतीय रूप से सूचना तथा ज्ञान की 'सार्वजनिक (जन) पहुँच' को कमतर करता है। इस संदर्भ में यह स्वीकार करना कठिन है कि उत्तर औद्योगिक समाज के उद्भव ने 'सूचना तथा ज्ञान' को सामूहिक वस्तु के रूप में प्रस्थापित किया है (जैसा कि बेल सुझाव प्रस्तुत करते हैं)। हालांकि वेबस्टर व राबिंस का अवलोकन है कि -

> "The free flow of Information for promoting greater communication, understanding and social harmony. But cursory examination of the new communications media will reveal that, under present conditions, their primary function is not to communicate but to sell. The Information Revolution is largely about promoting the image of capitalist enterprises and stimulating the consumption of its products." (Webster and Robins: 1986).

यह एक शक्तिशाली सर्विलांस नेटवर्क की स्थापना हेतु भी प्रभावशाली रूप से उत्तरदायी है (Roszak: 1986; Lyon: 1988; Robins and Webster: 1989; Smart: 1992)।

सूचना, सर्विलांस तथा संगठन की आवश्यकता

सूचना प्रौद्योगिकी का प्रभावी ढंग से बढ़ता इस्तेमाल तथा विशिष्ट रूप से अन्तःक्रियात्मक संप्रेषण प्रणाली के वृद्धिगत प्रयोग को सर्विलांस के आंतरिक तथा बाह्य संभावित क्षमता के संदर्भ में उद्भासित किया गया है और परिणामतः इसे वैयक्तिक गोपनीयता के क्षय के रूप में अवलोकित किया जाता है। इसने जनतांत्रिक प्रक्रिया में नागरिक सहभागिता के स्तर तथा स्वरूप में, वृद्धि से संबंधित प्रत्याशाओं को प्रस्तुत किया है लेकिन इसे केवल 'अयथार्थ' के रूप में अनुमोदित किया जा सकता है जहाँ विकास और इसका प्रभावी ढंग से इस्तेमाल सैन्य तथा उद्योग द्वारा संचालित व सातत्य है। इसका प्रमुख उद्देश्य संस्थात्मक, प्रशासनिक और प्रबंधकीय निर्देशन तथा नियंत्रण है और जहाँ ज्ञान तथा सूचना वृद्धिगत रूप से वस्तुकृत होती है (लेकिन निर्णयन में; सहभागिता के जनतांत्रिक स्वरूप के विस्तार हेतु 'यथार्थवादी प्रत्याशा' की पहचान कठिन है)।

सैन्य, राजनीति, औद्योगिक संस्थान और संगठन के स्तर पर सूचना और डाटा की आवश्यकता पूर्णतः प्रलेखित होता है (Weber: 1970; Foucault: 1979)। सूचना प्रौद्योगिकी का व्यापक महत्व यह है कि इसने सम्पूर्ण राजनीतिक संरचनाशास्त्र के विस्तार तथा गहनीकरण को स्वीकृति प्रदान की है जिसके द्वारा वैयक्तिक प्रवाह (आंदोलन) तथा (परा) प्रकार्य समय तथा स्थान से परे, आकलित, अभिलेखित और संचालित किया जा सकता है। सूचना प्रौद्योगिकी संबंधित क्रांति ने पंजीकरण फाइल तथा तथ्यों का व्यवस्थीकरण किया है। यह व्यक्तियों के सूक्ष्म व सावधानीपूर्वक अवलोकन द्वारा संचालित किया जा सकता है (Foucault : 1979)। व्यापक स्तर पर व्यवसायिक तथा राज्यस्तरीय एजेंसियाँ (जो व्यक्तियों के जीवन, संचालन तथा हितों के बहुत से पक्षों से संबंधित होती है) व्यक्तियों से संबंधित विवरण तथा सूचना को संग्रहित करती है। उदाहरण के लिये - क्रेडिट एजेंसियाँ; डाक व्यवस्था युक्त कंपनियाँ; बाजारीकरण तथा सार्वजनिक जनमत युक्त संगठन; टेलीफोन कम्पनियाँ, बैंक तथा सरकारी करारोपण वाली

कंपनियाँ, स्वास्थ्य, शिक्षा, सामाजिक सुरक्षा तथा कल्याण, कानून तथा व्यवस्था से संबंधित कंपनियाँ व एजेंसियों के पास वैयक्तिक लोगों से संबंधित बहुतेरी सूचनायें संकलित होती है और सूचना प्रौद्योगिकी के द्वारा संग्रहीत इस एकीकृत सूचनाओं को किसी भी विशिष्ट विषय के अध्ययन हेतु प्रयुक्त किया जा सकता है (Roszak: 1986; Webster and Robins: 1986; Lyon: 1988: 1993: 1994; Robins and Webster: 1989; Laabs: 1992; Gandy: 1989)।

औद्योगिक, व्यवसायिक और सरकारी संस्थाओं और एजेंसियों द्वारा व्यक्तियों के आचार-व्यवहार तथा अभिलक्षणों का बढ़ता प्रलेखीकरण (जो इलेक्ट्रानिक डाटा बैंक के रूप में संरक्षित है) ने बहुतेरी आलोचनाओं को प्रस्तुत किया है कि क्या इलेक्ट्रानिक्स सर्विलास आमने-सामने की समस्या को आविर्भूत करेगा? यह एक मूल्य विमुक्त प्रौद्योगिकी प्रक्रिया नहीं है बल्कि यह उपयोगितावादी दार्शनिकों का सामाजिक दर्शन है जो कि पूर्णतः कम्प्यूटर के रूप में अनुभूत है। हालांकि यह बेबर के 'तार्किकरण के लौह पिजड़े' से अलग है (Roszak : 1986; Foucault : 1979)। यह स्पष्ट है कि सूचना और टेलीकम्यूनिकेशन के विकास में, सैन्य (मिलिट्री) का अवदान और केन्द्रीयकृत निर्देशन तथा नियंत्रण क्षमता का प्रभावशाली ढंग से इस्तेमाल, कम्प्यूटर प्रणाली के विकास का एक प्रमुख कारक है। एकीकृत सूचना और दूर संचार टेली कम्यूनिकेशन कम्प्यूटर प्रणाली, इलेक्ट्रानिक सर्विलांस के अधिक व्यवस्थित, आंतरिक, वाह्यकारी और प्रकट स्वरूप को संचालन हेतु प्रस्तुत करता है। इसे 'सर्विलांस मशीन' और 'मशीन ए गाउवरनर' (Roszak : 1986), एक 'कारसेरल कम्प्यूटर' (Lyon : 1988) और एक 'इलेक्ट्रानिक पैनोपटीकान' (Robins and Webster : 1989)। इस तरह की व्याख्या का मूल आशय यह है कि इससे वैयक्तिक गोपनीयता, सरकारी एजेंसियों, कारपोरेशनों और सैन्य तथा सुरक्षा संस्थाओं द्वारा संचालित हुई हैं जो दैनिक रूप से सूचना एकत्रीकरण व संरक्षीकरण के रूप में संलग्न होता है। हालांकि अत्यावश्यक रूप से यह भी सुझावित किया गया है कि स्थापित प्राधिकरण द्वारा व्यक्तियों तथा समूहों के बारे में सूचना संग्रहित करने की व्यापकता, वैयक्तिक तथा सार्वजनिक के मध्य विद्यमान विभेद को समाप्त करती है (Poster : 1984)। कम्प्यूटर संचालित गृह आधारित सेवायें जैसे : बैंकिग, शापिंग, संप्रेषण और अन्य उपभोक्तावादी व श्रेष्ठजन क्रियायें, वह सूचनायें हैं जो वैयक्तिक वर्चस्व के

वाह्य तथा आंतरिक पक्षों के संदर्भ में, सर्विलांस उपकरण को घरेलू विषय के रूप में प्रस्तुत करती है और सार्वजनिक तथा वैयक्तिक भेद को समस्याकृत करता है। निसन्देह अन्तःक्रियात्मक संप्रेषण प्रणाली; वर्तमान में, सर्विलांस की संभाव्यता को अस्तित्वकारी बनाता है। सूचना प्रौद्योगिकी, डाटाबैंक और एजेंसियों व संगठनों के साथ-साथ 'गोपनीयता', 'उत्तरदायित्व' तथा 'पहुँच' तक को संरक्षित व नियंत्रित रखने वाले नियमों की कमी तथा पर्याप्त अभाव 'सर्विलांस प्रणाली' को अनियंत्रित रखता है।

सर्विलांस के लिये संभाव्यता क्षमता अनियंत्रित है लेकिन यह यथार्थ है कि यह अपने 'संपूर्णता' से दूर है। उत्तर औद्योगिक समाज के उद्भव के अभिलक्षणात्मक स्वरूप के रूप में, बेल द्वारा जिस प्रारूप को चिन्हित किया है तथा व्यापक रूप से जिसे फोर्डवाद से लोचनीय संचयन के रूप में जिस संबोध को सृजित किया गया है वह पूर्णतः सामाजिक नियंत्रण के भयानक अनुभवातीत परिदृश्य को सृजित नहीं करता है। निसन्देह प्रौद्योगिकी प्रगति तथा प्रौद्योगिकी वितरण का व्यापक स्तर जिसने सूचना और संप्रेषण तथा टेलीकम्यूनिकेशन प्रौद्योगिकी के प्रयोग और विकास को अनुमोदित किया है; जड़वतीकरण है। इस नवीन प्रौद्योगिकी ने नियंत्रण के कार्यक्रमों को अनुमोदित व स्वीकृति प्रदान की है जो बेन्थम द्वारा चिन्हित है। इलेक्ट्रानिक संपूर्णवाद नियंत्रित व अनियंत्रित प्रभावों के बावजूद खतरे और संकट शेषवत् है (Webster and Robins : 1986; Roszak : 1986; Lyotard : 1986; Lyon : 1988)। यह सत्य है कि समस्या 'सूचना' या टेलीकम्यूनिकेशन प्रौद्योगिकी की नहीं है बल्कि यह राजनीतिक, नैतिक और सांस्कृतिक है। प्रौद्योगिकी राजनीतिक रूपयुक्त है; इसे तत्कालिक राजनीतिक प्रभाव के रूप में अवलोकित किया जाना चाहिये जो 'लक्षित' भविष्य में प्रौद्योगिकी की शक्ति तथा नियंत्रण के विस्तार को प्रस्थापित करेगा (Noble : 1984)। इस संदर्श में प्रौद्योगिकी नवाचार तथा विकास और प्रारूप तथा प्रभावी ढंग से इस्तेमाल करने का स्वरूप या प्रतिमान और प्रभावों के पीछे निहित संस्थाओं और तार्किकताओं (दोनों) का समालोचनात्मक परीक्षण अत्यावश्यक हो जाता है। स्वायत्तता, अपरिहार्यता और प्रगति के रूप में; प्रौद्योगिकी विकास के सांस्कृतिक जड़वाद के चुनौती के द्वारा यह वर्तमान को योग्य (पुनःयोग्य) बनाता है। यह वर्तमान के सामाजिक, राजनीतिक, आर्थिक तथा सांस्कृतिक लक्ष्य का भविष्य में पुर्नसृजन है।

सामाजिक, आर्थिक और राजनीतिक जीवन के वैकल्पिक स्वरूप से संबंधित प्रश्न समस्या के साथ कुछ अरूचिकर परिणामों से सम्बद्ध होता है। यह अवलोकन कि :

"To mount an effective challenge to pre-vailing forms of life it is necessary to imagine feasible alternatives which go beyond the mere attainment of a more efficient, technocratic management of the present order of things. But it is simultaneously necessary to refrain from an idealised designation of an alternative form of life." (Habermas: 1986).

एक वैकल्पिक व्यवस्था का गठन, जनतांत्रिक सामाजिक और राजनीतिक शक्तियों की इच्छा के अस्तित्व परिवर्तन के अतिवादी स्वरूप का पीछा करने तथा रणनीति का अभिव्यक्तिकरण व लागूकरण करने की योग्यता पर आधारित होता है तथा जो भविष्य की संभावनाओं के स्तर हेतु निर्धारित संरचनात्मक सीमाओं के अस्तित्व को संज्ञायित करता है। यद्यपि इसका कोई अर्थ नहीं है कि वे परिवर्तन जो वर्तमान में जारी रहता है; अभिव्यक्त और जारी रहना चाहिये। इस संदर्श में यह वर्तमान दशाओं के आलोचनात्मक स्वरूप से सम्बन्धित विचारों के परिकल्पनीय स्वरूप का पुनःप्राप्तिकरण व पुनर्गठन है (Heller and Feher : 1988; Giddens : 1990; Smart : 1992)।

मौलिक निष्कर्ष

परिवर्तन जो अस्त्विकारी संरचना, व्यवहार व सैद्धान्तिकी के बदलाव का स्पष्टीकरण है, अपने परिलक्षित स्वरूप में, व्यक्तिगत, स्थानिक, राष्ट्रीय, वैश्विक व सार्वभौमिक है अर्थात् यह मूल केन्द्रक से सर्वोच्च स्तर तक के तथा स्थानीय स्तर से सार्वभौमिक स्तर तक बदलाव है। यह सभी क्षेत्रों में अभिलक्षित होता है, लेकिन परिवर्तन पर विवाद व संवाद आविर्भूत करने का श्रेय, सामाजिक संगठन के परिप्रेक्ष्य में पश्चिमी-यूरोपीय विद्वानों को है जिनके विचार असहमति, विरोध व सहमति के मंच के रूप में प्रकट है। वर्तमान समय में सामाजिक संगठन व सामाजिक परिवर्तन के संदर्भ में, सामाजिक विश्लेषकों का आकलन है कि आधुनिकता द्वंद्व, तीव्र टकराव व एक अपूर्ण परियोजना का प्रदर्शन है। तथापि

यह परिवर्तित नवीन अनुमोदनों व भविष्यमूलक प्रस्तावों को भी अभिव्यक्त करता है जो उत्तर आधुनिक, उत्तर औद्योगिक के रूप में अभिलक्षित है। परिवर्तन पर, आधुनिकता के संदर्भ में, संवाद आविर्भूत करने का श्रेय, समाजशास्त्रीय खोज हेतु औद्योगिक व फ्रांसीसी क्रांति को जाता है जबकि उत्तर औद्योगिक/उत्तर आधुनिक को, आधुनिकता के अस्पष्ट, संदिग्ध, अपूर्ण व नवीन अद्भूत वैश्विक-स्थानिक संगठन हेतु अप्रासंगिक, अनुपर्युक्त व तीव्र असहमति के संदर्भ में, अवलोकित कर सकते हैं तथा जहाँ उत्तर औद्योगिक/उत्तर आधुनिक समाज व्यवस्था व संगठन के रूप में अवलोकिन परिवर्तन को साकारात्मक, संतुलित व स्थायित्व के रूप में अभिविहित किया जाता है। ऐसा आकलन है कि - आधुनिकता से संबंधित वस्तुनिष्ठता, स्वायत्तता, सृजनात्मकता, लोकतंत्र या तकनीकी तार्किकता नवीन परिवर्तन क्रम में विध्वंस की ओर अग्रसर है। समाज व्यवस्था व संगठनों के इस परिवर्तन को उद्विकासीय, विकासीय व प्रगति तथा वृद्धि की प्रक्रियाओं द्वारा विवेचित किया गया है। हालांकि विवेचना क्रम में उत्तर औद्योगिक/उत्तर आधुनिक समाज व्यवस्था का संगठन उचित, प्रत्याशित, समयानुकूल लेकिन अपरिपक्वता के रूप में अवलोकित होता है। इस परिवर्तन के क्रम को भविष्यशास्त्री टालर तीन प्रवाहों (कृषिमूलक प्रवाह, औद्योगिक प्रवाह, सर्वोच्च औद्योगिक मूलक प्रवाह) के रूप में व्याख्यायित करता है। जहाँ चौथा प्रवाहक्रम मेरे आकलन में 'नेटवर्किंग प्रवाह' हो सकता है। यह नेटवर्किंग प्रवाह (जो इंटरनेट, कम्प्यूटर व अन्य सूचना तथा मीडिया (नवीन) उपकरणों द्वारा प्रवाहित है) भविष्य के नेटवर्किंग समाज, नेटवर्किंग विश्व, नेटवर्किंग प्रणाली, नेटवर्किंग समुदाय, नेटवर्किंग संस्कृति, नेटवर्किंग राजनीति, नेटवर्किंग वैश्विक अर्थतंत्र व प्रतिवाद, प्रतिशोध तथा देशज-स्थानीय सामाजिक-सांस्कृतिक संरक्षण का प्रस्तोता होता है।

डेनियल बेल जिसे उत्तर औद्योगिक समाज के रूप में व्याख्यायित करते हैं (अर्थात् यह परिवर्तन का अतिवादी रूप, तृतीयक - चतुर्थक सेवाओं का प्रकटीकरण, सम्पूर्ण परिवर्तन का प्रतीक न होकर एक भाग के रूप में परिवर्तन तथा सैद्धान्तिक ज्ञान की बढ़ती केन्द्रीयता का प्रतीक) है, उसे ही टालर तृतीय प्रवाह अर्थात् सर्वोच्च औद्योगिक समाज (विविधीकरण, उप-व्यवस्थायुक्त, तदर्थ शाही प्रवृत्ति की प्रासंगिकता व भौतिक स्थापन्न के रूप में, सूचना की उपयोगिता जो कभी-कभी

सूचना अतिभार के रूप में प्रकट है) कहते हैं। उत्तर औद्योगिक समाज (सर्वोच्च औद्योगिक समाज) पूर्ववर्ती समस्याओं के निस्तारण का एक प्रयास है, जहाँ कम्प्यूटर व प्रौद्योगिकी संचालित सेवाएँ सतत् व्याप्त होती जाती हैं। उत्तर औद्योगिक समाज की केन्द्रीय धुरी के रूप में, ज्ञान व सूचना से संबंधित, सूचना प्रौद्यौगिकी से संबंधित क्रांति का व्यापक महत्व होता है। सूचना क्रांति, ज्ञान से संबंधित केन्द्रीयकरण, उत्तर औद्योगिक समाज को सूचना समाज, सूचना युग, तथा तृतीयक-चतुर्थक सेवाओं का वृद्धिगत महत्व, सेवा युग व ज्ञान से बढ़ती केन्द्रीयता 'ज्ञान समाज' व 'ज्ञान युग' के निर्माण को प्रोन्नत करता है। यह एक तरह से मार्क्स के कार्यों का संशोधित पुनर्प्रदर्शन है जहाँ विकेन्द्रीकरण, विस्थापन, विज्ञान व प्रौद्योगिकी की उच्चता उत्तर औद्योगिक समाज का केन्द्रीय मुद्दा बनता है। उत्तर औद्योगिक समाज पूर्णतः पश्चिमी व यूरोपीय उन्मुखन परियोजना है जिसके आधार स्तंभ के रूप सूचना व संप्रेषण प्रौद्योगिकी तथा कम्प्यूटर को तद्‌जनित स्रोत के रूप में, मेरे आकलन के अनुसार प्रस्तुत किया जा सकता है। यह यथार्थ है कि - कम्प्यूटर व सूचना क्रांति का विचार, जीवन के उत्तर औद्योगिक स्वरूप के संभावित उद्‌भव से संबंधित विवादों व विचार का, समकालीन प्रकटीकरण है। यह दैनिक जीवन में, व्याप्त गत्यात्मकता तथा व्यक्तियों के संबंधों, भौतिक वस्तुओं, स्थानों, संस्थाओं, विचारों व सूचना में वृद्धिगत अनुभवों का प्रतिपादन है। यह लोगों के मध्य जुड़ाव का विश्लेषण ही नहीं, बल्कि सूचना व सैद्धान्तिक ज्ञान से संबंधित सेवाओं का अनवरत् बढ़ाव व प्राथमिक-द्वितीयक स्रोतों के घटाव का द्योतक है। यह नष्ट प्रत्याशओं व विमुखताओं तथा नवीन कम्प्यूटर व सूचना अभिप्रेरित प्रत्याशाओं, आकांक्षाओं व अभिवृत्तियों का संचालन है। यह पूर्णतः अर्थतंत्र, प्रौद्योगिकी, व्यवसायिक व्यवस्था व विज्ञान तथा प्रौद्योगिकी के अवदानों से युक्त है तथा जो 'ज्ञान व सूचना' के चारों ओर संगठित तथा इसी के द्वारा संचालित है। इसके प्रमुख अभिलक्षणों में विकेन्द्रीकरण, सर्वोच्च यथार्थता, बहुल सम्मिश्रण व व्यक्तियों के मध्य खेल तथा कूटनीतिक रणनीति है। ऐसा आकलन है कि विश्व की नवीन सामाजार्थिक व्यवस्था, संगठन व संस्कृति के रूप में परिकलित उत्तर औद्योगिक समाज-उद्योग, औद्योगिक संगठन, अकादमिक विश्व, व विश्वविद्यालय तथा उत्तर/उच्चतर शोध संस्थान, कारपोरेट जगत् तथा शोध व विकास संस्थान व सैन्य तंत्र के लक्ष्योन्मुख परिणाम हैं। कम्प्यूटर व अन्य सूचना मशीनवाद के उद्‌भव को, सैन्यतंत्र के सर्वोच्च लक्ष्य के रूप में

अवलोकित कर सकते हैं जो तकनीकी संभाव्यता, सूचना व रणनीतिक प्रक्रिया पर वैश्विक नियंत्रण तथा बौद्धिक संश्लेषण पर आधारित है तथा सूचना तंत्र व सैन्य तंत्र के खोजों, नवाचारों व प्रसार का परिणाम उत्तर औद्योगिक समाज है। यह (उत्तर औद्योगिक समाज) सैन्यतंत्र के प्रारम्भिक लक्ष्यों का सामाजिक उत्साह है जो सैन्य, सरकार, व्यवसाय व उद्योगों के नवीन समामेलन पर आधारित है या प्रचारित/प्रसारित/प्रयुक्त है। उत्तर औद्योगिक समाज संस्थात्मक हितों के गठबंधन के उत्पाद व सूचना तथा सैद्धान्तिकरण के रूप में अभिलक्षित है।

कम्प्यूटर व सूचना क्रांति तथा उत्तर औद्योगिक समाज, अर्थतंत्र के लोचनीय संचयन को निर्मित करता है (सूचना का वस्तुकरण तथा व्यवसायीकरण लोचनीयता को प्रदर्शित करता है) यह लोचनीय संचयन, अर्थतंत्र की कार्यकुशलता तथा उसकी संरचना व उसकी अतिशय ग्राहकीकरण को प्रोन्नत करता है। यह पूँजीवाद के स्थापित जटिलता का समापन तथा शक्तिशाली व कठोर रूप से वैश्विक पूँजीवाद का निर्माण व नवीन उपभोक्तावाद का प्रसार है। इससे सूक्ष्म इलेक्ट्रानिक व सूचना उपकरणों का अतिशय निर्माण हुआ है। वही तुरंत प्रणाली, सूचना डायसपोरा, सूचना कूलियों व सूचना आऊटसोंसिंग की प्रक्रिया निर्मित हुई है। यह साथ ही साथ संरचनात्मक बेरोजगारी व संरचनात्मक तनावों का भी जन्मदाता है।

सूचना व कम्प्यूटर से संबंधित नवीन समाज का अभिलक्षणात्मक स्वरूप व प्रवृत्ति, सूचना नियंत्रण तथा नियमन को भी प्रस्तुत करता है। 'सर्विलांस समाज' इसका उदाहरण है। सर्विलांस समाज के पीछे निहितार्थ राजनीतिक स्वार्थ व नियंत्रण/ निर्देशन के माध्यम से, शक्ति का निर्माण है तथा जो आधुनिक सूचना उपकरणों द्वारा सम्पन्न होता है। यह सार्वजनिक जीवन का निजीकरण है तथा मानवीय जीवन से संबंधित गोपनीयता का/पर नियंत्रण है। दूसरी तरफ इलेक्ट्रानिक सर्विलांस समाज वैयक्तिक गोपनीयताओं का नष्टीकरण भी है जो इलेक्ट्रानिक डाटा बैंक के रूप में संरक्षित व नियंत्रित किये रहता है। यह इलेक्ट्रानिक संकेतीकरण व प्रलेखीकरण है। विश्लेषक इसे गोपनीयता, उत्तरदायित्व व पहुँच के रूप में आकलित करते हैं। यह कहा जा सकता है कि परिवर्तन (जो सामाजिक व्यवस्था, संरचना, राजनीति व संस्कृति व अर्थतंत्र हेतु सार्वभौमिक व अत्यावश्यक है) तृतीय प्रवाह के रूप में, 'सूचना क्रांति व कम्प्यूटर' आधारित सेवाओं व

लोचनीय संचयवाद का प्रतीक है; यह पुरातन सांगठनिक जटिलता के अंत तथा विकेन्द्रित, विनियमित व असंगठित स्वरूप का प्रस्तोता है। सूचना व इलेक्ट्रानिक उपकरणों से सर्विलांस समाज की अभिधारणा अधित बलवती हुई है क्योंकि यह पारिवारिक व सामाजिक सूचना समंकों, तथ्यों को नियंत्रित व सामुदायिक वातावरण हेतु प्रसारित या अवरूद्ध करता है। यह अतिशय राजनीति प्रेरित व शक्ति का आधार होता है लेकिन यह दूसरी समस्याओं व आसन्न संकटों को यथा - मूल व्यक्तित्व का क्षरण; गोपनीयता का अंत, वैयक्तिक-सार्वजनिक सूचनाओं का वर्चुअल प्रकटीकरण है। सर्विलांस समाज के संदर्भ में, यह एक समालोचनात्मक आकलन है कि - इससे 'निजी विश्व व सार्वजनिक विश्व' के मध्य विभेद समाप्त हुआ है व वास्तविकता तथा गोपनीयता का इलेक्ट्रानिक नियंत्रणीकरण व इलेक्ट्रानिक निर्देशनीकरण हुआ है। साथ ही 'इलेक्ट्रानिक/सर्विलांस समाज' का सूचनाओं पर नियंत्रण व उसका सार्वजनिक प्रदर्शन सामाजिक, राजनीतिक, आर्थिक व सांस्कृतिक विकास के लिये नवीन मार्ग भी प्रस्तुत करता है। क्योंकि सूचना पर नियंत्रण/ निर्देशन/ प्रदर्शन का आकलन ही विकास नीतियों, शोध-क्षेत्रों व आधारगत पुनर्निर्माण हेतु सचेत करता है व उसी के अनुरूप भविष्य की परिकल्पना निर्मित/पुनर्निर्मित होती है तथा विकास कार्यक्रम, उत्पाद, सेवायें, सुविधायें, प्रयोग में लाये जाते हैं व सर्वत्र लागू या बंद किया जाता है।

REFERENCES

Badham, R. (1986): Theories of Industrial Society, London, Croom Helm.

Bahro, R. (1984): From Red to Green, London, Verso.

Bauman, Z. (1988a): 'Is there a Postmodern Socilogy?', Theory, Culture and Society, Vol. 5, Nos. 2-3.

Bauman, Z. (1988b): 'Sociology and Postmodernity', The Sociological Review, Vol. 36, No. 4.

Bell, D. (1973): The coming of Post-Industrial Society: A Venture in Social Forecasting, New York, Basic Books.

Bell, D. (1976): The Cultural Contradictions of Capitalism, New York, Basic Books.

Bell, D. (1979): 'The Social Framework of the Information Society' In M.L. Dertouzos and J. Moses (eds.) The Computer Age: A Twenty Year View, London, MIT Press.

Bell, D. (1980): Sociological Journey: Essays 1960-1980, London, Heinemann.

Bierstedt, R. (1979): 'Sociological Thought in the Eighteenth Century', In T. Bottomore and R. Nisbet (eds.) A History of Sociological Analysis, London, Heinemann.

Bock, K. (1979): 'Theories of Progress, Development Evolution' In T. Bottomore and R. Nisbet (eds.) A History of Sociological Analysis, London, Heinemann.

Durkheim, E. (1984): The Division of Labour in Society, London, Macmillan.

Eco, U. (1987): Travels in Hyperreality, London, Picador.

Fletcher, R. (1974): The Crisis of Industrial Civilization: The Early Essays of August Comte (ed.), London, Macmillan.

Foucault, M. (1979): Discipline and Punish: The Birth of the Prison, London, Allen Lane.

Gandy, O.H. (1989): The Surveillance Society: Information Technology and Bureaucratic Soc ial Control, Journal of Communication, 39 (3), 61-76.

Gershuny, J. I. and Miles, I. (1983): The New Service Economy: The Transformation of Employment in Industrial Societies, London, Frances Pinter.

Giddens, A. (1984): The Constitution of Society, Cambridge, Polity Press.

Giddens, A. (1987): Social Theory and Modern Sociology, Cambridge, Polity Press.

Giddens, A. (1990): The Consequences of Modernity, Cambridge, Polity Press.

Gorz, A. (1982): Farewell to the Working Class: An Essay on Post-Industrial Socialism, London, Pluto Press.

Gorz, A. (1985): Paths to Paradise: On the Liberation from Work, London, Pluto Press.

Habermas, J. (1986): Autonomy and Solidarity Interviews (ed.), P. Dews, London, Verso.

Harvey, D. (1989): The Condition of Post-modernity, Oxford, Blackwell.

Heilbroner, R.L. (1961): The Future as History, New York, Grove Press.

Heilbroner, R.L. (1976): Business Civilization in Decline, London, Marion Boyars.

Heller, A. and Feher, F. (1988): The Postmodern Political Condition, Cambridge, Polity Press.

Illich, I. (1985): Tools for Conviviality, London, Marion Boyars.

Innis, H.A. (1950): Empire and Communication, Ldonon, Oxford University Press.

Kumar, K. (1978): Prophecy and Progress: The Sociology of Industrial and Post-Industrial Society, Harmondswarth, Penguin.

Kumar, K. (1987): Utopia and Anti-Utopia in Modern Times, Oxford, Blackwell.

Kumar, K. (1988): The Rise of Modern Society: Aspects of the Social and Political Development of the West, Oxford, Blackwell.

Laabs, J.J. (1992): Surveillance: Tool or Trap?, Personal Journal, June, 72, 96-104.

Lash, S. and Urry, J. (1987): The End of Organised Capitalism, Cambridge, Polity Press.

Lyon, D. (1988): The Information Society: Issues and Illusions, Cambridge, Polity Press.

Lyon, D. (1993): An Electronic Panopticon? A Sociological Critique of Surveillance Theory, Sociological Review 41(4), 653-678.

Lyon, D. (1994): The Electronic Eye: The Rise of Surveillance Society, Minneapolis, University of Minnesota Press.

Lyotard, J.F. (1986): The Postmodern Condition: a Report on Knowledge, Manchester, Manchester University Press.

Marx, K. (1973a): Grundrisse, Harmondsworth, Penguin.

Marx, K. and Engels, F. (1976): The German Ideology, Collected Works, Vol. 5, London, Lawrence and Wishart.

Marx, K. and Engles, F. (1968): The Communist Manifesto, Harmondsworth, Penguin.

Nisbet, R. (1980): A History of the Idea of Progress, New York, Basic Books.

Noble, D. (1983): 'Present Tense Technology', Democracy, Vol. 3, Nos. 2-4.

Noble, D. (1984): Forces of Production: A Social History of Industrial Automation, New York, A. Knopf.

Offe, C. (1985): Disorganised Capitalism, Cambridge, Polity Press.

Parsons, T. (1951): The Social System, New York, Free Press.

Parsons, T. (1977): The Evolution of Societies, Englewood Cliffs, Prentic Hall.

Penty, A. (1917): Old Worlds for New: A Study of the Post-Industrial State, London, Allen and Unwin.

Penty, A. (1922): Post-Industrialism, London, Allen and Unwin.

Riesman, D. (1958): Mass Leisure, Illinois, Glencoe.

Robertson, R. and Lechner, F. (1985): 'Modernisation, Globalization and the Problem of culture in World-System Theory', Theory, Culture and Society, Vol. 2, No. 3.

Robins, K. and Webster, F. (1989): The Technical Fix: Education, Computers and Industry, London, Chatham House Publishers.

Rocher, G. (1974): Talcott Parsons and American Sociology, London, Nelson.

Roszak, T. (1972): Where the Wasteland Ends: Politics and Transcendence in Post-Industrial Society, New York, Doubleday.

Smart, B. (1990): 'On the Disorder of Things: Sociology, Post-modernity and the "End of Social", Sociology, Vol. 24, No. 3.

Smart, B. (1992): Modern Conditions, Postmodern Controversies, London, Routledge.

Smith, D. (1973): The Concept of Social Change: A Critique of the Functionalist Theory of Social Change, London, Routledge.

Toffler, A. (1971): Future Shock, London, Pan Books.

Toffler, A. (1983): The Third Wave, London, Pan Books.

Toffler, A. (1984): Previews and Premises: An Interview, London , Pan Books.

Touraine, A. (1989): 'Is Sociology Still the Study of Society', Thesis Eleven, No. 23.

Weber, M. (1970): From Max Weber: Essay in Sociology, (eds.) H.H. Gerth and C. Wright Mills, London, routledge and Kegan Paul.

Webster, F. (1986): 'The Politics of New Technology' In R. Miliband et.al. (eds.): The Socialist Register 1985/86, London, The Mertin Press.

Webster, F. and Robins, K. (1986): Information Technology: A Luddite Analysis, New Jersey, Ablex.

Weizenbaum, J. (1979): 'Once More: The Computer Revolution', In M.L. Dertouzos and J. Moses (eds.), The Computer Age: A Twenty Year View, London, MIT Press.

Weizenbaum, J. (1984): Computer Power and Human Reason, Harmondsworth, Penguin.

Williams, R. (1974): Television, Technology and Cultural Form, London, Fontana.

[illegible], A. (19[illegible]) [illegible]. London: [illegible] and Unwin.

[illegible] (19[illegible]) [illegible].

[illegible] and [illegible] (19[illegible]) [illegible] Theory, [illegible]

Robins, K. and Webster, F. (1989) The Technical Fix: Education, Computers and Industry. London: Macmillan [illegible]

[illegible] (19[illegible]) [illegible]

Roszak, T. (1972) Where the Wasteland Ends: Politics and Transcendence in Postindustrial Society. New York: Doubleday.

Smart, B. (1990) 'On the Disorder of Things: Sociology, Postmodernity and the "End of the Social"', Sociology, Vol. 24, No. 3.

Smart, B. (1992) Modern Conditions, Postmodern Controversies. London: Routledge.

[illegible] (199[illegible]) [illegible] Social Change. London: Routledge.

Toffler, A. (1970) Future Shock. London: Pan Books.

Toffler, A. (1980) The Third Wave. London: Pan Books.

[illegible] (198[illegible]) [illegible]: An Introduction. London: [illegible] Books.

Touraine, A. (1989) 'Is Sociology Still the Study of Society?', Thesis Eleven, No. 23.

Weber, M. (1970) From Max Weber: Essays in Sociology, eds H.H. Gerth and C. Wright Mills. London: Routledge and Kegan Paul.

Williams, R. (1985) 'The Politics of [illegible] Technology', in R. Miliband et al. (eds) The Socialist Register 1985/86. London: The Merlin Press.

Webster, F. and Robins, K. (1986) Information Technology: A Luddite Analysis. New Jersey: Ablex.

Weizenbaum, J. (1979) 'Once More: The Computer Revolution', in M.L. Dertouzos and J. Moses (eds) The Computer Age: A Twenty Year View. London: MIT Press.

Weizenbaum, J. (1984) Computer Power and Human Reason. Harmondsworth: Penguin.

Williams, R. (1974) Television: Technology and Cultural Form. London: Fontana.

अध्याय–4

मीडिया साम्राज्यवाद एवं सूचना समाज

1. मीडिया साम्राज्यवाद-सांस्कृतिक साम्राज्यवाद का विश्लेषण

मीडिया साम्राज्यवाद का सांस्कृतिक साम्राज्यवाद के साथ गहन अन्तर्संबंधन है। मीडिया साम्राज्यवाद को सांस्कृतिक साम्राज्यवाद के साथ अभिव्यक्तिकरण के लिये चार तरीकों (संभवतः पाँच) को प्रस्तुत किया जा सकता है (Tomilson : 1991) - (1) साम्राज्य के साथ संबंधित वर्चस्व के रूप में (2) अमेरिकन संप्रेषण वर्चस्व के द्वारा स्थानीय उत्पादों की मीडिया के भरमार के रूप में (3) स्थानीय व राष्ट्रीय संस्कृति के स्वायत्तशासी स्वरूपों के बाध्यकारी दबाव के रूप में (4) वैश्विक पूंजीवाद की राजनीतिक और आर्थिक वर्चस्व के समालोचना के रूप में (5) वैश्विक आधुनिकता की आलोचना के रूप में (मास कम्यूनिकेशन, राष्ट्र-राज्य, उपभोक्तावाद, कारण व उपकरणात्मक स्वरूप) साम्राज्यवाद का अध्ययन एक दूरस्थ क्षेत्र पर एक वर्चस्वकारी मेट्रोपोलेटियन केन्द्र की शासन की अभिवृत्ति, सिद्धान्त तथा प्रथागत स्वरूप का प्रदर्शन है (Said : 1993)। इसके अतिरिक्त साम्राज्यवाद का संबंध हमेशा उस साम्राज्य से होता है जहाँ एक राज्य शक्ति व सहमति को दूसरे के संदर्भ में प्रयुक्त करता है। वर्तमान समय में वर्तमान परिवेश वे नियंत्रण के प्रत्यक्ष साधन समाप्तप्रायः है लेकिन साम्राज्यवाद की प्रवृत्ति धीरे-धीरे कार्यगत है। साम्राज्य के प्रति आसक्ति भावना, सांस्कृतिक सर्वोच्चता तथा वर्चस्व की विचारधारा, सजातीयता के प्रक्षेपण की भावना व अन्य संस्कृतियों के प्रति हिंसात्मक अभिव्यक्ति, इन सभी तत्वों को साम्राज्यवाद के तहत सम्मिलित किया जा सकता है। ये भावनायें वैश्विक अन्तःवैषयिक आयाम के तहत समझी जाती है लेकिन इसे सरल रूप में देशभक्ति के रूप में प्रस्तुत किया जाता है। साम्राज्य की तरह 'संस्कृति' को भी अभिव्यक्त किया जा सकता। पश्चिमी

समाज 'संस्कृति' की चर्चा मानवता के आदर्शात्मक विकास, विशिष्ट राष्ट्रों और उनके सामाजिक समूहों के विशिष्ट जीवन परिवेश और अंततोगत्वा बौद्धिक व कलाकारों के विशिष्टीकृत क्रियाओं के संदर्भ में करते हैं (William : 1976)। संस्कृति का अध्ययन वर्चस्वकारी सामाजिक संबंधों तथा संस्थाओं के संदर्भ में करना चाहिये जो इनके वितरण तथा सामाजिक विनिमयों के आकार व निर्धारण हेतु करता है (Stevenson : 1999)। सांस्कृतिक अध्ययन भी विश्लेषण के राजनीतिक, सांस्कृतिक और आर्थिक स्तर की विशिष्टता के रूप में अवलोकित किया जाना चाहिये जो उनके मध्य विद्यमान संबंधों के रहस्य को खोजता है। यह सांस्कृतिक अध्ययन का पुनः परिभाषित स्वरूप है जिसके तहत सांस्कृतिक साम्राज्यवाद के माध्यम से ही मेट्रोपोलेटियन वर्चस्व जारी रहता है तथा जो आर्थिक तथा राजनीतिक प्रथाओं द्वारा सतत रहता है। निर्भरता के नवमार्क्सवादी सिद्धान्त के अनुसार प्रत्यक्ष नियंत्रण के पुराने स्वरूपों की असफलता जो साम्राज्यवाद द्वारा उकसाया जाता था, अन्य स्वरूपों के कारण बदलावित हो गया है जिसके तहत 'मीडिया साम्राज्यवाद' एक छोटा भाग है। यूरोपियन उपनिवेशवाद, पूर्व उपनिवेशित अफ्रीका, लैटिन अमेरिका व एशिया में व्यापक स्तर पर 'मौखिक संस्कृति स्वरूप विद्यमान था। लेकिन आधुनिक मीडिया के रूप में, 'प्रेस' का तृतीय विश्व में प्रवेशीकरण, उपनिवेशवाद की एक नवीन भाषा थी। इसने सांस्कृतिक शक्ति के स्रोत का कार्य किया जिसके कारण उपनिवेशकारियों की भाषा व सांस्कृतिक प्रथा वैधताकृत हुई। पुराने साम्राज्यों की भाषा व स्टाइल राष्ट्रीय संचालित वर्गों की (जिसके तहत सूचनात्मक उपकरण व मीडिया संगठन था) भाषा बन गई। मीडिया स्वरूपों का अन्यायकारी वैश्विक व्यवस्था के साथ संबंध स्थापित हो गया। मीडिया के प्रत्यक्ष शासन की कमी के बाद राजनीतिक हस्तक्षेपों को प्रश्रय दिया जाने लगा उस सामाजिक अभिवृत्ति को संपोषित करने के लिये जो प्रत्यक्षतः पूंजीवादी अभिमुखन तथा प्रथाओं का आधार था। यह परिकल्पित किया गया कि वैश्विक 'अर्थतंत्र' के संदर्भ में मास कम्यूनिकेशन तृतीय विश्व के एकीकरण में एक महत्वपूर्ण भूमिका प्रस्तोता होगा। मीडिया संस्कृति परंपरामूलक प्रथाओं और विश्वासों को परावर्तित करेगा जो गैर विकास का नेतृत्व करता है। लेकिन महत्वपूर्ण अंतराल को निर्भरता के सिद्धान्तकारों द्वारा प्रस्तुत किया गया जो असमान 'संपन्न' व 'निर्धन' राष्ट्रों के संरचनात्मक संबंधों का विश्लेषण था। सिद्धान्तकार 'वालेरस्टीन' अभिव्यक्त करते हैं कि : पूंजीवादी विश्व व्यवस्था

राज्यों के तीन स्वरूपों में विभाजित थी। प्रथम 'कोर' द्वितीय 'सेमी पेरीफेरी' तृतीय 'दी पेरीफेरी' (Wallerstein : 1974) राजनीतिक, आर्थिक व सांस्कृतिक शक्ति के असमान वितरण द्वारा 'कोर स्टेट्स' विश्व व्यवस्था के कार्य संचालन को अपने हितों पर संचालित करता था। यह 'परिकल्पित' किया गया कि मीडिया और सांस्कृतिक साम्राज्यवाद वैचारिक मशीनवाद हेतु प्रस्तावित था जिसके द्वारा निर्भरता के संबंध तीव्र व प्रथागत होते थे। विकासमूलक परिप्रेक्ष्य से निर्भरतामूलक सिद्धान्त की ओर बदलाव, इस मान्यता को प्रति उत्तरित करता था कि सीमा क्षेत्रीय राष्ट्र-राज्य शक्तिशाली प्रतिरूप के साथ वैश्विक समानता को हासिल कर लेते हैं। इस संदर्भ में निर्भरता सिद्धान्त का यह निवेदन था कि यह विकासमूलकवाद के यूरो सेन्ट्रिक अनुत्पादकता को प्रति उत्तरित करने योग्य था। यूरोसेन्ट्रिक विचारधारा के आधारक दो मान्यताओं को प्रेषित करते हैं (Amin : 1989)। आंतरिक कारक राष्ट्रीय समाज के विकास को निर्धारित करता है और पूंजीवाद का पश्चिमी प्रारूप संपूर्ण पृथ्वी के समाविष्टीकरण के लिये सामान्यीकृत है। निर्भरता सिद्धान्त एक महत्वपूर्ण हस्तक्षेप प्रस्तुत करता है (जो यह उस मार्ग को प्रस्तुत करने का प्रयास करता है) कि वैश्विक, आर्थिक, राजनीतिक और सांस्कृतिक अन्तर्संबंधन वर्चस्व के संबंधों को ताकत प्रदान करता है। मीडिया साम्राज्यवाद के संदर्भ में फेजेस व्याख्यायित करते हैं कि मीडिया साम्राज्यवाद को व्यापक व सामान्य अर्थों में, उस प्रक्रिया को अभिवर्णित करने के लिये किया जा सकता है जिसके द्वारा आधुनिक कम्यूनिकेशन मीडिया ने वर्चस्व व एक विश्व स्तर पर निर्भरता के विस्तारित व्यवस्था, रख-रखाव तथा सृजन के संचालन को प्रस्तुत किया है (Fejes : 1981)। नवमार्क्सवाद के सैद्धान्तिकीय हस्तक्षेप के संदर्भ में 'वर्चस्व' व 'निर्भरता' के संबोधों को अवलोकित किया जा सकता है जो वैश्विक तथा समालोचनात्मक स्तर पर चिंतन करते हैं। इसके अन्तर्गत प्रमुख मुद्दा वर्चस्व के सांस्कृतिक व वैचारिक साधन के संदर्भ में, शक्ति व शोषण के आर्थिक स्वरूप की वास्तविक व्याख्या का विस्तारण था। बैरेट के संदर्भ में, मीडिया साम्राज्यवाद को तीन स्तर पर अवलोकित किया जा सकता है (Boyd-Barrett : 1977)।

1. पश्चिमी पूंजीवाद द्वारा कम्यूनिकेशन प्रौद्योगिकी के विकास का अर्थ है कि वे कम्यूनिकेशन के वाहक को आकार देने योग्य थे। इन प्रौद्योगिकियों

का प्रथम स्तर पर आयात 'उपनिवेशवाद' द्वारा किया गया व निर्भरता द्वारा प्रोन्नत किया गया जो 'पश्च पूंजीवाद' द्वारा संचालित हुआ। नवीन प्रौद्योगिकी का विकास प्रमुखतः पश्चिमी पूंजीवाद द्वारा किया गया जब इसका विकास 'तृतीय विश्व' द्वारा किया गया जिसका कारण अधिक स्थानीय उत्पादन का निषेधात्मक लागत था।

2. मीडिया की खरीददारी स्वतः निर्भर राष्ट्रों को, पश्च पूंजीवाद के वित्तीय तथा संगठनात्मक संरचना के अन्तर्गत संलग्न करती है। ट्रांसनेशनल मीडिया कारपोरेशन के विकास व वृद्धि का अर्थ है कि 'पश्चिमी पूंजी व जानकारी' कि कैसे आर्थिक अधीनस्थ राष्ट्र-राज्यों में कम्यूनिकेशन प्रणाली का प्रयोग हो सकता है। इसने संगठनात्मक संरचना व नियंत्रण के पूंजीवादी स्वरूप की प्रतिकृति को विस्तारित किया है।

3. पश्चिमी पेशेवर प्रतिमान (वस्तुनिष्ठता, संतुलन) भी मीडिया संगठन के साक्ष्य हैं। इसकी वैचारिकी व मान्यतायें मीडिया साम्राज्यवाद की वाहक है। इन सांस्कृतिक स्वरूपों के माध्यम से निश्चिम पश्चिमी मूल्य प्रोन्नत होता है' (उपभोक्तावाद)।

राजनीतिक रूप से, मीडिया उत्पादन और प्रतीकात्मक विनिमय के विरूद्ध प्रतिरोध करने की शक्ति में गतिशीलता ने महत्वपूर्ण योगदान दिया है। यह प्रतिउत्तर यूनेस्को (1974) के प्रतिवेदन द्वारा प्रस्तुत किया गया कि पश्चिम का संरचनात्मक और सांस्कृतिक वर्चस्व का अर्थ है कि विश्व का 75 प्रतिशत भाग आर्थिक रूप से आभावग्रस्त और सांस्कृतिक रूप से पश्चिमी इमेज, न्यूजो और परिप्रेक्ष्यों की भरमार से युक्त है। इन मुद्दों को मैकब्रिड आयोग (1978) के प्रतिवेदन (बहुत आवाजे, एक विश्व) से बल मिलता है। यह प्रतिवेदन एक नवीन सूचना व्यवस्था के संदर्भ में चर्चा करता है जो 'तृतीय विश्व' के संदर्भ में 'सांस्कृतिक स्वायत्तता' को प्रस्तावित करेगा और मध्यस्थ संस्कृति के एक पक्षीय बहाव को उल्टा करेगा। मत व विचारणा का स्वतंत्र प्रवाह, प्रजातंत्र के विकास और बाजारू सिद्धान्तों के संचालन के अन्तर्गत अस्वीकार योग्य, अनुचित हस्तक्षेप हेतु अत्यावश्यक है। मीडिया साम्राज्यवाद सिद्धान्त व सुर्वाकरण, निर्भर राष्ट्रों के लिये अभिज्ञान का एक राजनीतिक केन्द्र उपलब्ध कराता है जो पश्चिम की आलोचना भौतिक तथा प्रतीकात्मक रूप से करता है। यदि इस तर्क का अनुसरण

किया जाय तो यह सत्य है कि पश्चिमी पूंजीवाद के स्वरूप और सांस्कृतिक मूल्य, अधीनस्थ राष्ट्र-राज्यों पर, आर्थिक साधनों द्वारा थोपा जाता है। प्राथमिक रूप से, यह आर्थिक संबंधों का पश्चिमी वर्चस्व है जो सांस्कृतिक वर्चस्व को जारी करता है। यह तर्क दिया गया है कि वैश्विक पूंजीवाद और संस्कृति का स्वरूप, समान रूप से 1960 व 1970 के दौरान परिवर्तित हुआ है। इस संदर्भ में शिलर व मैटलेलार्टस का अध्ययन प्रासंगिक है (Schiller : 1996 : 1992; Mattelat et. al. 1984; Mattlelart and mattlelart : 1992)। इसका अधिक परिष्कृत स्वरूप शिलर व माटलेलार्ट्स द्वारा प्रस्तुत किया गया है। दो महत्वपूर्ण उपागमों में यह शिलर है जो समाज के बचाव के अन्तर्गत संस्कृति के उत्पादन को अवलोकित करता है। शिलर तर्क देते हैं कि 1960 का दशक अमेरिकी आर्थिक और सांस्कृतिक शक्ति का सर्वोत्तम समय है। इस समय तक वैश्विक प्रारूप अत्यधिक जटिल हो चुका था। इसका प्रमुख कारण आर्थिक शक्तियों व क्रियाओं का प्रतियोगी केन्द्र था। अमेरिका ने इन बदलावों के प्रति उत्तर के रूप में, नवीन कम्यूनिकेशन प्रौद्योगिकी के विकास के द्वारा सांस्कृतिक उद्योग के अन्तर्गत अपनी सार्वभौमिक सफलता को सुनिश्चित किया। इन विकासों ने अमेरिकन मल्टीनेशनल के वैश्विक प्रवाह को वृद्धिगत किया है; इसने पब्लिक नेटवर्कों के विनियमतीकरण और मास मीडिया के विस्तारित व्यवसायीकरण को भी वृद्धिगत किया। शिलर अमेरिकन 'पापुलर कल्चर' के पूंजीवादी संचालित प्रकृति और वस्तुकरण को प्रस्तुत करता है। इस संदर्भ में, विश्व 'अमेरिकन इमेज' में पुनर्निमित है। शिलर के अनुसार अमेरिकन पूंजीवादी संस्कृति, क्रेडिट का विस्तार, उच्चश्रृंखल व अनियंत्रित उपभोक्तावाद, विज्ञापन, परंपरागत बंधकों के स्वरूपों के व्यवस्थित व्यवस्थापन के विकास के संदर्भ में अवलोकित किया जा सकता है। पूंजीवादी अमेरिकन चरित्र व जीवन शैली का, एक राष्ट्रीय संदर्श में विकास हुआ है जहाँ सामाजिक प्रजातंत्र के किसी भी संज्ञानमूलक परंपरा का अभाव है और जहाँ कार्यकारी श्रमिक संगठन के पास कमजोर जन उपस्थिति का अभाव है। इस तरह के वातावरण ने, वित्तीय अर्थतंत्र के वर्चस्वकारी संरचना के अन्तर्गत संस्कृति व सूचना की प्रोन्नति को प्रोत्साहित किया (Schiller : 1992 : 1996; C.F. Stevenson : 1999)। अमेरिका में 'पापुलर कल्चर' का संचालन, पूंजीवादी संचयी रणनीति के तहत सम्मिलित था। प्रौद्योगिकी विकास

जैसे : सर्वोच्च सूचना राजमार्ग और इंटरनेट के पीछे आर्थिक संरचना प्रमुख शक्ति है और ये प्रमुख धारावाली जन संस्कृति के सतहीपन को निर्धारित करता है। सामाजिक परिवेश के ऊपर आर्थिक प्रणाली के वर्चस्व की अनवरत व्याप्तता अनुरूपता की संस्कृति की उन्नति में सहायता करता है, तब अनुभूति (संवेदन) की समालोचना, तब वास्तविक भौतिक तत्व व तकनीक तब प्रत्यावर्तन। सांस्कृतिक मुद्दों के अतिरिक्त बौद्धिक अभिजात्य अर्थतंत्र के प्रमापकों द्वारा संचालित, व्यवस्थित व निर्धारित होता है। इस तर्क हेतु, अमेरिकी संस्कृति उपभोक्तावाद से संबंधित वैचारिकी संदेश का वाहक होता है और संग्रहणशील व्यवहार को प्रोन्नत करता है। मनोरंजन का जन स्वरूप वि-एकीकृत सामुदायिक जीवन के लिये, क्षतिपूर्ति के स्वरूप के रूप में कार्य करता है जबकि विभाजित समाज से संबंधित समालोचनात्मक प्रश्नों के विस्थापन को प्रोत्साहित करता है। शिलर तर्क देते हैं कि मनोरंजन सेवाओं में विस्तार विज्ञापनों के लिये सिर्फ नवीन मार्ग उपलब्ध नहीं कराता है बल्कि सामाजिक मुद्दों का भी मुखौटा धारित किये रहता है जैसे : निम्न वर्गों में वृद्धि; विस्तारित सामाजिक प्रभाग; जेलयुक्त जनसंख्या में उत्तरोतर उतार-चढ़ाव (Schiller : 1992 : 1996)। इस प्रकार शिलर व्यवस्थित विश्लेषण करते हैं कि अमेरिका संपूर्ण पद-प्रस्थिति में, वैश्विक अर्थतंत्र के अन्तर्गत अवनति को प्राप्त हुआ है लेकिन इसके बावजूद इसने वैश्विक संस्कृति के ऊपर आधिपत्य को जारी रखा है। 1980 से प्रत्येक जगह संस्कृति वृद्धि हुई है। यह पूरी तरह से अमेरिकनकृत है तथा यह आर्थिक कारणों द्वारा प्रवेशित हुआ है। वैश्विक बाजारों के तहत मीडिया उत्पादों के बढ़ते एकीकरण, सार्वजनिक संस्कृति का तीव्र गति से बढ़ता वि-नियमतीकरण ने विश्वव्यापी स्तर पर अमेरिकीकरण की प्रक्रिया को प्रोत्साहित व प्रोन्नत किया है। इसको प्रत्यक्षतः अमेरिकन उत्पाद, अमेरिकन टेलीविजन के तौर-तरीके, जीवनशैली व आकार की स्थानीय प्रतिकृति व फोटो कापी के समर्थन द्वारा हासिल किया गया है। व्यवसायिक रूप से संचालित मीडिया, जो अमेरिकन उत्पाद का प्रमुख वाहक है, निष्क्रिय विश्व पर पूर्णतः एकाधिकार कर चुकी है। महत्वपूर्ण रूप से, यह वैश्विक अर्थतंत्र है तब जाकर राष्ट्र-राज्य; जो शासन संचालन का नवीन मशीनवाद है। वैश्विक पूंजी नेटवर्क के संदर्भ में, राष्ट्र अपनी सांस्कृतिक स्वायत्तता के व्यवस्थीकरण तथा आतंरिक निर्मित सामाजिक अभिज्ञान के विशिष्ट अभिलक्षण के संरक्षण हेतु

संघर्ष कर रहे हैं। वास्तविक रूप से वैश्विक कम्प्यूनिकेशन निम्न व/व्यक्तिगत राज्य की अपेक्षा, विश्व के शक्तिशाली व सम्पन्नों से है। एक विश्व आज राष्ट्र की शासन व्यवस्था के द्वारा कम संचालित है और अधिक मात्रा में, यह वैश्विक पूंजीवाद के व्यवसायिक आदेशकों द्वारा संचालित है जो एक ऐसे सामाजिक वातावरण के विकास व उन्नति को प्रोत्साहित करता है जहाँ कुछ संपन्न, समृद्ध, उच्चवर्गीय और बहुसंख्यक निम्न, शोषित, कम आय वर्गीय व सीमान्तीकृत है।

दूसरी तरफ मैटलेलार्ट (Mattlelat et.al. 1984; Mattlelart and Mattlelart : 1992) इस निर्णयात्मक तर्क का खण्डन करते हैं कि मीडिया संस्कृति की प्रमुख भूमिका, अवनति का वैधताकरण है। यद्यपि अमेरिकन मीडिया उत्पाद की वैश्विक सार्वजनिक उपस्थिति व व्याप्तता के संदर्भ में संदेह नहीं है। 1970 और 1981 के दौरान फ्रांस व जापान का मीडिया फिल्म के संदर्भ में घरेलू बाजार में ज्यादा सहभागिता थी (Mattelat : 1984)। 1982 में, अमेरिकन विज्ञापन फर्म ने, वैश्विक बाजार में एक औसत उपस्थिति दर्ज की। विशिष्ट रूप से 1980 दोनों अर्थात् तृतीय विश्व और तथाकथित विकसित विश्व में, नवीन सांस्कृतिक निर्यातकों के विकास का प्रत्यक्षदर्शी है जिसने अन्तर्राष्ट्रीय इमेज मार्केट के आकार को परिवर्तित किया है। ब्राजील में टी.वी. ग्लोबो का निर्माण पूर्णतः बिना किसी विदेशी अतिरिक्त पूंजी की सहायता के पूर्णतः स्थानीय सहयोग की श्रृंखला द्वारा संपन्न हुई (Mader : 1993)। वैश्विक मीडिया के प्रवाह ने एक जटिल चित्रण प्रस्तुत किया है। आलोचकों के अनुसार सांस्कृतिक वस्तुओं के उत्पादन पर आर्थिक विकास का प्रत्यक्ष व अ-मध्यस्थ प्रभाव है। सांस्कृतिक विकास, आर्थिक विकास के लम्बे समय तक प्रतिनिधित्व करने वाली वस्तु के रूप में अभिचित्रित नहीं किया जा सकता है। परिप्रेक्ष्यों में बदलाव, जिसे मैटलेलार्ट ने संरचनात्मक परिवर्तनों के माध्यम से व्यक्त किया है, मीडिया साम्राज्यवाद तर्क के परित्याग हेतु एक तर्क अभिव्यक्ति है। वे तर्क देते हैं कि यद्यपि राजनीतिक अर्थतंत्र का आयाम संस्कृति के उत्पादन में महत्वपूर्ण या संस्कृति के उत्पादन को जारी रखता है। इसे बहुविध वैश्विक क्षेत्रों और स्थानीय दशाओं के मध्य अंतर्भागों की समझ व विवेचना से बंधित किया जाना चाहिये। वे तर्क देते हैं कि मीडिया साम्राज्यवाद तर्कणा ऐतिहासिक रूप से उन राष्ट्रों की चैतन्यता को बढ़ाने हेतु महत्वपूर्ण है जो धनी पूंजीवादी क्लब से बाहर है। यह

सिद्धान्त पर्याप्त रूप से वैश्विक कम्यूनिकेशन संबंधों का प्रस्तुतीकरण नहीं करता है। मैटलेलार्ड व्याख्यायित करते हैं कि मीडिया साम्राज्यवाद की अपनी महत्वपूर्ण कमजोरी यह है कि यह सहमति व सामजस्य रूप से, तृतीय विश्व के राष्ट्र-राज्यों व अनियमित तथा असंगत व पूंजीवादी प्रौद्योगिकी का असंगत व अनियमित वितरण के मध्य गणना करने में असफल व अनुपयोगी है। वैश्विक संबंधों के विवरण व व्यवस्था के लिये, मीडिया साम्राज्यवादियों हेतु विविध सैद्धान्तिकीय रूपावलियों की आवश्यकता है व पुरानी रूपावली को विस्थापित करने की आवश्यकता है। सहभागी जनस्थानों का आर्थिक उत्कर्ष व वृद्धिगत व्यवसायिक स्वरूप को नवीन रूपावलियों के दावेदार के रूप में प्रस्तुत किया है। इससे एक बहुल ध्रुवीय व्यवसायिक संस्कृति विकसित हुई है। लेकिन यह समस्या उस सांस्कृतिक साम्राज्य के लिये है जो अमेरिकीकरण के माध्यम से सांस्कृतिक सजातीयता स्थापित करना चाहते थे। बल्कि यह एक तरह से वैश्विक अर्थतंत्र में सामाजिक स्थानों के निजीकरण व रूपान्तरण से संबंधित है। इसके अतिरिक्त मीडिया का प्रौद्योगिकी विकास केवल उपभोक्तावाद के प्रतिमान द्वारा प्रतिमानित नहीं हो सकता है बल्कि मीडिया का प्रौद्योगिकी विकास व पूंजीवादी अर्थतंत्र सांस्कृतिक समजातीयता के साथ सांस्कृतिक विजातीयता को भी प्रस्तुत करता है; निर्देशित करता है (Robertson : 1992; Mattelart and Mattleart : 1992)।

2. वैश्विक मीडिया, पुनर्सगठन व उत्तर आधुनिक विचार

अद्यतन तर्क यह प्रस्तुत करते हैं कि वैश्विक मीडिया 'स्थान' और 'समय' को पुनर्संगठित करता है। इस 'स्थान' और 'समय' के पुनर्संगठन को मार्शल मैकलुहान के कार्यों में प्रथमतः अवलोकित किया जा सकता है। मैकलुहान व्याख्यायित करते हैं कि - आधुनिक विश्व का बदलाव सूचना विनिमय के तीन साधनों द्वारा होता है जो मौखिक, प्रिंट और कम्यूनिकेशन का इलेक्ट्रानिक माध्यम होता है। इलेक्ट्रानिक कम्यूनिकेशन के माध्यमों से संबंधित संक्रमण को आधुनिकता के प्रायोगिक प्रकृति में परिवर्तनों के साथ संबंधित किया जा सकता है। यह कूल माध्यमों के साथ हाट माध्यमों के क्रमिक विस्थापनों के द्वारा सही तरीके से प्रस्तुत किया जा सकता है। मैकलुहान के लिये हाट माध्यम सहभागिता को

अमान्य करता है व सूचनात्मक अन्तर्वस्तु में उच्च होता है। जबकि इसके विपरीत 'कूल मीडिया' श्रोताओं व सहभागियों के लिये, व्यापक स्थान प्रस्तुत करता है व सूचनात्मक सघनता के निम्न स्तर को प्रदर्शित करता है। मैकलुहान व्याख्यायित करते हैं :

"Speech is cool medium of low defition, because so little is given and so much has to be filled in by the listener. On the other hand hot media do not leave so much to be filled in 'or' completed by the audience. Hot media are therefore, low in participation, and cool media are high in participation 'or' completion by the audience (Mcluhan: 1994; C.F. Stevenson: 1999).

'कूल माध्यम' का सबसे महत्वपूर्ण उदाहरण 'इंटरनेट' है। इंटरनेट एक ऐसा माध्यम है जो विषय वस्तु को, सूचना के भेजने वालों और अधिग्रहित करने वालों, दोनों में परिवर्तित करता है। प्रतिकूल रूप से, प्रिंट संस्कृति एक हाट माध्यम है। प्रिंट संस्कृति सूचना के प्रवाह का एक हाट माध्यम है, जो व्यक्तियों, अध्ययनकर्ताओं के छोटे से समूह को प्रदर्शित करता है। मैकलुहान के आशय में टेलीफोन व इंटरनेट पूर्ण सहभागिता की प्रतीक व मांग है। इसकी अपेक्षा लिखित व प्रिंटेंड पेज कम सहभागी है (Mcluhan : 1994)। इसके अतिरिक्त मैकलुहान इस तथ्य से संज्ञायित है कि टेलीफोन जो उपभोगकर्ताओं हेतु सतत उपलब्ध है; शक्ति, सार्वजनिक व निजीगत संबंधों के परिवर्तित संबंधों का प्रभाव हो चुका है। उदाहरण के लिये 'बुक संस्कृति' अध्ययनगत प्रथाओं पर आधारित था जिसने सार्वजनिक स्थानों की अपेक्षा अधिकतर निजीगत स्वरूप ग्रहण किया और ज्ञान का उत्पादन मात्र एक छोटे से समूह के लोगों व लेखकों द्वारा संपन्न किया गया। कूलर माध्यम जैसे कि इंटरनेट व टेलीफोन ने ज्ञान के उत्पादन को विकेन्द्रित किया है व साथ ही साथ सहभागिता की व्यापकता को प्रोत्साहित किया है जो मतों व विचारों की रचना को लोकतांत्रिक स्वरूप प्रदान करता है। मैकलुहान का यह तर्क है कि यह किताबी बौद्धिकों का स्वरूप है जो समाज के अति पिछड़े क्षेत्रों के अन्तर्गत प्रभुता व ज्ञान के परिप्रेक्ष्य को विस्तारित करने की इच्छा रखते है। यदि तर्क का अनुसरण किया जाय तो यह कम्यूनिकेशन का बढ़ता वाह्य स्वरूप है जो कि ज्ञान उत्पादन के केन्द्रीयकृत स्वरूप पर आधारित है। मैकलुहान भविष्यवाणी करते हैं कि नवीन मीडिया, कम्यूनिकेशन संबंधों के

अन्तर्गत वर्चस्व के संबंधों को समाप्त करेगा व ऐसी वैधता निर्देशित करेगा जिसे कोई केन्द्रीय प्राधिकरण संचालित नहीं कर सकता। कम्यूनिकेशन के इलेक्ट्रानिक स्वरूप के अन्तर्गत 'समय व स्थान' के पुनर्गठन ने 'समय व स्थान' को भी पुनर्कार्यकारी बनाया है। 'समय व स्थान' का अस्तित्व इलेक्ट्रानिक मीडिया के प्रभावों द्वारा ध्वस्त हुआ है। आधुनिक अवस्था में, मैकलुहान के अनुसार सांस्कृतिक स्वरूप का प्रवाह 'अतिशीघ्र व सतत' (तत्कालीन व निरन्तर) है (Mcluhan and Fiore : 1967)। आज संपूर्ण विश्व के व्यक्तियों का जीवन संप्रेषण के भौतिक और प्रतीकात्मक साधनों के अनंतहीन मिलन से आच्छादित है। विविध परिप्रेक्ष्यों के संदर्भ में, कम्यूनिकेशन प्रणाली अनंत व तत्कालीन संपर्क प्रस्तुत करता है। कम्यूनिकेशन के लिखित स्वरूपों को नवीन मीडिया ने विखण्डित किया है व एक संस्कृति जो इलेक्ट्रीसिटी के माध्यम से संचालित है का किसी एक स्थान से प्रवाह नहीं है बल्कि यह नेटवर्कों के रूप में संगठित है जिसका कोई अन्तर्सम्बन्धित केन्द्र नहीं है। कम्यूनिकेशन प्रौद्योगिकी केन्द्रीय स्नायु प्रणाली की तरह कार्य करता है व मानवतायुक्त संबंधी वैश्विक आलिंगन के रूप में प्रस्तुत होता है। कम्यूनिकेशन के इलेक्ट्रानिक स्वरूप के तरह विश्व ऐतिहासिक व स्थानिक रूप से पूर्णतः वर्चुअल है। इलेक्ट्रानिक संस्कृति की एक नवीन वैश्विक संवेदनशीलता ने राष्ट्र-राज्य की सीमाओं को पूर्णतः नष्ट किया है और विचारों के अभिजात्य वर्गीय तथा रेखीय स्वरूप को क्षीणता प्रदान की है जो प्रमुखतः कभी प्रिंट मीडिया की विशेषता थी। मैकलुहान का तर्क है कि तकनीकी निर्माणस्थल मानवीय संवेदना पर प्रत्यक्ष प्रभाव स्थापित करता है। उत्तर आधुनिक विवरण एक विवेचनात्मक बदलाव ग्रहण करता है जिसका आधार मार्गों का परीक्षण है तथा जहाँ वैश्विक संस्कृति आधुनिक स्वरूप रचना पर प्रभाव स्थापित करता है। साम्राज्यवाद का युग वैश्वीकरण के द्वारा बदलावित हो चुका है। साम्राज्यवाद राष्ट्र-राज्य का एक ऐसा प्रयास था जहाँ निम्न जनसंख्या पर एक समरूप सांस्कृतिक स्वरूपों को थोपा जाता था वही वैश्वीकरण में एकाकी केन्द्र का अभाव है तथा यह सांस्कृतिक विजातीयता/बहुविविधता द्वारा चिन्हित है। सांस्कृतिक बहुलवाद का नवीन स्वरूप अन्युग्मीय लोगों के रूप में उपलब्ध है व विशिष्ट समय तथा स्थानों से विलग प्रतीकात्मक वस्तुओं से संबंधित है। इसे मैकलुहान के शब्दों में, तकनीकी साधनों से अर्जित किया जा सकता है।

उत्तर उपनिवेशवाद और उत्तर आधुनिक 'तृतीय विश्व' तथा 'प्रथम विश्व' के मध्य द्विआधारी विरोध की श्रृंखला के विपरीत विश्लेषण का प्रयास है। दोनों परिप्रेक्ष्य इस कार्य को 'संपूर्णवादी व्याख्या' को नकार कर करते हैं जिसका आधार अतिशय स्पष्टवादी तरीके से जटिल सांस्कृतिक राजनीतिक परिवेश पर केन्द्रण है (Bhabha : 1994)। व्यक्तियों व सूचना के प्रवाह ने स्थापित सीमाओं को अव्यवस्थित किया है। सांस्कृतिक अभिज्ञान न ही निर्धारित है और न ही रेखीय बल्कि विशिष्ट विमर्श, इतिहासों व स्थानों का बदलावित माध्यम है। इसे 'तृतीय स्थान' के रूप में प्रस्तुत किया गया है (Bhabha : 1994)। यह तृतीय स्थान एक अस्पष्ट व असंदिग्ध सार्वजनिक स्थान है जिसका कोई आद्यनिश्चितता नहीं है (Bhabha : 1994)। यह सांस्कृतिक संघर्ष, विभिन्नताओं और रूपान्तरण तथा वर्णसंकरता का स्थान है। उत्तर संरचनावादी बौद्धिक भाभा तथा मैकलुहान के कार्यों का निकटस्थ अवलोकन किया जाय तो यह परिलक्षित होता है कि दोनों (भाभा व मैकलुहान) विकेन्द्रणयुक्त कम्यूनिकेशन, सार्वभौम के वर्णन के लिये उपलब्ध कराते है जिसने कालिक व स्थानिक निश्चितता को (जो राष्ट्र-राज्य और प्रिंटेड विश्व से संबंधित है) को विघटित किया है। जहाँ मैकलुहान मीडिया से संबंधित है वही भाभा का आशय 'साहित्यिक टेक्स्ट' है। दोनों अव्यवस्थित सांस्कृतिक सार्वभौम को प्रदर्शित करते हैं जो सांस्कृतिक संबंधों तथा राष्ट्र-राज्य की इच्छा से परे की अभिव्यक्तिकरण को अनुदानित करता है लेकिन अन्तर दोनों में वहाँ अवलोकित होता है जब मैकलुहान कम्यूनिकेशन सार्वभौम को प्रदर्शित करते हैं जो समरूपता का नवीन स्वरूप उपलब्ध कराता है जबकि भाभा का मुद्दा मुख्यतः सांस्कृतिक भिन्नता के अलगाव व विमुखता से है। मैकलुहान की मीडिया प्रौद्योगिकी आधुनिक विषयों व मुद्दों के इन्द्रियक प्रभाव स्थापना पर प्रत्यक्ष प्रभाव स्थापित करता है जबकि भाभा दर्शन के भाषायी स्वरूप पर जोर देते हैं व व्याख्यायित करते हैं कि सांस्कृतिक अर्थ, विर्मशों का उत्पाद है जैसा कि हम विश्व के संदर्भ में मत व्यक्त करते हैं।

समरूपता तथा विभिन्नता के प्रतिमानों को अन्य बहुतेरे अध्ययनकर्ताओं के कार्यों में अवलोकित किया जा सकता है (Appadurai : 1990; Luke : 1995; Goonatilake : 1995)। अप्पादुरई यह अभिव्यक्त करते हैं कि मीडिया प्रौद्योगिकी के वैश्विक पहुँच व विस्तार के बावजूद समजातीय संस्कृति और समजातीय

स्थान निर्देशित व उत्पादित नहीं हुआ है। इसे श्रीलंका के इंडियनाइजेशन, बाल्टिक्स और अरमेनियन्स के रसियानाइजेशन और कोरिया के जपानीनाइजेशन के विविध नीतियों व मुद्दों के संदर्भ में अवलोकित किया जा सकता है। ये नीतियाँ व मुद्दे केन्द्रीय व सीमा क्षेत्रीय प्रारूप के अंत को 'सांस्कृतिक साम्राज्यवाद' के साथ अन्तर्संबंधन के संदर्भ में, चिन्हित करता है। यह उत्तर आधुनिक अवस्था व विखण्डन तथा टूटन को प्रदर्शित करता है। अप्पादुरई संस्कृति का विश्लेषण पाँच पराराष्ट्रीय प्रघटनाओं के रूप में अभिव्यक्त करते है जो बहुविध प्रभावों के रूप में, एक दूसरे से विविध संदर्भों में, विविध रूप से अंतर्संबंधित है। इसे विखण्डित वैश्विक सांस्कृतिक अर्थतंत्र के प्रारूपण के रूप में निम्नवत् रेखांकित किया जा सकता है : (Appadurai : 1990)

1. एथनोस्केप्स : एथनोस्केप्स लोगों का प्रवाह है जो डायसपोरा, टूरिज्म व माइग्रेशन के रूप में अभिलक्षित है।
2. टेक्नोस्केप्स : वैश्विक प्रौद्योगिकी के अनियंत्रित व असंगत वितरण के रूप में अभिलक्षित है।
3. फाइनेंस स्केप्स : वैश्विक वस्तुगत अटकलबाजी के संचालन के रूप में अभिलक्षित है।
4. मीडिया स्केप्स : मीडियास्केप्स सेमियोटिक कल्चर के परिवहन के रूप में अभिलक्षित है जो कल्पनागत विश्व को स्थान व समय की सीमा से परे खोलता है।
5. आईडियोस्केप्स : आईडियोस्केप्स अधिपत्यकारी व प्रति अधिपत्यकारी विचारधाराओं के परा-राष्ट्रीय गतिशीलकरण की अभिव्यक्ति है जो विविध संदर्भों में विविध प्रभावों का पुनःमिलन व पुनःएकाकीकरण है।

इन स्तरों का वर्णन अप्पादुरई द्वारा विखण्डन व विमुखन के रूप में किया गया है जिसका कोई अत्यावश्यक जुड़ाव व संबंधन एक दूसरे से नहीं है (Appadurai : 1990)। इसे ब्रिटेन के बोसनियाई शरणार्थियों के संदर्भ में अवलोकित किया जा सकता है। इसके अतिरिक्त पूर्व यूगोस्लोविया से हुये विस्थापन ने भी विरोधमूलक प्रभाव स्थापित किया है। इससे निर्मित काल्पनिक समुदायों द्वारा अपने विविध सजातीय उद्‌भव की खोज के बावजूद उन्होंने सामान्य

संपर्कों को जारी रखा व सजातीय राष्ट्रवाद के बजाय बहुलसंस्कृतिवाद के सिद्धान्त को जारी रखा है किन्तु सरवियन, कोरटियन और मुस्लिम शरणार्थियों ने अपने विशिष्ट सजातीय समूहों से संपर्कों को बनाये रखा है व अपने घरेलू संस्कृति को भी जीवित रखा है जिसका आधार मीडिया प्रतिवेदन है। इसे गैर-सरकारी आधार से फिल्म व वीडियो के परिवहन या उपलब्धता, परिवार व मित्रों से पत्राचार तथा ब्रिटिश नेशनल टेलीविजन के अवलोकन के द्वारा हासिल किया जा सकता है। यह उदाहरण वर्णित करता है कि इन तत्वों का प्रत्येक सम्मिलन न ही अधिकतम समरूपता को प्रदर्शित करता है और न ही अधिकतम विषमता को। विचारधाराओं, इमेजों, धन, प्रौद्योगिकीविद् लोगों का प्रवाह, विविध वैश्विक क्षेत्र में, सतत रूप से, विविध प्रभावों को प्रदर्शित करता है। इसी तरह 'ल्यूक' और गुनाटीलेक ने भी वैश्विक मीडिया संस्कृति के असहमतियुक्त और अव्यवस्थित, अस्तव्यस्त व उलझनयुक्त बहाव की प्रक्रिया को प्रस्तुत किया है (Luke : 1995; Goonatilake : 1995)। ल्यूक तर्क देते हैं कि एक प्रतिकृत संस्कृति के पराराष्ट्रीय प्रवाह ने एक वैश्विक तकनीक परिवेश प्रस्तुत किया है जिसका स्थानीय संस्कृति पर प्रभाव है। नवीन मीडिया प्रौद्योगिकी की वैश्विक प्रकृति का आशय है कि 'समय व स्थान' वृद्धिगत रूप से संकुचित हो गया है तथा नवीन गठबंधनों को विविध स्थानिक व कालिक आयामों के मध्य प्रस्तुत करता है। गुनाटीलेक का अवलोकन है कि वैश्विक अन्तर्संबंधन वैश्विक अन्तर्निर्भरता के नवीन स्तर का वृद्धिगत रूप से प्रकटीकरण 1960 के दौरान अवलोकित होता है जिसका आशय है कि विविध 'वर्चुअल कम्यूनिटी (दृश्यात्मक समुदाय) एक दूसरे से कम्यूनिकेशन स्थापित करने योग्य, राष्ट्र राज्य की सीमाओं से परे हो चुके थे। शोधित क्षेत्र के बने रहने का आधार, वैश्विक प्रौद्योगिकी पर निर्भरता, विशेषज्ञ व्यवस्था व अन्य सांस्कृतिक प्रक्रियायें थी। इस प्रकार यह स्पष्ट है कि सांस्कृतिक विखण्डन और समरूपता का अनुमोदन व्यापक सैद्धान्तिकीय परिप्रेक्ष्यों को मास कम्यूनिकेशन के अन्तर्गत प्रस्तुत करता है। इसे मैकलुहान से अन्य अधुनातन उत्तर उपनिवेशवादी और उत्तर आधुनिक परिप्रेक्ष्यों के संदर्भ में अवलोकित किया जा सकता है।

3. नवीन मीडिया व्यवस्था व बदलता पूंजीवाद

1980 का दशक राष्ट्रीय मीडिया व्यवस्था में कमतर बढ़ोत्तरी व विस्थापन तथा

आंशिक क्षय का प्रतीक था जिसका कारण अधिकतर वैश्विक नीतियाँ व मुद्दे हैं। इस संदर्भ में, वैश्विक संस्कृति पर फ्रेडरिक जेमसन का कार्य अवलोकनीय है (Stevenson : 1999; Jameson : 1991)। जेमसन के उत्तर आधुनिक संस्कृति का आधार प्रमुखतः विश्लेषण के आर्थिक स्वरूपों पर आधारित है। जेमसन के अनुसार उत्तर आधुनिकतावाद वैश्विक समाज का आविर्भूत संस्कृति है। जेमसन सांकेतिक रूप से अभिव्यक्त करते हैं कि वैश्विक पूंजीवाद जो मीडिया व विज्ञापन में तकनीकी विकास के द्वारा संपन्न है, एक तृतीय मशीनी युग में बदलावित होता है। अतः अधुनातन परिवर्तनों का अध्ययन, वैश्विक पूंजीवाद के विश्लेषण हेतु अत्यावश्यक है। इस संदर्भ में, मैनुअल कैसटेल्स का अध्ययन बदलते प्रसंग में अत्यावश्यक है (Stevenson : 1999; Castells : 1993)। कैसटेल्स का आकलन है कि 1980 के दौरान विश्व व्यापार व पूंजीवाद का विकास विज्ञान व प्रौद्योगिकी के बढ़ते प्रयोग पर आधारित था। पूंजीवाद की इस नवीन अवस्था में, जिसे कैसटेल्स, सूचनात्मक अर्थतंत्र कहते है ज्ञान व प्रौद्योगिकी का ग्राहकीकृत उत्पादन में बढ़ता प्रयोग था। जिसने आर्थिक सफलता को सुनिश्चित किया। कैसटेल्स व्याख्यायित करते हैं कि 1980 सूचना प्रौद्योगिकी के तीव्र विकास का गवाह है जो पूंजीवाद को अन्तर्राष्ट्रीय पहुँच हेतु पुनर्संरचित करता है। नवीन प्रौद्योगिकी के प्रयोग ने पूंजी के पहुँच को विस्तारित किया है व नवीन बाजार सुअवसर को उपलब्ध कराया है, दूरस्थ बाजारों को खोला है तथा वैश्विक बाजार में, पूंजी के टर्न ओवर' को व्यापक स्तर पर विस्तारित किया है। नवीन प्रौद्योगिकी से संगठनात्मक व्यवस्था पुनर्गठित हुई है। इसके पुनर्गठन का आधार बढ़ती लोचनीयता, केन्द्रीय ज्ञान सृजन का बढ़ता केन्द्रीयकरण व केन्द्रीयकृत से विकेन्द्रीकृत संगठनात्मक नेटवर्कों का बदलाव इत्यादि है। कैसटेल्स के अनुसार धन सृजन का आधारभूत स्रोत सूचना क्रांति से संबंधित योग्यता तक की पहुँच है। कैसटेल्स के अनुसार नवीन सूचनात्मक अर्थतंत्र ने, पुराने स्तर के पूंजीवाद को रूपान्तरित किया है व इसकी उत्पादकता का स्रोत सूचना तथा ज्ञान है। 1970 के दौरान अमेरिका में, सिलिकान वैली व सूचना प्रौद्योगिकी के विकास ने, पूंजीवाद को नवजीवन प्रदान किया। यह स्पष्ट है कि औद्योगिककरण जो कि आर्थिक वृद्धि की तरफ उन्मुख था वही सूचनावाद ज्ञान के विकास तथा नेटवर्कों के सृजन से संबंधित है। ज्ञान का डिजिटलीकरण, व्यापक व दूरस्थ

स्तर तक सूचना के संरक्षीकरण व प्रसंस्करण को प्रोन्नत करता है। इस प्रकार पूंजीवाद अब राज्य पर आधारित न होकर, सामान्य सूचनात्मक व्यवस्था पर आधारित है जो दूरस्थ नेटवर्कों तक ज्ञान को हस्तांतरित करता है। फिर भी कैसटेल्स इस संदर्भ में स्पष्ट विचार रखते हैं कि यह स्थिति एक वैश्विक पूंजीवाद का निर्माण नहीं करती है या पूंजीवाद का सार्वभौमिकरण जीतने व हारने वालों के मध्य विभाजन को नवीन सूचना प्रौद्योगिकी के विकास ने अत्यधिक गहनीकृत किया है (Keegan : 1996 : 1997)। इसके अतिरिक्त सूचना के डिजिटलीकरण ने सूचना के वितरणकर्ताओं को टेलीविजन की गुणवत्ता व नाटकीय रूप से चैनलों की संख्या के विस्तार तक पहुँच योग्य बनाया है। डिजिटल क्रांति (जो हार्डवेयर के वितरण को नियंत्रित करता है तथा जो नवीन सूचना क्रांति का कारण होता है) ने राजनीतिक तथा वित्तीयशक्ति को भी बढ़ाया है (Porter : 1996)।

नवीन प्रौद्योगिकी का विकास व मीडिया उद्योग में पूंजी निवेश की आत्मिक इच्छा का आशय है कि वैश्विक स्तर पर सर्वोच्च साधन व शक्तिसंपन्न लोगों की एक छोटी सी संख्या नवीन सूचना बाजार पर वर्चस्व स्थापित करना चाहती है। टाइमवारनर, मरडाक न्यूज इंटरनेशनल, टेडटरनर सी.एन.एन. और सोनी के रूप में, इसे अवलोकित किया जा सकता है जो कम्यूनिकेशन व निवेश में व्यापक निवेश करते है। कैसटेल्स के संदर्भों में अवलोकित किया जाय तो यह आश्चर्ययुक्त नहीं है। मीडिया संगठन जैसे कि मरडाक न्यूज इंटरनेशनल और सोनी प्रौद्योगिकी हार्डवेयर के प्रत्यक्ष क्रय-विक्रय में संलग्न होते हैं तथा साथ ही उत्पाद का वितरण करते हैं। दूसरे शब्दों में, व्यापक स्तर पर पराराष्ट्रीय नीतियाँ प्रौद्योगिकी पूंजीवाद से संबंधित है। मीडिया मल्टीनेशनल व्यापक स्तर पर प्रौद्योगिकी साधन व सूचनात्मक वस्तुयें ग्राहकों तक तीव्र रूप से उपलब्ध कराने में सक्षम है।

इसके अतिरिक्त बड़े स्तर की अन्तर्राष्ट्रीय कंपनियों का गठबंधन, विलय व एकीकरण ने रूपान्तरणकारी परिणामों को आविर्भूत किया है (The Economist : 1995)। कैसटेल्स के तर्कों में अवलोकित किया जाय तो कंपनियाँ वैश्विक हैं तब कहीं सार्वभौमिक नीतियों व मुद्दों से संबंधित उदाहरण के लिये यदि हम मरडाक न्यूज इंटरनेशनल को ले तो यह स्पष्ट है कि मरडाक का मीडिया व्यवसाय विश्व के अतिशय पिछड़े राष्ट्रों को छोड़कर विश्व के अतिविकसित व तीव्रगति से विकासशील

आर्थिक क्षेत्रों में फैला है। नवीन वैश्विक अर्थतंत्र व नवीन मीडिया व्यवस्था के लिये, समालोचनात्मक मुद्दा यह है कि यह वृद्धिगत रूप से अन्तर्राष्ट्रीय व निश्चित समय में एकीकृत होता है। आर्थिक निष्पादन तत्कालिक रूप से प्रौद्योगिकी विकास के उच्च स्तर तक निर्भर व धनी विश्व बाजार तक पहुँच है। जबकि अफ्रीका, लैटिन अमेरिका, कम तेल उत्पादित वाले क्षेत्रों का कम प्रभाव व पहुँच होता है।

तथाकथित सूचना क्रांति के विकास के लिये, इन विषयों, मुद्दों, नीतियों की उच्चीकृत महत्ता स्थापित हुई। उत्पाद विविधीकरण, अन्तर्राष्ट्रीयकरण व स्वामित्व केन्द्रीयकरण की रणनीति नवीन मीडिया के सम्मिलन द्वारा अनुसारित की गई। यह प्रयास वर्चस्वकारी पद स्थापित करने के संदर्भ में था ताकि संभावित नवीन सूचना राजमार्ग के उद्भव व स्थापना से, लाभों को अर्जित किया जा सके। इसके पीछे प्रमुख विचार यह है कि मीडिया का मैकलुहानाईट प्रभाव प्राथमिक रूप से, टेलीफोन, कम्प्यूटर व टेलीविजन एक नवीन अंतःक्रियात्मकता निर्देशित करेगा। इसे ब्रिटेन में अवलोकित किया जा सकता है जहाँ डिजिटल सेटेलाइट सेवाओं को, मरडाक के स्वामित्व वाली कंपनी बी.स्काई.बी., ब्रिटिश टेलीकाम, मिडलैंड बैंक और मैटशुशीता इलेक्ट्रिक के गठबंधन ने, संयुक्त रूप से प्रस्तुत किया है (Culf : 1997)। इसके माध्यम से दर्शक 400 से अधिक चैनलों व इंटरनेट व एक स्तर तक अन्य सुविधाओं यथा : होमबैकिंग, शापिंग, कम्प्यूटर गेम्स व सार्वजनिक सूचना से संबंधित अन्य स्वरूप को प्राप्त करते हैं। इससे लोगों की संख्या में वृद्धि होगी जिनके पास एक निश्चित स्तर तक सूचनात्मक स्रोतों तक पहुँच है; जबकि यह साथ ही अलगाव के नवीन ध्रुवीय पक्षों का भी निर्देशन है। मरडाक की उद्यमिता सूचना संस्कृति को अनुमोदित करती है जो पहले निजीगत उपभोक्ता पर आधारित है तब कहीं सार्वजनिक नागरिकता की सहलग्नता के आशय पर। ब्रिटिश अर्थों में यह याद रखना अत्यावश्यक है कि मरडाक जैसे मीडिया संभ्रांत शक्तियों को राज्य की नीतियों द्वारा उन्नति व विकास में प्रोत्साहित किया जाता है ताकि मीडिया संरचना के वैश्वीकरण व वस्तुकरण के लिये एक व्यापक सुअवसर उपलब्ध हो सके। हालांकि यह विरोधाभासी है (Ahmad : 1998)। अतः यह स्पष्ट है कि वैश्विक मीडिया निगमों का विकास, राज्य के शासन से, पूंजी की मुक्ति के द्वारा आधुनिकता के विस्तार का

उचित विचार है तब यह सांस्कृतिक जटिलता, जो कि उत्तर-आधुनिक आकार से संबंधित है।

अधिक स्पष्टतः यह अभिव्यक्त किया गया है कि डिजिटल क्रांति टेलीविजन नेटवर्कों के केन्द्रीयकृत एक मार्गी प्रवाह को अवरूद्ध करता है जो निष्क्रिय दर्शकों व जनश्रोताओं पर आधारित था (Gilder : 1992; Poster : 1995)। ऐसा आकलन है कि नवीन मीडिया श्रोताओं को, संदेशों के हस्तान्तरण और अधिग्रहण को अनुमोदित करेगा तथा निष्क्रिय उपभोक्तावाद की बजाय संक्रिय सहलग्नता व उपभोक्तावादी परिप्रेक्ष्य को विस्तारित करेगा (Gilder : 1992; Poster : 1995)। यह विकास एक गहन व अतिशय सहभागी लोकतंत्र के विकास व उन्नति को प्रस्तुत करेगा जिसका आधार सूचना तक व्यापक पहुँच है टर्नर की अभिव्यक्ति में, इस प्रतिध्वनि को अवलोकित किया जा सकता है :

I think we need to test the phrase 'The Third World'. First two-thirds of the (world's) people live in the third world, it's really the first world and second, the word 'Foreign' to describe other countries and other people on the Planet is an outdated term. Five hundred, four hundred, even one hundred years ago, the world was 'Foreign'. It was far from one place to another. But now it's not. We 're all neighbours in the world today (Turner : 1994; C.F. Stevenson : 1999)

टर्नर की यह निगमित व्याख्या वैचारिकीय व रहस्यपूर्ण नकाब के रूप में प्रतीत होती है। लेकिन यह सत्य है कि समरूपता का नवीन स्वरूप प्रौद्योगिकी के प्रयोग के द्वारा अर्जित की गई है जो कि वैश्विक शक्ति के आर्थिक प्रमुख केन्द्रों के द्वारा नियंत्रित व स्वामित्वयुक्त है। टर्नर की वैश्विक एकात्मकता की व्याख्या के बावजूद, अविश्वसनीय रूप से अतिशय सीमाक्षेत्रीय सूचना केन्द्र कूल अंतक्रियात्मक मीडिया संस्कृति के विकास व उन्नति को प्रस्तुत करता है। यह प्रत्यक्षतः स्पष्ट है कि सूचना व प्रौद्योगिकी में अंतराल, सांस्कृतिक रूप से प्रमुख बाजारों वाले राष्ट्रों व कमतर प्रौद्योगिकी परिष्कृत क्षेत्रों (जो गरीब राष्ट्र के प्रतीक है) में वृद्धिगत रूप से विभाजन आविर्भूत करता है।

नवीन मीडिया व्यवस्था ने, अन्य दूसरे मीडिया के प्रवाह को पुनःव्यवस्थित किया है। यूरोपीय संदर्भों में अवलोकित किया जाय तो व्यवसायिक मीडिया का

विस्तार जो आविर्भूत समामेलन से संबंधित है; ने नकारात्मक प्रभाव स्थापित किया है। मीडिया के बढ़ते पूंजीवादीकरण व पराराष्ट्रीयकरण ने व्यापक स्तर पर पूंजीवादी परिभाषित प्रगति के आशय में सूचना के प्रवाह को प्रस्तुत किया है। इसे बहुतेरे अध्ययनकर्ताओं के (Mullholland: 1998; Hallin: 1994; Mader: 1993) कार्यों में अवलोकित किया जा सकता है लेकिन अतिवादीकृत आधुनिकता के अनिश्चित विश्व में बदलाव जिसे 'संकटसमाज' (रिस्क सोसाइटी) कहा जाता है (Beck : 1992) तार्किककरण सिद्धान्त के व्यवस्थित प्रगति के टूटन के रूप में अभिलक्षित है जहाँ मीडिया वैश्वीकृत हानि पहुँचाने वाले प्रभावों को प्रस्थापित करता है व व्यापक स्तर पर विश्व के बहुतेरे भागों में, सामान मुद्दों पर समान रूप से चर्चा करता है। ये प्रभाव अस्थायी रूप से, सूचना धनी व सूचना गरीब के मध्य विद्यमान विभेद को मिटाता है जिसका कारण कम्यूनिकेशन का लंबवत् क्षेत्र होना व समरूपता का एक वैश्विक अनुभव है। इस अर्थ में नवीन मीडिया व्यवस्था युगपतीय रूप से, दो विविध दिशा-निर्देशों का खिंचाव है : सूचना व्यवस्था को वृद्धिगत तार्किककरण और सूचना के अनियंत्रित प्रवाह का उत्तरोत्तर बढ़ाव। स्टीवेनसन व्याख्यायित करते हैं कि यह विरोधाभासी प्रतीत होता है लेकिन भविष्य में यह वृद्धिगत साक्ष्य के रूप में उपलब्ध होगा (Stevenson : 1999)।

बेक तर्क प्रस्तुत करते है कि संस्कृति विश्लेषण, सामाजिक नियंत्रण के नवीन दृष्टांतों की ओर केन्द्रित है। बेक इसको 'प्रत्यावर्तित आधुनिकीकरण' के रूप में अभिव्यक्त करते हैं। जहाँ आधुनिकता निश्चितता व सत्य का युग था वही आने वाली द्वितीय आधुनिकता अतिवादी संदेह व अनिश्चितता की भविष्यवाणी का आशय है। मीडिया से संबंधित विषयों के मुद्दे जो महासागरीय वातावरण में व्याप्त प्रदूषण, पुरुष उर्वरता में गिरावट से संबंधित अटकलबाजी के रूप में सामाजिक जीवन का प्रदर्शन है व नाजुक तथा कमजोर कड़ी के रूप में अनुभवातीत है लेकिन इसका आशय यह नहीं कि विश्व वस्तुनिष्ठ रूप से खतरनाक स्थान है। बेक का तर्क है कि - वैयक्तिकरण, परंपराओं का क्षय और ज्ञान का तीव्र विस्तार सामाजिक जीवन के प्रमुख स्वरूप के एक संकटमूलक आकलन के निर्माण को संभव बनाता है। उच्चतर प्रत्यावर्तित साक्ष्य ने, आधुनिकता से संबंधित दमित प्रश्नों को खोला है (विशिष्ट रूप से जो लिंग व परिस्थिति से संबंधित है) व निश्चिता तथा असंदिग्धता के निर्माण के लिये पुनःकार्यकारी प्रयास के विकास

व उन्नति को प्रोत्साहित किया है। निर्मित निश्चितता व असंदिग्धता प्रश्नों व संदेहों से आत्म व समुदाय का बचाव है। यह आधुनिकता का दूसरा भाग है। इसके अतिरिक्त नवीन मीडिया, कम्प्यूटर, सूचना प्रौद्योगिकी, बढ़ता स्वचालन, एक व्यापक सूचना विनिमय के वैकल्पिक स्रोत को उपलब्ध कराता है।

4. इंटरनेट व नवीन मीडिया प्रणाली : टेक्नो संस्कृति व टेक्नो समुदाय

नवीन मीडिया प्रौद्योगिकी और उससे संबंधित आविर्भूत संवाद का समुदाय की प्रकृति व तकनीकी संस्कृति से गहन अन्तर्संबंधन है। जैसे-जैसे सूचना संप्रेषण प्रौद्योगिकी से संबंधित मीडिया विविधीकृत होती जा रही है वैसे-वैसे पुरातन सामुदायिक संबंधन की प्रकृति से संबंधित प्रश्न खुलते जा रहे हैं। पुरातन समुदाय व संस्कृति से संबंधित प्रश्न नवीन सूचना प्रौद्योगिकी से संबंधित मीडिया के परिप्रेक्ष्य को आशावादिता व सुपरिणामों के प्रति आश्वस्त तथा निराशावादिता के रूप में अभिव्यक्त कर सकते हैं। निराशावादियों का प्रारूपण है कि : नवीन मीडिया प्रौद्योगिकी का विकास, आधुनिकता के सातत्य के साथ अन्तर्संबंधित किया जा सकता है व व्यक्तित्व के सामुदायिक स्वरूप के विघटन तथा सार्वजनिक जीवन के प्रगतिकामी निजीकरण व वस्तुकरण के रूप में अवलोकित किया जा सकता है जबकि दूसरी तरफ अधिकतर उत्तर आधुनिक परिप्रेक्ष्य, इंटरनेट, वीडियो, मोबाइल फोन व पोर्टेबल स्टीरियो का उद्भव आवाजों के लिये, खुलने वाली नवीन संभाव्यता के रूप में अलग करता है जो कि पारंपरिक रूप से, सार्वजनिक संस्कृति से अलग है (Stevenson : 1999)। अन्य नवीन प्रभावकारी प्रभाविता को नेटवर्क चैटलांइस के संदर्भ में अवलोकित कर सकते हैं। असमान रूप से पारंपरिक समुदाय में व्यक्ति का संबंध स्थानीय संबंधों के सह-अस्तित्व के साथ है जबकि तथाकथित उत्तर आधुनिक समुदाय वैयक्तिक पसन्द व मीडिया उत्पाद का परिणाम है। आलोचनाओं के केन्द्र में, पूंजी का वैश्विक उल्लास, जो सामुदायिक व्यक्तित्व का नष्टीकरण करता है। यह लोगों को पूंजीवाद के प्रतिरोध के रूप में उपस्थित करता है जबकि दूसरा सामुदायिक मत 'अनिश्चित बहाव' को प्रस्तुत करता है जिसे अतिवादी राजनीति के संभाव्य स्थान के रूप में चिन्हित किया जा सकता है। निराशावादिता के संदर्भ में अवलोकित किया जाय तो सर्वोच्च सूचना राजमार्ग व सायबर स्पेस, स्वतंत्र कम्युनिकेशन के लिए 'एक मुक्त वर्चस्व'

को प्रस्तुत नहीं करेगा लेकिन पूर्ण बाजारू स्थान अचानक हल्के प्रसार से संचालित हो सकता है जो समय व स्थान से परे घटित होता है (Stallabras : 1996)। तथाकथित 'वर्चुअल समुदाय' विडंबना व व्यंग्यपूर्ण कार्य पर आधारित है जबकि असमान रूप से यथार्थ समुदाय निष्ठा व उत्तरदायित्व पर आधारित है। यदि सायबर स्पेस के अन्तर्गत हम अपने व्यक्तित्व को धोखा देने के लिये परिवर्तित कर सकते हैं तो यह वास्तविक लोकतांत्रिक संप्रेषकीय विनिमय की आवश्यकता को नकारता है (Stallabras : 1996)। सायबर स्पेस अतार्किक व गैर उत्तरदायित्व के उपभोग का क्षेत्र होता है जहाँ 'गरीब' कभी भी एक विषय वस्तु के रूप में आविर्भूत नहीं होता है। वास्तविक रूप में, 'वेब' के माध्यम से वर्चुअल समुदाय की रचना की इच्छा यथार्थ समुदाय के अध्यक्षता का स्वरूप है।

'ग्रे' का तर्क है कि यह हमारे समुदाय को नवीनीकृत करने जा रही है साथ ही जातीय, सजातीय समुदायों के समस्याओं का निस्तारण व सहभागी राजनीतिक विश्व को अतिवादी रूप से लोकतांत्रिक करने जा रही है जो कि यूरोपियन (काल्पनिक) विचारधारा का सबसे बुरा प्रकार है (Gray : 1995a : 1995b)। जिस समुदाय का निर्माण मौज/सनक के आधार पर हो रहा है वह संबंधन व व्यक्तित्व से संबंधित स्थान की समाप्ति है। स्वतंत्र बाजारू उदारवाद के कारण पारंपरिक समुदाय क्षयीकृत है। इसका निस्तारण, वर्ग राजनीति के पुनःआविष्कार में नहीं है बल्कि सामाजिक लोकतंत्र का पुनःनवीनीकरण है जो वैश्विक युग में समुदाय की संरचना व संरक्षण पर पुनर्चिंतन करता है।

महत्वपूर्ण रूप से, नवीन कम्युनिकेशन प्रौद्योगिकी का आकलन बहुतेरे अध्ययनकर्ताओं ने किया है। माफेसोली, समाज के संदर्भ में, 'ट्राइबलाइजेशन' संबोध का प्रयोग करते हैं। माफेसोली का आशय है कि फुटबाल टीम, स्वयं सहायता समूह का निर्माण, फ्रेंडशिप नेटवर्क का निर्माण, इंटरनेट साइटस व धार्मिक संगठन के व्यक्ति, विविध व विरोधाभासी समुदायों में वृद्धिगत रूप से संबंधित होते हैं। आधुनिकता के वि-वैयक्तिककरण व अधिक प्रभावी समुदायों का विस्तार जो स्वहित के उपयोगितावादी आशय पर, तब कहीं सामाजिकता पर आधारित है। नवीन जनजातियाँ सहभागी भावना पर आधारित होते हैं जहाँ वे प्रतिदिन इंटरनेट साइट व सोप ओपेरा संबंधित अन्य अवसरों का अवलोकन करते हैं। ये नवीन भावनात्मक समुदाय क्षणभंगूर व्यक्तित्व व साप्ताहिक, मासिक,

वार्षिक मजबूती (गरमी) पर आधारित होता है तब कहीं जाकर स्थायित्व के आधार पर (Maffesoli : 1996)।

समान रूप से इसके अधिकतर उत्साही समर्थक कहते हैं कि : डिजिटल टेलीविजन का आविष्कार 'सूचना' की मात्रा को विस्तारित करेगा व दर्शकों हेतु उच्च अंतःक्रियात्मक सहलग्नता को उपलब्ध करायेगा (Negroponte : 1995; Gilder : 1992)। इसके अतिरिक्त इंटरनेट कंपनी अपनी कम केन्द्रीयता व संस्तरणात्मक प्रकृति के कारण नवीन संभावनाओं को आविर्भूत करता है। यह कम्प्यूटर संस्कृति के कारण संभावित है जो सूचना के 'द्विमार्गी प्रवाह' तथा कम मात्रा में, संस्तरणात्मक होने के कारण संभावित है (Kellner : 1995; Rheingold : 1994)। सार्वजनिक परिवेश वृद्धिगत रूप से खुला होता है जहाँ प्रौद्योगिकी उच्चता, नागरिकों के व्यापक सहभागिता को प्रदर्शित करता है। 'नेट' की उपस्थिति विशिष्ट है क्योंकि यह ज्ञान व शक्ति के अस्तित्वकारी शासन को विनष्ट करता है व नवीन संभावना का प्रस्तोता होता है।

जहाँ स्टालाब्रास इसे नकारात्मक रूप में अवलोकित करते हैं (Stallabras : 1996) वही प्लांट अवलोकित करते हैं कि इंटरनेट 'यथार्थता' को उदारीकृत करता है व सार्वजनिक संस्कृति के गेटकीपर का कार्य करता है। निराशावादियों के लिये इंटरनेट एक वैयक्तिकृत विकास है जो जन समाज से अलग है। यह वस्तुओं के प्रति एक संग्रहणकारी प्रवृत्ति का अभिमुखन है व उपभोग स्वतंत्रता की आकांक्षा है, जो सामाजिक उत्तरदायित्व के प्रति गहनता से अलग है। जबकि आशावादियों के लिये, नवीन मीडिया, इंटरनेट समालोचनात्मक सहलग्नता के नवीन स्वरूप को उद्भासित करता है व जन सहभागिता को वास्तविक संभाव्यता के रूप में, प्रदर्शित करता है व संबंधों के नवीन स्वरूप को प्रोत्साहित व प्रोन्नत करता है (Stevenson : 1999)। नवीन मीडिया के विकास के सुअवसरों व आसन्न खतरों के विशिष्ट पक्षों को निम्नवत् अभिव्यक्त किया जा सकता है :

वैयक्तिक पसन्द की संस्कृति : नवीन मीडिया प्रौद्योगिकी का तीव्र गति से विकास (जो प्रौद्योगिकी परिवर्तन द्वारा उपलब्ध है) का आशय है कि सार्वजनिक संस्कृति/जनसंस्कृति, व्यापक रूप से वैयक्तिक पसन्द पर आधारित होगा जोकि जन संस्कृति शोध/सार्वजनिक संस्कृति शोध द्वारा प्रोत्साहित है। इससे उद्भूत समस्यायें जिसका लोग सामना करेंगे, नवीन कुंठा व हताशा के रूप में, सामने

आयेगी जो कि सांस्कृतिक दुराव व सांस्कृतिक अतिभारिता पर आधारित होगा। इस प्रकार की यह जटिल संस्कृति युगपतीय रूप से, नवीन नेटवर्कों के सृजन के लिये सुअवसर पैदा करता है जबकि सहभागी जनसंस्कृति को कमजोर करता है। वैयक्तिक पसन्द की संस्कृति आविर्भूत हितों के रूप में, नवीन समुदाय की संभाव्यता और कार्यालयी सार्वजनिक संस्कृति के सूक्ष्मीकरण का प्रस्तोता साबित होता है।

अनुभूति की संस्कृति : समालोचनात्मक, तार्किक, राष्ट्रीय सार्वजनिक परिवेश, वृद्धिगत रूप से अतिशय लक्षित वैश्विक एजेंड़ा द्वारा प्रति उत्तरित है। इस वैश्विक एंजेंडे का संचालन ऐन्द्रिक, संवेदना व तत्कालीन अभिमत रचना पर आधारित है। वृद्धिगत संवेदना के प्रति अभिमुख मीडिया, आंदोलनों के लिये व्यापक स्वरूप उपलब्ध कराता है व समूहों के लिये नाटकीय रूप से, एक प्रतीकात्मक प्रतिरोध को प्रदर्शित करता है जो कि कल्पनात्मक व समालोचनात्मक होता है। इसके अन्तर्गत सार्वजनिक क्षेत्र के प्रति प्रतिक्रिया होती है साथ ही यह स्थानीय एजेंडे के प्रति विलगाव है।

बचाव की संस्कृति : बड़े स्तर की मीडिया की योग्यता जन समाज पर स्व एजेंडा थोपने की है जो कि नवीन सांस्कृतिक स्वरूप के तीव्र वृद्धि के माध्यम से कमतर किया जा सकता है। यह सांस्कृतिक स्वायत्तता के नवीन सुअवसरों को अनुमोदित करता है जिसका आधार कुशलता का विकास, बहुत से स्रोतों से एकत्रित सूचना व विविधीकृत संवाद समूह में सहभागिता है। इस नवीन जीवनशैली युक्त समुदाय एकता को भावना के अनुमोदन के रूप में अवलोकित किया जा सकता है जो कि अन्य सांस्कृतिक समूह से भिन्नता की रणनीति को अनुमोदित करता है। अर्थतंत्र से संचालित नवीन मीडिया प्रौद्योगिकी का विश्व, उपभोग की संस्कृति को अनुमोदित करता है तब जाकर न्याय, लोकतंत्र व स्वतंत्रता के पुरातन प्रश्नों को।

अन्तःक्रियात्मकता की संस्कृति : यह स्पष्ट है कि मीडिया का संपूर्ण स्तर उपभोग के अतिशय अंतःक्रियात्मक संस्कृति को समाविष्ट करता है। पारंपरिक मीडिया जैसे टेलीविजन, मैगजीन और न्यूजपेपर, पत्र व अन्य युक्तियों द्वारा संवाद आमंत्रित करते थे लेकिन सूचना मीडिया के नवीन माध्यम के बहुतेरे वैषयिक आधार है। मीडिया का नवीन ग्रातावरण अभी पूर्णरूपेण संरचित नहीं

हुआ है व सार्वजनिक परिवेश विविध मुद्दों व नीतियों पर आविर्भूत संवाद के माध्यम से गतिशील है। सार्वजनिक परिवेश की संरचना, संस्थाओं, प्रौद्योगिकियों व विविध राजनीतिक संगठनों की एजेंसियों व सांस्कृतिक समूहों द्वारा संरचित है।

5. सूचना समाज की प्रवाहशीलता : एक समालोचनात्मक प्रदर्शन

कैसटेल्स नवीन मीडिया संस्कृति, राजनीति व सामाजिक रूपान्तरण पर प्रभावी अवलोकन प्रस्तुत करते हैं (Castells : 1996 : 1997 : 1998)। कैसटेल्स अभिव्यक्त करते हैं कि आविर्भूत 'सूचना समाज' प्राथमिक रूप से वैश्विक पूंजीवाद, राज्य और नवीन सामाजिक आंदोलन के मध्य परिवर्तित संबंधों का उत्पाद है। यद्यपि यह सामान्य रूप से स्पष्ट है कि नवीन मीडिया का विकास, मीडिया संदेशों का विविधीकरण और मीडिया, स्कैंडल की राजनीति के विकास का दूरगामी प्रभाव सार्वजनिक परिवेश पर स्थापित है। इन आयामों का प्रभाव बहुल स्वरूप वाला है व अधिक दिशा में बदलावित होता है। विशिष्ट रूप में, टेलीविजन और सामान्य रूप से मीडिया व विशिष्ट रूप से टेलीविजन अधिक केन्द्रीय तथा आधुनिक समाज में परिभाषित संस्था है। टेलीविजन के संदर्भ में अभिवर्णित किया जा सकता है कि टेलीविजन अद्यतन रूप से भाषा को आकार देता है, यह प्रतीकात्मक विनिमय को भी आकार देता है जो कि समाज को परिभाषित करने में सहायता प्रदान करता है। मीडिया सामान्य 'समझ' भाषा व ज्ञान को संरचित करता है। मीडिया अधिकतर राजनीतिक एजेंडे को ही निर्धारित नहीं करता है बल्कि राजनीतिक और सामाजिक संघर्ष के लिये पृष्ठभूमि व संदर्श भी उपलब्ध करवाता है। समकालीन संस्कृति में, आधुनिक कम्यूनिकेशन की केन्द्रीयता, जन संस्कृति को वितरित नहीं करता है बल्कि वास्तविक रियल वर्चुअल संस्कृति को भी अभिव्यक्त करता है। जन संस्कृति का विचार, मीडिया के नवीन वातावरण द्वारा पीछे हो गया है व संदेश भी स्पष्ट रूप से पीछे हो चुका है। इसे नियोजित श्रोताओं के प्रतीकात्मक भाषा के संदर्भ में अवलोकित किया जा सकता है। भविष्य समजातीय जन निर्देशित संस्कृति (जो मानवीय विविधता का दमन करता है) के द्वारा संचालित नहीं होता है बल्कि विविधीकृत पापुलर कल्चर द्वारा होता है जहाँ प्रतिस्पर्धात्मक लाभ, उत्पाद विविधीकरण व

श्रोता प्रभागी के द्वारा प्रस्तुत होता है। हम एक वैश्विक गाँव में नहीं रहते हैं बल्कि ग्राहकीकृत झोपड़ी जो वैश्विक रूप से निर्देशित तथा स्थानिक रूप से वितरित है (Castells : 1996)।

नवीन आविर्भूत सूचना समाज पूर्णतः मीडिया संस्कृति के द्वारा अभिलक्षणित है जो कि अधिक वैयक्तिककृत और कम समजातीय है (पहले के गुणों की अपेक्षा) यह स्पष्ट है कि 'वर्चुअल रियलटी की संस्कृति' विश्व को खोलता है जहाँ लोकप्रिय नैतिकतायें और आकांक्षायें 'सोप ओपेरा' के माध्यम से खुलती है। 'सोप ओपेरा' राजनीतिक प्रश्नों को आविर्भूत करती है व तथाकथित 'इन्फोटेनमेंट' के विकास को, प्रशस्त करती है; अधिकतर मीडिया एक्सपोजर के आकर्षण के प्रति प्रतिरोध को प्रारूपित करती है। यह मीडिया के गतिशील घुमाव के सिद्धान्त के कला के विकास को भी प्रदर्शित करता है। कैसटेल्स के अनुसार, नवीन मीडिया की राजनीति 'वर्चस्व व बचाव' के प्रतिमान दोनों को प्रोन्नत व प्रोत्साहित करता है (Stevenson : 1999)। इस संदर्भ में ऐसे उदाहरणों को प्रस्तुत किया जा सकता है जो कैसटेल्स के अध्ययनों में दिखायी पड़ते हैं (Castells : 1996 : 1997 : 1998; Stevenson : 1999)। इसे स्कैन्डल की राजनीति और सामाजिक आंदोलनों की सफलता, प्रगति व विकास के रूप में अवलोकित किया जा सकता है जो नवीन मीडिया प्रौद्योगिकी के उपयोगीकरण द्वारा व्याख्यायित है (Stevenson : 1999)।

'स्कैन्डल राजनीति' को वृद्धिगत टेलीविजन समाज के सामान्य संदर्श के अन्तर्गत विकास के रूप में अवलोकित किया जा सकता है। इसका कारण राजनीतिक मुद्दे व नीतियाँ तथा चक्रीय व रणनीतिक खेल है। टेलीविजन के माध्यम से राजनीतिक मुद्दों व नीतियों का 'दृश्यकरण' तथा राजनीतिक मुद्दों व नीतियों से संबंधित 'ओछापन व नगण्यता' 'वैयक्तिको' पर एक अलग प्रभाव स्थापित करता है तब जाकर उन राजनीतिक मुद्दों को, जो राजनीतिक वाद-विवाद हेतु महत्वपूर्ण होता है। टेलीविजन द्वि-आधारी राजनीति को प्रोन्नत करता है। राजनीति का वैयक्तिककरण व विचारधाराओं का क्षय तथा निरन्तर विषमता, जो विभिन्न राजनीतिक दलों के मध्य अवलोकित होता है। सूचनात्मक राजनीति के युग में, एक केन्द्रीय स्वरूप हेतु आधार उपलब्ध करवाता है। इस सूचनात्मक युग में, जहाँ नैतिक व आचार-विचार से संबंधित अभिलक्षण, जो राजनीतिक

दलों के मध्य देखने को मिलता है वृद्धिगत रूप से, चैनलों से संबंधित उपकरणात्मक रूपों द्वारा पुनःरूपायित है। इसके अन्तर्गत बाधित मुद्दों व नीतियों तथा पदों को (जो विरोधी पार्टियों द्वारा पूर्व में अधिग्रहित की गई है) को प्रस्तुत किया जाता है। 'स्कैन्डल का संकेत' राजनीतिक विभाजन को सृजित कर सकता है। यह स्पष्ट तथ्य है कि बहुतेरी राजनीतिक पार्टियाँ 'स्वयं के प्रभाव' के निर्माण में संलग्न रहती है। भ्रष्टाचार का स्वरूप, मुख्य धारा की राजनीति के संगठन के लिये, एक प्रमुख केन्द्रक होता है। यह पत्रकारिता में संलग्न लोगों तथा विरोधी राजनीतिक शक्तियों के लिये युद्धोपकरण या विस्फोटक आधार उपलब्ध करवाता है ताकि भ्रष्टाचार को उच्च स्तर पर प्रदर्शित किया जा सके। अतः 'स्कैन्डल राजनीति' जो 'सूचनात्मक युग' का एक प्रमुख अभिलक्षण है, प्रत्येक दिन एक धमकी के रूप में प्रकट होता है तब जाकर एक घटना के रूप में। भविष्य में इसे 'स्कैन्डल थकावट' के रूप में अवलोकित किया जा सकता है। 'स्कैन्डल थकावट' भविष्य में ऐसी स्थिति का निर्माण करेगा जहाँ सार्वजनिक परिवेश व मूल्यों से संबंधित व्यापक प्रश्न व राजनीतिक अर्थ नष्ट होने के कगार पर होगा। सामाजिक स्थान व विमर्श के संदर्भ में, हम कैसटेल्स, हैबरमास व विलियम्स के विचारधाराओं में एक व्यापक अन्तर्संबंधन अवलोकित कर सकते हैं। यह मीडिया संचालित समकालीन समाज में एक व्यापक खतरनाक साक्ष्य के रूप में उपलब्ध है।

कैसटेल्स जब 'सामाजिक आंदोलनों' की प्रगति व विकास की चर्चा करते है तो अभिव्यक्त करते हैं कि कैसे मीडिया वैचारकीय पक्षों से बाधित हो चुका है। इन एजेंडाओं को सामाजिक आंदोलनों की विविधता ने नष्ट किया है। आर्थिक वैश्वीकरण के संदर्भ में, बचावमूलक उत्तरदायित्व व व्यापक प्रतिक्रिया के विकास में, उच्चीकृत व कुशल मीडिया तकनीक के विकास के रूप में, सामाजिक आंदोलनों की विविधता को अभिलक्षित करते हैं (Castells : 1996 : 1997 : 1998)। कैसटेल्स का आशय है कि आंदोलन जो समीक्षा की प्रक्रिया के तहत है, समाज के भविष्योन्मूलक पुनरोद्धार के 'विजन' से अधिकतर संबंधित नहीं है बल्कि सुरक्षित अद्यतन सामाजिक प्रक्रिया व व्यक्तित्व के प्रति आकस्मिक परिवर्तन का प्रयास है। इसे मैक्सिको में जैपतिस्टा आंदोलन के संदर्भ में अवलोकित कर सकते हैं (कैसटेल्स इसे प्रथम सूचनात्मक गुरिल्ला युद्ध कहता है)। यह

मीडिया के चतुर व कुशल उपयोग (वीडियो व इंटरनेट) के रूप में अवलोकित किया जा सकता है। यह पहचान, आत्मसम्मान, लोकतंत्र व भूमि के लिये छोटे स्तर पर एक स्थानिक संघर्ष है जिसने अन्तर्राष्ट्रीय स्तर पर जनमत हेतु ध्यानाकर्षण किया है। वास्तव में, जैपतिस्टा आंदोलन व अन्तर्संबंधित मीडिया के विविध रूप, मैक्सिकन सरकार हेतु राज्य के उपकरणों द्वारा दमन के संदर्भ में असंभव प्रतीत होता है। जैपतिस्टा आंदोलन नेटवर्क समाज के अभिलक्षणात्मक स्वरूप का प्रतीक है। यह स्पष्ट है कि कोई भी विरोधमूलक आंदोलन वैश्विक एजेंडा के संदर्भ में, स्थानीय अनुभवों से संबंधित होना चाहिए और इस प्रक्रिया में, निरपेक्ष रूप से यह अतिशय महत्वपूर्ण है कि नवीन मीडिया प्रौद्योगिकी, समय व स्थान से परे 'सूचनाओं के परिवर्तन व बदलाव' हेतु क्षमता प्रदान करती है। कैसटेल्स का तर्क है कि नवीन मीडिया प्रौद्योगिकी नेटवर्कों के निर्माण में योगदान कर सकती है जिसे सामाजिक आंदोलन के संदर्भ में अवलोकित कर सकते हैं। कैसटेल्स का आकलन है कि नवीन मीडिया प्रौद्योगिकी अस्तित्वकारी सामाजिक संरचना को ताकत प्रदान करती है जब जाकर कहीं रूपान्तरित। उदाहरण के लिये 'नेट' तक पहुँच आर्थिक व शैक्षणिक कारकों पर आधारित है। यह सामाजिक अभिजात्यों के महानगरीय अभिमुखन को अभिसिंचित करता है तब जाकर यह सामाजिक संस्तरण को विनष्ट करता है जैसा कि कुछ टिप्पणीकर्त्ता इसका अवबोधन करते हैं। नवीन मीडिया प्रौद्योगिकी युगपतीय रूप से सांस्कृतिक पूंजी, संस्तरण व भिन्नता के संबंधों को ताकत प्रदान करता है व जबकि सामाजिक आंदोलनों की पहुँच को अतिशय जन-जन तक पहुँच व दूरस्थ जन के साथ अन्तर्संबंधित करता है। कैसटेल्स आधुनिक समाज व सूचना समाज के संदर्भ में, एक अतिशय जटिल अभिमत प्रस्तुत करते है। इसके बावजूद एक व्यापक आदर्शात्मक उत्तरदायित्व के विकास में (जो संवाद उपकरणात्मक व पहचान तथा व्यक्तित्व की समस्या से संबंधित है) असफल दीख पड़ते है (Stevenson : 1999)। हालांकि एर्डोनो व होरखीमेर के सांस्कृतिक उद्योग तथा हैबरमास के 'सार्वजनिक परिवेश' की तरह कैसटेल्स का 'सूचनात्मक समाज' व नवीन मीडिया प्रौद्योगिकी से संबंधित मुद्दे व नीतियाँ एक नवीन समालोचनात्मक रूपावली का प्रस्तोता है।

मौलिक निष्कर्ष

साम्राज्यवाद 'वर्चस्व स्थापना व प्रभाव स्थापना' के रूप में प्रतिबिम्बित किया जा

सकता है। यह वर्चस्वकारी केन्द्र की जीवन मूल्यकृति, कार्यगत अभिगम व दबाव तथा नियंत्रण के प्रतिमानगत स्वरूपों का प्रकट या अप्रकट प्रचार-प्रसार है। यह आतंरिक चिंतन तथा मूल्य, प्रथा, विश्वास व जीवनशैली की सर्वोच्चता व संरचनात्मक-हिंसात्मक प्रदर्शीकरण का वाहक है जो आज अन्तर्संयोजित है। यह सभ्यताओं, समाजव्यवस्थाओं व संगठनों के मध्य संघर्ष को प्रत्यक्ष या अप्रत्यक्ष तरीके से प्रोत्साहित करने व स्वयं को राष्ट्रभक्त, देशज लगाव व निरपेक्षता के बजाय सापेक्षिता, स्वजातीयता, सजातीयता के रूप में प्रकटीकृत करता है। यह एक समालोचनात्मक तर्क है कि नव-सिद्धान्त साम्राज्यवाद स्थापना के रूप में या के आधारभूतकारक के रूप में, सूचना व इलेक्ट्रानिक उपकरण व मीडिया के अन्य साधनों को अवलोकित करते हैं जो नवीन भाषा, नवीन सोच, नवीन कार्यशैली, नवीन प्राधिकार, नवीन वैधता के रूप में प्रासंगिक हुई है, हालांकि इससे साम्राज्यवाद स्थापना के पुरातन उपकरण समाप्ति की ओर उन्मुख है। निर्भरता सिद्धान्त तथा मीडिया -सांस्कृतिक साम्राज्यवाद के मध्य एक अन्तर्संबंधन अवलोकित होता है जो नवीन पूंजीवादी अभिलक्षणों के बहाव (इसे सार्वभौमिक रूप से अवलोकित न कर वैश्विक रूप से अवलोकित किया जा सकता है)। ट्रांसनेशनल इलेक्ट्रानिक मीडिया व सूचना उपकरणों के सेवाओं में सतत वृद्धि व कार्य की वैज्ञानिक, एकाकी व वैश्विक नियम व प्रतिमान के रूप में प्रदर्शित है। यह आर्थिक-सांस्कृतिक वर्चस्व के प्रवाह का एकाकी कारक होता है। यह एकाकी देश के मीडिया सांस्कृतिक साम्राज्यवाद की आसक्ति को विस्तारित करता है लेकिन विपरीत परिणाम के रूप में यह राष्ट्रीय प्रतिरोध की ऐसी प्रवृत्ति को निर्मित करता है जो स्वयं की स्थानीय, क्षेत्रीय देशज सांस्कृतिक व्यवस्था के संरक्षण व पुनर्निर्माण से संबंधित होता है। हालांकि यह कम स्तर पर अभिलक्षित है। ऐसा आकलन है कि यह अलगाव सांस्कृतिक पिछड़ापन, विभेद व सर्वोच्च स्थापना व निम्न बचाव लेकिन वृद्धिगत चैतन्यता का प्रतीक है। ऐसा आलोचनात्मक चिंतन है कि यह राष्ट्रवाद व मीडिया-सांस्कृतिक साम्राज्यवाद के संघर्ष का भविष्य में प्रबलीकरण है जो संकरित, संक्रमित व संदूषित प्रभाव व परिणामों का प्रतीक है। विश्लेषक 'साम्राज्यवाद के अंत' तथा तृतीय स्थान (जो अस्पष्ट, असंदिग्धता, संघर्ष, विभिन्नता व विखण्डन के रूप में लक्षित है) के निर्माण को प्रस्तुत करता है तथा जो सार्वभौमिक स्तर पर व्याप्त होता दिख रहा है।

नवीन मीडिया व्यवस्था (जो तृतीय मशीन युग सैद्धान्तिक ज्ञान का बढ़ता प्रयोगीकरण व विज्ञान तथा प्रौद्योगिकी के क्षेत्र में बढ़ती पराश्रिता के रूप में व्यक्त है) ने पूंजीवाद के पुरातन विलक्षणों को अलग कर, सूचनामूलक अर्थतंत्र की प्रस्थापना व वैश्विक प्रवाह को संचालित किया है। यह पूंजीवाद के अन्तर्राष्ट्रीय ब्रांड (जो कभी पश्चिमी देशों का प्रारूप हुआ करता था) का प्रस्तोता साबित हुआ है। सूचना व सूचना उपकरणों से संबंधित क्रांति धनस्रोत व आय स्रोत का केन्द्रक है। मीडिया मल्टीनेशनल जिनका सूचना बाजार (ज्ञान व सूचना से संबंधित) व सूचना उत्पादक फैक्टरियों पर नियंत्रण होता है, पूंजीवाद के नवीन प्रतिमान को निर्मित करता है। नवीन मीडिया का समामेलन, स्वामित्व, वर्चस्व स्थापना व पूंजीवाद भूमिका निष्पादन को भी प्रदर्शित करता है। राज्य, केन्द्र व देश की नीतियों से विलगाव व अन्य ध्रुवीय पक्षों का निर्माण होता है। इसके अतिरिक्त निष्क्रिय उपभोक्तावाद की बजाय, सक्रिय सहभागिता व सहलग्नता व उपभोक्तावादी परिप्रेक्ष्य को विस्तारित करता है। लेकिन मीडिया के नवीन रूप ने टूटन, भ्रंशता, विखण्डन तथा संकटों का सार्वभौमिक संरचनात्मक प्रस्तुतिकरण किया है। इससे सार्वभौमिक स्तर पर टूटन, भ्रष्टता, विघटन व संरचनात्मक संकट तथा अपघटन व क्षय के प्रति सार्वभौमिक चैतन्यता भी उद्भूत की है। यह विभेद को नकार, सार्वभौमिक रूप से चेतना का एक प्रारूप निर्मित करता है जहाँ पूंजीवादी संचयन व लोचनीयता से तद्जनित समस्याओं व संकटों पर सार्वभौमिक वाद, संवाद व संश्लेषण का मंचन होता है व कठोर तथा शक्तिशाली प्रमापकों द्वारा विश्व को खतरनाक स्थान बनने से रोका जाता है। यहाँ सूचना व सूचना से संबंधित उपकरण : सूचना विनिमय, सूचना जागरूकता, सूचना पहुँच, सूचना स्थल का कार्य करते हैं जहाँ से पूंजीवाद से तद्जनित समस्यायें हेतु सार्वभौमिक चैतन्यता का प्रारूपण होता है।

सूचना व मीडिया के नवीन उपकरण एक नवीन प्रकार के प्रौद्योगिकी संचालित मूल्य, परंपरा, विश्वास, प्रथा व अन्य सांस्कृतिक तत्वों का निर्माण/पुनर्निर्माण करते हैं जो संपूर्णतः पुरातन सांस्कृतिक घटकों से विलग आनलाइन संस्कृति का निर्माण करता है। यह आनलाइन संस्कृति मेरे आकलन में एक प्रासंगिक विश्वभाषा व उसके माध्यम से अंतःक्रियात्मक प्रवृति के विकास को प्रोन्नत करता है लेकिन विरोध में मीडिया व और सूचना के उपकरण, स्थानीय, क्षेत्रीय व राष्ट्रीय

भाषाओं, प्रथाओं व मूल्यों तथा प्रतिमानिक कार्यशैलियों के स्व अस्तित्व के संरक्षण व लोकगत सोच व आधार को जारी रखने हेतु एक यथार्थवादी अनुमति को प्रस्तुत करता है। यह स्पष्ट है कि 'आनलाइन संस्कृति' जो संक्रमण, संदूषण, संदिग्धता में, समरूपता, समान सहभागिता व सूचना संप्रेषण के नवीन सुअवसरों के प्रयोग को अनुमति देता है व प्रोत्साहित करता है; पूर्णतः अर्थ, राजनीति व यौनिक तनावों, कुंठाओं व मानसिक वियोजनों का प्रतीक है तथा उच्च, संपन्न, अभिजात्य वर्गों के लोगों के आनंद सुखानुभूति व वर्चस्व का प्रदर्शन है। यह 'आनलाइन संस्कृति' एक अलग प्रकार के वर्ग जो अतिशय वैयक्तिकृत, अतिशय संवेदनयुक्त, अतिशय मूल संस्कृति से विमुखता व अतिशय लगावहीन, दूरीहीन, समयहीन भूमि का तथा प्रस्थिति हेतु 'इलेक्ट्रानिक स्थान' के निर्माण को क्रांतिकृत करता है :

'आनलाइन टेक्नो समुदाय' भी सतत प्रवाहशील है। ऐसा आकलन है कि 'आनलाइन टेक्नो समुदाय' हम की भावना को केवल सूचना व सूचना उपकरणों द्वारा संचालित करता है जिसका निश्चित क्षेत्र इंटरनेट, कम्प्यूटर व सूचना उपकरणों तक पहुँच है। यह आनलाइन टेक्नो समुदाय सहभागिता व अभिमत प्रदर्शन तथा नवीन सूचना व इलेक्ट्रानिक निजीगत व अतिगोपनीय संबंधन का आनलाइन सृजन व निर्माण है। इसके सृजन में प्रतिवाद, विरोध व संकटकारी मुद्दों हेतु एकजुटता व चैतन्यता, एक अभिविहित कारक है। इससे एक निजी-सामुदायिक आनलाइन व्यक्तित्व निर्मित हुआ है। वर्चुअल कम्प्यूनिटी जो ज्वलंत मुद्दों, प्रश्नचिन्हों व विरोधों के परिणामस्वरूप प्रस्तुत है। यथार्थ समुदाय के विरोधी अभिलक्षणों से युक्त है (अर्थात् निष्ठा, आत्मीयता व वास्तविकता)। यह समुदाय अतिवादीकृत, क्रांतिकृत व सामाजिक संबंधों पर व्याप्त अतार्किक प्रभावों के विस्फोट के रूप में प्रदर्शीकरण है व विरोध, प्रतिवाद तथा विस्फोट में निष्ठा, लगाव व आत्मीयता व सामुदायिककृत 'हम की भावना' के सम्मिलन का प्रतीक है (तथा जिसकी केन्द्रीय धुरी में इंटरनेट व सूचना तथा मीडिया के अन्य उपकरण व साधन है)।

इसके अतिरिक्त 'सूचना समाज' जो पश्च 1970 व शुरूआती 1980 के दौरान आविर्भूत व मजबूत हुआ है आज बहुतेरे रूपों में सार्वभौमिकता की तरफ

उन्मुख है। 'सूचना समाज' के निर्माण में इलेक्ट्रानिक उपकरणों का व्यापक अवदान है जहाँ सूचनायें उत्पादन, उपभोग, विनिमय व सेवाओं का आधार है। यह उत्पादन के साधन का आधार है (जिस पर संपूर्ण रूपान्तरण व परिवर्तन आधारित होता है)। सूचना जीवन रेखा है व सूचना तक पहुँच का अभाव व कमी 'मृत्युरेखा' है। आज सामाजिक अंतक्रिया सूचना उपकरणों द्वारा ही संचालित होती है लेकिन आज सूचना समाज का प्रमुख उद्देश्य व प्रकार्य परिवर्तित है तथा नवीन मीडिया संस्कृति द्वारा सतत है। नवीन परिवर्तित सूचना समाज वैश्विक पूंजीवाद, नवीन वैश्वीकृत आंदोलन व स्थानीय देशज प्रतिवाद द्वारा बाध्यकारी है। यह सूचना समाज का नेटवर्क की तरफ झुकाव है जो वर्चुअल संस्कृति, वर्चुअल कम्प्यूनिटी व वर्चुअल समाज द्वारा संचालित होता है। यह नैतिकता, आकांक्षा, अभिवृत्ति व संवेदना के अतिशय वैयक्तिकृत परिप्रेक्ष्य को प्रदर्शित करता है। इसे बचाव, वर्चस्व व बहाव के रूप में आकलित किया जा सकता है जो कम्प्यूटर, इंटरनेट व सूचना प्रौद्योगिकी द्वारा प्रायोगिक है।

REFERENCES

Ahmed, K. (1998): 'Digital T.V. Leaves Poor out of Picture', The Guardian, Sturday, 31 January, 1998, 7.

Amin, S. (1989): Eurocentrism, Zordon, Zed Books.

Appadurai, A. (1990): 'Disjunction and Difference in the Global Culture Economy' in M. Featherston (ed.) Global Culture: Nationalism, Globalisation and Modernity, London, Sage.

Beck, U. (1992): Risk Society: Towards a New Modernity, London, Sage.

Bhabha, H. (1994): The Location of Culture, London, Routledge.

Boyd-Barrett, O. (1977): Mass Communications in Cross-Cultural Contexts : The Case of the Third World, Milton Keynes, Open University Press.

Castells, M. (1993): 'The Informational Economy and the New International Division of Labor', In M. Camog, M. Castells, S. Cohen and H. Condoso (eds.), The New Global Economy in the Information Age, London, Macmillan.

Castells, M. (1996): The Rise of the Network Society; The Information Age: Economy, Society and Culture, Volume I, Oxford, Blackwell.

Castells, M. (1997): The Power of Identity; The Information Age: Economy, Society and Culture, Volume II, Oxford, Blackwell.

Castells, M. (1998): End of Millennium; The Information Age: Economy, Society and Culture, Volume III, Oxford, Blackwell.

Culf, A. (1997): 'Switch on to Two-way Television', The Guardian, 8 May, 1997, 3.

Fejes, F. (1981): 'Media Imperialism: An Assessment', Media, Culture and Society, 3(3), 281-289.

Gilder, G. (1992): Life after Televison; The Coming Transformation of Media and American Life, New York, W.W. Norton and Company.

Goonatilake, S. (1995): The Self Wandering Through Cultural Localization and Globalization; In J.N. Pieterse and B. Parekh (es.), The Decolonization of Imagination, London, Zed Books.

Gray, J. (1995a): 'The Sad Side of Cyberspace', The Guardian, 10 April, 1995.

Gray, J. (1995b): 'Virtual Democracy', The Guardian, 15 September, 1995.

Hallin, O.C. (1994): We Keep America on Top of the World; Television, Journalism and the Public Sphere, London, Routledge.

Jameson, F. (1991): Post-modernism or the Culture Logic of Late Capitalism, London, Verso.

Keegan, V. (1996): 'Highway Robbery by the Super-rich', The Guardian, 2, July 22, 2-3.

Keegan, V. (1997): 'What a Web we Weave', The Guardian, 2, May 13, 2-3.

Kellner, D. (1995): 'Intellectuals and New Technologies', Media, Culture and Society, 17(3), 427-448.

Luke, T.W. (1995): 'New World Order or Neo-world Orders: Power Politics and Ideology in Informationalizing Glocalities', In M. Featherstone, S. Lash and R. Robertson (eds.) Global Modernities, London, Sage.

Mader, R. (1993): 'Globo Village; Television in Brazil', In T. Dowmunt (eds.) Channels of Resistance: Global Media and Local Empowerment, London, BFI Publishing.

Maffesoli, M. (1996): The Times of Tribes; The Decline of Individualism in Mass Society, London, Sage.

Mattelat et. al. (1984): International Image Markets, Lonon, Comedia.

Mattlelart, A. and Mattlelart, M. (1992): Rethinking Media Theory: Signposts and New Directions, Trans., J.A. Cohen and M. Urquidi. Minnesota, University of Minnesota Press.

McLuhan, M. (1994) : Understanding Media: The Extensions of Man, New York, McGraw Hill.

McLuhan, M. and Fiore, Q. (1967): The Medium is Message, London, Penguin.

Mullholland, J. (1998): 'ITV Failing Quality Standards Says Report', The Guardian, January.

Negroponte, N. (1995): Being Digital, New York, Vintage Books.

Porter, R. (1996): 'The Keeper of the Global Gate', The Guardian, October 29, 2-4.

Poster, M. (1995): The Second Media Age, Cambridge, Polity Press.

Rheingold, H. (1994): The Virtual Community-Surfing the Internet, London, Martin Secker and Warburg.

Robertson, R. (1992): Globalization; Social Theory and Global Culture, London, Sage.

Said, E. (1993): culture and Imperialism, London, Chatto and Windus.

Schiller, H. (1996): Information Inequality: The Deepening Social Crisis of America, London, Routledge.

Schiller, H.I. (1992): Mass Communication and American Empire, New ed. Boulder: Westview.

Stallabras, J. (1996): Gargantura; Manufactured Mass Culture, London, Verso.

Stevenson, N. (1999): The Transformation of the Media, Harlow, Pearson Education Limited.

The Economist (1995): 'Prime-Time Passions', The Economist, 5 August, 63-64.

Tomlinson, J. (1991): Cultural Imperialism, London, Pinter Publishers.

Turner, T. (1994): 'The Mission Thing: Index on Censorship, Sept./Oct. 1994.

Wallerstein, I. (1974): The Modern World System, New York, Academic Press.

Williams, R. (1976): Key Words: A Vocabulary of Culure and Society, London, Fontana.

अध्याय–5

नवीन मीडिया संस्कृति एवं सूचनात्मक अर्थतंत्र

प्रत्येक वृहस्पतिवार को 'न्यूयार्क टाइम्स' का एक भाग 'सर्किट्स' नाम से प्रकाशित होता है। न्यूयार्क टाइम्स का 'सर्किट्स' भाग संपूर्णतः नवीन प्रौद्योगिकी (सामान्यतः डिजिटल उपकरणों व नवीन कम्प्यूटर प्रोग्रामों) से अन्तर्संयोजित होता है। यह भाग नवीन प्रौद्योगिकी के आविर्भाव व समारोहों तथा भविष्य के डिजिटल प्रभावों का अभिव्यक्तिकरण है।

'सर्किट्स' प्रौद्योगिकी के साथ स्वयं के लंबे परंपरागत संबंधों को प्रस्तुत करता है जहाँ नवीन अविष्कार, किसी भी परंपरागत स्वरूप पर 'आधुनिक सर्वोच्चता' को अभिव्यक्त करते हैं। यह नवीन डार्विनवाद रूपावली में प्रौद्योगिकी का अध्ययन है जहाँ प्रत्येक सफल प्रौद्योगिकी अपने पूर्व पीढ़ी की तुलना में सुधरी तथा मानवता हेतु मुक्त व उदार होती है (Marshall : 2004)। 'न्यूयार्क टाइम्स' संपूर्ण विश्व स्तर पर अकेले यह कार्य नहीं करता है बल्कि प्रौद्योगिकी के वर्तमान प्रकटीकरण के आधार पर भविष्य के विश्लेषण हेतु नियमित भाग का प्रकाशन व स्थान, विश्व के बहुतेरे समाचार पत्र, पत्रिकायें, प्रतिवेदन इत्यादि करते हैं। इनका यह नियमित भाग नवीन प्रौद्योगिकी की स्वीकारोक्ति के पर्यावरण के सृजन में सहयोग करता है। यह इन नवीन प्रौद्योगिकी उपकरणों के प्रकार्यों को केवल पारिवारिक नहीं बनाता है बल्कि प्रौद्योगिकी से संबंधित परिवर्तन हेतु तैयार व प्रोत्साहित करता है। बहुत से अध्ययनकर्ता नवीन प्रौद्योगिकी की प्रभाविता को 'आश्चर्य' व 'सूचना' के रूप में अवलोकित करते हैं (Pogue : 2003; Leonhardt : 2003; Fessenden : 2003; Bernstein : 2003)। बहुतेरे लेखकों

व सिद्धान्तकारों ने प्रौद्योगिकी के प्रति व्याप्त संवेदनशीलता को अभिविहित किया है जो प्रौद्योगिकी के नवीनता के सामान्य समाविष्टीकरण से संबंधित है (Marcuse: 1964; Horkheimer and Adorno: 1987; Ferkiss: 1969; Ellul: 1964; Levinson: 1999; Burnett and Marshall: 2003; Bolter and Grusin: 2000; Innis: 1950:1951; Kroker: 1984; Baudrillard: 1983: 1991; Turkle: 1995; Lyotard: 1986; Haraway: 1991; Hayles: 1999; Metz: 1982; Marshall: 2004)

किसी भी नवीन मीडिया प्रौद्योगिकी से विलग इंटरनेट ने, समकालीन संस्कृति में, परिवर्तन के विचार तथा नवीनता को प्रस्तुत किया है। इसके व्याप्त प्रभावों व जीवन में बढ़ते सामान्यीकरण से संपूर्णता का एक नवीन स्थाप्त्य स्वरूप स्थापित हो चुका है। कम्प्यूटर वायरस व अन्य खतरनाक दुश्चक्रों हेतु रोकथाम व अभिरक्षा की बढ़ती चिंता, ब्रांडो का बढ़ता प्रभाव जैसे ई-बे या अमेजन.डाट. काम (जो कि 1990 से पहले अस्तित्वकारी नहीं था) आज लाखों लोगों द्वारा क्रय-विक्रय को प्रस्तुत करता है। पिछले पाँच वर्षों के दौरान नव लोगोवाद के तहत 'गुगुल डाट काम' का उद्भव काफी विस्मयकारी है। 'गुगुल' बेव का सबसे लोकप्रिय व महत्वपूर्ण सर्च इंजन है।

इस पारिवारिककरण के बावजूद, जो इंटरनेट द्वारा सांस्कृतिक रूप में, बहुविध प्रथाओं के माध्यम से विकसित हुआ है; असंदिग्धता के कारण विश्लेषण में काफी कठिनाई होती है। इंटरनेट ने अपने बहुविध कार्यों के तहत कम्यूनिकेशन के बहुतेरे रूपों को, प्रभावकारी तरीके से पुनःमध्यस्थ किया है। ई-मेल (इलेक्ट्रानिक मेल), इस्टेंट मैसेजिंग (इंटरनेट) इत्यादि पुरातन मीडिया स्वरूप से विलग एक अलग स्वरूप 'मल्टी मीडिया स्वरूप' को प्रदर्शित करता है। प्रारंभिक स्वरूप में मीडिया एक विशिष्ट सांस्कृतिक प्रकार्य को निर्देशित व नियंत्रित करता था लेकिन आज इंटरनेट एक अलग प्रौद्योगिकी संरचना को प्रस्तुत करता है। प्रथमत : जैसा कि इसका नाम वर्णित करता है कि इंटरनेट नेटवर्कों का नेटवर्क है जो कम्प्यूटर, टेलीफोन, केवल व केवल टेलीविजन लाइन से अन्तर्संबंधित व अन्तःक्रियात्मक है। फोन व्यवस्था की तरह इंटरनेट अन्तर्वस्तु का वाहक है, लेकिन अन्तर्वस्तु की प्रकृति को निर्धारित नहीं करता है। इंटरनेट अन्तर्वस्तु का नियमन बहुत से देशों के सरकारी संस्थाओं (सिंगापुर, आस्ट्रेलिया, अमेरिका इत्यादि) द्वारा किया जाता है लेकिन इसके बावजूद यह स्वतंत्र है और सरलतम

रूप में, अन्तर्संबंधित कनेक्शन है (सूचना व मीडिया उपकरणों का नेटवर्क है और कुछ नहीं)। द्वितीय : इंटरनेट व्यापक स्तर पर सूचना व सूचना से संबंधित आंदोलन को संचालित करता है। यह कार्य पुरातन सुपर कम्प्यूटरों की तुलना में, इंटरनेट 'पैकेट स्वीचिंग' के माध्यम से करता है। इससे बहुतेरी सूचनायें, बहुतेरे व्यक्ति, निश्चित वेबसाइट पर उसी समय अवलोकित कर सकते है (Marshall : 2004 : Gere : 2002)।

1. इंटरनेट : प्रतिवाद की एक नवीन प्रणाली

पश्च नवम्बर 1999 में सियेटल में, विश्व व्यापार संगठन की बैठक संपन्न हुई। सियेटल बैठक प्रतिवाद के व्यापक विस्तार व ताकत के रूप में अभिलक्षित होती है जो चीन की सहभागिता के कार्यकारी स्वरूप से संबंधित है। हजारों लोग जो संघों, छात्रा समूहों और पर्यावरण संगठनों तथा अन्य दूसरे सामाजिक समूहों (जो स्थानीय, राष्ट्रीय और अन्तर्राष्ट्रीय स्तर पर) अन्तर्संबंधित थे प्रतिवाद स्वरूप अन्तर्राष्ट्रीय व्यापार के विकास के विरूद्ध हो गये। राष्ट्रीय और अन्तर्राष्ट्रीय संगठनों तथा प्रतिवादियों के संदेशों की स्पष्टता नवीन मीडिया के लिये एक बड़ी प्रघटना थी। प्रतिवादियों के समूह का संबंधन सामान्य नहीं था बल्कि यह एक तरह से एंटी-ग्लोबलाइजेशन आंदोलन था। यह व्यापार उदारीकरण के विरूद्ध एक समरूप विरोधी आंदोलन था। इस प्रतिवाद के बहुतेरे पक्षों को संज्ञायित किया जा सकता है लेकिन नवीन मीडिया संस्कृति के दो महत्वपूर्ण आयामों को प्रस्तुत करना अत्यावश्यक है। प्रथमतः सभी संगठन प्राथमिक रूप से एक बहुत ही परिष्कृत नेटवर्क संरचना, जो आधारभूत रूप से एक दूसरे से जुड़े इंटरनेट पर आधारित था जिसके तहत समूह के सदस्य संवाद हेतु अन्तर्राष्ट्रीय स्तर पर बहुविध दलों से संबंधित थे। इस आन-लाइन विश्व के कारण ही प्रतिवाद स्वरूप राजनीतिक रणनीति के तहत, संवाद व तर्क विकसित हो सका। इंटरनेट और वर्ल्ड वाइड वेब की सीमायें, राष्ट्रीय सीमाओं तथा विशिष्ट प्रकार के कार्यों द्वारा बाधित नहीं थी। यह प्रतिवादी आंदोलन, प्रौद्योगिकी की पहुँच पर आधारित था जिसके द्वारा पराराष्ट्र के अन्दर वाद-संवाद-संश्लेषण की प्रक्रियायें आविर्भूत हुई। इस तरह सियेटल प्रतिवाद जो कि एंटी-ग्लोबलाइजेशन के रूप में अभिविहित है; नेटवर्कों का नेटवर्क बन सका जिसका कारण इंटरनेट का घरेलू व अन्तर्राष्ट्रीय

स्तर पर मात्रा प्रयोग था। इसके अन्तर्गत विश्वविद्यालय नेटवर्क, लाइब्रेरी नेटवर्क तथा घरेलू स्तर पर वैयक्तिक नेटवर्कों का व्यापक अवदान था जो कि 1990 के पहले तक 'संभव' व 'पहुँच' योग्य नहीं था।

इंटरनेट के इस प्रौद्योगिकी नवीन मीडिया स्वरूप का कोई केन्द्रीय नियामक या सामान्य निर्धारक नहीं है जो इसकी कार्यशीलता व प्रभाविता को आकारगत व निर्धारित कर सके (Marshall : 2004)। यह भविष्यमूलक घटनाओं के संदर्भ में, राजनीतिक प्रतिवाद के तहत अन्तर्संबंधित हितों व मुद्दों के नवीन आशयों के विकल्पकारी विकास को अनुमोदित कर सकता है। इस प्रकार सियेटल प्रतिवाद वास्तविक रूप से, विरोध का एक नवीन स्वरूप था। इसके अन्तर्गत दक्षिणी अमेरिका के किसान यूनाइटेड स्टेट्स के केन्द्रीय औद्योगिक प्रदेशों के श्रमिकों से जुड़े हुए थे। नवीन नेटवर्क रचना के साथ, सियेटल प्रतिवादी एंटी-ग्लोबलाइजेशन आंदोलन 'पहुँच' के एक नवीन यथार्थ को प्रस्तुत करता है। तार प्रणाली युक्त 'विश्व' ने इंटरनेट तक लोगों के व्यापक 'पहुँच' को सुनिश्चित व अनुमोदित किया है। इसने कम्यूनिकेशन के 'उच्च स्तर' को प्रस्तुत किया है। कम्यूनिकेशन की तत्कालिक गति नेटवर्क को संभव व यथार्थ बनाता है। विरोधाभासी रूप से, यदि एक पक्ष इंटरनेट को वैश्वीकरण के एक प्रौद्योगिकी के रूप में वर्णित करता है तो दूसरा पक्ष इसको एंटीवैश्वीकरण के एक प्रमुख प्रौद्योगिकी के रूप में अभिविहित करता है (Marshall : 2004)। कैसटेल्स के शब्दों में अभिव्यक्त किया जाय तो यह स्पष्ट है कि क्षेत्रीय राजनीति व समाज संगठन नवीन नेटवर्किंग राजनीति द्वारा रूपान्तरित हो चुका है (Castells : 1997; Kowal : 2002; Marshall : 2004)।

द्वितीय तत्व जिसको सियेटल प्रतिवाद नमूनीकृत करता है वह नवीन मीडिया संस्कृति के बारे में, 'पहुंच' के मुद्दे के रूप में अवलोकित किया जा सकता है। पृथ्वी पर 'सूचना के बहाव व नेटवर्क' तक सभी लोगों की 'पहुँच' सुनिश्चित नहीं है जो किसी भी व्यक्ति की दूसरी प्रवृत्ति होती है। अतः प्रौद्योगिकी उपकरण को 'दूराव और पहुँच और लगाव' के प्रारूपण के रूप में अवलोकित किया जाना चाहिये। बहुतेरों ने इस अन्तर को 'डिजिटल डिवाइड' के रूप में चिन्हित किया है तो कुछ ने इसे एक नये वर्ग-डाटा रैश के रूप में विहित किया है जो कि किसी भी संस्कृति में, एक अलग समूह होता है तथा जो सूचना की नवीन

संरचना तथा मशीनीकृत स्वरूप से संबंधित नहीं होता है (Marshall : 2004; Kroker and Weistein : 1994; Nielsen/Netrating : 2004) गिगानेटिक नेटवर्क के बावजूद विश्व की 6 अरब जनसंख्या में मात्रा 16.6 प्रतिशत इंटरनेट प्रयोगकर्त्ता है (Internetworldstats.2007)। इसके पीछे आधारभूत कारण यह है कि अभी भी वास्तव में, बहुतेरे देशों में, टेलीफोनिक पहुँच नहीं है जो इसके लिये अत्यावश्यक है। वास्तविकता यह है कि नवीन मीडिया विश्व के अधिकतर संपन्न, समृद्ध व प्रवाहपूर्ण क्षेत्रों की प्रौद्योगिकी संवेदनशीलता है। यह जनसंख्या को पूर्णतः विभाजित कर सकता है। उदाहरण के लिये : भारत में बंगलौर व्यापक साटवेयर उद्योग के साथ नवीन मीडिया संस्कृति का एक महत्वपूर्ण भाग है। लेकिन इसके बावजूद यहाँ व्यापक अन्तराल व बिखराव तथा विखण्डन है जो बंगलौर के ही अन्दर तथा बंगलौर व भारत के अन्य राज्यों के मध्य अवलोकित होता है। खास तौर पर इंटरनेट व वेब के संदर्भ में :

"The Globalization that new media represents also excludes from participation large sectors of the contemporary world. There is a banding of the middle classes in many countries that begins to resemble their counterparts in other part of the world. The exprerience of the new media culture in the way that we have described. It is fundamently banded and branded with socio-economic devide."

2. नवीन मीडिया संस्कृति : नवीन आयाम

1999 के सियेटल प्रतिवाद की प्रौद्योगिकी व्याख्या से अलग अन्तर्दृष्टि विकसित करे तो नवीन मीडिया संस्कृति का राजनीतिक-आर्थिक विश्लेषण अत्यावश्यक है। पूर्व उत्तराधिकारियों की तरह, नवीन प्रौद्योगिकी का उद्‌भव तथा आदर्श, विरोधाभासी व संघर्ष युक्त है। इंटरनेट के प्रयोग को समृद्ध, संपन्न तथा प्रभावशाली देशों में, टेलीफोनिक सेवाओं के व्यापक विस्तार तथा इलेक्ट्रीसिटी की जन उपयोगिता के व्यापक स्वरूप से संबंधित किया जा सकता है। इस प्रवृत्ति को बहुतेरे देशों में अवलोकित किया जा सकता है। अलगोरे राष्ट्रीय सूचना आधार संरचना के अमेरिकी सरकार की नीति के तहत इंटरनेट की व्यापक 'पहुँच' को सुनिश्चित कर रही है जिसके तहत स्कूल, विश्वविद्यालय, औद्योगिक प्रतिष्ठान तथा निगम

व्यापक स्तर पर वर्ल्ड वाइड वेब से से आबद्ध हो सके। हालांकि वास्तव में नेटवर्किंग कम्प्यूटर का आधार पेंटागन है। आर्थिक अभिजात्य के रूप में, नवीन अन्तर्राष्ट्रीय प्रस्थिति हेतु सूचना प्रौद्योगिकी को अन्य राष्ट्र भी महत्वपूर्ण कारक मानते हैं। मलेशिया में क्वालालम्पुर जो इसकी राजधानी है, में 'इनफारमेशन कारिडोर' का निर्माण किया गया है। आस्ट्रेलिया 'सृजनकारी राष्ट्र' की परिकल्पना करता है जो व्यापक सूचना तथा डिजिटल पहुँच पर आधारित है। सिंगापुर संभवतः इस पृथ्वी पर सबसे अधिक 'वायर्ड' शहर है व एक तरह से अर्थतंत्र के विस्तार का वर्तमान व भविष्य में प्रारूपण है। कोरिया, घरेलू व व्यवसायिक स्तर पर विश्व में अतिशय व उच्च सूचना युक्त राज्य बनने के लिये तार एवम् बेतार प्रणाली दोनों का विस्तार कर रहा है (Marshall : 2004)।

नवीन मीडिया संस्कृति का उद्भव व्यापार के आर्थिक तार्किकवाद या व्यापार के नव-उदारवाद के रूप में अभिवर्णित है क्योंकि यह सत्य है कि कुछ प्रमुख औद्योगिक क्षेत्र जननीति व नियंत्रण के तहत विनियमित हो चुके हैं यथा : एयरलाइंस उद्योग, जन उपयोगितावादी उद्योग व प्रसारण उद्योग इत्यादि। विनियमितीकरण के तहत, उद्योगों व निगमों को अप्रत्याशित शक्तियाँ प्राप्त हुई है। इससे सरकारी कार्मिकों में कमी हुई है। ट्रेड संघों में वैश्विक स्तर पर क्षय हुआ है व इनका सामूहिक कार्य वैयक्तिक हितों के प्रस्तुति के तहत रूपान्तरित हुआ है।

इन विकासमूलक कार्यक्रमों के तहत एक निश्चित प्रकार का सिजनोफ्रेनिया सरकारी कार्यों में उद्भूत हुआ है। एक तरफ अविश्वसनीय तथा आश्चर्यचकित कर देने वाला उदारीकरण आविर्भूत हुआ। पहले की अपेक्षा निगमें व पूंजी ज्यादा तरल व गतिशील हुई है। एक फैक्टरी आसानी से किसी दूसरे शहर या राज्य या देश में आसानी से स्थापित की जा सकती है जहाँ निर्देशक इस हेतु सस्ता, सरल व महत्वपूर्ण श्रम लागत व उसकी उपलब्धता अवलोकित करते हैं। वास्तव में, बंगलौर के उद्भव का यही कारण है जो 15 वर्षों से साटवेयर पूंजी के रूप में, कम्प्यूटर व सूचना उद्योग हेतु व्यापक, सस्ता लेकिन पूर्ण शिक्षित कार्यबल को अभिप्रेरित व उपलब्ध करवांता है। इसे अन्य परा-राष्ट्रीय देशों में भी अवलोकित किया जा सकता है।

दूसरी तरफ सरकार पूंज़ी की गतिशीलता के लिये आधार संरचना के निर्माण हेतु व्यवस्था की पक्षधर है। वैश्विक व्यवसायिक निगमों से संबंध इंटरनेट को, सरकारी स्तर पर व्यापक आर्थिक सहायता प्रदान किया जाता है। समाज के अन्य लाभांश हेतु सरकार की आर्थिक सहायता निगमों को एक दूरकेन्द्र से ही अपने बहुल राष्ट्रीय शासन को नियंत्रित करने हेतु अभिप्रेरित करता है। सूचना नेटवर्क यह अनुमोदित करता है कि प्रधान कार्यालय अगर न्यूयार्क या लंदन या टोकियो या बंगलौर में होगा तो निर्माण कार्य या साटवेयर कोडिंग विश्व के अन्य बहुतेरे भाग में। हालांकि पूंजी का आंदोलन और बहुतेरे स्तर पर रूपान्तरणकारी अन्तर्राष्ट्रीय व्यवस्था हेतु 'सूचना नेटवर्क' से अन्तर्संबंधता काफी समालोचनात्मक है (Marshall : 2004)।

बहुतेरे स्तर पर, 1990 नवीन अर्थव्यवस्था की प्रथम पीढ़ी को प्रस्तुत करता है। निगम जैसे कि 'नाइक' अपना प्रारूप कार्य उत्तरी अमेरिका में करता है जहाँ निगम का प्रधान कार्यालय भी है लेकिन वास्तविक रूप से निर्माणकार्य थाइलैंड में संपन्न होता है (Klein : 2000)। इस तरह बौद्धिक श्रमिक स्थानिक रूप से, भौतिक/शारीरिक श्रमिकों से इतिहास में एक अप्रत्याशित घटना के रूप में विभाजित है। साथ ही यह भी प्रकट अभिलक्षण है कि अधिक औद्योगिक व नवीन मीडिया उत्पादन के पर्यावरणीय रूप से अधिक संभावित खतरनाक तत्व, अधिक गरीब देशों तथा कमतर पर्यावरणीय अधिनियमित देशों में अवस्थित होंगे जबकि अमेरिका व यूरोप में कार्यगत स्थिति बहुत ही बाध्यकारी, शान्त व कम्प्यूटर तथा नेटवर्कों की अत्यधिक क्रियाशीलता के रूप में प्रकट होगीं। अमेरिका व पश्चिमी देशों में आर्थिक उछाल आधारभूत रूप से, इस विभाजन व उद्योगों के रूपान्तरण पर आधारित है कि सस्ता श्रम विश्व के अन्य दूसरे भागों से तथा सूचना प्रौद्योगिकी की नवीन क्षमता व पर्याप्त प्रथम विश्व से अर्जित की जाय (Marshall : 2004)।

नवीन अर्थव्यवस्था की द्वितीय पीढ़ी अब अपना स्वरूप ग्रहण कर रही है। केवल निर्माण कार्य की गतिशीलता के स्थान पर, सूचना व सृजनात्मक उद्योगों में आंदोलन व तीव्रता विश्व के बहुतेरे भागों में जारी है। अगर ग्राफिक्स डिजाइन का कार्य न्यूयार्क की अपेक्षा रोमानिया या भारत या चाइना में सस्ता व सरल है तो इस तरह का उत्पादन, इस तरह के नये स्थानों पर संपन्न हो सकता है।

यदि ग्राफिक्स डिजाइनर्स न्यूयार्क की अपेक्षा रोमानिया में सस्ता व सर्वसुलभ हैं तब ये उत्पादन के तत्व नई स्थिति में कार्य कर सकते हैं। फिल्म उद्योग (इस तरह के) उत्पादन के इस स्वरूप पर पूरी तरह से आधारित हो चुका है। यह दूसरे उद्योगों के लिए भी आदर्शकारी उपाय होता है। फिल्म के लिये डिजिटल प्रभाव को, ब्रिसवेन में निर्देशित किया जा सकता है तो उत्पादन को लंदन में निर्गत किया जा सकता है जबकि संगीत हालीवुड में विकसित हो सकता है। नवीन अर्थव्यवस्था की द्वितीय पीढ़ी बहुविध दिशाओं में विस्तारित व तीव्र रूप से वृद्धिगत हो रही है। भारत में भी बहुतेरे निर्माणकारी तथा सृजनात्मक उद्योग कार्य कर रहे हैं। बहुतेरे बैंक, केबल कंपनियां और इंटरनेट सेवा प्रदाता अपने बहुतेरे वित्तीय सेवाओं व उससे संबंधित कार्यों को देश और अन्तर्राष्ट्रीय स्तर पर विभाजित करती है। नवीन अर्थव्यवस्था की द्वितीय पीढ़ी पूर्णतः कार्यस्थल की वर्चुअलटी का विस्तार है। इसका प्रत्येक स्थल प्रकटीकृत है तथा संबंधित सभी क्षेत्र टेलीकम्यूनिकेशन काल सेन्टर्स के रूप में जाने जाते हैं। उदाहरण के लिये कनाडा के दो अति गरीब क्षेत्र न्यू बूंसबीक और न्यू फाउंडलैंड ने टेलीफोनिक सेवाओं के रूप में, कारपोरेशनों (निगमों) हेतु विशिष्ट गुणवत्ता विकसित की है (Rai : 2007; Marshall : 2004)।

अर्थतंत्र के द्वितीय अप्रकट परिणामों को केवल अभी अनुभूत किया जा सकता है। बहुतेरे सूचना संबंधित पदों का/विशेषज्ञों का/कार्यों का विस्थापन अधिक संपन्न, धनी व समूह देशों से भारत में बंगलौर जैसे स्थानों पर हो रहा है। द्वितीय पीढ़ी पूंजी के तरल बहाव को चिन्हित करता है। साथ ही किसी विशिष्ट क्षेत्र में, यह पर्याप्त शैक्षणिक विकास का प्रतीक है जो सूचना अर्थतंत्र के लिये 'न्यू हब' (नवीन गतिविधि केन्द्र) हो सकता है। इससे उत्पादन की लागत, प्रवजन के द्वारा कमतर हो सकती है तथा कार्य क्षमता की गुणवत्ता निश्चित स्तर तक बना रह सकता है तथा उत्पादन का प्रारूपित नवीन तत्व पुनर्स्थान हेतु मूल्यवान साबित हो सकता है। अर्थतंत्र के द्वितीय पीढ़ी का व्यापक लाभ उन बहुतेरे देशों को है जिनकी उच्च शिक्षा ज्यादा विकसित व प्रभावकारी है। यूरोप व अमेरिका के साथ-साथ भारत व चाइना के पास सूचनात्मक पूंजीवाद के विस्तार हेतु व्यापक संभावनायें व क्षेत्र उपलब्ध है (Marshall : 2004)।

3. कार्य योजना तथा कार्य दशाओं का रूपान्तरण

परा-राष्ट्रीय प्रवजन के साथ, नवीन मीडिया संस्कृति में कार्य की प्रकृति तथा श्रम का बौद्धिक स्वरूप भी रूपान्तरित हो रहा है। एक प्रमुख बदलाव, सूचना वर्गों के लंबी अवधि के रोजगार में तीव्र गति से क्षय है। कार्य का स्वरूप विशिष्ट रूप से सूचना तथा प्रौद्योगिकी क्षेत्र में, प्रमुखतः परियोजना अभिमुख हो चुका है। 20वीं शताब्दी के मध्य तक; कम्प्यूटर उद्योग में रोजगार का प्रारूप आई.बी.एम. था। कार्यकर्मी कारपोरेशन के साथ जीवनभर की रोजगार गारंटी ले सकते थे। इस तरह के जीवन भर के रोजगार की वचनबद्धता उत्तर द्वितीय विश्व युद्ध के बाद जापान में देखने को मिलता है। लेकिन 1990 के दशक से कार्यशक्ति में, कारपोरेशनों ने लोचनीयता को प्रदर्शित किया। विशिष्टतः 1990 में क्षतिपूर्ति मीडिया कंपनियों के लिये वेतन व कंपनी में निहित स्वार्थ के मध्य था। कंपनी के लिये निष्ठा, सातत्यता पर निर्भर नहीं थी बल्कि समृद्धि व भविष्य की दशा पर आधारित था। सफलता का निर्धारण, विशिष्ट कारपोरेशनों में रोजगार की लंबी अवधिता और आंतरिक लाभों द्वारा निर्धारित नहीं थी बल्कि रूचिकर परियोजना के निर्माण तथा प्रत्येक सफल परियोजना के पूर्ण होने की स्थिति के लिये, बढ़ते उत्तरदायित्व पर आधारित था। बदलाव की यह अभिवृत्ति, कंपनी से कंपनी तथा परियोजना से परियोजना के मध्य अभिलक्षित है। नवीन मीडिया उद्योग में दृढ़ता स्थापित हुई व नवीन मीडिया श्रमिकों की अधिकता, नवीन मीडिया कारपोरेशनों हेतु विशिष्ट रूप से लाभकारी सिद्ध हुआ है जिसका कारण उद्योगों में परियोजना अभिमुख कार्य का बढ़ता स्तर है।

कार्य के पर्यावरण में, परियोजना अभिमुख कार्य के विस्तार ने बहुतेरे रूपों में भौतिक दशाओं को परिवर्तित किया है। नवीन मीडिया उद्योगों में इसे व्यापक रूप से अवलोकित किया जा सकता है। इंटरनेट कंपनियां यथा : 'याहू' इलेक्ट्रानिक्स आर्ट, 'पिक्सर' 'माइक्रोसॉट' (ये सभी कंपनियां साटवेयर गेम का निर्माण, डिजिटल फिल्म साटवेयर का निर्माण व अन्य कम्प्यूटर कार्यों में संलग्नता) इत्यादि ने कार्य के स्वरूप तथा अवधि को नवीन स्तर से प्रारूपित किया है। एक सृजनात्मक कार्य वातावरण का निर्माण किया है तथा कंपनी फैक्टरी के स्थान को आकर्षक तथा कार्यालय का खुला तथा विस्तारित किया है। लेखकों का आकलन है कि : नवीन कार्य स्थल का प्रारूपण अमेरिकन विश्वविद्यालय आवास था जो इंजीनियर्स

व कम्प्यूटर विज्ञानियों के 'डारमेट्री लाइफ' व कार्य परियोजना की प्रकृति, निगमों की अंतिम समय सीमा तथा कार्यभार पर आधारित है। नवीन मीडिया की प्रौद्योगिकी ने; बहुतेरी व्यवस्थाओं व उद्योगों में रोजगार संबंधों को भी प्रभावित किया है जो कम अटकलबाजी युक्त होता है। इस संदर्भ में मोबाइल फोन की ऐतिहासिक अभिवृद्धि एक रूचिकरण को प्रस्तुत करती है कि कैसे नवीन प्रौद्योगिकी प्रथमतः व्यवसाय उपकरणों के रूप में विकसित होती है तब यह समान रूप से सामाजिक व पारिवारिक नेटवर्क के व्यवस्थापन में समान सहभागी बनती है। इसके अतिरिक्त यह अन्य गैर-प्रकार्यों को भी संपन्न करती है। 1980 में मोबाइल फोन, कार फोन से संबंधित था तथा सीमित मात्रा में था लेकिन 1990 के प्रारम्भ में, बहुविध समृद्ध देशों में मोबाइल फोन एक महत्वपूर्ण व स्तरीय व्यवसाय बन गया। नोकिया व इरिक्सन जैसी कंपनिया मोबाइल के निर्माण में वैश्विक स्तर की नेतृत्वकर्ता बनी व इसके महासागरीय प्रकार्य को संपन्न व प्रोत्साहित किया (Rai : 2005)। मोबाइल फोन की तीव्र वृद्धि ने सड़क व स्थानीय स्तर पर एक छोटे से 'वर्चुअल आफिस' को प्रारम्भ करने में सहयोग प्रदान किया व रोजगार के अतिरिक्त मोबाइल फोन की कीमत में उतार-चढ़ाव प्रस्तुत किया। पश्च 1990 तक मोबाइल फोन का व्यवसाय तीव्र रूप से वृद्धिगत हुआ व आगे के विकास के लिये पूर्णतः पारिवारिक प्रतिबद्धतायुक्त विज्ञापन पर केन्द्रित हो गया। मोबाइल कंपनियां संबंधित सेवा प्रदाता' एक निश्चित प्लान के माध्यम से या असीमित साप्ताहिक मिन्टो या मासिक मिन्टो या वार्षिक मिन्टो या आजीवन कम्युनिकेशन मिन्टो को प्रस्तुत करने लगे। यह कार्य उपभोक्ता के लिये छूट के माध्यम से भी किया जाने लगा। इससे मोबाइल फोन की दैनिक जीवन में घुसपैठ बढ़ी। पारिवारिक स्तर पर 'पैकेज' प्रस्तुत किया जाने लगा व विज्ञापनों का केन्द्रण 'मोबाइल मूल्य' व 'सुरक्षित स्वरूप' तथा 'सुरक्षा' पर दिया जाने लगा (Marshall : 2004)। आने वाला भविष्य 'मोबाइल गलैक्सी' (एम.जी.) का हैं (Rai : 2005)।

21वीं सदी के प्रथम अर्द्ध-दशक तक मोबाइल का एक पक्ष असंदिग्धकारी व खतरनाक कार्य संपन्न करना भी था लेकिन अनवरत इस पर नियंत्रण व केन्द्रण स्थापित होता जा रहा है। कुछ निश्चित देशों में, मोबाइल फोनों की संख्या लैंडलाइन फोनों की अपेक्षा ज्यादा हो चुकी है व मोबाइल फोन का बाजार

तेजी से 'टीन एजर्स' अर्थात् युवा पीढ़ी की तरफ अभिमुख हुआ है। आज मोबाइल फोन युवा पीढ़ी के वैयक्तिक रहस्यों का एक भाग हो चुका है। संदेश हस्तान्तरण की क्षमता, स्क्रीन गुणवत्ता, मोबाइल फोंस गेमों की वृद्धिगत संख्या, डिजिटल कैमरा, कैलकुलेशन, मेमोरी रिकार्डर, स्पेस लोकेशन का प्रदर्शन, इंटरनेट की उपलब्धता, टेलीविजन प्रसारण तथा डाटा हस्तान्तरण की सुविधा मात्र एक छोटे से संवहनीय उपकरण में, मोबाइल फोन्स की बिक्री का आधार हो चुका है (Rai : 2005)।

डेस्कटाप कम्प्यूटर का व्यापक प्रयोग व्यवसायिक रूप में होता है। 'आफिस कम्प्यूटर' का बहुतायत प्रयोग 'वर्ड प्रोसेसिंग' तथा 'एकाउटिंग' के लिये होता था लेकिन पिछले 20 वर्षों से इसका प्रयोग बहुतायत सरल खेल व अन्य कार्यों हेतु भी किया गया है। आज एक 'आफिस कम्प्यूटर' कार्यालय कार्य के अतिरिक्त अन्य गैर-कार्य भी कर सकता है। वेब सर्फिंग, इंटरनेट चैटिंग व ई-मेल का प्रयोग, कार्यरत घटको की आवश्यकताओं तथा अन्य दूसरे की इच्छाओं को विस्तारित कर सकता है। 'डेस्कटाप कम्प्यूटर' को कार्य तथा वैयक्तिक अनुमोदन के मिश्रण को प्रोत्साहित करने वाले रूप में अवलोकित किया जाता है (de Certeau : 1984; Marshall : 2004)। इस संदर्भ में नेलसन का मीडिया मैट्रिक्स अवलोकन योग्य है (NielsonèNetratings : 2004)।

'पर्सनलकम्प्यूटर' के घरेलू बाजार की शुरूआत घर पर बढ़ते 'कार्य' तथा 'उत्पादकता' व वैयक्तिक खुशी तथा आनन्द के अनुमोदन तथा संभाव्यता के प्रारूपण हेतु हुई। रिकार्ड व फाइलों को सुरक्षित रखने का बोझिल व उत्साहहीन कार्य तथा संगीत, कहानियों, एकाकी, पिक्चर तथा कम्प्यूटर गेमों के 'अपलोड' व 'डाउनलोड' के स्रोत के विस्तार के रूप में, कम्प्यूटर को अवलोकित किया जाता है। इससे अध्ययन व लेखन कार्य भी होता है। सामान्यतः नवीन मीडिया संस्कृति ने कार्य को सरल तथा कही व किसी भी स्थिति में सूचना कार्मिकों हेतु परिकल्पनीय बनाया है व कार्यालय तथा खेल के प्रति नवीन संवेदनशीलता को प्रदर्शित किया है।

4. वर्ल्ड वाइड वेब : संगठन का नवीन प्रारूप

बहुतेरी कम्यूनिकेशन क्षमतायें जो इंटरनेट के द्वारा संचालित है उनमें वर्ल्ड वाइड

वेब का विकास सबसे महत्वपूर्ण है। ग्राफिक्स स्तर पर, प्रारम्भिक 1990 में इसका प्रादुर्भाव हुआ। यह सूचना का इलेक्ट्रानिक पेज प्रस्तुत करता है जिसे पढ़ा जा सकता है। अध्ययन-अध्यापन में यह अद्वितीय स्वरूपयुक्त है। जो एक ही समय में कई स्थानों पर कई लोगों द्वारा पढ़ा जा सकता है व एक भूल नियंत्रण केन्द्र से ही इसको समाप्त किया जा सकता है। सूचना व सामग्री के अन्तर्संबंधन व विसरण को वेब प्रयोगकर्ताओं के संदर्भ में चिन्हित कर सकते हैं। वेब के ग्राफिक्स इंटरनेट स्टेज को मोसाइक, नेटस्केप, माइक्रोसोट इंटरनेट एक्सप्लोरर के संदर्भ में अवलोकित कर सकते हैं जो 1993-1998 के दौरान विकसित हुआ। 'टेक्स्ट' व 'इमेज' के साथ इस अवधि के दौरान बहुतेरी वेबसाइटें संगठित हुई। आज रूचि के अनुसार - वेबलिकिंग को सफल बनाने में 'याहू डाट काम' उच्चीकृत मात्रा में सफल है। ग्राफिक्स इंटरनेट स्टेज (1993-1998) का विकास प्रयोगकर्ता की वैयक्तिक निष्ठा है जिसके कुछ महत्वपूर्ण दूसरे गुण है (Marshall : 1997)। एक स्तर पर, प्रयोगकर्ता अपने अनुभवों के क्रम में अलगावित था लेकिन यह इसके क्रियाशीलता को बढ़ाता व सुनिश्चित करता है तथा दूसरे स्तर पर 'वेब अनुभव' संगठन के नवीन स्वरूप को प्रस्तुत करता है। वेबसाइट अन्तर्संबंधन की तकनीक को अनुमोदित करता है जो समुदाय या संगठन के लिये कभी लंबी दूरी की समस्या के रूप में आविर्भूत होता था। यद्यपि इस संदर्भ में 'बहुतेरे संवाद' समुदाय की गुणवत्ता हेतु आविर्भूत हुए हैं जिसका उद्‌भव 'इंटरनेट वेबसाइट' के रूप में हुआ है। इस तरह का कोई प्रश्न शेष नहीं रहता है कि 'नवीन संगठन' अपने परा-राष्ट्रीय पहुँच से भौतिकीकृत हो चुका है और असीमित स्तर पर अन्तर्वस्तु उपलब्ध कराने की क्षमता के कारण यह अतिशय लोकप्रिययुक्त हो चुका है। आज लाखों वेबसाइटें लाखों कार्यों के प्रति समर्पित व सम्बद्ध है। अपने उद्‌भव में विश्वविद्यालयों से सम्बद्ध वेब के प्रयोगकर्त्ता, इसकी व्यापक पहुँच को सुनिश्चित करते हैं। वेब सूचना के एक महत्वपूर्ण स्रोत के रूप में कार्य करता है जहाँ सूचना व्यक्तिगत पहुँच के आधार पर खरीदी व प्रयोग की जाती है। इमेज व टेक्स्ट के डिजिटलीकरण के साथ, मूल सूचना स्रोत की प्रतिकृति व फोटोकापी पाई जा सकती है। वेब के व्यापक प्रयोग ने उद्‌भासित नवीन अर्थतंत्र तथा इसके आदेशकों के संदर्भ में, प्रयोगकर्ताओं को 'एक नवीन रणनीतिक प्रतिरोधी पद से सम्बद्ध किया है (de Certeau : 1984; Nielson/Netratings : 2004)।

वेब पर पोर्नोग्राफी का अनवरत सामान्य प्रवाह व व्यापीकरण इसके बढ़ते प्रयोग के सूचनात्मक उद्देश्य के रूप में, आवश्यक नहीं है क्योंकि पोर्नोग्राफी से संबंधित ज्ञान व सूचनायें सांस्कृतिक रूप से अनुमोदित नहीं होती है (इसका कारण यौनिक उत्तेजना व सेक्सुअल कुंठा व हताशा का वर्चुअल प्रदर्शीकरण है) इसे सरकारी व घरेलू प्रयासों के माध्यम से वेब पर नियंत्रित किया जाता है। इसको कम्प्यूटर सूचना हैकर्स तथा इंटरनेट व वेब संबंधी वायरस तथा वार्म में भी अवलोकित किया जा सकता है। यह वेब से संबंधित सूचना उत्पादन व सूचना उपभोक्ता के मध्य अन्तःक्रियात्मकता को अगले स्तर, अगले पेज, अगले लिंक या अगले उत्तर को आमंत्रित व अनुमोदित करता है। आज समाचार अगर नवीन रूप में संरचित व उत्पादित है तो इसका कारण वेब है। वेब के माध्यम से प्रयोगकर्ता द्वारा उच्च स्तर की सूचना गुणवत्ता प्रस्तुत की जाती है (Burnett and Marshall : 2003)। दूसरे शब्दों में सूचना हेतु वेब एक स्रोत पर आधारित न होकर बहुत से स्रोत पर आधारित होता है, जहाँ सूचनायें प्रस्तुत करने के बजाय आसानी से प्राप्त होती है। इस संदर्भ में नवीन मीडिया जबाव देह बनाती है, उत्तरदायित्व सौंपती हैं जबकि पुराना मीडिया स्वरूप भावनाओं को जगाता है (Chesher : 1996)। वेब एक ऐसी प्रौद्योगिकी है जो कार्य करने को अभिप्रेरित करती है व वेब अन्तर्वस्तु निर्माण स्वयं हमारे द्वारा जारी खोजों व आविष्कारों से करती है।

5. सार्वजनिक परिवेश : इंटरनेट, बदलाव का आधार

सार्वजनिक परिवेश के विचार का मीडिया व उसके स्वरूपों से गहरा अन्तर्संबंधन है तथा जो सामाजिक-सांस्कृतिक परिवेश में अनवरत उपयोगितावादी तथा संवाद के केन्द्र में रहा है।

इंटरनेट सामाजिक परिवेश से संबंधित रूपान्तरण का एक नवीन माध्यम है। कुछ लेखक अभिव्यक्त करते हैं कि हैबरमास की एकाकी सामाजिक परिवेश की अवधारणा जुड़ाव के छोटे ध्रुवीय पक्ष पर आधारित है जो नवीन विचारों के विकास तथा नवीन राजनीतिक दिशा-निर्देशों पर आधारित होता है जहाँ विभाजित व अन्तर्भागों में बँटी जनता एक सांस्कृतिक व्यवस्था के तहत संचालित होती है (Robbins : 1993)। यद्यपि बहुतेरे लेखक प्रस्तुत करते हैं कि टेलीविजन नवीन

राजनीतिक दिशा-निर्देशों के वर्गों को प्रस्तुत करता है। अधिक स्पष्ट तथा राजनीतिक रूप से व्यस्तम सहलग्नता के रूप में कम्यूनिकेशन पद्धति के तहत इंटरनेट बहुतेरे क्रियाशील व निवेशित जनता को प्रदर्शित व निर्देशित करता है।

निजी तथा सार्वजनिक वर्णन व अर्थों के संदर्भ में, इंटरनेट को व्यापक सामाजिक-सांस्कृतिक बदलाव के एक भाग के रूप में अवलोकित किया जा सकता है। यद्यपि यह बदलाव समकालीन संस्कृति में इंटरनेट हेतु पूर्व निर्धारित होता है। नवीन मीडिया स्वरूप सार्वजनिक परिवेश निजी की भी अगली व्याख्या को अनुमोदित करता है। उदाहरण के लिये वेब कैम अतिशय सार्वजनिक स्तर पर कभी-कभी निजी अभिव्यक्ति के लिये विशिष्ट रूप से लोकप्रिय आशय रखता है। इंटरनेट युगपतीय रूप से, एक रूग्ण मनोदशा, आत्ममोह व प्रदर्शनीवाद का अग्रदूत है। अतिशय प्रदर्शन का यह विश्व कैमरे के अद्वितीय अभिलक्षण व प्रस्तुत 'इमेज' को वितरित करने की क्षमता से संबंधित है। यह मीडिया व उसके प्रस्तुतिकरण के बदलते संबंधों में अवलोकित किया जा सकता है जो अधिक से अधिक वैयक्तिक वेबसाइटों, वेबकैम व व्यवसायिक साइटों में तीव्र वृद्धि व सृजन करता है तथा जो निजी विश्व के विचार से संबंधित होता है। इंटरनेट के द्वारा व्यक्ति का दैनिक स्वरूप तथा आत्मीय स्वरूप ने सांस्कृतिक विमर्श को (कि क्या सार्वजनिक है और क्या निजी और कौन भूमिका निष्पादक है और कौन दर्शक) रूपान्तरित किया है। सार्वजनिक व निजी मिश्रण जिसे वेब के अन्तर्गत प्रस्तुत किया जाता है, इंटरनेट विविध कम्यूनिकेशन स्वरूपों के माध्यम से व्यापक सहभागिता को आकर्षित करता है। चैटरूम्स जो इंटरनेट के सरल प्रौद्योगिकी स्वरूप पर आधारित है, 'मूल समयानुकूल बातचीत' हेतु सहभागियों को अनुमोदित करता है। लेकिन सायबर स्पेस व चैटरूम्स अस्थिरता तथा अनामिता के व्यक्तित्व को भी अनुमोदित करता है (Turkle : 1995; Markham : 1998; Marshall : 2004)। सामान्य अर्थों में इंटरनेट अन्तर्वैयक्तिक कम्यूनिकेशन हेतु साधन का कार्य करता है जो समय व स्थान के अनुसार अन्तःक्रियात्मक गुणात्मकता को प्रदर्शित करता है। परंपरागत रूप से, अन्तःक्रिया आमने-सामने के संबंधों पर आकारगत व संरचित थी तथा संवाद-बहुलसंवाद व बातचीत पर संरचित था। ई-मेल, जिसका प्रयोग व्यापक रूप से विशिष्ट संदेश के प्रसारण हेतु हो सकता है तथा जो लाखों लोगों को भेजा जा सकता है, सामान्य संवाद

का ही एक इलेक्ट्रानिक तकनीक है। इंटरनेट चैटरूम्स कम्यूनिकेशन की समकालीन गुणवत्ता को प्रतिकृत करता है। अध्ययनकर्ताओं के निष्कर्ष के अनुसार, चैट व इंटरनेट कम्यूनिकेशन का अन्य स्वरूप वाह्य रूप से मित्रवत् संबंधों को मजबूत बनाता है तथा नवीन वर्चुअल फ्रेंडशिप का निर्माण करता है। इंटरनेट परिवार के मध्य अन्तर्वैयक्तिक संबंधों को शक्तिशाली बनाता है व विशिष्ट रूप से, सामाजिक बंधनों को शक्तिशाली स्वरूप में अभिप्रेरित करता है जो पारिवारिक सामाजिक वातावरण से दूरस्थ आवासित होता है (Markham : 1998; Pew Project : 2000)। इसके साथ इंटरनेट नवीन सांस्कृतिक समूहों व लगावों के विकास को अनुमोदित करता है; यह सदस्यों के समामेलन, महत्वपूर्ण व विशिष्ट हितों के आधार पर लोगों की सहभागिता व सुदृढ़ीकरण तथा सामाजिक-राजनीतिक आंदोलन व प्रवाह को प्रोत्साहित करता है। इंटरनेट की अधुनातन प्रघटना 'लैश माब' है जहाँ लोगों का समूह इंटरनेट के माध्यम से एक-दूसरे से अन्तर्संबंधित होता है तथा किसी शहर के निश्चित स्थान पर अचानक इनका प्रकटीकरण होता है। जिसका कारण इंटरनेट के द्वारा उच्च स्तर का तत्कालिक अंतर्संबंधन होता है। इंटरनेट की शक्ति 'उच्चीकृत निवेशित समुदाय' को वर्चुअलटी से यथार्थ विश्व के रूप में, बदलावित करती है (Kahney : 2003)।

वेबलाग नवीन मीडिया संस्कृति के विविध सम्मिश्रण को स्पष्टतः अभिव्यक्त करता है। प्रथम दृष्ट्या सरलतम रूप से वेबलाग एक रूग्ण मनोदशा का स्वरूप है, लेकिन दूसरे रूपों में यह अलग स्वरूप वाला है जहाँ व्यक्ति अपने व्यक्तित्व प्रारूप, अभिज्ञान व पहचान को प्रदर्शित करता है। वेबलाग 'स्वयं' या 'आत्म' का विस्तारित प्रस्तुतिकरण है। प्रौद्योगिकी जो नवीन मीडिया संस्कृति का एक भाग है 'मीडिया उद्योग' में 'आत्म' से संबंधित विश्लेषण को उत्पादित करता है। वेबलाग के साथ व्यक्तिगत वेबसाइट सभी संसाधनों के साथ, पब्लिक टेस्टामेंट हेतु एक महत्वपूर्ण घोषणा व वैयक्तिकता का अभिव्यक्तिकरण होता है। एक निश्चित समय में, बहुतेरे वेबलागस् एकरिंग के तहत दूसरे से अन्तर्संबंधित होते हैं जहाँ हित, मुद्दे व वेबलाग की व्यक्तिगत गुणवत्ता के आधार पर उनका विभाजन होता है। व्यक्तिगत वेबलाग के संदर्भ में यह अवलोकन उपर्युक्त है :

"The personal weblog is a cultural features of landscapes of new media that expresses the disire to produce and utilization of the most ready material for that production" (Marshall : 2004).

'वेबलाग' लेखकों के प्रतिदिन के अनुभवों की एक मूर्त व्याख्या होती है और यही अनुभव 'कथानक' का रूप धारण करता है। व्यक्तिगत वेबसाइट व वेबकाम के साथ, वेबलाग इच्छाओं को प्रस्तुत करता है जो नवीन मीडिया संस्कृति के परिणाम के रूप में होता है। इस संदर्भ में, 11 सितम्बर की घटना (न्यूयार्क से संबंधित) पर आधारित 'वेबलागों' का ऐलेन व जेलीजर द्वारा किया गया परीक्षण अध्ययन हेतु अत्यावश्यक है (Allan and Zelizer : 2002)। कोई भी विशिष्ट क्षण या अप्रत्याशित घटना, सार्वजनिक वेबलाग के उद्भव व सृजन को प्रोत्साहित करता है जो कालम लिखने वाले लोगों (एक विशेष प्रकार का स्तम्भ लेखन) द्वारा व्यापक मीडिया अवसरों के लिये निर्देशित होता है। 'ब्लाग' अभिव्यक्ति के स्वरूप के रूप में, नवीन मीडिया डायरी से, सार्वजनिक फोरम की ओर बदलावित होता है जो कभी पुरानी मीडिया का एक भाग था (Marshall : 2004)।

6. नवीन अर्थतंत्र, पूंजी निर्माण तथा सूचना स्रोत (इंटरनेट)

वर्तमान अर्थतंत्र जो नवीन अर्थतंत्र के रूप में आविर्भूत व प्रगतिगामी है, पूर्णतः नवीन मीडिया स्वरूपों व सूचनात्मक स्रोतों पर आधारित है। पिछले अर्द्ध-शताब्दिक क्रमिक विकास का परिणाम नवीन अर्थतंत्र है जो प्रमुखतः पाँच अन्तर्संबंधित व व्यवस्थित अभिलक्षणों से युक्त है (Castells : 2001; C.F. Trend : 2001)। प्रथम : अभिलक्षण 'उत्पादकता का स्रोत' है। वास्तविक अर्थों में, अर्थतंत्रों का विकास वृद्धिगत रूप से विज्ञान व प्रौद्योगिकी के प्रयोगीकरण और सूचना तथा प्रबंधन की गुणवत्ता पर (उत्पादन, उपभोग, वितरण और बाजार में) आधारित होता है। बहुतेरे प्रारम्भिक अध्ययनकर्ताओं के अनुसार - अर्थतंत्र में उच्चतर गुणवत्ता का आधार या उत्पादकता में उच्चतर गुणवत्ता का आधार; पूंजी की पर्याप्त मात्रा या पूंजी के लिये पर्याप्त श्रम का उपयोग औद्योगिककरण के प्राथमिक चरण में नहीं था बल्कि यह अतिशय पर्याप्त सम्मिश्रण जो उत्पादन के कारकों के रूप में अभिलक्षित है, का परिणाम है। यह पूर्णतः विज्ञान, प्रौद्योगिकी, श्रमकुशलता व प्रबंधकीय गुणवत्ता के गहन व तीव्र प्रवेशीकरण का परिणाम है जो उत्पादन प्रक्रिया को संपन्न करता है (Solow : 1957; Nelson : 1981; Denison : 1985; Aganbegyan : 1988)। इस प्रकार यह प्रतीत होता है

कि ज्ञान और सूचना की भूमिका का बढ़ता महत्व उच्चतर आर्थिक व्यवस्था का एक सशक्त अभिलक्षण है। आर्थिक वृद्धि को प्रोन्नत करने में 'ज्ञान' का एक महत्वपूर्ण योगदान है (Rosenberg and Birdzell : 1986)। लेकिन उच्च जटिलता और उत्पादक अर्थतंत्र हेतु इसका उच्च सूचना घटक और नवीन ज्ञान तथा ज्ञान का नवीन उपयोग ही उत्पादकता में वृद्धि की उच्चता है (Mark and Waldorf : 1983))। नवीन विश्व अर्थतंत्र का द्वितीय अभिलक्षण व अन्य निरपेक्ष प्रवृति जो वर्तमान युग में घोषित है, उच्च पूंजीवादी समाजों का भौतिक उत्पादन से सूचना प्रसंस्करण क्रियाकलापों में बदलाव है। इसे जी.एन.पी. तथा रोजगारयुक्त जनसंख्या के क्रियाकलापों में अवलोकित किया जा सकता है (Stonier : 1983)। यह आधारभूत परिवर्तन के रूप में प्रतीत होता है जो उद्योग से सेवा क्षेत्र का रूपान्तरण है। इसे सेवा क्षेत्र से संबंधित किया जाता है जहाँ बहुतेरी क्रियायें कम्प्यूटर व सूचना के नवीन उपकरणों द्वारा संपन्न होता है (Petit : 1986)। निर्माण कार्य तथा सेवा क्षेत्रों में एक व्यवस्थित जुड़ाव है ताकि बहुतेरी क्रियायें औद्योगिक उत्पादन प्रक्रिया का आंतरिक भाग हो (Cohen and Zysman : 1987)। इस प्रकार उच्चतर समाजों के अर्थतंत्र का वास्तविक संरचनात्मक रूपान्तरण उत्पादकता के विस्तार तथा उत्पादन के संगठन में प्रतीकों के चतुरतापूर्वक संचालन की अनवरत बढ़ती भूमिका है जिसे पोरेट 'सूचना अर्थतंत्र' (इनफारमेशन इकोनामी) की संज्ञा से संज्ञायित करता है (Porat : 1977)। 1990 में अमेरिका की 47.4 प्रतिशत, यूनाइटेड किंगडम की 45.8 प्रतिशत, फ्रांस की 45.1 प्रतिशत, पश्चिमी जर्मनी की 40.0 प्रतिशत रोजगारयुक्त जनसंख्या - सूचना प्रसंस्करण क्रियाकलापों में संलग्न थी और यह प्रतिशत अनवरत वृद्धिगत है। सूचना की गुणवत्ता और इसकी पर्याप्त क्षमता, फर्मों, स्थानीय क्षेत्रों तथा देशों को प्रतिस्पर्धा व उत्पादकता में बने रहने हेतु रणनीतिक क्षमता के निर्माण व गठन को प्रोत्साहित करता है (Hepworth : 1989)। उत्पादन प्रक्रिया में घटित निरन्तर बदलाव के संदर्भ में आधारभूत परिवर्तनों हेतु नवीन अर्थतंत्र के तृतीय अभिलक्षण को अभिव्यक्त किया जा सकता है। उत्पादन के संगठन में गहन रूपान्तरण और सामान्य अर्थों में आर्थिक क्रियाओं का रूपान्तरण तृतीय प्रमुख अभिलक्षण है। इस परिवर्तन को स्तरित जन उत्पादन से लोचनीय ग्राहकीकृत उत्पादन और लंबवत् एकीकृत बड़े स्तर पर, स्थापित संगठन से लंबवत् वि-एकीकृत और आर्थिक इकाइयों के मध्य

क्षैतिज नेटवर्क से संबंधित बदलाव के रूप में अवलोकित किया जा सकता है (Boyer : 1987)। इस प्रवृत्ति को, नौकरशाही कृत बड़े निगमों के विरोध में, छोटे मध्यम स्तरीय व्यवसाय (नवीन लोचनीयता की अभिव्यक्ति) के रूप में अवलोकित किया जा सकता है। यह पायरो व साबेल का सूत्रीकरण है (Piore and Sabel : 1984)। इसे औद्योगिक विकास के तृतीय 'इटली माडल' के रूप में भी अभिव्यक्त किया जा सकता है (Capecchi : 1989)। यह सत्य है कि छोटे व्यवसाय उच्च सामर्थ्य को, उच्च अर्थतंत्र को प्रदर्शित करता है। विकेन्द्रीकरण व लोचनीयता का संगठनात्मक प्रतिमान, बड़े निगमों का प्रमुख अभिलक्षण है जो अतिरिक संरचना तथा सहायक फर्मों के नेटवर्कों में अवलोकित किया जा सकता है (यह तुरन्त आपूर्ति तकनीक के रूप में अभिवर्णित है जो बड़े जापानी आटोमोबाइल फर्मों का अद्वितीय अभिलक्षण है तथा जो 'ग्लोबल इकोनोमी' का प्रभुत्वशाली एजेंट है)। यह सभी आर्थिक क्रियाओं का संगठनात्मक रूपान्तरण है जो परिवर्तित, विविधीकृत बाजार व्यवथा के संदर्भ में, लोचनीयता व ग्रहणशीलता को प्रोत्साहित व प्रोन्नत करता है। नवीन अर्थतंत्र का चौथा अभिलक्षण यह है कि नवीन अर्थतंत्र वैश्विक अर्थतंत्र है जिसके अन्तर्गत पूंजी, उत्पादन, प्रबंधन, बाजार, श्रम, सूचना और प्रौद्योगिकी राष्ट्रीय सीमा से परे संगठित होता है। देशीय अर्थतंत्र, प्रतिस्पर्धा के इस क्षण में (जो वैश्विक प्रारूप का निर्माण करते हैं) अर्थतंत्र की संरचनाओं और प्रक्रियाओं पर पुनर्चिंतन व पुर्नस्थापना पर रणनीतिक विचार करते हैं। प्रतिस्पर्धा बहुल राष्ट्रीय कंपनियों का ही परिणाम नहीं है बल्कि छोटे व लघु तथा मध्यम आकार के उद्यमियों का कारण है जो प्रत्यक्ष या अप्रत्यक्ष तरीके से विश्व बाजार को नेटवर्कों व सूचना उपकरणों के माध्यम से बड़े फर्मों से संबंधित करता है (Castells, Goh and Kwok : 1990)। नवीन अर्थतंत्र हेतु अन्तर्राष्ट्रीय व्यापार एक महत्वपूर्ण घटक नहीं है बल्कि राष्ट्रीय/देशीय अर्थतंत्र की वह कार्यशैली है जिसके तहत एक वास्तविक समय में, यह विश्व स्तर पर एक इकाई के रूप में कार्य करती है। इस अर्थ में यह केवल अर्थतंत्र के अन्तर्राष्ट्रीयकरण की प्रक्रिया नहीं है बल्कि वैश्वीकरण की एक प्रक्रिया है जो कि अर्थतंत्र के क्रियाओं और राष्ट्रीय अर्थतंत्र का वैश्विक स्तर पर अन्तर प्रवेशीकरण है। यह वैश्वीकरण के अग्रगामी स्वरूप के तहत राष्ट्रीय सीमाओं व विशेषताओं को संरक्षित रख, समरूप वैश्विक व्यवस्था के साथ सामंजस्य है।

अंततोगत्वा (पाँचवां अभिलक्षण) ये आर्थिक और संगठनात्मक रूपान्तर जो वैश्विक अर्थतंत्र से संबंधित है मानवीय इतिहास के महत्वपूर्ण प्रौद्योगिकी क्रांति का परिणाम है न कि आकस्मिक प्रघटना (Forester : 1987)। इस क्रांति का मुख्य केन्द्रक सूचना प्रौद्योगिकी (माइक्रो इलेक्ट्रोनिक्स, इनफारमेटिक्स, टेलीकम्यूनिकेशन) तथा बहुत से वैज्ञानिक खोजों व प्रयोगों से है। नवीन प्रौद्योगिकी, इस तरह के रूपान्तरणों हेतु अपरिहार्य सामग्री का गठन करती है। टेलीकम्यूनिकेशन के विस्तार ने, वैश्विक अर्थतंत्र की रचना के लिये आवश्यक सामग्री व आधारसंरचना को सृजित किया है। यह स्पष्ट तथ्य है कि नवीन सूचना प्रौद्योगिकी प्रत्येक क्षण उपलब्ध होता है जहाँ आर्थिक क्रियाओं का संगठन, सूचना प्रसंस्करण पर आधारित होता है तथा यह श्रम उत्पादन के आधारभूत समस्याओं से छुटकारा दिलाने में योगदान देता है। यूनाइटेड स्टेट ऑफ अमेरिका में, सूचनात्मक जॉब और गैर सूचनात्मक जॉब का अंतर 1980 के दौरान देख सकते हैं। इस प्रकार यह प्रवृत्ति नवीन सूचना प्रौद्योगिकी द्वारा प्रसारित अर्थतंत्र को अभिव्यक्त करती है। यह सूचना प्रौद्योगिकी उत्पादन व प्रबंधन में (लोचनीयता व विकेन्द्रीयकरण के लिये) समीक्षात्मक कारक है। उत्पादन व व्यापार इकाई स्वायत्ततापूर्वक कार्य कर सकता है लेकिन यह प्रकार्यात्मक रूप से सूचना नेटवर्क द्वारा पुनःएकीकृत होता है तथा यह एक नये आर्थिक स्थान का गठन करती है जिसे कैसटेल्स 'स्थान का वहाव' कहते हैं (Castells : 1989)।

इस प्रकार सूचना प्रौद्योगिकी में क्रांति आविर्भूत व्यवस्था का भौतिकीय आधार है तथा संरचनात्मक-आर्थिक रूपान्तरण के बहुत से रूपों से निकटस्थ रूप से एक दूसरे से संबंधित है। समाजशास्त्री व अर्थशास्त्री इसे 'सूचनामूलक अर्थतंत्र' कहते हैं (Beniger : 1986)। सूचनामूलक अर्थतंत्र एक वैश्विक अर्थतंत्र के रूप में कल्पित है और इसकी कार्य संरचना तथा प्रणाली उद्भूत विश्व व्यवस्था एक नवीन अन्तर्राष्ट्रीय श्रम विभाजन के रूप में अभिलक्षित है (Castells : 2001)।

सरकार के प्रौद्योगिकी विकासक्रम में इंटरनेट का आविर्भाव व वाणिज्य तथा अर्थतंत्र की भूमिका, नवीन उद्भूत सामाजिक-सांस्कृतिक व्यवस्था का एक महत्वपूर्ण भाग बन चुका है। यह इंटरनेट व बहुत से कम्युनिकेशन रूपों द्वारा संपन्न होता है। 1990 के शुरूआती समय में, बहुतेरे देशों में सरकार की सहलग्नता इंटरनेट के व्यवसायिक/आर्थिक गुणवत्ता का विकास व विकास की तीव्र इच्छा से संबंधित

थी। उदाहरण के लिये (इंटरनेट) इलेक्ट्रानिक वाणिज्य प्रथम 10 वर्षों में अमेरिकन टैक्सेशन से अलग था व सूचना अर्थतंत्र में अभिलक्षित उछाल को अनुप्राणित व संचालित तथा जनसाधारण तक की 'पहुँच' को सुनिश्चित करने का कार्य अलगोरे इनफारमेशन इंफ्रास्ट्रक्चर (ए.आई.आई.) द्वारा किया गया (Marshall : 2004)। संरक्षण व अवैध संचलन इंटरनेट से संबंधित दो महत्वपूर्ण मुद्दे है जो इंटरनेट के लिये किसी व्यवसायिक आदेशक हेतु समस्या आविर्भूत करते हैं। वास्तविक रूप से इंटरनेट की एक प्रमुख समस्या 'उत्पादन के साथ छितराने की प्रक्रिया (लाखों प्रयोगकर्ताओं में) संलग्न होती है जो विशिष्ट सूचना के वास्तविक मूल्य के निर्माण हेतु कठिनाई पैदा करता है। परिणामतः इंटरनेट अर्थतंत्र (इंटरनेट इकोनोमी) लाभ प्रदर्शित करने में बहुतेरी समस्या को आविर्भूत करता है। आज असंख्य इंटरनेट व्यवसाय अपने लक्ष्य व मूल्य में असफल है क्योंकि लोग इंटरनेट सेवा का उपयोग बिना मूल्य करना चाहते हैं और वैयक्तिक उत्पादन के असीमित संभावना के रूप में अवलोकित करते हैं।

इंटरनेट अर्थतंत्र के संदर्भ में बहुत से विश्लेषणकर्ताओं का आकलन है कि यह प्रारम्भिक दौर के डाटकाम आर्थिक उछाल से काफी प्रभावित है। इंटरनेट उद्योग अन्य दूसरे उद्योग से भी कमतर पृथक् है। ट्रेवेल उद्योग नाटकीय रूप से, इंटरनेट उद्योग के माध्यम से रूपान्तरित हुआ है। बहुत से लोग एयरलाइन टिकट आनलाइन इंटरनेट के माध्यम से खरीदते है और इस तरह का व्यवसाय इंटरनेट को सामान्यीकृत करता है जो अन्य दूसरे उद्योगों हेतु भी अनुकरणीय होता है। इस संदर्भ में 'अमेजन डाट काम' द्वारा पुस्तकों का क्रय-विक्रय अवलोकित कर सकते हैं। वृद्धिगत रूप से अन्य दूसरे आनलाइन व्यवसाय/वाणिज्य (हालांकि ये आनलाइन कंपनियों के लिये समस्यात्मक है) को देखा जा सकता है। संपन्न शोधों के अनुसार अधिकतर कंपनी वेबसाइट पूर्णतः उत्पाद के विक्रय हेतु अंतःक्रिया करती है न कि अपने उत्पाद व सेवाओं के विज्ञापन या प्रोत्साहन के संदर्भ में (Forrester : 2004)। यह अवलोकनीय तथ्य है कि जनसमूह/व्यक्ति, आनलाइन के माध्यम से क्रय करना आरामदायक समझता है क्योंकि यह सरल, सुविधायुक्त तथा उपर्युक्त होता है। हालांकि बहुतेरे रूपों में, 'विज्ञापन' इंटरनेट के लिये व्यापक रूप से लाभकारी तत्व है। एक सामान्य आंकड़ा यह है कि विश्व स्तर पर विज्ञापन आय का 3 प्रतिशत सृजन इंटरनेट के माध्यम से होता है (भविष्य में प्रतिशत में उतार-चढ़ाव अपेक्षित है) (IAB : 2004)।

व्यक्तियों द्वारा वेबसाइटों का व्यापक उत्पादन और साथ ही समान रूप से इन वेबसाइटों पर सूचनाओं का व्यापक उत्पादन के साथ कंपनियों के लिये व्यवसायिक आयाम दुरूह हो चुका है। इंटरनेट इस विद्यमान प्रतियोगिता व सांस्कृतिक संघर्ष का एक नवीन आधार हो गया है। इसको कुछ इंटरनेट बिन्दुओं के माध्यम से अभिव्यक्त किया जा सकता है। प्रथम : इंटरनेट अर्थतंत्र को उपकरणों से अलग नहीं किया जा सकता है जो प्रयोगकर्त्ता की 'पहुँच' को सुनिश्चित करता है। पर्सनल कम्प्यूटर के विकास के साथ, अद्यतन प्रयोग व्यक्तिगत तथा पारिवारिक वातावरण हेतु घरेलू स्तर पर कम्प्यूटर की खरीददारी के लिये संचालन शक्ति का कार्य करता है। स्कूली बच्चों का सीखना, कम्प्यूटर गेम, परिष्कृत टाइपराइटर, डिक्शनरी, इनसाइक्लोपीडिया, ड्राइंग व डाकूमेंट डिजाइन 1990 के दौरान घरेलू कम्प्यूटर के विकास व खरीददारी का आधार बना। कम्प्यूटर के मूल्य को वृद्धिगत करने का कार्य इंटरनेट ने किया। विविध साटवेयरों व सरल टेलीफोन कनेक्शनों ने, कम्प्यूटर तथा इंटरनेट तक की पहुँच को सुनिश्चित किया। द्वितीय : इंटरनेट का उद्‌भव सरकारी प्रयास था (हालांकि इसकी प्राथमिक निर्भरता टेलीफोन लाइन व केवल थी) और मूलभूत रूप से इसका व्यापक विश्वविद्यालयी स्तर था लेकिन इसने अर्द्ध-सार्वजनिक सेवा आयाम को व्यवस्थित किया। इसके पश्चात् बहुतेरे देशों ने सार्वजनिक लाइब्रेरी को इंटरनेट कनेक्शनों से आबद्ध किया ताकि व्यापक स्तर पर लोग नवीन सूचना संचालित संस्कृति में सहभागिता कर सके। इंटरनेट से सार्वजनिक उपयोगिता सेवा समान हुई है। परंपरागत रूप से बहुत से देशों में यह सरकार द्वारा नियंत्रित थी लेकिन 1990 के बाद इंटरनेट अधिक व्यवसायिक प्रारूप बनकर आविर्भूत हुआ। आज बहुविध क्रियाओं के लिये इंटरनेट एक खुला व स्वतंत्र स्थान है। तृतीय : आविर्भूत इंटरनेट की स्वतंत्रा गुणवत्ता हेतु, वेब व अन्य दूसरी सेवायें बहुतायत मात्रा में, विज्ञापनों को आधार बनाती है। किसी भी इंटरनेट संचालित व्यवसाय का उद्देश्य रेडियो या टेलीविजन नेटवर्क के सदृश्य होना होता है। टेलीविजन के संदर्भ में आकर्षक, स्पष्ट व प्रकट 'फ्री लांच' सभी व्यवसायिकों को देखने के लिये वास्तविक कार्यक्रम है। इंटरनेट पर टी.वी. के सदृश्य प्रयोगकर्ताओं हेतु 'फ्री लांच' उपलब्ध कराया जाता है। जैसे ई-मेल, 'हाट मेल', 'याहू मेल' व 'गुगुल डाट काम' के संदर्भ में, इसको अवलोकित किया जा सकता है। 2007 की स्थिति का आकलन करे तो इंटरनेट आज एक अति परिपक्व मीडिया स्वरूप बन चुका है व आने

वाला विश्व भविष्य 'इंटरनेट' का है (Rai : 2007)। इसके अतिरिक्त सूचना के लिये 'शुल्क प्रदान' करने को, तत्कालिक सूचना, बिजनेस से संबंधित सूचना यौनिक सूचना (पोर्नोग्राफी) के संदर्भ में अवलोकित किया जा सकता है। अंततोगत्वा, इंटरनेट अधिकाधिक मात्रा में व्यवसायिककृत हुआ है और आय प्रतिमान तथा लाभ सृजन की तरफ अभिमुख हुआ है, जो कि समकालीन मीडिया में व्यापक रूप से फैला हुआ है। इसने प्रतियोगिता के नवीन स्वरूप को प्रोत्साहित किया है तथा जो कि नवीन मीडिया व सूचनात्मक उपकरण की संस्कृति की समझ रखने हेतु अत्यावश्यक हो गया है।

डिजिटलीकृत उत्पाद का एक प्रमुख स्वरूप यह है कि यह प्रतिकृति/फोटोकापी करने में आसान हो गया है। इसलिये इंटरनेट का अवैध संचलन भी बहुतायत मात्रा में हो रहा है। इस प्रवृत्ति को प्रमुखतः संगीत और फिल्म के संदर्भ में अवलोकित किया जा सकता है। नैपस्टेर जो इंटरनेट साइट है तथा शान फेननिंगस द्वारा विकसित है, म्यूजिक फाइल की प्रतिकृति करने वाले को प्रोत्साहित करने वाला प्रथम प्रोग्राम है जो साइट से संबंधित किसी भी कम्प्यूटर से प्राप्त किया जा सकता है। व्यक्तिगत प्रयोगकर्ता को नैपस्टेर, म्यूजिक का एक व्यापक डाईरेक्ट्री उपलब्ध करवाता है। 30 लाख से अधिक नैपस्टेर के प्रयोगकर्ता सबसे बड़े स्वतंत्रा लचीले समुदाय का निर्माण करते हैं। म्यूजिक फाइल कम्प्यूटर से लेकर एम.पी.थ्री प्लेयर तक निर्गत हो सकता है। इस तरह का कार्य अन्य साइटें भी करती हैं। म्यूजिक का विस्तारवादी विनिमय, स्वामित्व और बौद्धिक संपत्ति के समझौते हेतु समस्यामूलक है। अतीत में, म्यूजिक शेयरिंग व प्रतिकृति सहनीय था (जब यह मित्रवत किया जाता था) लेकिन आज इंटरनेट ने मित्रों के मध्य श्रेणी को विस्तारित किया है जिसकी संख्या लाखों में है। इससे म्यूजिक उद्योग हानिरहित होने के बजाय हानियुक्त हुआ है तथा इसने बौद्धिक संपत्ति अधिकार (आई.पी.आर.एस.) के समक्ष सामान्यतः समस्या आविर्भूत किया है। इससे मीडिया उद्योग, संस्कृति तथा पूंजीवाद के अन्य उपकरणों में प्रतिस्पर्धा व प्रतियोगिता आविर्भूत हुई है (Marshall : 2004)।

7. सूचना सर्वोच्च राजमार्ग : अर्थतंत्र एकाधिकार की एक नवीन परियोजना

इलेक्ट्रानिक सूचना राजमार्ग वैश्विक व्यवस्था के लिये एक प्रारूप है जिसका

इतिहास मार्च 1994 में ब्यूनोस एयर्स (जो इंटरनेशनल टेली कम्यूनिकेशन का एक भाग है) पर आयोजित सम्मेलन में, 132 देशों के प्रतिनिधित्वकारियों के समक्ष अमेरिका के उप-राष्ट्रपति अलगोरे द्वारा सम्मेलन की अभिव्यक्ति में अवलोकित किया जा सकता है :

"We now have at hand the technological break-throughs and economic means to bring all the communities in the world together. We now can atleast create a planetary information network that transmits message and images with the speed of light from the largest city to the smallest village on every continent" (C.F. Schiller : 2001)

इस अत्युत्तम व अति सर्वश्रेष्ठ भविष्योमूलक लक्ष्य के प्रस्तुतिकरण के बाद गोरे सूचना नेटवर्क से संबंधित यथार्थता को अभिव्यक्त करते हैं कि : यह एक ऐसा साधन होगा जिसके द्वारा परिवार व मित्र समूह समय व दूरी की सीमा से बाहर होगा... और यह एक वैश्विक सूचना बाजार स्थान को संभावित करेगा, जहाँ उपभोक्ता उत्पादों का क्रय-विक्रय कर सकते हैं। वैश्विक सूचना आधार संरचना के विकास के लिये, निजी निवेश व प्रतिस्पर्धा आधार है (Gore : 1994; Nash : 1994)। सितम्बर 1993 में, सूचना सर्वोच्च राजमार्ग को व्हाइट हाउस, यू.एस. फर्मों के वैश्विक अर्थतंत्र से प्रतिस्पर्धा व विजय (एकाधिकार) के समुचित व योग्य साधन के रूप में व घरेलू अर्थतंत्र को अन्तर्राष्ट्रीय प्रतिस्पर्धा के संदर्भ में, क्रमिक बढ़ाव के रूप में अभिव्यक्त करता है (NII : 1993)। सूचना नियंत्रण व सूचना के स्वरूपों द्वारा विश्व अर्थतंत्र का दिशा-निर्धारण व वैश्विक संचालन अमेरिका की प्रमुख अप्रकट वैचारिकी है (Schiller : 2001)।

द्वितीय विश्वयुद्ध के बाद से अमेरिकन नेतृत्व की द्वितीय पीढ़ी ने विश्वस्तरीय लाभों को एकत्रित करने हेतु सूचना व सूचना नियंत्रण तथा निर्देशन की केन्द्रीयता पर ध्यानाकर्षण किया है। वैश्विक सांस्कृतिक वातावरण के निर्माण में अमेरिकन सांस्कृतिक प्रभाव स्थापित करने में, अमेरिकन फिल्म, टी.वी. प्रोग्राम, न्यूज प्रोग्राम विशेषतः सी.एन.एन. रिकार्ड म्यूजिक, थीम पार्क व विज्ञापनों ने व्यापक अमेरिकन परिप्रेक्ष्य को प्रस्तुत किया है। 'यू.एस. 'पॉप कल्चर' द्वारा अंग्रेजी का प्रोत्साहन व्यापक प्रभावकारी है। इससे एंग्लो-अमेरिकन विचार, मूल्य व सांस्कृतिक उत्पाद का सृजन व स्थापन हुआ है। इससे परिपक्वता व उत्साह का वातावरण निर्मित

हुआ है। इससे सांस्कृतिक वर्चस्व की स्थापना हुई है (जो घरेलू मीडिया तथा राजनीति अभिप्रेरित स्थापना का प्रभाव है) जिसे वैश्विक बाजार के रूप में संबोधित किया जाता है तथा जो 'सूचना के स्वतंत्र प्रवाह' के व्यापक सैद्धान्तिकी को संपोषित करता है। सूचना का स्वतंत्र प्रवाह अमेरिकन सांस्कृतिक उत्पाद का विश्व स्तर पर बढ़ाव है। स्वतंत्र प्रवाह सिद्धान्त के तहत अमेरिका की वैश्विक रणनीति 'सूचना प्रौद्योगिकी तथा परिवहन' के तीव्र तथा संपूर्ण विकास को प्रोत्साहित करने की है जो सांस्कृतिक वर्चस्व को तीव्र व निर्मित करता है। संपूर्ण विश्व बाजार पर नियंत्रण व संचालन की अमेरिकी प्रवृत्ति का चिरस्थायी स्रोत व विशिष्ट आकर्षणकारी स्रोत तथा अमेरिकन उत्पाद व सेवाओं का विश्वव्यापी आधार सेटेलाइट कम्यूनिकेशन है जो आज अतिवादी रूप से टेली कम्यूनिकेशन सेवाओं को सुधरे रूप में प्रस्तुत करता है तथा वैश्विक उत्पादन में एक कारक के रूप में, 'दूरी' को समाप्त करता है व कम्प्यूटरीकरण को बढ़ावा देता है जो सूचनाप्रयोगी अर्थतंत्र का आधार होता है (Schiller : 1996 : 2001)।

सूचना सर्वोच्च राजमार्ग के निर्माण से संबंधित अद्यतन प्लान, अमेरिकन सेटलाइट (कम्यूनिकेशन) के विकास तथा प्रभावी ढंग से इस्तेमाल से संबंधित ऐतिहासिक प्रारूप का अनुकरण है। इस सेटेलाइट परियोजना के महत्वाकांक्षी लक्ष्य को ब्रिटिश भूमिका को कमतर करने के संदर्भ में अवलोकित किया जा सकता है (Schiller : 1992)। सूचना उपकरणों का नियंत्रण, संदेशों व इसके अन्तर्वस्तु के प्रवाह पर नियंत्रण, सर्विलास की क्षमता में वृद्धि और सूचना शक्ति के सभी स्वरूपों के संदर्भ पर आधारित है। इस विनियमित विश्व में तथा वैश्विक उत्पादन से संबंधित लाभदायकता तथा उपर्युक्तता व सुविधा के लिये, सूचना उपयोगकर्ता एक वैश्विक बाजार व्यवस्था के सृजन हेतु शक्तिशाली साधन है। यह राष्ट्रीय सूचना आधार संरचना तथा वैश्विक राजमार्ग का केन्द्रीय अनुमोदन व लक्ष्य है।

सूचना सर्वोच्च राजमार्ग अमेरिकन व वैश्विक अर्थतंत्र के मध्य विद्यमान विभेदों तथा असमानताओं को कम करने के संदर्भ में अवलोकित किया जा सकता है। यह शिक्षा, स्वास्थ्य व आय में विद्यमान खाड़ी व विभाजन को कम करता है। लेकिन यह परियोजना, विरोधों व संदेहों से आच्छादित है। क्योंकि एक निजी स्वामित्व तथा प्रबंधकीययुक्त सूचना राजमार्ग समाज के अधिकतर

लाभकारी क्षेत्रों के हितों, आवश्यकताओं और आय की ओर अभिमुख होता है। इस व्यवस्थित प्रवृत्ति के महत्वपूर्ण संशोधन हेतु, एक मजबूत राजनीतिक-सामाजिक आंदोलन व दबाव की आवश्यकता है। अधिकतर विकसित देश व्यापक आय असमानताओं को प्रदर्शित करते हैं और अमेरिका भी इसका अपवाद नहीं है। कमतर औद्योगिक देशों जैसे 'भारत' में भी यह परिलक्षित है। लेकिन प्रश्न यह आविर्भूत होता है कि क्या निजीकृत वित्तीयपोषित, निजी स्वामित्वयुक्त, उच्चगतियुक्त, बहुलक्षमतायुक्त, 'सर्किट्स' जो व्यापक स्तर पर 'मैसेज' व 'इमेज' को प्रवाहित करता है, वैश्विक स्तर पर रहने वाले लोगों की दशा में 'व्याप्त अंतराल' को कमतर करेगा? टाइम वारनर, ए टी एण्ड टी, माइक्रोसोट व अन्य प्रतिस्पर्धी, सामाजिक असमानता के संदर्भ से अलग है। इनका केन्द्रण आय प्राप्ति है।

यह सत्य है कि सूचना का स्वरूप वैश्विक हो चुका है और आज सूचना 'वैश्विक अर्थतंत्र का राजा' है क्योंकि प्रारंभिक इतिहास में, धन व संपत्ति का मापन भूमि, सोना, तेल व मशीनों में होता था लेकिन आज धन व संपत्ति के मापन का केन्द्रीय सिद्धान्त सूचना है व इसकी गुणवत्ता, इसकी मात्रा व इसकी गति है जिसके साथ इसे ग्रहण किया जाता है। यह व्यापक सूचना गुणवत्ता जो 21वीं शताब्दी में, अमेरिका को वैश्विक प्रबलता से युक्त तथा सर्वोच्च शासक बनायेगा (NII : 1993)। सूचना घरेलू व वैश्विक अर्थतंत्र का व्यापक तत्व बन चुका है। सूचना क्षमता का विकास आर्थिक वृद्धि को प्रोन्नत करता है। विश्व की निर्माणकारी रूपरेखा नवीन सूचना प्रौद्योगिकी द्वारा प्रस्तावित है जिसे एलविन टाफ्लर के कार्यों में अवलोकित कर सकते हैं। टाफ्लर सूचनाप्रयोगी अर्थतंत्र के एक प्रबल समर्थक हैं व इसके द्वारा समर्थित एक ऐतिहासिक युग 'तीसरा प्रवाह' के रूप में (सूचना प्रवाह) अनुमोदित करते है (Toffler : 1983)। इस प्रारूपीकरण में 'टाफ्लर' व्याख्यायित करते हैं कि कृषि से रूपान्तरित व्यवस्था औद्योगिकी व्यवस्था होगी तथा औद्योगिक से रूपान्तरित व्यवस्था सूचना उपयोगी समाज होगा जो विद्यमान समाज का अभिलक्षण है। टाफ्लर के अनुसार वैश्विक संगठन उत्पादन, वितरण, कार्य, जीवन व्यवस्थापन और युद्ध आधार भूत रूप से कृत्रिम हो चुका है। टाफ्लर एक 'वैश्विक शैली युक्त अर्थतंत्र' के विकास की परिकल्पना करते हैं (Toffler : 1983)। हालांकि यह सफलता का आधार नहीं है।

यद्यपि समाजव्यवस्था में असमानता नवीन नहीं है। पूंजीवादी विकास इसको अधिक प्रोत्साहित व प्रोन्नत व गहन बनाता है और नवीन सूचना प्रौद्योगिकी, असमानता को अतिरिक्त क्षमताओं के साथ अर्थात् गतिशीलता, लोचनीयता व शीघ्रता से विस्तारित करता है। इसके अतिरिक्त वैश्विक शहरों का अभ्युदय जैसे : टोक्यो, लंदन, न्यूयार्क और कम महत्व के केन्द्र 'ट्रांसनेशनल कारपोरेशनों' के प्रत्यक्ष परिणाम है। इन विशालकाय फर्मों को एक व्यापक स्तरीय सेवाओं की आवश्यकता होती है जिसे सासेन 'प्रोड्यूसर सर्विसेज' कहता है जैसे : एर्डवर्टटाइजिंग, डिजाइनिंग, एकाउटिंग, फाइनेनसियल, लीगल, मैनेजमेंट, स्कोरियटी व अन्य वैयक्तिक कार्य, जिसे कुछ महानगरीय शहरों में केन्द्रीयकृत किया जा सकता है। इन नवीन केन्द्रों का जीवन वैश्विक जनसंख्या के कुछ भागों के लिये भविष्य का आकर्षण प्रस्तुत करता है (Sassen : 1991)। टाफ्लर का आशय धनी लोगों के विद्रोह के संबोध में भी योगदान देता है। अतीत में, गरीब धनी लोगों के विरूद्ध विद्रोह करते थे लेकिन आज स्थानीय व अधिक आर्थिक स्थिति वाले या आर्थिक संपन्न लोग अपने लाभों की संरक्षा व विस्तारण करना चाहते है तथा अलाभकारी देशवासियों, क्षेत्रों, राज्यों के प्रति रणनीतिक प्रवाह व विद्रोह को अभिव्यक्त करते है (Toffler : 1983)। टाफ्लर की यह व्याख्या अपर्याप्तकारी है लेकिन बहुत स्तर पर वास्तविक है। समान रूप से, विशेष सुविधायुक्त देश अति खतरनाक व उदण्डयुक्त जनसमूह से अपना बचाव करता है। यथा : पश्चिमी यूरोप, अफ्रिकन व पूर्वी यूरोपीय लोगों से अपने को दूर रखता है। जापान उत्प्रवासियों पर एक कठोर नियंत्रण प्रस्थापित करता है। वांशिंगटन, साउथ हैमीस्फेयर के मानवीय ज्वार के संकट से सावधान है। इसके अतिरिक्त 'सूचना सर्वोच्चता' पर युद्ध की परिकल्पना टाफ्लर करता है जिसे पश्च 1970 तथा प्रारंभिक 1980 के दौरान अवलोकित किया जा सकता है (Toffler : 1983; Schiller : 1992)। सूचना आधारित युद्ध रणनीति के साथ, समाचार व सूचना के हस्तांतरण को असंतुष्ट क्षेत्रों के संदर्भ में, समर्थित करता है। इस संदर्भ में सी.एन.एन. को एक उपर्युक्त चैनल के रूप में अनुमोदित किया जाता है। इसके अतिरिक्त बी.बी.सी. और जापान की एन.एच.के. को भी उपर्युक्त माना जाता है। इन नेटवर्कों को गैर समस्यामूलक, विश्वसनीय वाहक व समाचार तथा सूचना का विस्तारक माना जाता है।

सूचना सर्वोच्च राजमार्ग से संबंधित वांशिगटन प्लानिंग इन प्रयोगी आशयों को उल्लिखित नहीं करता है। लेकिन क्या नवीन सूचना प्रौद्योगिकी के विस्तार का अनुमोदन 21वीं सदी के विजय का वाहक हो सकता है? क्योंकि नित नवीन समस्यायें आविर्भूत हो रही है जो शक्ति, धन व सूचना के विकेन्द्रित प्रवाह की समर्थक है तथा जो इसे संपूर्ण विश्व के विकास के रूप में अवलोकित करती है न कि एकाकी देश के अनवरत विश्व एकाधिकार की। आविर्भूत वैश्विक संकट पूर्णतः एक भिन्न आर्थिक, राजनीतिक और सांस्कृतिक दिशा निर्धारण तकनीक के खोज की ओर अभिमुख है जो अभी सर्वत्र व्याप्त है।

मौलिक निष्कर्ष

विश्लेषकों का आकलन है कि - नवीन प्रौद्योगिकी जो सूचना व संप्रेषण से संबंधित प्रभाव के नवीन रूप व आश्चर्य तथा भविष्य हेतु परिकल्पना निर्माण हेतु तीव्र, साधन के रूप में अवलोकित होता है, अन्य कारकों की अपेक्षा यह अतितीव्र, संवेदना को प्रौद्योगिकी के प्रति समर्पित करता है। प्रौद्योगिकी के मल्टीमीडिया के रूप में प्रकार्य सम्पन्न करने की योग्यता, व्यापक स्तर पर सांस्कृतिक-सामाजिक भूमिकाओं को सम्पन्न करने की योग्यता समाहित किये हुये है। इंटरनेट इस क्षेत्र में, एक नवीन प्रणाली है जो ई-मेल, इस्टेटमैसेजिंग, कमेंटरी, वेबप्लानिंग व वेबकैम तथा प्रभावशाली व ब्रांडेड सर्च इंजनों के द्वारा कार्य के नवीन तरीकों व प्रारूपों या वाद/प्रतिवाद के नवीन रूपों के प्रदर्शन का प्रतीक है। इंटरनेट यह कार्य अन्तर्संयोजित संगठनों, संघों, संस्थाओं व ऑनलाइन वर्चुअल कम्यूनिटी के लोगों द्वारा सम्पन्न व प्रस्तावित करता है जो नवीन मीडिया व नवीन आयाम का प्रतीक है। यह समय, स्थान, दूरी व पारम्परिक तथा अप्रासंगिक व गैर तार्किकता से अलग, एक नवीन प्रकार की तार्किकता (जहाँ वर्चुअलटी ही समय, वर्चुअल्टी स्थान व वर्चुअलटी ही दूरी तथा वर्चुअलटी ही मूल्य, प्रतिमान, प्रथा व नियामक है तथा जो अतिशय सचेत, एकजुट व कठोर बंधन के रूप में एक दूसरे से अन्तर्संयोजित हो रहा है) की व्याख्या को मंच प्रदान करता है। यह एक सत्य आकलन है कि नवीन प्रौद्योगिकी 'दूराव और पहुँच और लगाव' तथा नवीन सूचनात्मक विलम्बलना (इनफारमेशन लैग) का प्रस्तोता है।

फिर भी इसका निराकरण ही, पहुँच व लगाव का कारण तथा भविष्य के

नवीन वैश्विक प्रणाली के निर्माण का आधार बन सकता है। यह 'डिजिटल डिवाइड', 'डाटारैश', 'डिजिटल इनइक्विलिटी' का 'डिजिटल ब्रिज', 'डिजिटल इक्विलिटी', 'डाटा प्रोवाइड' व 'डिजिटल आपरच्यूनिटी' के रूप में बदलाव द्वारा संभावित है। यह अनवरत पहुँच, लगाव, केन्द्रीय सैद्धान्तिकीकरण का बढ़ता प्रयोगीकरण व धरातलीय चैतन्यता के रूप में प्रकट होता है। व्यवसायिक व व्यापारिक नव-उदारवाद व विनियमतीकरण ने, सूचना हबों व निर्माण कार्य के बहुत दूरस्थ केन्द्रों, अन्तर्संयोजित, कृत्रिम कार्यशैली व परिशोधित कार्यशैली, वर्चुअल व्यक्ति, एक समान भाषा शिक्षित युवा पीढ़ी व उपभोक्ता के नवीन प्रौद्योगिकी अनुभूत ग्राहकों व वैयक्तिक एरिया नेटवर्कों (पैन) के निर्माण को प्रोत्साहित करता है व जातीयता, सजातीयता, वर्ग, लिंग, रंग से अलग, सूचना ही जाति, सूचना ही सजातीयता, सूचना ही वर्ग, सूचना ही लिंग, सूचना ही रंग, सूचना ही धर्म, सूचना ही लक्ष्य व सूचना ही साधन के रूप में कार्य व व जीवन परियोजना को प्रकट करता है। यह सूचना कूलियों व सूचनात्मक वाहक उपकरणों में, अनवरत वृद्धि व उच्चता का कारण है लेकिन यह पूर्ववर्ती सभी स्वरूपों का नष्टीकरण या पुनर्संशोधन है। यह नवीन कार्यदशाओं जो सर्वसुलभ, आरामदायक, मनोरंजनकारी, तनाओं, कुण्ठाओं व हताशाओं को दूर करने के उपायों, तरीकों व स्वास्थ्य सेवाओं व आपातकालीन सेवाओं से युक्त, अन्तर्क्रिया, संबंध निर्माण व अन्य वर्चुअल गुणयुक्त सेवाओं के सृजन व उपलब्धता से युक्त होता है। यह सांस्कृतिक व स्थानिक तथा देशज व परिस्थितिकीय 'डारमेट्री' से युक्त कार्यस्थलों व कार्यदशाओं का प्रतीक है, जहाँ कार्य परियोजना की पूर्णता ही अंतिम लक्ष्य होता है। इससे 'वर्चुअल आफिस', 'वर्चुअल मैन', 'वर्चुअल माइंड', 'वर्चुअल प्रोजेक्ट', 'वर्चुअल वर्किंग लोकेशन और वर्चुअल वर्किंग प्लेसेज के संबोधों का निर्माण प्रासंगिक व मजबूत हुआ है। इन सभी का आधार सूचना व सूचना प्रौद्योगिकी से संबंधित उपकरणात्मक पहुँच व लगाव है। वर्ल्ड वाइड वेब तो इस क्रांति का 'ब्रह्ममास्त्र' है। इससे 'वर्ल्ड वाइड वेब सामाजिक संगठन' का नवीन रूप उद्‌भूत हुआ है, जो पराराष्ट्र पहुँच, पराराष्ट्र अन्तर्वस्तु का अध्ययन, परराष्ट्र राजनीतिक, आर्थिक सामाजिक-सांस्कृतिक प्रभावों का विवेचन व विश्लेषण तथा सहभागिता व सूचनात्मक उपकरणों के माध्यम से सूचनात्मक लक्ष्यों की पूर्णता व पुनर्निर्माण को प्रस्तुत करता है। वर्ल्ड वाइड वेब, डिजिटलीकरण व इंटरनेट के

समामेलन ने पोनोग्राफी व सायबर सेक्स, यौनिक तनावों, कुण्ठाओं, हताशाओं को पूर्ण करने हेतु, आप्राकृतिक, अतार्किक, गैर अनुमोदित व सर्वसुलभता का एक नवीन स्थान व उपकरणात्मक प्रबंधन उपलब्ध कराया है (जिसे आनलाइन सेक्स व आनलाइन सेक्सुअलपेनिट्रेशन भी कहा जा सकता है)।

समालोचनात्मक समाजशास्त्री हैबरमास की 'सामाजिक परिवेश' की अवधारणा व सामाजिक विश्लेषण की प्रवृत्ति नवीन मीडिया प्रौद्योगिकी तथा सूचनात्मक उपकरणों द्वारा पुनर्संगठित व पुनर्संरचित हुई है। इंटरनेट इस बदलाव का आधार है - जो ऑनलाइन सार्वजनिक परिवेश व ऑफलाइन सार्वजनिक परिवेश के मध्य विभेद को आविर्भूत करता है। 'ऑनलाइन सार्वजनिक परिवेश' एक नवीन मूल्य व्यवस्था व सामाजिक-सांस्कृतिक प्रणालियों से संचालित जनसमूह का प्रदर्शन है जो वेबकैम, ब्लागिंग, ई-मेलिंग, कमेंट्री, विचार अभिव्यक्ति व वाद-विवाद में, ऑन लाइन सहभगिता के प्रदर्शन तथा पेशेवर व व्यवसायिक साइटों के निर्माण व तीव्र वृद्धि से संबंधित होता है। इसे राजनीतिक घटनाक्रमों, सामाजिक-सांस्कृतिक-आर्थिक गतिविधियों व तत्कालिक मुद्दों, नीतियों तथा संवेदनशील प्रश्नों के आलोक में अवलोकित किया जा सकता है। यह निजी परिवेश व ऑनलाइन सार्वजनिक परिवेश का मिलन है लेकिन परिणाम के रूप में, एक सशक्त ऑनलाइन सार्वजनिक परिवेश का निर्माण है, जो चैट व अन्य इंटरनेट सेवाओं द्वारा सतत् होता है। लेकिन जहाँ यह ऑनलाइन सार्वजनिक परिवेश के निर्माण को प्रोत्साहित व अनुमोदित करता है वही यह ऑनलाइन व्यवसन, निजीगत तनाव व अस्थिरता, पारम्परिक सामाजिक-सामुदायिक संबंधों के नष्टी से वृद्धिगत अलगाव, अनामिता, सार्वजनिक अभिज्ञान का संकट, सामाजिक अंतक्रिया व संबंधों के वियोजन व वैयक्तिक भ्रंशता का प्रकटीकरण है। सूचना के उपकरण व इंटरनेट, प्लैश मॉब, इंटरनेट मॉब, मोबाइल मॉब, वर्ल्ड वाइडवेब मॉब, लैश सोसाइटी, इंटरनेट सोसाइटी, मोबाइल सोसाइटी, वर्ल्ड वाइड वेब सोसाइटी के निर्माण को वृद्धिगत रूप से प्रोत्साहित कर रहे हैं और ऐसा आकलन है कि अभिलक्षित नवीन वर्चुअल विश्व (न्यू वर्चुअल वर्ल्ड) ही आने वाले समय में वास्तविक व यथार्थवादी विश्व का निर्माणकर्त्ता है।

इसके अतिरिक्त नवीन अर्थतंत्र जो विश्लेषकों द्वारा 'सूचनात्मक अर्थतंत्र' के रूप में संज्ञायित है पूर्णतः कम्प्यूटर व इंटरनेट से संबंधित ज्ञान व सूचना के

अपलोडिंग/डाउनलोडिंग प्रक्रिया का परिणाम है। यह सूचना प्रसंस्कृत क्रियाकलापों व सेवाओं का प्रतीक है जो तृतीयक/चतुर्थक सेवा क्षेत्र के रूप में अभिलक्षित है। कम्प्यूटर व सूचना सेवा का नवीन रूप इंटरनेट निर्माण कार्य व सेवाओं के मध्य अन्तर्संयोजन है तथा जो ग्रहणशीलता व लोचनीयता के रूप में अवलोकित है। सूचना की गुणवत्ता, सूचना की अनवरत उपलब्धता, सूचना की क्षमता ही नवीन अर्थतंत्र हेतु स्थानीय, राष्ट्रीय व पराराष्ट्रीय निगमों, संगठनों व देशों के मध्य विद्यमान प्रतिस्पर्धा में सतत रहने का हथियार व रणनीतिक गठन का महत्वपूर्ण घटक है जो अन्य अर्थतंत्रों से अलग, वैश्विक अर्थतंत्र का निर्माण करता है तथा जहाँ सूचनात्मक उपकरण व इंटरनेट तथा कम्प्यूटर नवीन पूंजी व वस्तु के रूप में उपलब्ध होता है। यह वैश्विक अर्थतंत्र के आलोक में, सामंजस्य के साथ देशज प्रकृति व अभिलक्षणों का संरक्षण भी है।

इस नवीन अर्थतंत्र के संदर्भ में आकलन है कि सूचनात्मक उपकरणों व इंटरनेट के द्वारा इसे 'स्थान, प्रतीक, सेवाओं व सूचना तथा ज्ञान के बहाव' के रूप में अभिलक्षित किया जा सकता है। यह इंटरनेट अर्थतंत्र या सूचनात्मक अर्थतंत्र जो बहुतेरे रूपों में (ई-कामर्स, ई-आकुपेशन, ई-इंडस्ट्री, ई-मार्केट, ई-बैकिंग, ई-सर्विसेज) लक्षित है, अवैध संचलन, ब्लैक हस्तांतरण, सूचना चोरी, हैकर्स द्वारा सूचना को विनष्ट करना या गलत, अवांछनीय देशद्रोहियों, असामाजिक तत्वों, राष्ट्र विरूद्ध कार्य करने वाले लोगों व आतंकवादियों द्वारा सूचना पर नियंत्रण स्थापित करने से संबंधित है। इसके अतिरिक्त इसका व्यवसायिक/पेशेवर आयाम, सांस्कृतिक/आर्थिक संघर्ष का नवीन मंच है।

सूचना सर्वोच्च राजमार्ग (इनफारमेशन सुपर हाइवे) की परिकल्पना भी कम्प्यूटर, इंटरनेट, मोबाइल व सूचना के अन्य उपकरणों द्वारा परिकलित है। यह सभी देशों के मध्य (विश्व के) निम्न पिछड़े स्थानों, कार्यक्षेत्रों व गाँवों से लेकर उच्च, विकसित स्थानों, कार्यस्थलों, शहरों तथा नगरों तक सूचना का प्रवाह है। यह सूचना का बाजार व पूंजी के रूप में बदलाव है जो उपभोग, उत्पादन व क्रय-विक्रय का केन्द्रक है। हालांकि अमेरिकन प्रभाव से तद्जनित सूचना राजमार्ग की परिकल्पना अप्रत्यक्ष नियंत्रण, निर्देशन व प्रतिस्पर्धा में सतत बने रहने व एकाधिकार की प्रवृत्ति को कायम रखने का प्रयास है। इसे अमेरिका संचालित व आधिपत्य से प्रेरित 'सूचना के स्वतंत्र प्रवाह तथा समय व दूरी के समापन की प्रवृत्ति व

अप्रत्यक्ष सांस्कृतिक-आर्थिक एकाधिकार का प्रवेश द्वार के रूप में अवलोकित किया जा सकता है। सूचना विश्लेषक शिलर इसे सूचनाप्रयोगी अर्थतंत्र के विकास व वृद्धि का चिरस्थायी स्रोत व कम्प्यूटरीकरण तथा सूचनाकरण के रूप में प्रस्तावित करता है। एक तरह से यह सूचना समक सूचना तथ्य सूचना अन्तर्वस्तु पर नियंत्रण व अपने अनुरूप निर्देशन है जो विभेदों, असमानताओं, विलम्बनाओं तथा सूचना पहुँच व सूचना गैर पहुँच के असमान वितरण को समाप्त कर समान, सार्वभौमिक सूचना पहुँच तथा अप्रत्यक्ष अमेरिकन एकाधिकार की प्रवृत्ति के विकास का आधार है। अमेरिका को तृतीय प्रवाह के सर्जक के रूप में प्रवर्तित किया जा सकता है जो सूचना सर्वोच्च राजमार्ग को अपने वर्चस्व की आसक्ति तथा आर्थिक-सांस्कृतिक नियंत्रण व निर्देशन की अन्तःजन्य प्रवृत्ति के रूप में कल्पित करता है। इसका परिणाम वैश्विक सूचना केन्द्रों, आनलाइन निर्देशित व नियंत्रण सेवाओं, सूचना राजमार्ग संस्कृति व सूचना संचालित बाजारस्थल के निर्माण के रूप में सामने आता है (अन्य देश भी सूचना सर्वोच्च राजमार्ग की परिकल्पना को स्वीकृत कर रहे हैं) लेकिन अन्य देशों का सूचना राजमार्ग की तरफ उन्मुखन जहाँ देशज सार्वजनिक लोगों को अन्तर्संयोजित रखने व समग्र विकास व वैश्विक अर्थतंत्र तथा वैश्विक बाजार स्थल के निर्माण/पुनर्निर्माण में सहभागिता प्रदर्शित करने से संबंधित है वही अमेरिकन व पश्चिमी-यूरोपीय पूंजीवादी के नव-अभिलक्षणों से युक्त देशों का सूचना सर्वोच्च राजमार्ग से संबंधित उद्देश्य मेरे आकलन में एकाधिकार की एक नवीन परियोजना है जो सूचना और संप्रेषकीय प्रौद्योगिकी द्वारा संचालित व वैश्विक कारपोरेट तथा ट्रांसनेशनल कारपोरेशनों द्वारा वास्तविक है लेकिन 21वीं शताब्दी के ऊपर अमेरिकन, पश्चिमी व यूरोपीय वर्चस्व, एकाधिकार, आधिपत्य व विजय का वाहक सर्वोच्च सूचना राजमार्ग से संबंधित परियोजना व सूचना तथा अन्य सूचनात्मक मीडिया का अनवरत विकास व वृद्धि होगा; अनुत्तरित है व विवाद हेतु एक नवीन मुद्दे के रूप में वैश्विक सार्वजनिक परिवेश (आनलाइन/आफलाइन) हेतु प्रकट है।

REFERENCES

Aganbegyan, A. (1988): the Economic Challenge of Perestroika, Bloomington, Indiana University Press, 10-11.

Allan, S. and Zelizer, B. (2002): Journalism after September 11 (eds.); London/ New York, Routledge.

Baudrillard, J. (1983): **Simulations**. Foss, P., Patton, P. and Beitchman, P. (Trans.), New York, Semiotext (e).

Beniger, J. (1986): The Control Revolution: Technological and Economic Origins of the Information, Society, Cambridge, Harvard University Press.

Bernstein, D. (2003): 'Making Something out of Nothing', New York Times, 18 December, E1.

Bolter, J.D. and Grusin, R. (2000): Remediation: Understanding New Media, Cambridge, Ma.: MIT Press.

Boyer, R. (1987): Technical Change and the Theory of Regulation, Paris, Cepremap.

Burnett, R. and Marshall, P.D. (2003): Web Theory: An Introduction, London, Routledge.

Capecchi, V. (1989): 'The Informal Economy and the Development of Flexible Specialization in Emilia-Romagna', In A. Portres, M. Castells and L. Benton (eds.), The Informal Economy: Studies in Advanced and Less Development Countries, Baltimore, Johns Hopkins University Press.

Castells, M. (2001): 'The Informational Economy', In D. Trend (ed.): Reading Digital Culture, Oxford, Blackwell.

Castells, M.; Goh, L.; Kwok, R.W.Y. (1990): Economic Development and Public Policy in HongKong and Singapore, London, Pion.

Chesher, C. (1996): 'CD-Rom's Identity Crisis', Media International Australia 81, August, 27-33.

Cohen, S.S. and Zysman, J. (1987): Manufacturing Matters: The Myth of the Post-industrial Economy, New York, Basic Books.

DeCerteau, M. (1984): The Practice of Everyday Life, Berkeley, University of California Press.

Denison, E. (1985): Trends in American Economic Growth 1929-1982, Washington D.C., Brooking.

Ellul, J. (1964): The Technological Society, New York, Knopf.

Ferkiss, V. (1969): Technological Man: Myth and Reality, London, Heinemann.

Fessenden, F. (2003): 'Slipping into a New Shell', New York Time, Thursday 23 Oct. E1.

Forester, T. (1987): High Tech Society, Oxford, Blackwell.

Forrester (2004): Online www.forrester.com.

Gere, C. (2002): Digital Culture, London, Reaktion Books.

Gore, A. (1994): Remarks Delivered at the Meeting of the International Telecommunication Union, Buenos Aires, March 21.

Haraway, D. (1991): Simians, Cyborgs and Women: The Reinvention of Nature, New York, Routledge.

Hayles, N.K. (1999): How we became Post-human: Virtual Bodies in Cybernetics, Literature and Informatics, Chicago, Chicago University Press.

Hepworth, M. (1989): Geography of Information Economy, London, Belhaven Press.

Horkheimer, M. and Adorno, T.A. (1987): The Dialectic of Enlightenment, New York, Continuum.

Innis, H.A. (1950): Empire and Communication, Ldonon, Oxford University Press.

Innis, H.A. (1951): The Bias of Communication, London, Oxford University Press.

Interactive Advertising Bureau (2004): Online: http://www.iab.net/news/pr 2004 524asp accessed May 26.

Kahney, L. (2003): 'E-mail mobs materialize all over', Wired News, 5 July, Online:http:/ online: http://www.wired.com/news/culture/0,1284,59518.00 ht ml

.Kowal, D. (2002): 'Digitizing and Globalizing Indigenous voices: The Zapatista Movement', In G. Elmer (ed.) Critical Perspectives on the Internet, Lanham, Maryland: Rowman & Little Field, 105-26.

Kroker, A. (1984): Technology and the Canadian Mind: Innis/ McLuhan/ Grant, Montreal: New World Perspectives.

Kroker, A. and Weistein, M.A. (1994): Data Trash: The Theory of the Virtual Class, New York, St. Martin's Press.

Leonhardt, D. (2003): 'A Voice in the Calling Wilderness', New York Times, 18 Dec., E 1.

Levinson, P. (1999): Digital McLuhan: A Guide to the Information Millennium, New York, Routledge.

Lyotard, J.F. (1986): The Postmodern Condition: a Report on Knowledge, Manchester, Manchester University Press.

Marcuse, H. (1964): One Dimensional Man: Studies in Ideology of Advanced Industrial Society, Boston, Beacon Press.

Mark, J.A. and Waldorf, W.H. (1983): 'Multifactor Productivity: A New BLS Measure', In Monthely Labour Review 106, December, 3-15.

Markham, A. (1998): Life Online: Researching Real Experience in Virtual Space, Walnut Creek, Ca: Atlantic Press/Sage.

Marshall, P.D. (1997): 'The Commodity and the Internet: Interactivity and the Generation of the Audience Commodity', Media International Australia, February, 51-62.

Marshall, P.D. (2004): New Media Cultures, New york, Oxford University Press, L.Arnold.

McLuhan, M. (1994) : Understanding Media: The Extensions of Man, New York, McGraw Hill.

Metz, C. (1982): The Imaginary Signifier: Psychoanalysis and Cinema, Bloomington, Indiana, Indiana University Press.

Nash, N.C. (1994): Gore Sees World Data Privatizing, The New York Times, March, 22, 1994.

Nelson, R.R. (1981): Research of Productivity Growth and Productivity Differences: Dead Ends and New Departures', Journal of Economic Literature 19, September, 1029-64.

Nielsen/Netratings(2004):

http://direct.www.nielsen-netratings.com/news.jsp? section=dat_gi, January.

NII (1993): Agenda for Action, Executive Summary, Washington, September 15, The National Information Infrastructure.

Petit, P. (1986): Slow Growth and the Service Economy, London, Pinter.

Pew Internet and American Life Project (2000): Tracking Online Life: How Women use the Internet to Cultivate Relationship with Family and Friends, Washington, D.C., Online: www.pewinternet.org.

Piore, M. and Sabel, C. (1984): The Second Industrial Divide, New York, Basic Books.

Pogue, D. (2003): 'Satellite Radio extends its Orbit', New York Times, Thursday, 18 December, E1.

Porat, M. (1977): The Information Economy: Definition and Measurement, Special Publication 77-12 (1), Washington D.C., U.S. Department of Commerce, Office of Tele Communication.

Robbins, B. (1993): The Phantom Public Sphere (ed.), Minneapolis, MI: University of Minneapolis Press.

Rosenberg, N. and Birdzell, L.E. (1986): 'How the West Grew Rich: The Economic Transformation of the Industrial World, New York, Basic Books.

Sassen, S. (1991): The Global city, Princeton, Princeton University Press.

Schiller, H. (1996): Information Inequality: The Deepening Social Crisis of America, London, Routledge.

Schiller, H.I. (1992): Mass Communication and American Empire, New ed. Boulder: Westview.

Schiller, H.I. (2001): 'The Global Information Highway: Project For an Ungovernable World' In D. Trend (ed.): Reading Digital Culture, Oxford, Blackwell.

Solow, R. (1957): 'Technical Change and the Aggregate Production Function', Review of Economics and Statistics 39, 312-20.

Stonier, T. (1983): The Wealth of Information: A Profile of Post-Industrial Economy, London, Thames Methuen.

Toffler, A. (1983): The Third Wave, London, Pan Books.

Turkle, S. (1995): Life on the Screen: Identity in the Age of the Internet, New York, Simon & Schuster.

अध्याय–6

नेटवर्किंग व्यवस्था एवं सामाजिक सरंचना : उभरता वैश्विक प्रारूप

1. नेटवर्क समाज : एक विवेचना

पूर्ववर्ती समूहों तथा संगठनों का अध्ययन व अवधारणात्मक आशय समाजशास्त्रियों हेतु बहुतायत स्तर पर उपयोगी साबित हुआ है। इनके मध्य विद्यमान संबंधों में नित लक्षित परिवर्तनों अर्थात् प्राथमिक समूह से द्वितीयक समूह, द्वितीयक समूह से औपचारिक संगठन, औपचारिक संगठन से उत्तर आधुनिक संगठन ने भाषायी चिंतन व अभिलक्षणों से संबंधित नवीन परिकल्पना को प्रस्तुत किया है। आज बहुत से अध्ययनकर्ता 'नेटवर्क' के विचार को सह-सामंजस्य के विचार के रूप में समाज की उपर्युक्तता हेतु प्रस्तुत करते हैं। यह नेटवर्क विद्यमान समाज में बदलाव का प्रतीक है। औपचारिक रूप से नेटवर्क को सामाजिक बंधन के वेब के रूप में अवलोकित किया जा सकता है जो लोगों को जोड़ता है तथा लोग एक दूसरे से तादात्म्य व अभिन्नता स्थापित किये रहते हैं (Macionis and Plummer : 2002)। नेटवर्क को एक गहन या अति जटिल रूप से आबद्ध समूह के रूप में अवलोकित किया जा सकता है जो लोगों का सीमा व संबंधन के संदर्भ में दूसरे समूह के लोगों के साथ संपर्क है। य.दे समूह को 'मित्रों की एक परिधि' के रूप में अभिव्यक्त किया जा सकता है तो नेटवर्क को एक ऐसे सामाजिक वेब के रूप में अभिवर्णित किया जा सकता है जो संपर्कों का विस्तार उच्च दूरस्थ स्थान पर रहने वाले बहुसंख्यक लोगों के संदर्भ में करता है। सामाजिक नेटवर्क समूह या संगठन से अलग एक भिन्न अवधारणा है। समूह व संगठन व्यापक रूप से कुछ सीमायी बंधनों को प्रेषित करता है जहाँ उनके मध्य

आमने-सामने की अंतक्रिया विद्यमान होती है। नेटवर्क इसके विपरीत अन्तर्संबंधों व संबंधों के क्षेत्र को विस्तारित करता है। यह जोड़ों का एक पुंज है (मुख्य केन्द्रक) और यह एक बंधनों का पुंज है (संबंधन) जो सभी जोड़ों को एक दूसरे से आबद्ध करता है। इन जोड़ों को लोगों, समूहों या राष्ट्र-राज्यों या परा-राष्ट्रों के मध्य अवलोकित किया जा सकता है।

सामाजिक नेटवर्क विश्लेषण अन्तर्निहित प्रतिमानों व संबंधों को देखता है जो सामाजिक नेटवर्क को आकार देता है। उदाहरण के लिये हम बंधनों की संख्या, बंधनों की विविधता, अन्तःक्रियात्मक बंधनों की आवृत्ति और गहनता, अन्तःक्रियात्मक बंधनों की दिशा, बंधनों की गुणवत्ता को अवलोकित कर सकते हैं। कुछ नेटवर्कों को गहन जुड़ाव और कठोरतम रूप से बंधनकारी रूप में अवलोकित किया जा सकता है या इसके विपरीत इसे कमजोर कड़ी के रूप में भी अवलोकित किया जा सकता है (Wellman : 1999)। नेटवर्क समाज से संबंधित मुद्दों, आशयों व अभिलक्षणात्मक बिन्दुओं का अवलोकन बहुतेरे शोधकर्त्ताताओं, सामाजिक-आर्थिक-राजनीतिक विश्लेषकों व सूचना सैद्धान्तिकी के प्रस्तोताओं (Croteau and Hoynes : 1997; Dekerckhove : 1997; Mansell and Silverstone : 1996; Giddens : 1984; Cathoun : 1994; Giddens and Hutton : 2000; Hage and Power : 1992; Lash and Urry : 1994; Graham and Marvin : 1996; Held et.al. : 1999; Scott et.al. : 1998; Turkle : 1995; Webster : 1996; Wellman : 1999; Dutton : 1999; Carnoy : 2000; Castells : 1996 : 1997 : 1998 : 2000a; Nayar : 2006) के कार्यों में प्रक्षेपित किया जा सकता है।

स्पेनिश समाजशास्त्री मैनुअल कैसटेल्स 'नेटवर्क समाज' (Network Society) की अवधारणा का व्यापक व प्रभावकारी प्रयोग करते हैं जो नवीन समाज का स्वरूप है। आज समाज का बदलाव कम्प्यूटर, इंटरनेट व सूचना प्रौद्योगिकी के प्रयोग पर आधारित है (Castells : 1989)। सूचना व संप्रेषण प्रौद्योगिकी के विकास का आर्थिक, सामाजिक, राजनीतिक व सांस्कृतिक जीवन पर व्यापक प्रभाव स्थापित हुआ है। तीन संबंधित खण्डों के द्वितीय खण्ड में कैसटेल्स तर्क प्रस्तुत करते हैं कि :

"The Information Technology revolution and the restructuring of Capitalism, have induced a new form of society, the network

Society. It is characterized by the globalization of strategically decisive economic activities. By the networking form of organization. By Flexibility and instability of work and the individualization of labour. By a culture of real virtuality constructed by a pervasive, interconnected and diverse media system and by the material foundation of life, space and time, as expressions of dominant activities and controlling elites.(Castells : 1997)"

कैसटेल्स अभिव्यक्त करते हैं कि सामाजिक संगठन स्वयं स्पष्टता को प्रदर्शित करता है जो सूचना प्रौद्योगिकी व्यवस्था, नेटवर्क्ड कम्प्यूटर और सेटेलाइट वितरण (जो संपूर्ण पृथ्वी को आच्छादित किये हुये है) के जटिल अन्तर्संबंधन के रूप में अभिलक्षित है। नेटवर्क समाज तीव्र विस्तीर्ण व हस्तक्षेपकारी कम्यूनिकेशन द्वारा अभिलक्षित है (Castells : 1996 : 1997 : 1998)। कैसटेल्स व्याख्यायित करते हैं कि नेटवर्क समाज सामाजिक संरचना (सामाजिक संगठन) है जो कि सूचना युग का अभिलक्षण है तथा प्रयोगात्मक रूप से प्रति-संस्कृति आनुभविक खोज या जाँच द्वारा चिन्हित है। सामाजिक संरचना मानवों का उत्पादन/उपभोग, अनुभव और शक्ति के संबंधों में संगठनात्मक प्रबंधन है जो संस्कृति द्वारा आकारगत अर्थपूर्ण अंतःक्रिया में अभिव्यक्त होता है। यह सामाजिक कार्यकर्त्ताओं द्वारा निर्माणकारी/अधिनियमित, पुनर्निर्देशित व तत्कालिक रूप से रूपान्तरित होती है। यह गैर भविष्यवाणी योग्य परिणामों को भी प्रदर्शित करता है। सामाजिक संरचना का आधारभूत स्वरूप सूचना युग में, सामाजिक रचनाशास्त्र के प्रमुख स्वरूप के रूप में, नेटवर्कों पर इसकी आत्मनिर्भरता है। नेटवर्क सामाजिक संगठन के पुराने स्वरूप है लेकिन वर्तमान में ये नवीन सूचना/संप्रेषण प्रौद्योगिकी के द्वारा सशक्त हैं (Castells : 2000a)। कैसटेल्स व्याख्यायिक करते हैं कि सूचना युग के द्वारा मैं एक ऐतिहासिक काल को अनुमोदित करता हूँ जिसमें मानवीय समाज अपने कार्यों का निष्पादन एक प्रौद्योगिकी पैराडाइम के तहत करता है तथा जो प्रमुखतः माइक्रो इलेक्ट्रानिक्स आधारित सूचना/संप्रेषण प्रौद्योगिकी और अन्य विशेषज्ञता पर आधारित होता है (Castells : 2000a)। यह औद्योगिक युग के प्रौद्योगिकी पैराडाइम को बदलावित करता है जो प्राथमिक रूप से, ऊर्जा के उत्पादन व वितरण के चारों ओर संगठित होता है (Castells : 2000a)। यह स्पष्ट है कि नेटवर्क समाज का निर्माण आधार उत्पादन, उपभोग, शक्ति व

अनुभव है। प्रकृति के संदर्भ में, उत्पादन मानवता का कार्य है जो इसे उपर्युक्त बनाता है तथा स्वयं के लाभों के लिये रूपान्तरित करता है व समाज निर्धारित लक्ष्यों के संदर्भ में, निवेश का कारण है। उपभोग मान के द्वारा उसके वैयक्तिक लाभों के लिए उत्पाद का विनियोग है। विश्लेषणात्मक रूप से यह उत्पादन प्रक्रिया का घटक है। अनुभव स्वयं मानवीय कार्य तथा जो स्वयं के जैविकीय और सांस्कृतिक तादात्म्य के मध्य विद्यमान संबंधों द्वारा निर्धारित है। इसे सामाजिक व प्राकृतिक वातावरण के संदर्भ में भी अवलोकित किया जा सकता है। यह मानवीय इच्छाओं और आवश्यकताओं के पूर्णता के लिये अनंत खोज के संदर्भ में निर्माणकारी होता है। शक्ति वह मानवीय क्रिया है जो अपनी इच्छा व आकांक्षाओं को प्राप्त करने हेतु दूसरे मनुष्य पर थोपती है। यह कार्य मानव प्रतीकात्मक हिंसा या भौतिक हिंसा के वास्तविक व संभावित प्रयोग द्वारा करता है। समाज की संस्थायें, प्रत्येक काल में शक्ति संबंधों को नियंत्रण, सीमा व सामाजिक संविदा द्वारा प्रभावी करती रही है व शक्ति संघर्षों को नियंत्रित करती रही है। समाज की संस्थायें, प्रत्येक काल में, शक्ति संबंधों को नियंत्रण, सीमा व सामाजिक संविदा द्वारा प्रभावी करती रही है। अधिक विशिष्ट रूप से उत्पादन वर्ग संबंधों में (उत्पादन के संबंधों में) संगठित रही है जो उस प्रक्रिया को परिभाषित करता है जिसके द्वारा मानव, उत्पादन प्रक्रिया में अपने पद के आधार पर उत्पादन के संगठन को निर्धारित करता है। यह मानव उत्पाद के प्रयोग व सहभागिता, निवेश और उत्पाद उपभोग के विविध विनियोग को भी निश्चित/निर्धारित करता है (Castells : 1996, 1997, 1998, 2000b)। संरचनात्मक नियम/सिद्धान्त जिसके तहत 'अतिरेक' उपर्युक्त और नियंत्रित होता है। उत्पादन के साधन को अभिलक्षित करता है। उत्पादन के साधन की अवधारणा विशिष्ट रूप से उत्पादन के संबंधों से संबंधित है। अनुभव लिंगीय/यौनिक संबंधों के चारों ओर संरचित होता है। यह ऐतिहासिक रूप से परिवार के चारों ओर संगठित होता है और पुरुषों के महिलाओं और बच्चों के ऊपर वर्चस्व के रूप में चिन्हित किया जाता है। पारिवारिक संबंध तथा यौनिकता व्यक्तित्व व्यवस्था के आधार व्यक्तित्व के द्वारा समझ को विशिष्ट अर्थों (ब्रेनों) में सामाजिक संबंधों के वैयक्तिकरण व जैविकीय अंतःक्रिया के संदर्भ में अवलोकित किया जा सकता है। शक्ति हिंसा के अभ्यास की योग्यता में निहित होता है। ऐतिहासिक रूप से, यह भौतिक हिंसा का एकाधिकार है जो राज्य में निहित होता है तथा जो शक्ति संबंधों की

प्रमुख अभिव्यक्ति है। प्रतीकात्मक हिंसा भी शक्ति का प्रमुख/आधारभूत आयाम हो चुका है। कैसटेल्स व्याख्यायित करते हैं कि दिये हुए प्रतीकात्मक संकेत की क्षमता जो मानवीय दिमाग से भिन्न संकेत को नष्ट करती है, जिसके ऊपर शक्ति अभ्यासित किया जाता है वह प्रतीकात्मक हिंसा है (Castells : 2000a)।

मानवों के मध्य प्रतीकात्मक संप्रेषण और मानवों तथा प्रकृति के मध्य संबंध, उत्पादन/उपभोग, अनुभव और शक्ति के द्वारा विशिष्ट सीमा क्षेत्र में ऐतिहासिक रूप से स्पष्टीकृत व पारदर्शी होता है तथा इस प्रकार यह संस्कृति का निर्माण करता है। व्यक्ति संस्कृति को स्वीकृत कर सके इसलिये तादात्म्य का निर्माण करते हैं। इसके अतिरिक्त व्यक्ति स्वयं वैयक्तिक तादात्म्य का उपलब्ध संस्कृति से अन्तःक्रिया कर निर्माण करते हैं और उनकी अपनी प्रतीकात्मक पुनर्श्रृंखला क्षमता जो उनके विशिष्ट अनुभवों द्वारा प्रभावित होता है का भी निर्माण करते हैं।

एक दूसरा स्तर जो उत्पादन/उपभोग, अनुभव, शक्ति व संस्कृति में अवलोकित होता है प्रौद्योगिकी है। कैसटेल्स व्याख्यायित करते हैं कि प्रौद्योगिकी का मेरा आशय, वैज्ञानिक ज्ञान का प्रयोग है जिसे पुनर्निर्माणकारी आचरण में, विशिष्ट तरीके से कार्य को करना है। प्रौद्योगिकी तकनीकी संबंधों में निहित होता है जो कि सामाजिक रूप से निर्धारित होता है। इसलिए स्वयं में यह स्वतंत्र व गैर मानवीय आयाम नहीं है। यह ज्ञान का प्रयोगीकरण है जो भिन्न किस्म के उत्पाद को सुलभ कराता है। इसे प्राथमिक रूप से उत्पादन की प्रक्रिया के रूप में चिन्हित किया जा सकता है। शक्ति के संदर्भ में, प्रौद्योगिकी एक निर्णायक कारक है (उदाहरण के लिये मिलिट्री प्रौद्योगिकी)। यह उत्पादन के क्षेत्र में भी निर्धारक कारक है। सामान्य रूप से, प्रौद्योगिकी अनुभवों के संबंधों के आकार में एक महत्वपूर्ण भूमिका प्रस्तुत करता है। उदाहरण के लिये : मानवीय पुनरोत्पादित प्रौद्योगिकी पारिवारिक संबंधों व योनिकता को आकार प्रदान करती है। इसलिए हमें प्रौद्योगिकी को सामाजिक संरचना (संगठन) के महत्वपूर्ण स्तर के रूप में, इसके स्वयं के आधार पर एकीकृत करना चाहिए। प्रौद्योगिकी का एक भौतिक उपकरण के रूप में और प्रतीकात्मक निर्माण के रूप में अर्थबोध उत्पादन/उपभोग, अनुभव और शक्ति के संबंधों के द्वारा प्रदर्शित है जो मानवीय क्रिया के आधारभूत कारकों में एक है। यह एक ऐसी क्रिया है जो सामाजिक संरचना (संगठन) को निर्देशित व संशोधित करता है (Castells : 2000a)।

20वीं सदी के पिछले दो दशकों में सामाजिक रूपान्तरण से संबंधित पुंज संपूर्ण विश्व में अभिलक्षित है। संस्कृति, संस्थायें और अन्य ऐतिहासिक पथ इन रूपान्तरणों के वास्तविक प्रकटीकरण में व्यापक विविधता प्रदर्शित करते हैं। इससे यह प्रदर्शित होता है कि समाजों का व्यापक भाग इन रूपान्तरणों से आधारभूत रूप से प्रभावित है। ये सभी रूपान्तरण एक नवीन प्रकार के समाज की रचना करते है। कैसटेल्स कहते हैं कि इसे 'नेटवर्क समाज' के रूप में व्याख्यायित किया जा सकता है।

यह सत्य है कि हम एक नवीन प्रौद्योगिकी पैराडाइम में प्रवेश कर चुके हैं जो कि माइक्रो इलेक्ट्रानिक्स आधारित सूचना/संप्रेषण प्रौद्योगिकी और अन्य विकास पर आधारित है। कैसटेल्स का तर्क है कि सूचना प्रौद्योगिकी का पुंज नवीन है। इसने व्यापक और महान परिवर्तन को प्रस्तुत किया है। प्रौद्योगिकी के इतिहास में चाहे इसे औद्योगिक क्रांति से संबंधित प्रौद्योगिकी के संदर्भ में अवलोकित किया जाय या पूर्ववर्ती सूचना क्रांति के साथ। इस प्रौद्योगिकी क्रांति के कगार पर हम है जहाँ इंटरनेट अंतःक्रियात्मक कम्यूनिकेशन का एक सार्वभौमिक उपकरण साबित होता है और हम कम्प्यूटर केन्द्रित प्रौद्योगिकी से नेटवर्क प्रसारित प्रौद्योगिकी की तरफ अभिमुख होते हैं। ज्ञान आधारित सूचना प्रौद्योगिकी जो प्रौद्योगिकी पैराडाइम की विशेषता है ज्ञान व सूचना के उत्पादन को विस्तारित व घोषित करता है। सूचना प्रसंस्करण जीवन व सामाजिक क्रिया का स्रोत है और आर्थिक-सामाजिक व्यवस्था का प्रत्येक क्षण इसके द्वारा रूपान्तरित होता है (Castells : 2000a : 1996, 1997, 1998, 2000b)।

हम एक नवीन अर्थतंत्र में रहते हैं जिसके तीन प्रमुख अभिलक्षण है : प्रथमः यह सूचनात्मक है जो ज्ञान व सूचना के प्रसंस्करण व प्रबंधन तथा सृजन की क्षमता है तथा जो फर्म, क्षेत्र और देश के अनुसार सभी प्रकार की आर्थिक इकाइयों की क्रियाओं से संबंधित प्रतिस्पर्धा व उत्पादकता को निर्धारित करता है। द्वितीय : नवीन अर्थतंत्र वैश्विक है (अपने विशिष्ट अर्थों में)। इसकी मुख्य रणनीतिक क्रिया पृथ्वी के संपूर्ण भाग में एक निश्चित व निर्धारित समय पर एक इकाई के रूप में कार्य करने की क्षमता प्रदान करती है। मुख्य क्रियाओं से कैसटेल्स का आशय : वित्तीय बाजार, विज्ञान और प्रौद्योगिकी, वस्तुओं व सेवाओं का अन्तर्राष्ट्रीय व्यापार, उच्चतर व्यवसायिक सेवायें, बहुल राष्ट्रीय उत्पादन फर्म

और उनका सहायक नेटवर्क, कम्यूनिकेशन मीडिया और उच्चीकृत कुशल श्रम है। अधिकतर जाब्स तथ्यात्मक रूप से वैश्विक नहीं है लेकिन सभी अर्थतंत्र वैश्वीकृत मुख्यता के प्रवाह से प्रभावित है। वैश्वीकरण उच्चीकृत रूप से चयनात्मक है। यह प्रभुत्वकारी/वर्चस्वकारी हितों के अनुरूप आगे बढ़ता है और उन सभी इकाइयों, तत्वों, घटकों का परित्याग करता है जिनका कोई मूल्य नहीं है या तो वे मूल्यविहीन होते हैं। इसे मूल्यों के सृजनात्मक विध्वंश या विध्वंशात्मक सृजन के रूप में प्रदर्शित किया जा सकता है। तृतीय : नवीन अर्थतंत्र नेटवर्क्ड है। वैश्विक अर्थतंत्र की अन्तर्संबंधता के केन्द्र में तथा सूचनात्मक उत्पादन की लोचनीयता के केन्द्र में एक नवीन आर्थिक संगठन आविर्भूत हुआ है। यह नेटवर्क्ड इंटरप्राइजेज के रूप में अभिलक्षित है। यह इंटरप्राइजेजों का नेटवर्क नहीं है बल्कि यह एक ऐसा नेटवर्क है जो फर्मों या फर्मों के प्रभागों या फर्मों के आंतरिक भाग से निर्मित होता है। आंतरिक रूप से बड़े कारपोरेशन नेटवर्कों के रूप में विकेन्द्रित होता है। छोटे और मध्यम स्तरीय व्यवसाय नेटवर्क से संबंधित होते हैं। ये नेटवर्क विशिष्ट व्यवसायिक परियोजना से संबंधित होते हैं। बड़े कारपोरेशन परिवर्तित गठबंधन और सहभागिता की एक रणनीति के रूप में कार्य करते हैं जो एक विशिष्ट, दिये हुये उत्पाद-प्रक्रिया, समय व स्थान से संबंधित होता है। ये बड़े कारपोरेशन, वृद्धिगत रूप से सूचना की सहभागिता पर आधारित होते हैं। ये सूचना नेटवर्क है जो आपूर्तिकर्त्ताओं और ग्राहकों को एक-दूसरे से, फर्मों से जोड़ता है और फर्म आपूर्ति तथा मांग का मध्यस्थ साबित होता है। ये सूचना नेटवर्क सूचना प्रसंस्करण हेतु एक शुल्क प्राप्त करते हैं (Castells : 2000a : 1996, 1997, 1998, 2000b)।

इस उत्पादन प्रक्रिया की इकाई 'फर्म' नहीं है बल्कि व्यवसाय/वाणिज्य परियोजना है। पूंजी संचयक की प्रक्रिया को फर्म जारी रखता है। फर्म का मूल्य स्टाक मार्केट में मूल्य निर्धारित करने की क्रिया पर तत्कालिक रूप से निर्भर करता है। पूंजी संचयन की इकाई (फर्म) वित्तीय प्रवाह के वैश्विक नेटवर्क में, एक जुड़ाव का केन्द्र होता है। इस अर्थतंत्र में, वर्चस्वकारी स्तर वैश्विक वित्तीय बाजार है जहाँ सभी क्रियाओं व देशों से प्राप्त सभी अर्जित धन, व्यापारिक स्थिति से संबंधित होता है। यह वैश्विक वित्तीय बाजार केवल बाजारू नियमों के अनुसार कार्य करता है। वैश्विक पूंजी प्रवाह के संस्थात्मक नियामक के

अभाव में, टेली कम्यूनिकेशन सूचनात्मक व्यवस्था के द्वारा बहुतेरे रूप से उद्‌भूत, प्रक्रियागत व हस्तांतरित सूचना तीव्रता/झंझावत द्वारा आकारगत व बदलावित होती है (Castells : 2000a, 1996, 1997, 1998, 2000b)।

यह नवीन अर्थतंत्र (सूचनात्मक, वैश्विक, नेटवर्क्ड) अपने स्वरूप में निश्चयात्मक रूप से पूंजीवादी है। वास्तव में यह प्रथम यथार्थ है कि संपूर्ण विश्व पूंजीवादी है; (सभी प्रायोगिक उद्देश्यों के लिये अपवाद को छोड़कर) लेकिन यह पूंजीवाद का नवीन ब्रांड है जिसमें निवेश, संचयन और पुरस्कार के लिये नियम, वास्तविक रूप से परिवर्तित हो चुका है (Giddens and Hutton : 2000; Castells : 2000a)। हालांकि नवीन अर्थतंत्र के अभिलक्षणों पर ध्यानाकर्षण की आवश्यकता है क्योंकि यह अधिक समय से जीवित अवस्था में है व उत्पादन के साधनों तथा संरचनात्मक संकटों व आंतरिक विरोधाभासों को अचानक तीव्र गति से प्रदर्शित किया है। नवीन अर्थतंत्र में कार्य और रोजगार का स्वरूप रूपान्तरित हुआ है लेकिन सतत मिथकों के विपरीत सूचना प्रौद्योगिकी से परिणामतः व्यापक जन बेरोजगारी आविर्भूत नहीं हुई है (Carnoy : 2000)। लेकिन यूरोप में बेरोजगारी से संबंधित एक महत्वपूर्ण समस्या विद्यमान है। हालांकि यह प्रौद्योगिकी से असंबंधित है। विकासशील विश्व में कम रोजगार की समस्या नाटकीय रूप से विद्यमान है लेकिन इसका प्रमुख कारण आर्थिक व संस्थात्मक पिछड़ापन है जिसके अन्तर्गत सूचना प्रौद्योगिकी का अपर्याप्त प्रसार व अपर्याप्त प्रयोग भी सम्मिलित है। यह कार्य और रोजगार का निर्णायक रूपान्तरण है। वैश्वीकरण तथा इंटरप्राइजेज द्वारा प्रेरित और सूचना/संप्रेषण प्रौद्योगिकी द्वारा प्रोत्साहित महत्वपूर्ण रूपान्तरण रोजगार प्रतिमान में अवलोकित होता है जो कार्यकारी प्रबंधन के पूर्व वर्चस्वकारी स्वरूप के रूप में, लोचनीय कार्य के विकास से संबंधित है। अंशकालिक कार्य अस्थायीकार्य, स्वरोजगार, संविदा के द्वारा कार्य। औपचारिक व अर्द्ध-औपचारिक श्रम प्रबंधन और अनवरत् पेशागत व्यवसायिक गतिशीलता नवीन श्रम बाजार का मुख्य स्वरूप है। इसके अतिरिक्त श्रमिकों के महिलाकरण का उद्‌भव हो रहा है जो क्रमिक रूप से, संगठनात्मक स्तर पर कार्यरत पुरुषों को बदलावित कर रहा है। एक निश्चित श्रमशुल्क के आधार पर ये कार्यरत महिला श्रमिक कार्यकार्मिकों/श्रमिकों के नवीन रूप का अग्रदूत है। प्रमुख रूपान्तरण श्रम का वैयक्तिककरण है जो औद्योगिक युग के उत्पादन अभिलक्षण के समाजीकरण की

प्रक्रिया के विपरीत है। निस्तब्ध रूप से, इसे अधुनातन औद्योगिक संबंधों की तत्कालिक व्यवस्था के मार्ग के रूप में अवलोकित किया जा सकता है (Castells : 2000a)।

कार्य प्रक्रिया फर्मों, क्षेत्रों और देशों के मध्य अन्तर्संबंधित है जो कि स्थानिक श्रम विभाजन के रूप में गतिशील है जिसके अवस्थिति का नेटवर्क अधिक महत्वपूर्ण है तब कहीं पदों का संस्तरण। श्रम आधारभूत रूप से दो भागों में विभाजित है : स्वयं संचालित श्रम और सृजनकारी श्रम। स्वयं संचालित श्रम, स्वयं की योग्यता है जो नये कार्यों, नवीन प्रक्रियाओं, सूचना के नवीन स्रोतों को, प्रौद्योगिकी, मांग और प्रबंधन के रूप में स्वीकार करता है जो परिवर्तन की दर को तीव्रता प्रदान करता है। इसके विपरीत सृजनकारी श्रम विनिमयकारी व प्रयोग के बाद अनुपर्युक्त होने योग्य है और विश्व के चारों ओर समान स्थान पर समान सर्किट्स, मशीन और अकुशल श्रम के साथ सह अस्तित्वकारी होता है। इसके अतिरिक्त विश्व स्तर पर बहुतायत मात्रा में बेकार, गैर-उपयोगी व गैर-मूल्यवान लोगों व उनकी अप्रासंगिकता में अनवरत वृद्धि हुई है। इसका प्रमुख कारण (संरचनात्मक विभाजन का प्रमुख कारण) प्रतिफल व्यवस्था का वैयक्तिककरण है। पिछले 20 वर्षों के दौरान असमानता, सामाजिक ध्रुवीकरण और सामाजिक दुराव विश्व में व्यापक पैमाने पर नाटकीय रूप से तीव्र गति से बढ़ा है जिसे बहुतेरे देशों विशिष्ट रूपों से, उच्चतर समाजों में अवलोकित किया जा सकता है (UNDP : 1999; Hutton : 1996; Castells : 2000b)।

संस्कृति क्षेत्र की तरफ बदलाव के संदर्भ में यह अवलोकित है कि संस्कृति में, नेटवर्किंग, लोचनीयता और क्षणिक प्रतिमान संप्रेषण के एक समान प्रतिमानिकता का उद्‌भव प्राथमिक रूप से इलेक्ट्रानिक मीडिया के एकीकृत व्यवस्था के चारों ओर संगठित है जिसके अन्तर्गत इंटरनेट भी सम्मिलित है। वृद्धिगत रूप से, सभी प्रकार की सांस्कृतिक अभिव्यक्ति इलेक्ट्रानिक हायपरटेक्स्ट द्वारा संबंधित व आकारगत होता है। लेकिन नवीन मीडिया व्यवस्था एकमार्गी, गैरयुक्त संदेश द्वारा अभिलक्षित नहीं है और (न ही चैनलों की सीमित संख्या मास मीडिया के विश्व को निर्मित करती है) यह एक वैश्विक गाँव का प्रतीक भी नहीं है। मीडिया अतिशय असाधारण रूप से विविधतायुक्त है और लक्षित संदेशों को, श्रोताओं/दर्शकों के विशिष्ट प्रभाग तक भेजता है वह भी खासतौर से श्रोताओं/दर्शकों

की मनोदशा के प्रति उत्तर में। वृद्धिगत रूप से, यह सबको समाविष्ट करने वाला होता है व एक दूसरे हेतु सेतु का कार्य करता है। यह कार्य नेटवर्क टी.वी., सेटेलाइट टी.वी., रेडियो, वी.सी.आर., वीडियो, पोर्टेबल उपकरण और इंटरनेट के माध्यम से होता है। आज संपूर्ण उपकरण एक दूसरे से आबद्ध व अंतर्संयोजित होकर मल्टीमीडिया सिस्टम व कम्प्यूटर संचालित डिजिटल सेट टाप बाक्स के रूप में सामने आविर्भूत हो रहे हैं तथा जो अन्तःक्रियात्मक कम्यूनिकेशन के सौ से अधिक (हजारों) चैनलों को खोलता है तथा जो वैश्विक स्तर से स्थानीय स्तर तक व स्थानीय स्तर से वैश्विक स्तर तक सर्वसुलभ है। बाजार प्रभाग और अंतःक्रियात्मक श्रोताओं का अभ्युदय जनश्रोताओं की समरूपता को हटाकर स्वयं स्थान ग्रहण करता है। प्रतीकात्मक विनिमय की इस व्यवस्था के समाविष्टीकरण और लोचनीयता के कारण अधिकतर सांस्कृतिक अभिव्यक्ति इससे संबंधित होता है। इस प्रकार यह ऐसे स्थान को प्रदर्शित करता है जिसे कैसटेल्स 'रियल वर्चुअलटी' के रूप में अभिव्यक्त करता है। प्रतीकात्मक वातावरण बड़े स्तर पर, इस लोचनीय व समाविष्ट हायपर टेक्स्ट द्वारा संरचित होता है जिसमें बहुत से लोग प्रतिदिन 'सर्फिंग' करते हैं। तथ्यात्मक रूप से, टेक्स्ट की वर्चुअलटी, यथार्थ का एक आयाम है जो संकेतों और मुख्य प्रतिबिम्बों को उपलब्ध कराता है जिससे हम सोचते हैं व इस प्रकार अस्तित्व में बने रहते हैं।

लोचनीयता, अन्तःक्रियात्मकता और इलेक्ट्रानिक हायपरटेक्स्ट के संदर्भ में, कम्यूनिकेशन की बढ़ती संलग्नता केवल संस्कृति से ही संबंधित नहीं है। इसने 'राजनीति' को भी प्रभावित किया है। सामान्य रूप में सभी देशों में, मीडिया राजनीति का स्थान हो चुका है। संपूर्ण सीमा तक यह लोगों को प्रभावित करता है व लोग अपने राजनीतिक अभिमतों व व्यवहारों को मीडिया (विशिष्ट रूप से) विशेषतः टेलीविजन व रेडियो द्वारा संचालित करते हैं (अब इंटरनेट एक महत्वपूर्ण आधार है)। मीडिया राजनीति की आवश्यकता सरल संदेशों को प्रेषित करना है। सरल संदेश ही एक 'इमेज' है और अति सरल, वैयक्तिककृत 'इमेज' एक व्यक्ति है। राजनीतिक प्रतिस्पर्धा, राजनीति के वैयक्तिकरण के चारों ओर घूमती है। अति प्रभावी राजनीतिक हथियार 'नकारात्मक संदेश' है। अति प्रभावकारी नकारात्मक संदेश प्रतिद्वंद्वी व्यक्ति की राष्ट्रीय/अन्तर्राष्ट्रीय स्तर पर चरित्र हत्या है (यह उसके समर्थनकारी संगठन से भी संबंधित है)। इस सूचना युग में

राजनीतिक बाजार का अत्यावश्यक आशय 'राजनीतिक प्रतिस्पर्धा' को जीतना है। इसके अन्तर्गत मीडिया उपस्थिति, मीडिया विज्ञान, टेलीफोन बैंक टारगेटेड मेलिंग, इमेज निर्माण व गैर-निर्माण अन्तर्विष्ट है। इस प्रकार राजनीति आज एक बहुत ही व्ययकारी व्यवसाय साबित होता है साथ ही यह राजनीतिक वित्त के पारंपरिक स्रोत के आशय से अलग है। आज पार्टी व नेता शक्ति का प्रयोग व पहुँच अपने व्यापार के लिये व संसाधन संग्रहित करने के संदर्भ में करते हैं। राजनीतिक भ्रष्टाचार इस सूचना युग की राजनीति का एक व्यापक व व्यवस्थित स्वरूप होता है। चूंकि चरित्र हत्याओं को समय-समय अहमियत की आवश्यकता होती है। अतः व्यवस्थित राजनीतिक भ्रष्टाचार एक प्रचुर सुअवसर प्रदान करता है। इसके अतिरिक्त राजनीतिक प्रतिस्पर्धा में मीडिया के साथ घनिष्ठ अंतःक्रिया 'स्कैन्डल की राजनीति' के रूप में, एक केन्द्रीय अवस्था प्राप्त करती है। अतः यह स्पष्ट है कि :

"The Politics of Scandal takes centre stage in political competition, in close interaction with the media system, and with the co-operation of judges and prosecutors, the new stars of our political soap operas. Politics becomes a horse race, and a tragicomedy motivated by greed, backstage manoeuvres, betrayals, and, often, sex and violence - a genre increasingly indistinguishable from T.V. Scripts." (Castells : 2000a)।

सभी ऐतिहासिक रूपान्तरणों के साथ, नवीन सामाजिक संरचना (सामाजिक संगठन) का उद्‌भव जीवन के भौतिकीय आधारशिला की पुनर्परिभाषा से संबंधित है तथा जिसे गिडेन्स 'समय व स्थान' के रूप में अवलोकित करते हैं। इसे प्रभृत विद्वानों के कार्यों में अवलोकित किया जा सकता है (Giddens : 1984; Lash and urry : 1994; Thrift : 1990; Harvey : 1989)। कैसटेल्स व्याख्यायित करते हैं कि 'समय' व 'स्थान' का उद्‌भासित सामाजिक स्वरूप 'नेटवर्क समाज' को प्रस्तुत करता है। हालांकि यह 'समय व स्थान' के पूर्ववर्ती स्वरूप के साथ सह अस्तित्वकारी है। यह समयहीन समय व बहाव का स्थान। तुलनात्मक रूप से जैविकीय समय जो मानवीय अस्तित्व का अभिलक्षण है व घड़ी समय जो औद्योगिक युग का अभिलक्षण है जबकि समयहीन समय नवीन सूचना/संप्रेषण प्रौद्योगिकी के प्रयोग द्वारा परिभाषित है तथा जिसे समय के

विध्वंस के अनवरत प्रयास में अवलोकित किया जा सकता है। एक तरफ समय संकुचित बदलावयुक्त होता है तो दूसरी तरफ यह समय वि-क्रमबद्ध होता है।

'बहाव का स्थान' बिना भौगोलिक के सामाजिक प्रथाओं की एक कालिकता के संगठन के प्रौद्योगिकी व संगठनात्मक संभाव्यता को अनुमोदित करता है। समाज में अतिमहत्वपूर्ण व वर्चस्वकारी प्रकार्य (वित्तीय बाजार, ट्रांसनेशनल उत्पादन नेटवर्क, मीडिया सिस्टम) 'बहाव के स्थान' के चारों ओर संगठित होता है। 'बहाव के स्थान' में एक सीमा क्षेत्रीय या राज्यक्षेत्रीय आयाम निहित होता है जिसे एक प्रौद्योगिकी आधार संरचना की आवश्यकता होती है तथा जो निश्चित अवस्थिति से संचालित होता है और प्रकार्यों को संबंधित व संचालित करता है (और एक विशिष्ट स्थान में लोग अवस्थित होते हैं)। लेकिन 'बहाव के स्थान' का अर्थ और प्रकार्य, नेटवर्क के अन्तर्गत प्रक्रियागत वहाव पर आधारित होता है (Castells : 2000a)।

मानवीय इतिहास में, केन्द्रीय शक्ति को धारित व संचालित करने वाला 'राज्य' भी नाटकीय रूपान्तरण की प्रक्रिया तहत गुजर रहा है। एक तरफ इसकी संप्रभुता धन, कम्यूनिकेशन और सूचना के वैश्विक प्रवाह से प्रश्नचिन्हों में खड़ी है। वही दूसरी तरफ इसकी वैधानिकता 'स्कैण्डल की राजनीति' व मीडिया राजनीति पर निर्भरता द्वारा, धीरे-धीरे इसको क्षीण कर रही है। शक्ति व शाखा की कमजोरी व दुर्बलता, लोगों को स्वयं की बचाव की व्यवस्था व तादात्म्य के प्रस्तुतिकरण के निर्माण को प्रेरित करती है जो आगे राज्य को वैधताकृत करता है। फिर भी यह सत्य है कि राज्य अदृश्य नहीं होता है। यह अपने आपको रूपान्तरित व समयानुकूल स्वीकृत करता है। एक तरफ यह राष्ट्र-राज्यों और संप्रभुतायुक्त प्रभावी सहभागियों के मध्य पार्टनरशिप का निर्माण करता है। यूरोपियन यूनियन को एक महत्वपूर्ण सुस्पष्ट उदाहरण के रूप में अवलोकित कर सकते हैं। लेकिन विश्व के चारों ओर शक्ति का एक निर्णायक बदलाव, मल्टीनेशनल और ट्रांसनेशनल संस्थाओं जैसे : नाटो, आई.एम.एफ., वर्ल्ड बैंक, यूनाइटेड नेशन एजेंसियों की ओर देखने को मिलता है। जबकि दूसरी तरफ राज्य वैधताकरण को पुनः प्राप्त करने का प्रयास करते हैं। अधिकतर राज्य शक्ति के अवमूल्यन, उत्तरदायित्व व स्रोतों का विकेन्द्रीकरण राष्ट्रीयता, क्षेत्रों व स्थानीय सरकारों के रूप में संलग्न होते हैं। गैर सरकारी स्रोतों/गैर सरकारी संगठनों में भी इस तरह के विकेन्द्रीकरण का विस्तार अवलोकित होने को मिलता

है। अन्तर्राष्ट्रीय युग भी प्रभावी, स्रोतयुक्त, गैर सरकारी संगठन के तीव्र वृद्धि का गवाह है जो सरकारों तथा मल्टीनेशनल राजनीतिक संस्थाओं से अन्तःक्रिया करता है। इस प्रकार संपूर्ण रूप से, नवीन राज्य किसी राष्ट्र-राज्य से लंबा नहीं है। सूचना युग में, राज्य एक नेटवर्क्ड राज्य है जो शक्ति सहभागिता के जटिल वेब और अन्तर्राष्ट्रीय, बहुत राष्ट्रीय, क्षेत्रीय, स्थानीय और गैर सरकारी राजनीतिक संस्थाओं के मध्य समझौते व निर्णयन क्षमता द्वारा निर्मित है। इस रूपान्तरणकारी प्रक्रिया में दो सामान्य प्रवृत्ति अवलोकित होने को मिलती है जो साथ-साथ एक नवीन ऐतिहासिक पार्श्वचित्र उपलब्ध करता है। प्रथमतः कोई भी नवीन सूचना/संप्रेषण के बिना संभव नहीं है। हालांकि प्रौद्योगिकी रूपान्तरण का कारण नहीं है। वास्तव में यह अपरिहार्य माध्यम है और तथ्यात्मक रूप से, यह बहुल आयामी रूपान्तरण के लिये ऐतिहासिक अनूठापन है। द्वितीय सभी प्रक्रियायें संगठनात्मक स्वरूप द्वारा अधिनियमित व निर्माणकारी होती है जो कि नेटवर्कों के आधार पर निर्मित होती है या अधिक स्पष्ट रूप से सूचना नेटवर्क के आधार पर निर्मित होती है (Castells : 1996, 1997, 1998 : 2000b)।

2. नेटवर्क, सामाजिक संरचना व कार्यप्रणाली

एक नेटवर्क अन्तर्संयोजित जोड़ों का एक पुंज है। एक जोड़ एक ऐसा केन्द्र है जो घुमावदार तरीके से स्वयं अन्र्तभागों से जुड़ा होता है। नेटवर्क्स, सामाजिक संगठन का बहुत पुराना स्वरूप है लेकिन इस सूचना युग में नेटवर्क ने नवजीवन प्राप्त किया है तथा सूचना नेटवर्क प्रौद्योगिकी द्वारा शक्तियुक्त है (Castells : 2000a)। सामाजिक रचनाशास्त्र (सोशल मारफोलोजी) के दूसरे संरूपण की तुलना में पारंपरिक रूप से नेटवर्क के बहुतेरे बड़े लाभ व बहुतेरे बड़ी हानियां परिलक्षित हैं। जैसे : केन्द्रीयकृत संस्तरण। जबकि एक तरफ यह संगठन का एक अधिक लोचनीय व स्वीकार योग्य स्वरूप है। यह दूसरे वातावरण के साथ सहलग्नता स्थापित करने योग्य होता है और यह जोड़ों के उद्‌विकास से भी संलग्नता स्थापित करता है जो नेटवर्कों को बांधता है। जबकि दूसरी तरफ यह प्रकार्य को संपन्न करने में व सामंजस्य स्थापित करने में, समस्या को प्रस्तुत करता है तथा जिसे नेटवर्क के निश्चित आकार से परे, दिये गये कार्य की जटिलता के प्रबंधन में विशिष्ट लक्ष्यों के उपर केन्द्रित स्रोतों के रूप में अवलोकित किया जा सकता

है। मानवीय इतिहास और असमान रूप से, जैविकीय उद्‌विकास में, नेटवर्क, संगठनों द्वारा संचालित होता था तथा जो केन्द्रीयकृत रूप से परिभाषित लक्ष्यों हेतु प्रमुख स्रोतों को योग्य बनाता था और नियंत्रण तथा संयोजन के लंबवत् श्रृंखला द्वारा कार्य को तार्किक तरीके से संपन्न करने के माध्यम से लक्ष्यों को हासिल करता था। लेकिन प्रथम बार नवीन सूचना/संप्रेषण प्रौद्योगिकी के प्रस्तुतिकरण व आविर्भाव ने नेटवर्कों को लोचनीयता तथा ग्रहणशील योग्य बनाया। इन प्रौद्योगिकीयों ने अन्तक्रियात्मक व्यवस्था में, जटिलता के प्रबंधन व सहसामंजस्य को अनुमोदित किया जिससे नेटवर्क के अन्तर्गत कम्यूनिकेशन का प्रतिमान प्रत्येक स्तर पर प्रस्तुत हुआ। इससे लोचनीयता व सह सामंजस्य युक्त निर्णयन अप्रत्याशित रूप से विस्तारित हुआ। इसके अन्तर्गत विकेन्द्रितकृत लागूकरण भी सम्मिलित है जो सभी मानवीय क्रियाओं के लिये सर्वश्रेष्ठ सामाजिक रचनाशास्त्र को उपलब्ध कराता है।

नेटवर्क, विकेन्द्रित निष्पादन व सहभागी निर्णयन का कार्य करता है। परिभाषित रूप से नेटवर्क का कोई केन्द्रक नहीं होता है। यह द्वि-आधारी तर्क पर कार्य करता है (अर्थात् लगाव/दुराव)। नेटवर्क में सभी प्रयोगपूर्ण है और नेटवर्क अस्तित्व के अत्यावश्यक होता है। नेटवर्क में जो नहीं है नेटवर्क परिप्रेक्ष्य के अनुसार अस्तित्व में नहीं रहता है (यदि यह नेटवर्क के कार्य निष्पादन हेतु तार्किक या उपर्युक्त नहीं होता है तो इसका परित्याग कर देना चाहिये)। यदि नेटवर्क के अन्तर्गत एक जोड़ (नोड) प्रयोगपूर्ण प्रकार्य के निष्पादन को बंद कर देता है तो नेटवर्क के अन्तर्गत इसका इस्तेमाल बंद कर दिया जाता है। हालांकि नेटवर्क स्वयं इसे पुनःव्यवस्थित भी करता है। जैसा कि कोशिकायें जैविकीय प्रक्रिया के अन्तर्गत करती हैं। कुछ जोड (नोड्‌स) अन्य जोड (नोड्‌स) की अपेक्षा ज्यादा महत्वपूर्ण होते हैं लेकिन सभी को एक-दूसरे की आवश्यकता होती है वह भी उतने लंबे समय तक जितने समय तक वे नेटवर्क के अन्तर्गत रहते हैं। जोड़ (नोड्‌स) अपना महत्व, अतिशय सूचना को अवशोषित करने के द्वारा और प्रसंस्करण की अतिशय क्षमता द्वारा वृद्धिगत करते हैं।

सामाजिक स्वरूप के रूप में, नेटवर्क 'मूल्य विमुक्त' या 'शान्त' होता है। यह समान रूप से अहितकर या हितकर हो सकता है। इसके अन्तर्गत कुछ भी 'वैयक्तिक' नहीं होता है। नेटवर्क लक्ष्य को प्रक्रियागत बनाता है व निष्पादन

को संचालित करता है। एक नेटवर्क स्वचालित होता है लेकिन महत्वपूर्ण यह जानना है कि नेटवर्क को कौन स्वचालित करता है; संचालित करता है? नियमों को कौन निश्चित करता है? इस कार्य को सामाजिक कार्यकर्ता वास्तविक रूप से करता है। नेटवर्क के उपयोगी लक्ष्य हेतु सामाजिक संघर्ष भी होता है लेकिन नेटवर्क कार्य को आसानी से संचालित करता है और अपने तर्कों (नियमों/नियामकों) को अपने सदस्यों के ऊपर थोपता है और कार्यकर्ता (सदस्य) नेटवर्क के नियमों के अन्तर्गत रणनीतिक अनुरूप भूमिका संपादित करते हैं। नेटवर्क संचालन के समक्ष समस्यायें (दूसरे लक्ष्यों से संबंधित) भी आविर्भूत होती है जिसका निराकरण एक बचावकारी गैर-नेटवर्क संरचना या वैकल्पिक नेटवर्क संरचना का निर्माण करके किया जाता है। नेटवर्क अगर अपने लक्ष्य के प्रति अनुकूल है तो यह संप्रेषकीय (कम्यूनिकेटिव) भी हो सकता है। लेकिन इसके लिये कार्यकर्ताओं की आवश्यकता होती है जो अनुकूल, पहुँचने योग्य संकेतों का प्रयोग, बदलाव के संचालन हेतु करते हैं। वे ही समाज में बदलावकर्ता या शक्तिधारित करने वालें होते है (इसे मीडिया, राजनीतिक, वित्तीय बाजार, प्रौद्योगिकी, विज्ञान, सैन्य व्यवस्था इत्यादि में अवलोकित किया जा सकता है)।

समाज में संरचनात्मक रूपान्तरण की गति व आकार, सामाजिक संगठन के पूर्ववर्चस्वकारी संगठनात्मक स्वरूप के रूप में एक नवीन स्वरूप का प्रवेशक होता है जो सूचना प्रौद्योगिकी के व्यापक प्रस्तुतिकरण से आविर्भूत होता है। यह नवीन, लोचनीय सूचना प्रौद्योगिकी और ऐतिहासिक घटनाक्रम (जो 1960 से 1970 के दौरान घटित व आकस्मिक रूप से एक दूसरे के साथ अस्तित्वकारी है) के एक कालिक उपलब्धता के रूप में अवलोकित किया जा सकता है। ये घटनायें पूंजीवाद और इसके विनियामक और उदारीकरण के महत्व के साथ पुनर्संरचन के रूप में अवलोकित की जा सकती है। राज्यवाद का पुनर्संरचन, स्वयं सूचनात्मकवाद को स्वीकार करने में असमर्थ होता है। उदारवादी विचार का प्रभाव, 1960 के दौरान प्रति-सांस्कृतिक सामाजिक आंदोलन से उद्भूत होता है और यह एक नवीन मीडिया व्यवस्था के विकास को (जो वैश्विक/स्थानिक अन्तःक्रियात्मक हायपरटेक्स्ट बंधित सांस्कृति अभिव्यक्ति को) अभिव्यक्त करता है। इसके अन्तर्गत सभी प्रक्रियायें एक दूसरे के साथ अन्तःक्रियात्मक होती है और संगठन के एक अतिशय, पर्याप्त व क्षमतायुक्त स्वरूप के रूप में, सूचना

नेटवर्क की स्वीकारोक्ति व ग्रहणशीलता का पक्षपोषण करती है। सूचना प्रौद्योगिकी द्वारा एक बार प्रस्तुत व शक्तियुक्त, सूचना नेटवर्क प्रतिस्पर्धा के द्वारा क्रमिक रूप से अन्य दूसरे संगठनात्मक स्वरूपों को अवांछित व प्रतियोगिता से बाहर कर देता है जो विविध सामाजिक तर्कों में निहित होता है। सूचना नेटवर्क का प्रस्तुतिकरण सामाजिक संरचना के अन्तर्गत, अवलोकनीय रूपान्तरणों के पुंज के लिये विवरण योग्य होता है। दूसरे शब्दों में, सूचना नेटवर्क, नेटवर्क समाज की आधारशिला (रीढ़ की हड्डी) है।

3. सूचना नेटवर्क, परिवर्तित संबंध प्रणाली व स्थापित प्रभाव

सूचना नेटवर्क (सूचना युग में) सामाजिक संरचना के रूपान्तरण में व्यापक योगदान देता है। एक सामाजिक संरचना तभी रूपान्तरित होती है जब एक कालिक तथा व्यवस्थित रूप से, उत्पाद/उपभोग शक्ति, अनुभव व संस्कृति के संबंधों में रूपान्तरण आविर्भूत होता है। रूपान्तरणों के पुंज में, सूचना नेटवर्क एक महत्वपूर्ण भूमिका प्रस्तुत करता है।

सूचना नेटवर्क, उत्पादन के साधनों को आकार प्रदान करता है। सूचना नेटवर्क के प्रभावों को उत्पादन के पूंजीवादी साधन में अवलोकित किया जा सकता है। नेटवर्क, पूंजी व श्रम में विद्यमान संबंधों को परिवर्तित करता है। वैश्विक नेटवर्क में इसके व्यापक प्रसार को आयोजित करने के द्वारा यह पूंजी का रूपान्तरित करता है और पूंजी के वर्चस्वकारी परिवेश का निर्माण करता है। वैश्विक वित्तीय बाजार सूचना नेटवर्क है। ये स्वयं अपने को, सामूहिक पूंजीवाद के रूप में निर्मित करता है जो किसी विशिष्ट पूंजीवादिता से स्वतंत्र होता है (लेकिन विरक्त नहीं) और नियमों द्वारा क्रियान्वित होता है (तथा जो आंशिक रूप से बाजारू मूल्य होता है)। इस अर्थ में, सूचना युग में, पूंजी एक मानव निर्मित स्वचालन हो चुका है। अति विशिष्ट रूप से, वैश्विक वित्तीय बाजार और उनका प्रबंधन नेटवर्क, एक स्वचालित नेटवर्क की रचना करता है जो इसके बहुत जोड़ों में विद्यमान अन्तःक्रिया के द्वारा संचालित होता है। यह कार्य बाजारू तर्क, सूचना झंझावत और कार्यकर्ताओं की रणनीति तथा दॉव के गठबंधन द्वारा प्रेरित होता है (Castells : 2000a : 1996, 1997, 1998 : 2000b)। पूंजी व श्रम के मध्य संबंध (सभी प्रकार की पूंजी व सभी प्रकार का श्रम) उत्पादन के

नेटवर्क इंटरप्राइजेज स्वरूप के चारों ओर आयोजित होता है। नेटवर्क इंटरप्राइजेज (मुख्य स्वरूप में) टेलीकम्यूनिकेशन और ट्रांशपोर्टेशन नेटवर्क, वैश्वीकृत भी होता है। इस प्रकार कार्य प्रक्रिया वैश्विक रूप से एकीकृत होता है लेकिन श्रम खंडित रूप से, स्थानीयतावाद की तरफ अभिमुख होता है। उत्पादन प्रक्रिया के अवदान के लिये श्रम के विशिष्टीकरण व उत्पादन में, एक कालिक एकीकरण होता है। उत्पादन प्रक्रिया में, मूल्य अत्यावश्यक रूप से मूल्य श्रृंखला में, प्रत्येक विशिष्ट फर्म या प्रत्येक विशिष्ट श्रम के द्वारा अर्जित पदों पर आधारित होता है। नियम श्रम व पूंजी के मध्य विद्यमान संबंधों का वैयक्तिककरण है (उदाहरण के लिये स्वरोजगार, वर्करों को पूंजी के स्वामित्व हेतु अग्रसारित करता है)। वैयक्तिक पूंजी, वैश्विक स्वचालन के आंदोलन में झुकाव है। जब श्रम को उत्पादन के नेटवर्क और पूंजी से संबंधों के वैयक्तिकृत के संदर्भ में परिभाषित किया जाता है तो श्रम के अन्तर्गत समालोचनात्मक टूटन देखने को मिलता है। इसे नेटवर्क्ड श्रम और स्वीच्ड आफ श्रम के रूप में अवलोकित कर सकते हैं। नेटवर्क्ड श्रम के अन्तर्गत मूल्य उत्पादित श्रृंखला के योगदान की क्षमता निहित होती है जो व्यक्ति सौदेबाजी पदों को निर्धारित करता है। इस प्रकार श्रम की सूचनात्मक क्षमता नेटवर्क में रणनीतिक पदों की संभाव्यता के सुनिश्चितकरण के द्वारा एक द्वितीय आधारभूत टूटन को, स्वसंचालित श्रम और सृजनकारी/निर्माणकारी श्रम के मध्य जारी करती है। स्वयं संचालित श्रम के लिये इसका वैयक्तिक हित नेटवर्क के लक्ष्य निष्पादन में, भूमिका के विस्तार द्वारा बेहतर तरीके से संपन्न होता है। इस प्रकार मान्य प्रतिस्पर्धा जो श्रम के मध्य है तथा सहयोग जो पूंजी के मध्य है (नेटवर्क इंटरप्राइजेज) गेम का संरचनात्मक नियम है। वास्तव में, गेम सिद्धान्त तथा तार्किक पसंद सिद्धान्त, नेटवर्क अर्थतंत्र में, सामाजिक-सांस्कृतिक व्यवहार को समझने के लिये एक पर्याप्त बौद्धिक उपकरण के रूप में प्रतीत होता है जबकि सृजनकारी/निर्माणश्रम की रणनीति इसकी उत्तर जीविता है।

उत्पादन के संबंधों की नेटवर्किंग, वर्ग संबंधों की अस्पष्टता को भी जारी करता है। यह शोषण, सामाजिक विभेदीकरण और सामाजिक प्रतिरोध को जारी नहीं करता है लेकिन उत्पाद आधारित सामाजिक वर्ग जो औद्योगिक समाज में क्रियान्वित, रचित या प्रेरित होते हैं, नेटवर्क समाज में इनका अस्तित्व समाप्त

हो जाता है। उपभोग के संबंध, उत्पादन व संस्कृति के मध्य विद्यमान संबंधों के अंतर खेल द्वारा निर्धारित होता है। दिये गये मूल्य व्यवस्था में, कौन क्या करता है, निर्धारित करता है कि कौन क्या प्राप्त करता है। विनियोग के रूप में मूल्य क्या है संस्कृति द्वारा ढांचागत होता है। उत्पादन संबंधों की नेटवर्किंग और श्रम का वैयक्तिककरण परिणामतः उपभोग में विभेदीकरण व असमानता की वृद्धि करता है। यह सामाजिक ध्रुवीकरण व सामाजिक दुराव को (स्व-संचालित श्रम और सृजनकारी श्रम) श्रम तथा विमूल्य श्रम में जारी करता है। मूल्य युक्त श्रम व सीमा क्षेत्र को संबंधित करने तथा अनावश्यक श्रम व सीमा क्षेत्र को अलग कर देने की नेटवर्क की योग्यता, कार्य निष्पादन की क्षमता को पुनर्संरूपण के द्वारा विस्तारित करती है तथा जो संचयी वृद्धि व संचयी पतन को भी जारी करता है। उपभोग परिवेश में, सभी व्यवस्थायें, नेटवर्क में/नेटवर्क द्वारा मूल्य सृजन की अभिव्यक्ति है।

जबकि दूसरी तरफ, संस्कृति का विखण्डन और उत्पादन के संबंधों में पदों का वैयक्तिकरण, संयुक्त रूप से उपभोग प्रतिमान के वृद्धिगत प्रतिमान को जारी करता है। जन उपभोग स्तरीकृत उत्पादन, उत्पादन के स्थायी संबंध पर भविष्यकृत था और जनसंस्कृति घोषणा योग्य प्रेषक और मूल्यों के पहचान योग्य पूंजी के चारों ओर आयोजित था। नेटवर्क के विश्व में स्वसंचालित व्यक्ति सतत अपने जीवनशैली को पुनःपरिभाषित करते रहते हैं और इस प्रकार उनका उपभोग प्रतिमान भी पुनर्परिभाषित होता रहता है जबकि सृजनकारी श्रम उत्तरजीवित्ता के लिये प्रयास करते रहते हैं (Castells : 2000a : 1996, 1997, 1998 : 2000b)। इसके अतिरिक्त उत्पादन के संबंध तथा सांस्कृतिक ढांचे के मध्य विद्यमान अन्तर खेल में; उत्पादन का संबंध, उपभोग के स्तर को परिभाषित करता है और संस्कृति उपभोग प्रतिमान तथा जीवन शैली को उत्पन्न करता है।

सामाजिक संरचना पर, सूचना प्रौद्योगिकी का प्रत्यक्ष प्रभाव शक्ति संबंधों से संबंधित है। ऐतिहासिक रूप से, शक्ति मजबूती से संगठनों और संस्थाओं में (जो केन्द्र के संस्तरण के चारों ओर संगठित होती है) निहित था। नेटवर्क केन्द्रों को नकारता है, संस्तरण को विघटित करता है और नेटवर्क के संरचना तथा नियम के अनुसार, नेटवर्क में बिना किसी प्रक्रियागत निर्देश के शक्ति संचलन

को प्रभावी बनाता है। इस प्रकार पूंजी, उत्पादन, व्यापार, विज्ञान संप्रेषण मानवाधिकार और अपराध का समकालीन सूचना नेटवर्क, राष्ट्र-राज्य को स्वयं से अलग करता है। हालांकि राज्य सूचना प्रौद्योगिकी द्वारा स्वयं को रूपान्तरित करता है और नेटवर्क राज्य के रूप में परिवर्तित करता है। नेटवर्क राज्य में शक्ति सहभागिता तथा संस्थात्मक नेटवर्कों के रूपों में निहित होती है (यूगोस्लाविया के विरूद्ध युद्ध में, यू.एस.मिलिट्री के आधिपत्य के बावजूद, निर्णयन क्षमता नाटो सरकार के बहुतेरे भागों में निहित था तथा प्रमुख देशों के नेताओं के मध्य नियमित विडियो-कानफ्रेसिंग होता था तथा जहाँ प्रमुख निर्णय लिये जाते थे। यह उदाहरण पूर्ववर्ती परिपरिक गठबंधन से परे है। यह वास्तविक समय में संयुक्त युद्ध क्रिया निर्माण द्वारा प्रस्तुत है। नाटो को नाटो के राज्य-सदस्य मजबूती प्रदान करते थे)। इन राज्यो ने विश्व में एक नवीन प्रकार की सहभागी संप्रभुता प्रस्तुत की। लेकिन इससे वैयक्तिक राज्य अपने स्वतंत्र निर्णयन क्षमता में कमजोर हो गये तथा नेटवर्क एक इकाई के रूप में कार्य करने लगा। समाज में शक्ति संबंध नेटवर्कों में है। नेटवर्क सूचना विस्तार के प्रवाह के द्वारा, केन्द्रों को अलग करके, एक नवीन आधारभूत संस्तरण को सृजित करता है। प्रवाह शक्ति, शक्ति के प्रवाह पर वरीयता प्राप्त करती है।

नेटवर्किंग अनुभव के संबंधों को भी रूपान्तरित करता है। यह रूपान्तरण आनुभविक रूप से अभिव्यक्त होता है तथा पित्तृसत्तात्मकतावाद के चारों ओर केन्द्रित होता है और परिवार, यौनिकता तथा व्यक्तित्व के लिये इसके दूरस्थ परिणाम होते हैं। इस संकट का आधारभूत स्रोत महिलाओं की सांस्कृतिक क्रांति और पुरुषों का उनके पूर्व के विशेषाधिकार हेतु प्रतिरोध है। पुनःउत्पादन प्रौद्यागिकी में क्रांति, संस्कृति का स्व-केन्द्रीकरण, जीवन प्रतिमान का वैयक्तिकरण और पितृसत्तात्मकतावाद को मजबूती प्रदान करने वाले राज्य की वैधता की कमजोरी है। कार्य की नेटवर्किंग और श्रम का वैयक्तिकरण और भुगतान श्रम हेतु महिलाओं का जन समाविष्टीकरण के मध्य (संरचनात्मक विभेद के दशाओं के तहत) एक प्रत्यक्ष संबंध है। इस प्रकार उत्पादन के नवीन संबंध, लोचनीय महिलाओं (बहुल भूमिका संपन्न करने वाली) और नेटवर्क इंटरप्राइजेज के मध्य एक अच्छे स्वरूप में रूपान्तरित होता है। सूचना का नेटवर्क और वैश्विक संप्रेषण वैश्विक जीवनशैली, रोल माडल और अतिशय महत्वपूर्ण रूप से, जैविकीय पुनरोत्पादन के स्व-नियंत्रण

के बारे में, समालोचनात्मक सूचना का प्रसार, अतिशय महत्वपूर्ण व समालोचनात्मक है। एक अतिरिक्त अर्थपूर्ण संबंधन भी है। पितृसत्तात्मक परिवार का विएकीकरण, लोगों व बच्चों को अलगावित नहीं होने देता है। नेटवर्किंग के माध्यम से यह जीवन सहभागी स्वरूपों को पुनर्सरूपित करता है। यह प्रवृत्ति अन्तर्वैयक्तिक संबंधों के आधार एकक से नेटवर्क की ओर बदलावित होता है। इसके अतिरिक्त यौनिकता परिवार से वि-युग्मित होती है और इलेक्ट्रानिक हायपर टेक्स्ट से उपभोग, उत्तेजना/मनोभाव में रूपान्तरित होती है। 'बॉडी' जैसा कि गिडेन्स अभिव्यक्त करते हैं : व्यक्तित्व की अभिव्यक्ति या अभिज्ञान की अभिव्यक्ति होती है (Giddens : 1991)। यह वैयक्तिककृत तथा यौनिक नेटवर्क में समय व्यतीत करने वाला होता है। व्यक्तित्व के स्तर पर, समाजीकरण की प्रक्रिया ग्राहकीकृत वैयक्तिककृत और समिश्रित स्वरूपों प्रारूपों का बना हुआ होता है। व्यक्तित्व के अनुसार पुनर्संचालन की स्वायत्तशासी योग्यता, नेटवर्क के वातावरण के साथ अंतःक्रिया में मनोवैज्ञानिक संतुलन के लिये एक प्रमुख स्वरूप होता है जो स्थापित मूल्यों में निहित होता है। संकट समाज (Beck : 1992) भय व अनिश्चितता का प्रबंधन अतिशय महत्वपूर्ण वैयक्तिक कुशलता है। अन्तर्वैयक्तिक अन्तःक्रिया का दो संघर्षरत साधन आविर्भूत होता है : एक तरफ आत्मनिर्भर संघ और दूसरी तरफ नेटवर्क्स।

ये सामाजिक नेटवर्क्स है न कि सूचना नेटवर्क। अतः ये समाज के आधारभूत भाग है लेकिन अत्यावश्यक रूप से, नेटवर्क समाज के स्वरूप नहीं है। फिर भी संप्रेषकीय प्रौद्योगिकी, जैविकीय प्रौद्योगिकी, ट्रांस-सेक्सुअल नेटवर्किंग और व्यक्तियों का नेटवर्क, सामाजिक प्रथाओं के मुख्य तत्व के रूप में, समान रूप से विकसित होता है तथा वे एक दूसरे से अंतःक्रिया करते हैं व एक-दूसरे को प्रभावित करते हैं। इस प्रकार इंटरनेट जीवन के नवीन स्वरूपों के प्रबंधन का एक महत्वपूर्ण उपकरण हो रहा है जिसके अन्तर्गत समर्थन व सामूहिक रूप से सीखने की आनलाइन कम्यूनिटी का निर्माण समाविष्ट होता है। इस प्रकार एक महत्वपूर्ण अन्तर्संबंधन नेटवर्क और अनुभवों के संबंधों में अवलोकित होने को मिलता है जो सांस्कृतिक रूपान्तरण के माध्यम से होता है तथा संप्रेषकीय नेटवर्क द्वारा प्रेरित होता है तथा जहाँ अनुभव सांस्कृतिक संकेतों में जड़वत होकर प्रथागत होता है।

4. वर्चुअल संस्कृति : सूचना व नेटवर्क

संस्कृति, ऐतिहासिक रूप से एक दिये गये समय व स्थान में प्रतीकात्मक अन्तःक्रिया द्वारा उत्पादित होती थी लेकिन समय के विध्वंस तथा स्थान के (बहाव) ने संस्कृति को रियल वर्चुअल संस्कृति में प्रस्तुत किया है। यह इलेक्ट्रानिक हायपरटेक्स्ट के माध्यम से अन्तःक्रियात्मक नेटवर्क का स्वरूप ग्रहण करती है। संस्कृति, हायपरटेक्स्ट में एकरूप होता है लेकिन इसका निर्वचन वैयक्तिककृत होता है। संस्कृति, कर्ताओं द्वारा संरचित होता है व स्वयं उत्पादित व स्वयं नष्ट होता है। कुछ सामान्य संकेत होते हैं। व्यवस्थित भ्रम होता है। यह संरचनात्मक रूप से प्रेरित अप्रिय आवाजों का मिला-जुला शोर होता है। एक सामान्य भाषा हायपरटेक्स्ट की भाषा होती है। हायपरटेक्स्ट वह साधन है जो सहभागिक सांस्कृतिक संकेतों को उपलब्ध कराने वाला होता है। लेकिन ये संकेत औपचारिक होते हैं व विशिष्ट अर्थों का अभाव होता है। संप्रेषण शक्ति, अर्थों के बहुल स्पष्ट अभिव्यक्ति में पुनर्व्यवस्थित व निर्वचन करने की क्षमता में निहित होता है जो ग्रहण करने वाले तथा अन्तःक्रिया करने वालों पर आधारित होता है। कोई भी उपयोगी अर्थ तत्कालिक रूप से अनभिज्ञ व अपरिचित होता है लेकिन विविध मतों और वैकल्पिक संकेतों के द्वारा पुनःप्रक्रियागत होता है।

संस्कृति का खण्डन और हायपरटेक्स्ट की पुनरावृत सर्कुलियरिटी संप्रेषण नेटवर्क में, सांस्कृतिक अर्थ के वैयक्तिककरण को जारी करता है। उत्पादन की नेटवर्किंग, उपभोग का विभेदीकरण, शक्ति का विभेदीकरण और अनुभवों के वैयक्तिकरण के टूटे स्वरूप में अर्थों का खण्डन संकेतीकृत, शक्तिकृत और परावर्तित होता है (जहाँ केवल सहभागी अर्थ, सहभागी नेटवर्क का अर्थ होता है)।

5. नेटवर्क समाज से नेटवर्क युग की ओर अभिमुखन

आविर्भूत नेटवर्क समाज, नेटवर्क युग की प्रस्थापना की ओर अग्रसर है और कैसटेल्स का नेटवर्क समाज, नेटवर्क युग का प्रस्तोता साबित होता है जो 21वीं शताब्दी व आने वाले भविष्य के लिये प्रारूपण व रूपावली के रूप में अभिलक्षित व प्रकटीकृत होगा। इस नेटवर्क युग को प्रौद्योगिकी रूपान्तरण (सूचना व संप्रेषण

प्रौद्योगिकी) व वैश्वीकरण के रूपान्तरण के संदर्भ में, अवलोकित कर सकते हैं। ये नेटवर्क युग का सृजन करते हैं (UNDP : 2001)। ये रूपान्तरण सुअवसर को विस्तारित करते हैं और प्रौद्योगिकी सृजन तथा प्रयोग के सामाजिक और आर्थिक पुरस्कार में वृद्धि पैदा करते हैं। ये रूपान्तरण इसका भी प्रस्तुतिकरण करते हैं कि कैसे और किसके द्वारा प्रौद्योगिकी सृजित व स्वामित्व युक्त होती है और कैसे यह 'पहुँच योग्य' तथा 'प्रायोगिक' होती है। आज नवाचार व प्रसार का एक नवीन मानचित्र आविर्भूत हो रहा है। वृद्धिगत प्रौद्योगिकी 'हब' शोध संस्थानों, व्यवसायिक/पेशेवर घरानों और जोखिमयुक्त पूंजी को एक साथ ला रहे हैं। जिसे हम विश्व के बाहर एक दूरस्थ केन्द्र के रूप में, सिलिकान वैली (यूनाइटेड स्टेट्स) से लकर बंगलोर (भारत) व एलधजाला (ट्यूनिशिया) तक (जो प्रौद्योगिकी विकास नेटवर्क द्वरा एक दूसरे से जुड़ा हुआ है) में अवलोकित कर सकते हैं। कोई भी व्यक्ति, संगठन, व्यवसाय/वाणिज्य या सरकार इन परिवर्तनों को अस्वीकृत नहीं कर सकता है (UNDP: 2001)। प्रौद्योगिकी उच्चता आज अति तीव्र और अतिशय आधारभूत है व लागत में भी तीव्रतर कमी लक्षित होती है जो इससे पूर्व कभी परिलक्षित नहीं हुई है। अनवरत् जारी रूपान्तरण सूचना व संप्रेषण (कम्यूनिकेशन) प्रौद्योगिकी में व्यापक विकास को घोषित करता है। सूचना और संप्रेषण (कम्यूनिकेशन), प्रौद्योगिकी, माइक्रो इलेक्ट्रानिक्स कम्प्यूटिंग (हार्डवेयर/साटवेयर) टेलीकम्यूनिकेशन और आप्टो-इलेक्ट्रानिक्स-माइक्रोप्रोसेसर, सेमीकन्डक्टर, फाइबर आप्टिक्स में नवाचार को सम्मिलित करता है। ये नवाचार, कम्यूनिकेशन नेटवर्क द्वारा सूचना के तीव्र वितरण को, सूचना की व्यापक मात्रा के एकत्रीकरण, संरक्षण व प्रसंस्करण के द्वारा बनाता है। मूर का नियम भविष्यवाणी करता है कि कम्प्यूटिंग शक्ति प्रत्येक 18-24 महीने में, माइक्रोप्रोसेसर प्रौद्योगिकी के तीव्र विकास के कारण दोगुना हो जाता है। गिल्डर का नियम यह भविष्यवाणी करता है कि प्रत्येक 6 महीने के बाद, फाइबर आप्टिक नेटवर्क प्रौद्योगिकी में उच्चता व बैंडविथ विस्फोट के कारण, कम्यूनिकेशन (संप्रेषण) शक्ति दुगुनी हो जाती है (Gilder: 2000)। दोनों, लागत में बड़े स्तर की कमी तथा गति और मात्रा में व्यापक वृद्धि के साथ घटित होता है (Gilder: 2000; Chandrasekhar & Ghosh : 2001; AWC: 2001)। एक-दूसरे से संबद्ध कम्प्यूटर उपकरण व युक्तियां तथा एक दूसरे के साथ कम्यूनिकेशन की अनुमति, नेटवर्क्ड सूचना

व्यवस्था का सृजन करता है तथा जो एक सामान्य प्रोटोकाल पर आधारित होता है। व्यक्ति गृहस्थल और संस्थान एक दूसरे से बड़े स्तर पर सूचना व संप्रेषण द्वारा आबद्ध होते हैं। सूचना तक पहुँचने की अतिवादी परिवर्तन की प्रक्रिया और संप्रेषण की संरचना, नेटवर्क्ड का विस्तार करती है ताकि यह विश्व के सभी भागों तक पहुँच सके। सूचना और प्रौद्योगिकी, सूचना व संप्रेषण प्रौद्योगिकी की गिरती लागत और वृद्धिगत पहुँच नेटवर्क का सृजन करता है। (उत्पादन की संरचनायें और अन्य दूसरे क्रियाकलाप नेटवर्क के अन्तर्गत पुनर्संगठित हो चुका है व इसने विश्व का एक सिरे से दूसरे सिरे तक विस्तार किया है)। औद्योगिक युग में, सूचना 'पहुँच' संप्रेषण और परिवहन उच्च लागत के साथ, एक दूसरे से लंबवत् रूप से एकीकृत था। नेटवर्क युग में, सूचना व संप्रेषण की लागत अतिशय कमतर हो चुकी है तथा यह लंबवत् की बजाय क्षैतिज नेटवर्क का बोध कराता है। उत्पादन वृद्धिगत रूप से अलग-अलग भूमिका निष्पादको उप-ठेकेदारों आपूर्तिकर्ता, प्रयोगशालाओं, प्रबंधन कंसलटेंटों, शिक्षा व शोध संस्थानों, मार्केटिंग रिसर्च, फर्मस्, डिस्ट्रिब्यूटर के मध्य संगठित होता है। इनकी जटिल अन्तःक्रिया (एक दूसरे के साथ) संतुष्टिपरक व उपर्युक्त भूमिका को संपादित करता है तथा मूल्य श्रृंखला को सृजित करता है जो प्रौद्योगिकी आधारित वैश्विक अर्थतंत्र को संचालित करता है (UNDP : 2001)। नवीन युग, बहुतेरे देशों में, वैश्विक नेटवर्क के उद्‌भव को प्रोत्साहित कर रहा है। जब यह नेटवर्क सदस्यों व अन्तःक्रियाओं में संलग्न, एक समालोचनात्मक जन समुदाय तक पहुँचता है तब यह प्रौद्योगिकी के व्यापक फैलाव और मार्ग को आकार प्रदान करने वालों में एक महत्वपूर्ण नवीन शक्ति साबित होता है।

6. वैज्ञानिक शोध, नवाचार और डायसपोरा

विश्वविद्यालयों के मध्य मूलनेटवर्क्ड सम्प्रेषण जो इंटरनेट से संचालित होता है (या इंटरनेट जिसकी जीवनरेखा होती है) संस्थाओं और देशों के मध्य सहयोगी के रूप में वृद्धिगत होता है। 1995-97 से, यूनाइटेड स्टेट्स के वैज्ञानिकों ने अन्य 173 देशों के वैज्ञानिकों के साथ सह-लेखक के रूप में, लेखों को लिखा; ब्राजील में 114 वैज्ञानिकों के साथ, केन्या में 81 वैज्ञानिकों के साथ, अलजेरिया में 59 वैज्ञानिकों के साथ सह लेखक के रूप में कार्य किया (NSF : 2001)। उत्पादन

- वैश्विक कारपोरेशन के मुख्यालय उत्तरी अमेरिका, यूरोप या जापान में होते हैं लेकिन बहुत से देशों में शोध सुविधा व विश्व स्तर पर बहिर्गमित उत्पादन के साथ वैश्विक मूल्य श्रृंखला के सृजन में, नये देशों को आकर्षित करता है। 1999 में कोस्टारिका, मलेशिया और सिंगापुर में हाई-टेक निर्यात संपूर्ण का 40 प्रतिशत से अधिक था। ई-बिजनेस केवल अब भविष्य के वाणिज्य नेटवर्क के रूप में आविर्भूत हो रहा है। व्यवसाय से व्यवसाय क्षेत्र में, ई-कामर्स आविर्भूत होने के लिये अत्यावश्यक अभिलक्षण के रूप में परियोजनागत हो रहा है। डायसपोरा सूचना और कम्यूनिकेशन प्रौद्योगिकी के क्षेत्र में, नित-प्रतिदिन आकाशीय मार्ग, वैयक्तिक रूप से, उच्चस्तरीय व सर्वश्रेष्ठ वैज्ञानिकों तथा प्रौद्योगिकविदों को, वैश्विक रूप से गतिशील बना रहे हैं। जब वे विकासशील देश से आते हैं तो उनका वैश्विक छितराव 'डायसपोरा' को सृजित करता है जो वित्त, व्यवसाय/वाणिज्य संपर्क नेटवर्क और गृह देश हेतु कुशलता रूपान्तरण में कीमती व लाभदायी हो सकता है। समर्थन (एडवोकेसी) सभ्य समाज से संबंधित, वैश्वीकरण दो प्रौद्योगिकियों : डिजिटल सेटेलाइट और सूचना के आप्टिकल फाइबर ट्रांसमिशन में तीव्र उच्चता, सूचना के संग्रहित, वितरित, संचालित और पहुँच के नवीन और तीव्र मार्ग को सृजित कर रही है। ये उच्चता अतिशय व नाटकीय रूप से लागत को कम करती है।

7. नवीन संभावनायें

सूचना और संप्रेषण प्रौद्योगिकी का अतिशय प्रयोग नवीन भविष्यमूलक संभावनाओं का जन्मदाता है क्योंकि सूचना और संप्रेषण प्रौद्योगिकी के उपकरणों के उपयोग में तीव्र बढ़ोत्तरी हो रही है। 1995 के 16 लाख इंटरनेट प्रयोगकर्ताओं से 2000 में प्रयोगकर्ताओं की संख्या 400 लाख थी। जबकि आने वाले शुरूआती वर्षों में इसकी संख्या अनवरत वृद्धिगत है। इससे संबंधित अन्तर्संबंधता प्रभावी दर पर यूरोप, जापान, यूनाइटेड स्टेट्स और बहुतेरे विकासशील देशों में बढ़ रही है। हालांकि कम घरेलू आय व्यापक विस्तार को सीमायित करता है जो विकासशील क्षेत्रों में व्यापक स्तर पर जनसंख्या के एक बड़ा भाग से संबंधित अन्तर्संबंधता हेतु समस्या आविर्भूत करेगा। लेकिन यह डिजिटल डिवाइड व्यापक या स्थायी नहीं हो सकता है, यदि प्रौद्योगिकी अनुकूलता और संस्थात्मक नवाचार के पहुँच

को अनवरत विस्तारित किया जाय। ब्राजील, इंडिया, थाईलैण्ड, नाइजर और अन्य जगहों में, सृजनात्मकता और व्यवसायिक उद्यमिता ने पहले से ही अशिक्षित प्रयोगकर्ताओं के लिये साटवेयर तथा कम लागत युक्त सोलर उर्जा से संचालित वायरलेस उपकरण व युक्तियों को विकसित किया है। भारतीय संदर्भ में इसको हम 'सिम्प्यूटर के विकास' के रूप में अवलोकित कर सकते हैं (PC World : 2000; Simputer Trust : 2000)। सामुदायिक पहुँच - सार्वजनिक और निजी - नगरीय और ग्रामीण व्यवस्था में तीव्र रूप से वृद्धिगत है जिसे दक्षिण अफ्रीका से बांग्लादेश तक अवलोकित किया जा सकता है। नवाचार जैसे - प्रीपेड फोन कार्ड सूचना और संप्रेषण प्रौद्योगिकी तक की पहुँच का विस्तार कर रहा है। सूचना और संप्रेषण प्रौद्योगिकी ने ज्ञान, सहभागिता, व आर्थिक सुअवसर हेतु विद्यमान बाधाओं को खत्म किया है। ज्ञान के क्षेत्र में सूचना तक की पहुँच उतना ही आवश्यक व केन्द्रीय महत्व का है जितना कि मानवीय क्षमता के निर्माण के लिये शिक्षा। शिक्षा जो संज्ञानात्मक कुशलता को विकसित करता है वही सूचना ज्ञान को अन्तर्वस्तु प्रदान करती है। इंटरनेट और वर्ल्ड वाइड वेब सूचना का वितरण व प्रसारण गरीब व धनी लोगों के लिए एक साथ व एक समान रूप से करते हैं। सूचना और संप्रेषण प्रौद्योगिकी सहभागिता की बाधा को भी समाप्त करता है। गरीब लोग व समुदाय, अक्सर अलगावित व सामूहिक क्रिया के लिये अक्सर साधनों के अभाव से त्रस्त थे। वैश्विक इंटरनेट संप्रेषण ने बहुतेरे वैश्विक सभ्य समाजों के आंदोलनों को वर्तमान समय में शक्तिकृत किया है। इंटरनेट स्थानीय स्तर पर लोगों को गतिशील व एकत्रित करने का शक्तिशाली स्रोत है। भ्रष्टाचार के विरूद्ध ई-मेल कैंपेन ने 1999 में कोरिया के चुनावों को व्यापक स्तर पर प्रभावित किया व फिलिपिंस के राष्ट्रपति को गद्दी से हटाने से संबंधित आंदोलन को तीव्रता प्रदान की। संपूर्ण विश्व में नागरिकों द्वारा इंटरनेट के प्रयोग के संदर्भ में अनवरत वृद्धि सरकारों को अतिशय उत्तरदायी व जागरूक बनाती है। इसके अतिरिक्त इसने आर्थिक सुअवसर से संबंधित बाधा को भी समाप्त किया है। प्रौद्योगिकी स्टाक में तत्कालिक गिरावट तथा बहुतेरे डाट. काम्स की समाप्ति व विरोधाभास के बावजूद वैश्विक अर्थतंत्र में अतिशय गतिशील क्षेत्र (Bassanini et.al. : 2000; Solow : 1987; Jorgenson et.al. : 2000; The Economist : 2000; C.F. UNDP : 2001)। यह विकासशील देशों के लिये निर्यात का विस्तार, अच्छी सेवाओं का सृजन और उनके अर्थतंत्र के

विविधीकरण को विकास और प्रयोग की संभावना से पूर्ण बनाता है। सूचना व संप्रेषण प्रौद्योगिकी क्षेत्र की आधार संरचना में, पुराने पारंपरिक क्षेत्रों की अपेक्षा, कम पूंजी व निवेश की आवश्यकता होती है। यही कारण है कि विकासशील देशों में, हाई-टेक उद्योगों में तेजी से वृद्धि हो रही है जबकि मध्यम स्तर के कम। इसके अलावा इस तरह के उद्योग श्रम-गहन होते हैं तथा शिक्षित कार्यकार्मिकों को नवीन सेवायें, नौकरी व मजदूरी उपलब्ध कराते हैं। यह एक तरह से सूचना कूलियों का विचार है। भारतीय साटवेयर इंजीनियरों/पेशेवरों का वेतन/मजदूरी उच्च होता है लेकिन वैश्विक बाजार में काफी प्रतिस्पर्धा व्याप्त होती है (Landler : 2001; Reuters : 2000; UNDP : 2001)। इसके अतिरिक्त सूचना व संप्रेषण प्रौद्योगिकी पर वैश्विक व्यय, सेवा प्रदाताओं के लिये विकासशील देशों में बहुतेरे रूपों में नवीन सुअवसर उपलब्ध कराता है। इंटरनेट पर अरबों वेब पेज उपलब्ध है तथा जो सार्वजनिक पहुँच योग्य है और नवीन रूप में लाखों प्रत्येक दिन जुड़ता है जो मूल्यवान इंटरनेट आधारित सूचनाओं के पहुँच योग्य बनाता है। यह वैश्विक व्यवसाय व ई-व्यवसाय/वाणिज्य में तीव्र वृद्धि को प्रदर्शित करता है (IDC : 2000; SIMS : 2001; Reuters : 2000)।

8. नेटवर्क युग, प्रौद्योगिकी और सृजन/प्रसार : प्रमुख बिन्दु

यदि निर्धन देश और निर्धन लोग, नवीन अवसर का लाभ लेना चाहते हैं तो इस नेटवर्क युग की बहुतेरी रूपरेखाओं को समझा जाना चाहिए। क्योंकि ये नवीन रूपरेखायें भविष्य के संरचन में सहायक हो सकती है (UNDP : 2001)। प्रथम कुशलता से संबंधित प्रश्न इस प्रतिस्पर्धात्मक वैश्विक बाजार में अत्यावश्यक मामला है क्योंकि प्रौद्योगिकी बदलाव व प्रसार सरल नहीं है। विकासशील राष्ट्र सरलतम तरीके से न ही निर्यात कर सकते हैं और न ही ज्ञान का प्रयोग कर सकते हैं। प्रत्येक देश को घरेलू क्षमता की आवश्यकता होती है ताकि वे प्रौद्योगिकी की संभाव्यता को पहचान सके और नवीन प्रौद्योगिकी को आवश्यकता तथा बाधाओं के साथ समझ सके। तीव्र प्रौद्योगिकी उच्चता के इस युग में, नवीन प्रौद्योगिकी का संचालन एक सतत प्रक्रिया है तथा बिना सतत कुशलता में उच्चता बनाये हुये देश प्रतिस्पर्धात्मक युग में टिक नहीं सकते हैं। द्वितीय नवीन वैश्विक नियम प्रौद्योगिकी को और महत्व देता है। नवीन नियम लगभग

सभी देशों द्वारा समर्थित किया जाता है। इसे बौद्धिक संपत्ति संरक्षण के द्वारा वैश्विक स्तर पर मजबूती प्रदान की जाती है। यह प्रौद्योगिकी के बाजारू मूल्य को ऊँचा उठाता है और शोध तथा विकास में निवेश के प्रोत्साहन को वृद्धिगत करता है। लेकिन यह विकासशील देशों के लिये नवीन पसन्द को भी लक्षित करता है। यह प्रौद्योगिकी पहुँच और उपभोक्ताओं के लिये लागत में बदलाव को भी प्रदर्शित करता है। तृतीय निजी क्षेत्र वैश्विक शोध क्षेत्र और विकास में अग्रसर है और प्रौद्योगिकी नवाचार के लिये बहुतायत मात्रा में वित्त, ज्ञान और वैयक्तिक संसाधनों की उपलब्धता को सुनिश्चित करता है। अधिकतर (ओ.ई. सी.डी.) देशों में निजी क्षेत्र शोध व विकास में 50 से 60 प्रतिशत तक वित्त पोषण करता है। आयरलैण्ड, जापान, कोरिया और स्वीडन में, फर्म एक बहुत बड़ी भूमिका अदा करते हैं। शोध व विकास में, अधिकतर देशों में कारपोरेशन ज्यादा शोध को लागू करती है (तब कहीं धन को)। यह सांकेतिक रूप से प्रकट है कि निगमित शोध व प्रभावी ढंग से इस्तेमाल में, केवल कुछ मात्रा में सरकारी फंडिग है। विश्वविद्यालय, राष्ट्रीय शोध व विकास में 15 से 20 प्रतिशत योगदान देते हैं जबकि सार्वजनिक शोध संस्थान का योगदान केवल 10 प्रतिशत होता है। जबकि यूरोपियन यूनियन में 15 प्रतिशत व कुछ अधिक होता है (Lall : 2001)। इसके अतिरिक्त जोखिम भरी पूंजी, निजी वित्त पोषण का नवीन स्वरूप है जो उच्च खतरनाक शोध (हाई रिस्क रिसर्च) हेतु इसे व्यापक रूप से यूनाइटेड स्टेट्स, जापान, जर्मनी, फ्रांस, हांगकांग, चाइना, सिंगापुर, स्वीडन, इजरायल, भारत इत्यादि में अवलोकित किया जा सकता है। यह जोखिमभरी पूंजी प्रौद्योगिकी उछाल के केन्द्र में है। चतुर्थ एक वैश्विक श्रम बाजार (एग्लोबल लेबर मार्केट) सर्वश्रेष्ठ प्रौद्योगिकी/पेशेवरों के लिए आविर्भूत हो चुका है जो यूरोप, जापान और यूनाइटेड स्टेट्स में कुशलता के अभाव द्वारा अभिप्रेरित होती है। ये वर्कर देश से चारों ओर गतिशील होते हैं। अधिक प्रौद्योगिकी पेशेवरों का संबंध कम्प्यूटर संबंधित व्यवसाय से होता है। इससे एक द्वितीयक प्रभाव 'ब्रेन डायसपोरा' आविर्भूत हुआ है। यह एक नवीन प्रकार के व्यवसाय का रूप ले चुका है। आर्थिक नेटवर्क में, 'इंडियन डायसपोरा' के आधार पर सिलिकान वैली और बंगलौर में, एक मजबूत गठबंधन आविर्भूत है। पंचम नवाचार के नवीन वैश्विक हबो में, आश्चर्यजनित रूप से, कंपनियों, शोध लैबों व फाइनेनसरों तथा कारपोरेशनों

में समामेलन एक नवीन वातावरण का सृजन करता है जो कौशलपरक जानकारी, वित्त और सुअवसरों को एक साथ लाता है। उच्च स्तर के व सर्वश्रेष्ठ वैज्ञानिक और उत्सुक व्यवसायिक उद्यम विश्व के चारों ओर इन हबों में एकत्रित होते हैं और निवेशकों को आकर्षित करते है। 'वायर्ड' मैगजीन ने 46 सर्व उत्कृष्ट 'हबों' को चिन्हित किया है और उनके महत्व तथा जीवनशक्ति के अनुसार उनको क्रम स्तर प्रदान किया है जो कारपोरेट आफिस, जोखिमभरी पूंजीवादिता, व्यवसाय शुरूआत और विश्वविद्यालयों तथा शोधलैबों की उपस्थिति पर आधारित होता है (Hillner : 2000; UNDP : 2001)। यूनाइटेड स्टेट्स के पास 13, यूरोप के पास 16, एशिया के पास 9, दक्षिणी अमेरिका के पास 2, अफ्रीका 2, आस्ट्रेलिया के पास 2, कनाडा के पास 1 तथा भारत के पास 2 'हब' है। अन्य जो 'हबों' में सम्मिलित हो सकते हैं : हैदराबाद (भारत) बिजिंग या शंघाई (चीन में) तथा अन्य दूसरे है (UNDP : 2001)।

मौलिक निष्कर्ष

यह एक आविर्भूत अवलोकन है कि परिवर्तन के बहाव में, हम उत्तर आधुनिक संगठन, सूचना संगठन और अति नवीन नेटवर्क समाज व संगठन की ओर उन्मुख है जो अभिलक्षित विश्व का एक अत्यंत महत्वपूर्ण व अत्यावश्यक स्वरूप है। विश्लेषक नेटवर्क को बंधनों के वेब, संबंधों की परिधि, मित्रवत् सर्किल, राजनीतिक-आर्थिक संबंधन व संबंधों के विस्तार के रूप में अवलोकित व व्याख्यायित करते हैं लेकिन ऐसा आकलन है कि : नेटवर्क छोटे-छोटे केन्द्र बिन्दु या इकाइयों का अंतर्संयोजन है; जो इंटरनेट कम्प्यूटर व सूचना के नवीन उपकरणों द्वारा समय, स्थान व सीमा से परे प्रवाहशील होता है। इसका एक महत्वपूर्ण लक्ष्य व उद्देश्य होता है जिसकी पूर्णता/अपूर्णता ही छोटे-छोटे केन्द्र बिन्दुओं या इकाइयों की तीव्रता, प्रतिमानिक संरक्षकता व अस्तित्व तथा नेटवर्क में बने रहने की सघनता व उपर्युक्तता का कारण होती है। यह स्वयं के केन्द्र बिन्दु स्तर पर, इकाई के स्तर पर कार्यों के सफल निष्पादन व संपादन की मांग करता है और इसका अभाव छोटे-छोटे केन्द्र बिन्दुओं या इकाइयों हेतु संकट के रूप में उपस्थित होता है। लेकिन एक निहितार्थ वास्तविकता यह है कि नेटवर्क स्वयं में जैविकीय प्रक्रिया की तरह, सृजनकारी/पुनर्सृजनकारी, निर्माणकारी/पुनर्निर्माणकारी, संगठनकारी/

पुनर्संगठनकारी, संरचनाकारी/पुनर्संरचनाकारी होता है, लेकिन इन सभी का केन्द्र बिन्दु नवीन परिष्कृत इंटरनेट, कम्प्यूटर व सूचना के उपकरण है। यह नेटवर्क संगठन (समाज, संस्कृति, अर्थतंत्र, राजनीति व अन्य) सूचना प्रौद्योगिकी प्रणाली, नेटवर्क्ड कम्प्यूटर व सेटेलाइट वितरण द्वारा तीव्र विस्तीर्ण है। कैसटेल्स के आकलन में इसे प्रति सांस्कृतिक आनुभविक जाँच-पड़ताल के केन्द्र में अवलोकित किया जा सकता है, जो एक प्रौद्योगिकी पैराडाइम के तरह घटित है, जिसके निर्माण का आधार-उत्पादन, उपभोग, शक्ति व अनुभव है। आकलन है कि प्रौद्योगिकी पैराडाइम के रूप में, ज्ञान व सूचना आधारित प्रौद्योगिकी को कैसटेल्स व्याख्यायित करते है जिससे आर्थिक, सामाजिक, सांस्कृतिक रूपान्तरण का प्रत्येक क्षण निर्मित व बदलावित है। सूचना नेटवर्क सामाजिक संरचना (सामाजिक संगठन) व कार्यप्रणाली के परिवर्तन को प्रोत्साहित करता है जो पूंजीवाद का पुनर्संगठन व पुनर्संरचनाकरण है; लोचनीयता, कार्य का व श्रम का वैयक्तिककरण है तथा जो मीडिया प्रणाली, वर्चस्वकारी क्रियाओं व अभिजात्य नियंत्रणों द्वारा व्यापक होता है। यह नवीन अर्थतंत्र, नेटवर्क समाज व संस्कृति तथा राजनीति व सूचना उपकरणों की क्रांति का अन्तर्संबंधित विश्लेषण है व अलग रूप से व्याख्यायित करते हैं कि नवीन अर्थतंत्र 'नेटवर्क्ड' है जो फर्मों, फर्मों के प्रभागों या फर्मों के आंतरिक भाग से निर्मित है। परियोजना उन्मुख ये नेटवर्क एक रणनीतिक कुशलता के रूप में कार्यों का संचालन करते हैं। यह प्रमुखतः सूचना व ज्ञान आधारित सेवाओं का प्रसंस्करण व उत्पादन है। सूचना व कम्प्यूटर से संबंधित यह विश्व व्यापक बेरोजगारी को तो नहीं लेकिन सूचना से संबंधित तनावों झंझावतों व अवरोधों का प्रस्तोता है। यह कार्य व रोजगार का व्यापक रूपान्तरण है जो पूर्व वर्चस्वकारी कार्य से अलग लोचनीय रूप से अंशकालिक कार्य, अस्थायी कार्य, स्वरोजगार, संविदात्मक कार्य को प्रस्तुत करता है। यह स्थानिक/कालिक श्रम विभाजन के रूप में गतिशील तो है ही लेकिन महत्वपूर्ण तत्व नेटवर्क्ड लोकेशन है जो संस्तरणकारी पदों को कम महत्वपूर्ण मानता है तथा जहाँ श्रम स्वयं संचालित होता है लेकिन प्रतिफल व्यवस्था/प्रणाली के वैयक्तिकरण से, सामाजिक असमानता, सामाजिक ध्रुवीकरण और सामाजिक दुराव की भावना में, तीव्रता आविर्भूत हुई है। सूचना उपकरणों व नेटवर्क से, इलेक्ट्रानिक हायपरटेक्स्ट व मीडिया प्रणालियों के अति-असाधारण विविधीकरण ने अंतःक्रियात्मक अभिव्यक्ति, अंतःक्रियात्मक श्रोताओं/दर्शकों के अभ्युदय व बाजार प्रभाग की सर्वसुलभता को

प्रस्तावित किया है। यह रियल वर्चुअलटी का आधार है। ऐसा आकलन है कि सूचना प्रौद्योगिकी एक बार प्रस्तुत व शक्तियुक्त सूचना नेटवर्क प्रतिस्पर्धा द्वारा अन्य संगठनात्मक स्वरूपों व माध्यमों को, प्रतियोगिता से बाहर कर देता है। सूचना नेटवर्क का प्रस्तुतिकरण (जो कम्प्यूटर, इंटरनेट व अन्य सूचना उपकरणों द्वारा प्रस्तावित है) नेटवर्क समाज व संगठन की आधारशिला है तथा उत्पादन, उपभोग शक्ति व अनुभव के रूप में सामाजिक नेटवर्क, सूचना नेटवर्क द्वारा अन्तःक्रियात्मक, प्रभावित व विकसित होता है। यह वर्चुअल संस्कृति का भी प्रस्तोता है जो इलेक्ट्रानिक हायपर टेक्स्ट व वेब के माध्यम से संचालित होता है। हायपरटेक्स्ट, संप्रेषण का साधन है जो सहभाग-सांस्कृतिक संकेतो व प्रतीकों को उपलब्ध कराता है। संस्कृति हायपर टेक्स्ट में एकरूप होता है लेकिन इसके निर्वचन व विश्लेषण का आधार वैयक्तिकृत होता है। संस्कृति कर्ताओं द्वारा संरचित व स्वयं उत्पादित व स्वयं नष्ट होता है। संप्रेषकीय नेटवर्क में, सांस्कृतिक अर्थों का वैयक्तिकरण है।

नेटवर्क समाज आज नेटवर्क युग के सृजन की ओर अग्रसर है जो सूचना प्रौद्योगिकी अनवरत प्रवाहशीलता व सतत् व्याप्तशीलता द्वारा संभावित है। यह स्थानीय केन्द्रों व अति दूरस्थ केन्द्रों को गठबंधन का निर्माणस्थल है जो सूचना उपकरण इंटरनेट व नेटवर्क्ड कम्प्यूटर द्वारा अन्तर्संयोजन है। यह सतत प्रौद्योगिकी के प्रति समाज की स्वीकारोव उच्चतर प्रयोग तथा लागत व खर्च में वृद्धिगत कमी है। कम्प्यूटर, इंटरनेट व अन्य सूचना उपकरणों की युक्तियों व तरीकों में नित नवीन सुधार, नवाचार व प्रसार नेटवर्क्ड सूचना प्रणाली को विस्तीर्ण करता है व सूचनाओं, संदेशों, अन्तर्वस्तुओं व प्रतीकात्मक अंतःक्रिया को बहुआयामी, बहुल रेखीय व बहुल प्रयोगी बनाता है जिससे संपूर्ण सामाजिक संरचना (सामाजिक संगठन) नेटवर्क्ड होता जाता है। यह संस्तरण के पुरातन स्वरूप के नष्टीकरण तथा समान तथा क्षैतिज सूचना नेटवर्क के निर्माण व अनवरत प्रसार का अवबोधन है जो एक समालोचनात्मक जनसमुदाय द्वारा आकारगत होता है। विश्वविद्यालय, औद्योगिक संगठन, सामाजिक-सांस्कृतिक संस्थायें व विविध देशों की उच्च स्तरीय कार्य प्रणालियां नेटवर्क्ड कम्प्यूटर व इंटरनेट के माध्यम से नवाचार व खोज को नवीन गति तथा तीव्रता प्रदान करती है। सूचना व सूचना के क्षेत्र में यह तीव्रता सूचना संबंधित डायसपोरा के रूप में अवलोकित होता है जो नेटवर्क्ड युग की

प्रस्थापना को सशक्त बनाता है। ऐसा आकलन है कि सूचना से संबंधित विषयों, मुद्दों, नीतियों, सेवाओं पर कार्य करने का एक विशिष्ट तरीका तथा एक सार्वभौमिक सामान्य भाषा की जानकारी व इससे संबंधित जनसंख्या में उच्च वृद्धि, नेटवर्क्ड युग के उच्चस्तरीय निर्माण व पुनर्निर्माण को प्रस्तुत करता है तथा स्थानीय, राष्ट्रीय, वैश्विक सामाजिक-सांस्कृतिक, आर्थिक, राजनीतिक समाज व संगठन पर एक समालोचनात्मक प्रभाव स्थापना को प्रोत्साहित करता है। यह एक ओर जहाँ नेटवर्क्ड से संबंधित वर्चुअल समरूपताओं, सामाजिक-सांस्कृतिक विकासों व नवीन आर्थिक प्रणालियों व राजनीतिक अन्तर्संबंधताओं को प्रोन्नत करता है वही दूसरी तरफ यह इनसे संबंधित वियोजनाओं, अलगावों, इलेक्ट्रानिक तनावों व कुंठाओं, खराब स्वास्थ्य दशाओं व पूर्व व्याप्त मूल्यों, प्रथाओं व प्रतिमानों के क्षयीकरण तथा रूग्ण मनोदशाओं को भी सृजित करता है।

ऐसा आकलन है कि नेटवर्क्ड युग की परिकल्पना के यथार्थ को डिजिटल डिवाइड से डिजिटल आपरच्यूनटी के अनवरत निर्माण के रूप में अवलोकित कर सकते हैं। डिजिटल डिवाइड की समाप्ति नेटवर्क्ड युग के निर्माण की प्रबल संभावना होगी तथा जो पहुँच, जुड़ाव व प्रयोग के त्रियाद पर निर्मित हो सकता है। सूचना व इंटरनेट उपकरणों के क्षेत्र में जारी नवाचार व खोज तथा कम कीमत में सरल उपलब्धता, व्यवसायिक लगाव व ज्ञान तक पहुँच व आर्थिक सुअवसरों का निर्माण करता है साथ ही लोगों को गतिशील, शक्तिकृत, अतिशय उत्तरदायी व जागरूक बनाता है। नेटवर्क युग, सूचना नेटवर्कों द्वारा अन्तर्संयोजन पर आधारित है जिसे प्रति सामाजिक, प्रति सांस्कृतिक, प्रति राजनीतिक, प्रति आर्थिक, प्रति नेतिक, प्रति सभ्यतावादी, प्रति धार्मिक व सूचना तथा ज्ञान संबंधित सेवाओं व सैद्धान्तिकी केन्द्रीयता के रूप में आकलित किया जा सकता है जो टालर के तीन प्रवाहों की तरह, मेरे आकलन में 'नेट वर्किंग प्रवाह' का निर्माण, सूचना के नवीन उपकरणों व इंटरनेट संप्रेषकीय नेटवर्क द्वारा हो सकता है जो 21वीं शताब्दी के वैश्विक सामाजिक संगठन का प्रमुख स्वरूप हो सकता है। यह नेटवर्किंग प्रवाह जो समय, स्थान, दूरी से परे तथा वर्चुअल प्रकटीकरण के रूप में प्रायोगिक है, टालर के प्रवाह क्रम में (कृषि, औद्योगिक, सर्वोच्च औद्योगिक) इसे चौथे क्रम के रूप में अभिव्यक्त किया जा सकता है। मेरा समालोचनात्मक तर्क यह है कि यह नेटवर्क का प्रवाह है जो आने वाले समय का वर्चुअल

रियलाइजेशन है तथा जो नवीन सूचना उपकरणों, सतत खोजों, संस्थानों में गठबंधनों, नवाचारों, सूचना डायसपोरा व पहुँच व उपयोग हेतु समर्थन तथा एक भाषीय संरचना व कार्यप्रणाली के विशिष्ट स्वरूप का निर्माण है। यह प्रति व विरोधी प्रवाह भी है। इसके अतिरिक्त कुशलता, नवीन वैश्विक नियम/नियामक, वित्त ज्ञान व स्रोतों हेतु निजी क्षेत्र की बढ़ती प्रासंगिकता, वैश्वीकृत सूचनात्मक श्रम बाजार व सूचना कूलियों का आविर्भाव व नवीन वैश्विक हबों का निर्माण तथा सूचना ग्लैक्सी, नेटवर्क समाज व नेटवर्क युग को सामाजिक संगठन के नवीन अभिलक्षण के रूप में प्रस्तुत करता है।

REFERENCES

AWC (2001): 'International Calling', Andrews Worldwide Communications, www.andrews.com/click/international. htm., 10th April.

Bassanini, et.al. (2000): Knowledge, Technology and Economic Growth: Recent Evidence from OECD Countries. Paper Presented at the 150th Anniversary Conference of the National Bank of Belgium, 11-12 May, Brussels.

Beck, U. (1992): Risk Society: Towards a New Modernity, London, Sage.

Carnoy, M. (2000): Work, Family and Community in the Information Age, New York, Russell, Sage.

Castells, M. (1989): The Informational City: Information Technology, Economic Restructuring, and the Urban-Regional Process, Oxford, Basil Blackwell.

Castells, M. (1996): The Rise of the Network Society; The Information Age: Economy, Society and Culture, Volume I, Oxford, Blackwell.

Castells, M. (1997): The Power of Identity; The Information Age: Economy, Society and Culture, Volume II, Oxford, Blackwell.

Castells, M. (1998): End of Millennium; The Information Age: Economy, Society and Culture, Volume III, Oxford, Blackwell.

Castells, M. (2000a): Materials for an exploratory theory of the Network Society, BJS, Volumes No. 51, Issue No. 1, January/March 2000, Pages 5-24.

Castells, M. (2000b): Information Technology and Global Capitalism', In A. Giddens and W. Hutton (eds.) (2000): On the Edge, London, Jonathan Cape.

Chandrasekhar, C.P. and Ghosh, J. (2001): Information and Communication Technologies and Health in Low Income Countries: The Potential and the Constraints, Bulletin of the World Health Organization, Vol. 79, Issue 9.

Croteau, D. and Hoynes, W. (1997): Media/Society: Industries, Images and Audiences, Thousand Oaks, CA: Pine Forge Press.

Cthoun, C. (1994): Social Theory and the Politics of Identity (ed.), Oxford, Blackwell.

De Kerckhove, D. (1997): 'Connected Intelligence', Toronto, Somerville House.

Dutton, W.H. (1999): Society on the Line: Information Politics in the Digital Age, Oxford, Oxford University Press.

Giddens, A. (1984): The Constitution of Society, Cambridge, Polity Press.

Giddens, A. (1991): Modernity and Self-Identity, Self and Society in the Late Modern Age, Stanford, Stanford University Press.

Giddens, A. and Hutton, W. (2000): On the Edge (eds.), London, Jonathan Cape.

Gilder, G. (2000): Telecosm : How Infinite Bandwidth Will Revolutionize Our World, New York, Free Press.

Graham, S. and Marvin, S. (1996): Telecommunication and the City: Electronic Spaces, Urban Places, London, Routledge.

Hage, J. and Powers, C. (1992): Postindustrial Lives: Roles and Relationship in 21st Century, London, Sage.

Harvey, D. (1989): The Condition of Post-modernity, Oxford, Blackwell.

Held, et.al. (1999): Global Transformations: Politics, Economics and Culture, Standford, Standford University Press.

Hillner, J. (2000): 'Venture Capitals', Wired 7 August.

Hutton, W. (1996): The State We're In, London, Jonathan Cape.

IDC (2000): Digital Planet 2000: The Global Information Economy, Vienna, Va: World Information Technology and Services Alliance, International Data Corporation.

Jorgenson, et.al. (2000): 'Raising the Speed Limit: US Economic Growth and the Information Age', Brookings Papers on Economic Activity 2, Washington, D.C. Brookings Institution.

Landler, M. (2001): 'Opportunity Knocks: India's High-Tech Bull Is Ready for Bear', International Herald Tribune, 14 March.

Macionis, J.J. and Plummer, K. (2002): Sociology: A Global Introduction, Harlow, Pearson Education, www. pearsoneduc. com.

Mansell, R. and Silverstone, R. (1996): Communication by Design: The Politics of Information and Communication Technologies, Oxford, Oxford University Press.

Nayar, P.K.B. (2006): Sociology's Quest for 'Society': An Enquiry into the Current Persuits and Needed Concerns in the Discipline, Presidential Address, Indian Sociological Society, XXXII, All India Sociological Conference, Chennai, December 27-29, 2006.

NSF (2001): Science and Engineering Indicators 2000; www.nsf.gov/sbe/srs/ seind 00/ start. htm. 1 February 2001, Nation Science Foundation.

P.C. World(2000): 'Simputer Aims at the Developing World', www. pcworld.com/resource/ printable/ article/ O, aid, 17401,00.asp 2 April, 2001.

Reuters (2000): 'Mobile Web Users Seen Outstripping PC Users by 2005', July 12.

Scott, et.al. (1998): Regions and the World Economy, The Coming Shape of Global Production, Competition and Political Order, New York, Oxford University Press.

Simputer Trust (2000): 'The Simputer Project', www. SIMPUTER. org. March 2001.

SIMS (2001): 'How Much Information? World Wide Web', www.sims.berkeley.edu/research/projects/how-much-info/ internet. html#www.2 April 2001, School of Information Management and Systems, Berkeley, University of California.

Solow, R.M. (1987): "We'd Better Watch Out", New York Review of Books, 12 July.

The Economist (2000): 'The New Economy', 23 September.

Thrift, N.J. (1990): 'The Making of Capitalism in time Consciousness', In J. Hassard (ed.), The Sociology of Time, London, McMillan.

Turkle, S. (1995): Life on the Screen: Identity in the Age of the Internet, New York, Simon & Schuster.

UNDP (1999): Human Development Report: Globalization with a Human Face, New York, Oxford University Press, United Nations Development Programme.

UNDP (2001): Human Development Report : Making New Technologies work for Human Development, New York, Oxford University Press, United Nations Development Programme.

Webster, J. (1996): Shaping Women's Work: Gender, Employment, and Information Technology, London, Longman.

Wellman, B. (1999): Networks in the Global Village, Boulder, Colorado, Westview Press.

अध्याय–7

सूचना प्रौद्योगिकी : भारतीय संदर्श

1. सूचना प्रौद्योगिकी : समसामयिक अवलोकन

सूचना प्रौद्योगिकी आधुनिक समाज में अतिशय क्षमता युक्त साधन के रूप में अभिलक्षित है। नव बाजार व्यवस्था, उत्पाद व संबंधित व्यवसाय, उद्योग, व्यापार, शिक्षा, प्रशासन, राजनीति व सामाजिक-सांस्कृतिक व्यवस्था पर इसका व्यापक प्रभाव स्थापित हुआ है। सूचना प्रौद्योगिकी सेवाओं व समाधानों में अनुभवी व परिष्कृत रूप से सज्जित दुकानों व कृत्रिम व्यवहार युक्त लोगों में, भारत ने भी उच्चस्तरीय प्रलब्धता अर्जित की है। इस प्रतिस्पर्धात्मक युग में, जहाँ बहुराष्ट्रीय कंपनियां बहुत से साटवेयर सुविधायें उपलब्ध करा रही है वही भारत ने भी सूचना प्रौद्योगिकी कुशल व तकनीकमूलक योग्य जनशक्ति, लागत प्रभावशीलता विश्वस्तरीय योग्यता, उच्च विश्वसनीयता व तीव्र प्रलब्धता में, अद्वितीय स्तर को प्राप्त किया है। अंग्रेजी बोलचाल वाले मध्यम वर्गीय जनसंख्या के एक निश्चित आकार ने वैज्ञानिक व प्रबंधकीय जनशक्ति का एक विशाल समूह प्रस्तुत किया है। यह विश्व स्तर पर एक बड़े समूह के रूप में आकलित है जिसमें संवर्धन जारी है तथा सूचना प्रौद्योगिकी के साकारात्मक प्रभावों को अभिव्यक्त किया है (Singh : 2003)। सर्वोत्कृष्ट मानवीय संसाधनों ने सूचना प्रौद्योगिकी के क्षेत्र में, भारत में, तीव्रतम वृद्धि में सहयोग प्रदान किया है तथा इससे भारत एक महाशक्ति (सुपर पावर) के रूप में प्रतिष्ठित होने के कगार पर है। सूचना प्रौद्योगिकी की सृजनात्मक प्रयोगशीलता ने, भारत के सामाजिक, राजनीतिक, सांस्कृतिक, आर्थिक व तकनीकमूलक विकास को बढ़ावा देने तथा कठिन सामाजिक समस्याओं के निदान के शक्तिशाली हथियार के रूप में कार्य किया है। स्पेस प्रौद्योगिकी, सेटेलाइट कम्यूनिकेशन, कम्प्यूटरीकरण, टेलीफोनिक साधन व इंटरनेट इत्यादि ने

व्यक्तियों के कम्यूनिकेशन के साधनों को अति क्रांतिकृत किया है। इसने सामाजिक-सांस्कृतिक अन्तःक्रिया व आर्थिक प्रक्रियाओं को भी क्रांतिकृत किया है (Singh : 2003)। ऐसा आकलन है कि भारत अपने ऐतिहासिक कारणों से; सापेक्षित रूप से सूचना प्रौद्योगिकी के लाभों को ग्रहण व अर्जित करने के लिये अतिशय व व्यापक रूप से तैयार है। खासतौर पर अन्य विकासशील समाजों की अपेक्षा (Singh : 2003)। भारत की सामाजिक-सांस्कृतिक बहुलता इसके प्रभावों के प्रतिरोध हेतु व्यापक व अद्वितीय लोचनीयता भी प्रदर्शित करती है (Singh : 2003)। सूचना क्रांति जन समाज के लाभों हेतु व्यवसायिक उद्यमियों की नवीन पीढ़ी, प्रसार और नवाचार प्रक्रिया की सृजनात्मकता का प्रतिबिंब है। सूचना प्रौद्योगिकी ने संपूर्ण विश्व को संकुचित संकुल के रूप में प्रस्तुत किया है व नवीन सभ्यता व संस्कृति का बीजारोपण किया है (Pandey : 2001-2003; Vijayanand and Anand Sagar : 2003)।

भारत विश्व में साटवेयर उद्योग के विकास व वृद्धि के रूप में चर्चित रहा है। पिछले दो दशकों में इस क्षेत्र में अतिशय वृद्धि अभिलक्षित हुई है। नास्काम विजन 2020 के अनुसार अगले दो दशकों में, सूचना प्रौद्योगिकी का भारत के सकल घरेलू उत्पाद (जीडीपी) में 28 प्रतिशत योगदान होगा।

सेवाओं में वैश्विक रूझान सूचना प्रौद्योगिकी आधारित वैश्विक आपूर्ति माडल की बढ़ती मांग और व्यापक स्वीकार्यता के साथ भारत एक युग में प्रवेश कर गया है। अन्तर्राष्ट्रीय बैंडविड्थ और शक्तिशाली कार्यप्रवाह प्रबंध सूचना प्रौद्योगिकी साटवेयर और सेवा क्षेत्र पहले की अपेक्षा अब अधिक आसानी से समाज व समाज के लोगों हेतु उपलब्ध है। इससे यह संभावित हो गया है कि किसी व्यवसाय प्रक्रिया को विखण्डित किया जाय। विश्व के अनेक स्थानों पर उप प्रक्रियों का निष्पादन किया जाय और पुनः जोड़ दिया जाय। वह भी कम समय में। अन्य स्थानों पर भारत ने आई.टी.सी. व बी.पी.ओ. क्षेत्र में वैश्विक स्तर पर अपनी उपस्थिति दर्ज की है।

सूचना प्रौद्योगिकी और सूचना प्रौद्योगिकी से संबंधित सेवाओं में एक साकारात्मक अभिवृद्धि वैश्विक स्तर पर व नवीन उद्भूत बाजारों में दिख रही है और ग्राहकों तथा सेवा प्रदाताओं के एक महत्वपूर्ण भाग के रूप में आउट सोर्सिंग जारी है।

वैश्विक आउट सोर्सिंग अब कारपोरेट बोर्ड रूम अभिकरण का प्रमुख घटक बनता जा रहा है। भारतीय सूचना समर्थित और व्यवसायिक सेवाओं (आईटीसी व बीपीओ) ने उच्चतर स्तर व लागत लाभ को जारी रखा है व कार्य के प्रति अनवरत बढ़ता लगाव ऊर्जायुक्त मूल्य प्रस्ताव को प्रदर्शित किये हुई है। यह सूचना प्रौद्योगिकी आधारित सेवा भारत में, समुद्रपारीय ग्राहकों व सेवाओं को आसानी से आकर्षित कर रही है व अन्र्तव्यवसायिक कार्यों के संचालन तथा ज्ञान आधारित समग्र उद्योग को सकारात्मक रूप में प्रदर्शित कर रहा है (IT Annual Report : 2005-06: Bhagwati : 2004; Finch : 2003; Lohr : 2004; Porter : 2004; Ramesh : 2004)।

क्रय-विक्रय के संदर्भ में अवलोकित किया जाय तो पूर्ववर्ती वर्षों की तुलना में स्पष्ट विस्थापन प्रदर्शित होता है जो अनवरत लागत की कमी तथा कुशल व वरिष्ठ प्रबंधन नियामकों का अनुपालन व अधिक राजस्व वृद्धि उन्मुखन के कारण प्राथमिक है। इस क्षेत्र में कोई भी प्रयास लगातार ग्राहकों को मिलने वाली सेवाओं, बिक्री निष्पादन पर नियंत्रण, कर्मचारी उत्पादकता, प्रस्तुत उत्पाद में विकास व सुधार तथा नवाचार, संगठन की प्रक्रिया व दक्षता तथा कुशलता सुधार पर केन्द्रित रही है। वेब सेवा, सेवा अभिमुखन संरचना जैसे नवीन प्रौद्योगिकी अनुप्रयोग से किसी भी संगठन की मूल संरचना जो जटिलता व उच्च लागत का प्रदर्शक है, में घटाव व लचीलापन लक्षित होता है व सेवाओं तथा सुविधाओं में लगातार अभिवृद्धि हुई है।

भारत में साटवेयर और सूचना प्रौद्योगिकी आधारित सेवाओं (आई.टी.सी.) के निर्यात में अनवरत बढ़ाव जारी है। पिछले कुछ वर्षों से उच्चतर व तगड़ी मांग ने भारत को एशिया-प्रशान्त क्षेत्र के तीव्रतम गति से बढ़ते सूचना प्रौद्योगिकी बाजारों में प्रस्थापित किया है। राष्ट्रीय सकल घरेलू उत्पाद में इस उद्योग का योग धीरे-धीरे बढ़ता जा रहा है।

बहुदेशीय प्रदाय क्षमताओं से ग्राहकों की उत्पन्न आवश्यकताओं के बेहतर प्रबंधन और कुछ नवीन सेवाओं के सिरे-से-सिरे तक आपूर्ति के कार्यान्वयन के लाभों को पहचानते हुए भारतीय कपंनियां हरितक्षेत्र पहलों, देश के आर-पार एम एण्ड ए स्थानीय व्यवसायिकों के साथ भागेदारी और संबंधों के एक संयोजन के माध्यम से अपनी वैश्विक सेवा आपूर्ति क्षमताओं को बढ़ा रही है। वैश्विक

साटवेयर उत्पाद दिग्गज जैसे माइक्रोसोट, ओरेकल, एसएपी इत्यादि ने भारत में अपना कार्यस्थल व विकास संयत्र स्थापित कर रही है।

भारतीय सूचना प्रौद्योगिकी समर्थित और व्यवसाय सेवा ने, भारतीय सेवाओं के स्तर को उन्नत व लागत लाभ बनाये रखा है। यह जहाँ ऊर्जा प्राप्त मूल्य को प्रदर्शित कर रहा है। वही यह अपने ग्राहकों के रूप में विदेशी कार्यों को मजबूती दे रहा है। निम्न-अंतः व्यवसाय प्रक्रिया से उच्चतर मूल्य पर विस्थापन ज्ञान आधारित प्रक्रियायें समग्र उद्योग वृद्धि पर एक सकारात्मक प्रभाव डाल रहा है। प्रदर्शित प्रक्रम गुणवत्ता और सेवा प्रदाय में विशेषज्ञता, वैश्विक सेवा प्रदाय में भारत के निरन्तर नेतृत्व का एक प्रमुख प्रेरक बल रहा है।

अनेक वैश्विक कंपनियां, अपनी अभियांत्रिकी और अनुसंधान तथा विकास सेवाओं को भारतीय तृतीय पक्ष प्रदाताओं या भारत में उनकी अभियांत्रिकी और अनुसंधान एवं विकास केप्टिव इकाइयों से करा रही है। भारतीय सूचना प्रौद्योगिकी और सूचना प्रौद्योगिकी समर्थित सेवाओं का निर्यात राजस्व (अभियांत्रिकी और अनुसंधान एवम् विकास सेवाएँ, विदेशी उत्पाद विकास और भारत में बने उत्पादन) में व्यापक वृद्धि आने वाले वर्षों में प्रक्षेपित है (IT Annual Report : 2005-06)।

सूचना सुरक्षा रैंकों में, भारत का रिकार्ड अनेक स्थानों से बेहतर है। भारत में प्राधिकारी देश में सूचना/सुरक्षा परिवेश को पुनः सुदृढ़ बनाने पर काफी बल देते है। प्रचलित विशिष्ट पहलों में शामिल सूचना प्रौद्योगिकी/अधिनियम 2000 में प्रस्तावित संशोधनों के माध्यम से कानूनी दायरे को बढ़ाना अत्यावश्यक है। यह उद्योग स्वामियों व प्रवर्तमान अभिकरणों के बीच पारस्परिक मेल-जोल बढ़ाकर, सूचना सुरक्षा मुद्दों पर अधिक जागरूकता लाकर तथा आपसी समर्थन सुविधा देकर संपादित किया जा सकता है। इस समय भारत में अधिकांश कंपनियों ने अपनी आंतरिक प्रक्रियाओं और रीतियों को अन्तर्राष्ट्रीय मानकों जैसे आईएसओ, सीएमएम सिक्ससिग्मा आदि के अनुसार बना लिया है, जिससे भारत एक साखपूर्ण सोर्सिंग गंतव्य बन गया है। भारत में कुल सूचना प्रौद्योगिकी और सूचना प्रौद्योगिकी आधारित सेवाओं और बी.पी.ओ नियोजित कार्मिकों की संख्या में लगातार वृद्धि जारी है और अप्रत्यक्ष तथा प्रेरित रोजगार के माध्यम से तीन मिलियन अतिरिक्त रोजगार अवसर पैदा करने में सहायता मिलने का अनुमान है। अप्रत्यक्ष रोजगार में दूरसंचार, विद्युत, निर्माण, सुविधा प्रबंध, सूचना प्रौद्योगिकी

परिवहन केटरिंग और अन्य सेवाओं सहित विक्रेताओं पर व्यय शामिल है। प्रेरित रोजगार खाद्य, वस्त्रों उपयोगिताओं, मनोरंजन, स्वास्थ्य और अन्य सेवाओं पर कर्मचारियों के उपभोग व्यय द्वारा नियंत्रित होता है (IT Annual Report 2005-06; Nagala : 2006; Ashok : 2006)।

साफ्टवेयर से अलग इंटरनेट भारत में सफलता व समृद्धि का एक नवीन अध्याय है। इंटरनेट प्रघटना, सूचना प्रौद्योगिकी और संचार की समामेलन क्रांति का प्रतिफल है जिसने इतिहास में अविस्मरणीय रूपावली को सृजित किया है। अरबो डालर इंटरनेट की निर्माण पर प्रतिवर्ष खर्च किया जाता है। इंटरनेट ने मानवीय जीवन को अति सरलीकृत किया है। इंटरनेट की वजह से व्यक्ति कहीं भी किसी भी समय कुछ भी क्रय-विक्रय कर सकता है। सरकार भी इलेक्ट्रानिक व्यवसाय/वाणिज्य की ओर इंटरनेट के माध्यम से अभिमुख हुई है। अध्ययनों से यह तथ्य आविर्भूत हुआ है कि इंटरनेट के द्वारा बैकिंग हस्तातंरण की सुविधा, ए.टी.एम की तुलना में 27 गुना अधिक है जबकि टेलीफोनिक हस्तांतरण की तुलना में, यह 54 गुना व एक टेलीफोन की तुलना में, 107 गुना अधिक है। यह एक सत्य तथ्य है कि वेब सेवाओं के इस नवीन युग में, रोजगार सुअवसर की प्रलब्धता में, अतिशय वृद्धि लक्षित हो दिखायी पड़ती है। अनेक संगठन, इंटरनेट के द्वारा क्रय/विक्रय करते हैं जिसमें इलेक्ट्रानिक अधिप्राप्ति/सरकारी क्रय/विक्रय का अधिक योगदान होता है। 3910 के लिये मारूति उद्योग का 80 प्रतिशत व्यवसाय वेब के माध्यम से इलेक्ट्रानिकली किया जाता है वही टेल्को जो हमेशा लाभ में रहने वाली कंपनी है अपना 2000 करोड़ का हस्तांतरणीय व्यवसाय आनलाइन करता है।

भारत इंटरनेट के संदर्भ में व्यापक स्वीकारोक्ति की ओर अभिमुख है। इंटरनेट की पहुँच हेतु लोगों में व्यापक उत्साह है। यह उत्साह देश में बहुसंख्यक मात्रा में सायबर कैफे के द्वारा पूर्ण होता है। सायबर कैफे भारत में लोगों तक इंटरनेट की पहुँच सुनिश्चित करने हेतु व्यापक भूमिका प्रस्तुत करता है। यह इंटरनेट और ई-सर्विस मार्केट से धीरे-धीरे देश नवीन इंटरनेट अर्थव्यवस्था की ओर उन्मुख हो रहा है लेकिन ब्रांडवैड से संबंधित समस्याओं के चलते आज भी भारतीय परिवेश कार्य के प्रति अनिच्छुक व उभयाभिमुख बना हुआ है (Asia-Anual Research Reports : 2006)। भारत में इंटरनेट की व्यापक पहुँच केवल नगरीय लोगों, छोटे शहरों, युवाओं

तक ही है जबकि आवश्यकता ब्रांडवैड के मूल्यों में कमी व सेवाओं में उच्चता, घरेलू स्तर पर प्राथमिकता समाज के निम्न वर्षों व व्यापक स्तर पर ग्रामीण क्षेत्रों तक की इंटरनेट सेवा उपलब्धता तथा अतिशय जागरूकता की है क्योंकि इंटरनेट से, ई-मेल, टेक्स्ट चैट, इनफारमेशन/ एजुकेशन, क्रय-विक्रय हस्तांतरण, मनोरंजन, ई-बैकिंग, इंटर-बैकिंग, आनलाइन बैकिंग, स्थान व वैयक्तियों की खोज, रोजगार की तलाश व वैवाहिक तथा डेटिंग के क्रियाकलापों को आसानी से किया जा सकता है (Mittal : 2006; Calaco : 2006)।

भारत एशिया-प्रशान्त के देशों व जापान के साथ पाँच उन सर्वोच्चकृत राष्ट्रों में सम्मिलित है जिनमें इंटरनेट प्रयोग की अधिकता में तीव्र वृद्धि लक्षित हो रही है। सरकार ने भी इलेक्ट्रानिक वाणिज्यमूलक/व्यवसायिक क्रियाकलापों में सौ प्रतिशत से प्रत्यक्ष विदेशी निवेश को अनुमोदित किया है। निम्न लागत पर कंपनियों के लिये इंटरनेट की सुविधा, नाटकीय रूप से मांग व पूर्ति की श्रृंखला का निर्माण, अनेकों राष्ट्रों में उसके ग्राहकों की सेवाओं, नवीन बाजार में प्रवेश, नवीन आय संसाधनों की सृजनशीलता व उनके व्यवसायिक संबंधों की पुनर्परिभाषा का एक अद्वितीय साधन है। जैसे-जैसे संभावित ग्राहकों की संख्या में अभिवृद्धि हो रही है उसी अनुपात में अधिकाधिक व्यापारी अपनी उपभोक्तामूलक वस्तुओं व सेवाओं को आनलाइन के माध्यम से प्रदर्शित कर रहे हैं। एक इलेक्ट्रानिक प्रतिवेदन के अनुसार 1.67 सेकेण्ड के दौरान एक नये ग्राहक का, इंटरनेट प्रयोग की विशाल सेना में प्रवेश होता है (Vittal et.al. : 2001)। इंटरनेट प्रयोगकर्ताओं की उच्चतर संख्या के साथ 20 सर्वोच्च देशों में भारत पाँचवें नंबर है (Internet world states : 2007)।

ई-गवर्नमेंट को गवर्नमेंट के कार्यों, सूचना सहभागिता और सेवाओं के वितरण (आतंरिक व बाह्यकारी स्तर पर) हेतु सुधारों की प्रक्रिया के रूप में अवलोकित किया जा सकता है। विशिष्ट रूप से ई-गवर्नमेंट का मूल उपकरण - सूचना और संप्रेषण प्रौद्योगिकी है अर्थात् इंटरनेट, वर्ल्ड वाइड वेब और मोबाइल फोन्स तथा कम्प्यूटर से सूचना व सेवायें नागरिकों को वितरित होती है जो नागरिकों के व्यवसाय व सेवाओं से संबंधित होती है। प्रथम स्तर पर सेवाओं के बारे में सूचना इंटरनेट पर/वेबसाइट पर प्रकाशित होती है। जहाँ नागरिक सेवाओं के बारे में जानकारी हासिल कर सकते हैं व बहुविध सेवाओं के आवेदन पत्र को

डाउनलोड कर सकते हैं। इसके अतिरिक्त सेवाओं के वास्तविक वितरण में सूचना व संप्रेषकीय प्रौद्योगिकी के वितरण को प्रस्तुत करता है। इसे टैक्स रिटर्न को भरने, लाइसेंस की पुनःनवीनीकरण व नवीन सूचना सेवाओं के संदर्भ में अवलोकित किया जा सकता है। अतिशय परिष्कृत एप्लीकेशन को आनलाइन पेमेंट के माध्यम से प्रक्रियागत किया जा सकता है।

विकसित देशों में ये सेवायें इंटरनेट पोटर्ल के माध्यम से 'स्वयं सेवा साधन' को अनुमोदित करता है तथा यह नागरिकों हेतु एकाकी अन्तःक्रियात्मक केन्द्र के रूप में (सेवाओं को व्यापक तथा बहुसंख्यक विभागों से सेवाओं को अधिग्रहित करने हेतु) अनुमोदित होता है। विकासशील देशों में, आनलाइन सर्विस काउंटर केवल उन्हीं सेवाओं को प्रस्तुत करते हैं जो उसी विभाग से संबंधित है। अतिशय क्रमिक रूप में विकसित प्रारूप नागरिक सेवा केन्द्र एक ऐसे स्थान पर अवस्थित होता है जो सुविधाजनक होता है तथा जहाँ नागरिक बहुतेरे विभागों तक आनलाइन सेवाओं के माध्यम से पहुँच सकते है। विभाग या निजी संचालक इन सेवाओं को संचालित करता है तथा नागरिक प्रत्यक्षतः कम्प्यूटर सेवाओं से अंतःक्रिया नहीं करता है तथा पेंमेंट का एकत्रीकरण अक्सर परंपरागत साधनों द्वारा संचालित होता है। इस तरह के सेवा केन्द्रों के अतिरिक्त नागरिक सेवा वितरण पोटर्ल तक भी पहुँच सकता है।

ई-गवर्नमेंट आज नागरिकों हेतु प्रारंभिक दशाओं व कार्य प्रणालियों से अलग एक नवीन रूप में, विविध सेवाओं के लिये उपलब्ध है। इसकी व्यापक व कठोरतम बाधा जो प्रबंधन से संबंधित है, परिवर्तन की ओर अग्रसर है। इस परिप्रेक्ष्य में विकसित देशों के साथ विकासशील देश भी सूचना की सुरक्षा व गोपनीयता से संबंधित है लेकिन विकासशील देशों में आधारभूत संरचना व स्रोत के कारण यह अभी कम महत्वपूर्ण है।

विकासशील देशों में ई-गवर्ननेंस से संबंधित हित व उद्देश्यों में अनवरत वृद्धि हो रही है क्योंकि आर्थिक उदारीकरण व वृद्धि के कारण उत्पादों की तथा सेवाओं की गुणवत्ता व वितरण प्रणाली में सुधार हुआ है व निजी क्षेत्रों द्वारा विकसित व प्रमुखतः ई-कामर्स की प्रणालियों को महत्व तथा उपयोगिता के कारण उत्पादों व सेवाओं की मांग में वृद्धि को उच्च व मध्यम वर्ग के लोगों ने प्रस्तुत किया है। यह आनलाइन के माध्यम से प्रत्यक्षतः सरकार का संपर्क है।

इंटरनेट के फैलाव से बहुतेरे विकासशील देशों में समालोचनात्मक जनसमाज की रचना हुई है जो आनलाइन सेवाओं के वितरण को प्रस्तुत करता है। बड़े और उच्च रूप से नगरीकृत देशों में, आनलाइन सेवाओं की प्रासंगिकता स्थापित हुई है जहाँ ई-गवर्नमेंट अवधारणात्मक रूप से स्थापित व प्रयोगात्मक हो चुका है वहाँ इसने सरकार की कार्यक्षमता व प्रभावशीलता पर व्यापक प्रभाव स्थापित किया है। ई-गवर्नमेंट से सेवाओं की गुणवत्ता, पारदर्शिता व भ्रष्टाचार पर एक सकारात्मक प्रभाव पड़ा है जिसका कारण राज्य व देशों के मध्य आनलाइन के माध्यम से प्रतिस्पर्धा आविर्भूत हुई है। यह सफलता का स्रोत है (इसे ब्राजील के इलेक्ट्रानिक वोटिंग मशीन व भारत के गुजरात में स्मार्टकार्ड पर आधारित ड्राइविंग लाइसेंस के संदर्भ में ट्रांसपोर्ट विभाग हेतु अवलोकित किया जा सकता है) (Bhatnagar : 2003D)।

भारतीय संदर्भ में, यह सत्य है कि सूचना प्रौद्योगिकी उद्योग की परिपक्वता, भारत को सर्वोच्च महाशक्ति के रूप में निर्मित करने की संघीय सरकार की वचनबद्धता/प्रतिबद्धता, साइबर कानूनी नियामकों की स्थापना व टेलीकाम तथा नेटवर्किंग आधार संरचना का बढ़ता प्रभाव ई-गवर्नमेंट के रूप में इसको एक नवीन दिशा देता है (www.it-taskforce.nic.in)। कुछ राज्य सरकार जैसे - आंध्र प्रदेश, कर्नाटक, केरल और गुजरात के विशिष्ट सेवाओं को, व्यापक जनसंख्या के संदर्भ में अवलोकित कर सकते है। केन्द्रीय सरकारों में, कस्टम व इक्साइज विभाग इस क्षेत्र में आगे है। इसके अतिरिक्त अन्य विभागों में सूचनाओं को वेबसाइट पर प्रकाशित किया गया है लेकिन यह अच्छी तरह न ही प्रारूपित है और न ही अद्यतन। नगरीय क्षेत्रों में इंटरनेट की पहुँच व्यापक होती जा रही है जो नागरिकों व व्यवसायों/वाणिज्यों हेतु सूचना सेवाओं के वितरण पर केन्द्रित है। भारत विकासशील देशों में ई-गवर्नमेंट के क्षेत्र में अग्रणी है जो ग्रामीण व नगरीय सेवाओं का वितरण करता है व व्यवसायों तथा वाणिज्यों से टैक्स एकत्रीकरण को प्रस्तुत करता है। इसके अन्तर्गत वेबसाइट पारदर्शिता को अनुमोदित करती है तथा भ्रष्टाचार को कम करती है। भारत में इसे ई-प्रक्युअरमेंट, टैक्स एकत्रीकरण, लाइसेंस प्रसंस्करण, लाइसेंस आवेदन, बजट खर्च/व्यय सूचना व विभागों के मध्य सूचना वितरण के रूप में अवलोकित किया जा सकता है। इस प्रकार सूचना व संप्रेषकीय प्रौद्योगिकी से संचालित ई-गवर्नमेंट नागरिकों को उच्चतर सुविधायें (कारोबार व व्यवसाय के

संदर्भ में) व सेवा व अतिशय अंतक्रियात्मक प्रवृत्ति को गवर्नमेंट के साथ विकसित करता है। सरकार के कार्यों में बढ़ती पारदर्शिता के साथ, भ्रष्टाचार के स्तर को कम करता है तथा आय के एकत्रीकरण व अर्थ के सग्रहणीकरण में योगदान देता है। यह भारतीय ग्रामीण समुदाय को सशक्त भी करता है। इसका अवलोकन आंध्र प्रदेश के कम्प्यूटराइज्ड लैंड रजिस्ट्रेशन व गुजरात के दस इंटर स्टेट चेकपोस्ट के कम्प्यूटरीकरण से प्राप्त परिणामों के संदर्भ में कर सकते है (Bhatnagar : 2000a; Bhatnagar and Madon : 2000b)।

इसके अतिरिक्त बहुत से देशों में गरीब लोग गवर्नमेंट के क्रियाकलापों से अलग रहते हैं क्योंकि इन लोगों का सरकार व स्वयं के मध्य अति कम अंतःक्रिया विद्यमान होती है। इस संदर्भ में परिक्षणों को भारत के दो राज्यों में अवलोकित किया जा सकता है जहाँ इंटरनेट का प्रयोग समुदाय के साथ विकास योजना की सहभागिता को तथा भविष्य में ई-डेमोक्रेसी के सशक्त आधार के निर्माण को प्रस्तुत करता है। उदाहरण के लिये मध्य प्रदेश में ज्ञानदुत परियोजना निजीगत रूप से संचालित सार्वजनिक केन्द्रों के द्वारा नागरिकों को सुविधायें उपलब्ध करवाता है जहाँ नागरिक शिकायतों को प्रस्तुत कर सकता है; सूचनाओं की जानकारी ले सकता है व कृषि संबंधित सेवाओं से सूचनायुक्त हो सकता है या कुछ सरकारी सेवाओं के लिये आवेदन कर सकता है। अति कम 10 रूपये के कारोबार व व्यवसायिक हस्तांतरण पर बहुसंख्यक लोगों ने इन सेवाओं का प्रयोग किया है जबकि गुजरात के पंचमहल जिले के परीक्षण हेतु जिला प्रशासन ने एक पोटर्ल का सृजन किया है जिसमें ग्रामीण नीतियों से संबंधित डाटा को प्रस्तुत किया है जो गरीब ग्रामीणों के लिये लाभदायक हो सकता है। इसने विभागों से संबंधित कार्य निष्पादन के डाटा को भी प्रस्तुत किया है। यह फार्मों व विभागीय परियोजनाओं, परमिटों को आसानी से डाउनलोड किया जा सकता है। दोनों ऊपर के प्रयोग नागरिकों को, सूचनाओं की उपलब्धता व पहुँच के माध्यम को सशक्तिकृत करता है। ई-गवर्नमेंट के द्वारा निर्धनता व गरीबी का शमन निःसन्देह कठिन कार्य है लेकिन टेलीकाम संरचना के अनवरत विकास व सुधार (ग्रामीण क्षेत्रों में) व नेटवर्क तक ग्रामीणों के व्यापक पहुँच से इसे दूर किया जा सकता है। यह कार्य ग्रामीण नागरिकों को उत्पादन क्रय-विक्रय, दूरस्थ बाजार की तत्कालिक स्थिति बाजारभाव व सरकारी/निजीगत सेवाओं व कार्यअवधि

की संज्ञानता, जन्म-मृत्युदर तथा नवीन नीतियों व परियोजनाओं की जागरूकता तथा प्रवाहशील सूचना प्राप्ति से लिया जा सकता है (Bhatnagar : 2003a : 2003b : 2003c : 2003d; Arunachalam : 2004)। सूचना प्रौद्योगिकी सूचना के प्रवाह द्वारा लोगों को उत्पादक मानवीय पूंजी के रूप में रूपान्तरित करता है तथा उच्चीकृत रूप से प्रतिस्पर्धात्मक अर्थतंत्र हेतु सूचना एवं ज्ञान आधारित व्यवस्था का निर्माण करता है। सूचना प्रौद्योगिकी नवीन तरीकों, नवीन निराकरणों व नवीन विचारों का निर्माण करता है तथा लोगों हेतु उच्च गुणवत्ता सेवाओं को प्रस्तुत करता है। यह गरीबी शमन के संदर्भ में क्षमता का निर्माण करता है तथा सामाजिक व आर्थिक सशक्तिकरण का मार्ग तैयार करता है। यह सूचना व सूचना के उपकरणों द्वारा प्रस्तुत क्रांतिकृत परिवर्तन है (Sullivan : 2006)।

इस प्रकार कुशलता, सुविधा, अभिगम्यता तथा पारदर्शिता को सुधारने के लिये सरकार व प्रशासन में सूचना व संप्रेषकीय प्रौद्योगिकी के उपकरणों का प्रयोग ई-गवर्नमेंट है। विभिन्न सूचना प्रौद्योगिकी गतिविधियां ई-गवर्नमेंट संरचना के सृजन, मिशनमोड परियोजनाओं का क्रियान्वयन, अन्य सफल ई-गवर्नमेंट परियोजनाओं का आकलन एवं प्रतिफलन ई-गवर्नमेंट के क्षेत्र में, साटवेयर अनुप्रयोगों/समाधानों का विकास, जीआईएस/जीपीएच, मानकीकरण एवं सूचना सामग्री विकास इत्यादि को शुरू किया गया है। ई-गवर्नमेंट (गवर्ननेंस) हेतु 2003 से 2007 का कार्यप्लान - ई. अधिप्राप्ति सेवाओं के लागूकरण की गति व गुणवत्ता के पर्याप्त महत्व उपर्युक्त व्यवस्था की स्वीकारोक्ति को प्रोत्साहन व समाविष्ट करने पर बल, सामान्य सेवा केन्द्र के माध्यम से सेवाओं के वितरण की प्रवृत्ति को प्रोत्साहन व अनुमोदन, निजी क्षेत्र के निवेश का भरपूर दोहन, ब्लाक स्तर पर निकनेट/स्वान के द्वारा अंतसंयोजन का विस्तार, शोध व विकास को प्रोत्साहन देता है।

2003-2007 का प्लान ई-गवर्नमेंट के सफल निष्पादन हेतु डिजिटल गैंगेटिक प्लान, इंफो थैला, डैक नेट के लक्ष्य को जारी करता है। इंफो थैला अर्थात् ई-गवर्ननेंस ढेला है जो सरकारी सूचनाओं, फार्म, स्कीम, भूमि रिकार्ड, शिक्षा, कृषि, मौसम, स्वास्थ्य, ई-मेल, फैक्स इंटरनेट, मनोरंजन व वीडियो-कांफ्रेंस तथा पी.सी. कनेक्शन (रिक्शा वाला वायरलेस टेक्नोलोजी के माध्यम से) व घर तक मोबाइल प्लेटफार्म (ताकि सूचना व संप्रेषण प्रौद्योगिकी का लाभ मिल सके) को देता है जबकि डैकनेट : भूमि रिकार्ड, पोस्टल सेवा के तहत ग्रामीण ई-मेल, एग्रो-एक्सप्लोरर

(स्थानीय भाषाओं में कृषिमूलक सूचना का प्रस्तोता है)। डिजिटल गैगेंटिक प्लान भी ई-गवर्नमेंट शासन हेतु उच्च वैंडविड्थ वायरलेस अंतर्संयोजन, वायरलेस इंटरनेट, उच्च तरंग व आवृति युक्त एंटीना के रूप में अनुमोदित है। इसके अतिरिक्त पारदर्शिता व स्पष्टता हेतु बहुल-उद्देश्यीय राष्ट्रीय आई.टी. कार्ड, बहुल आवेदन पत्र, नागरिकों हेतु एमएनआईसी की उपयोगिता भारतीय पुलिस बल का सशक्तिकरण व ई-कापूस अन्य निर्मायक तरीके है (Chandrashekhar : 2005)।

भारत सरकार का ई-गवर्नमेंट (ई-गवर्ननेंस) के संदर्भ में यह स्वप्नमूलक लक्ष्य है कि साधारण जनता को सभी सरकारी सेवायें, उसी के इलाके में आजीवन एकल बिन्दुकेन्द्र (सामान्य सेवा प्रदायगी) के माध्यम से उपलब्ध कराना तथा साधारण जनता की मूलभूत जरूरतों को प्राप्त करने के लिये ऐसी सेवाओं के लिए कम लागत पर कुशलता, पारदर्शिता एवं विश्वसनीयता का सुनिश्चय करना (IT Annual Report : 2005-06)। गवर्नमेंट द्वारा अपनाये गये मूलभूत कार्यक्रम में शासन में गुणवत्ता में सुधार को प्राथमिकता दी गई है। इसके अन्तर्गत साधारण जनता के जीवन से जुड़े क्षेत्रों में ई-गवर्नमेंट (गवर्ननेंस) को बड़े पैमाने पर बढ़ावा देने का प्रस्ताव किया गया है। एक एनईजीपी के तहत मिशन मोड परियोजनाओं को लागू किया गया है जिनका क्रियान्वयन केन्द्र, राज्य तथा स्थानीय स्तरों पर किया जायेगा ताकि एक नागरिक केन्द्रित व व्यवसाय केन्द्रित वातावरण का सृजन हो, महत्वपूर्ण मूलसंरचना की स्थापना हो, प्रमुख नीतियों का निरूपण किया जाय तथा निजी क्षेत्र के तकनीक एवं वित्तीय संसाधनों को राष्ट्रीय ई-गवर्नमेंट (गवर्ननेंस) में सारणीकृत किया जा सके।

- केन्द्र सरकार श्रेणी के अन्तर्गत मिशन मोड परियोजनाओं में आयकर, पासपोर्ट, बीजा तथा अप्रवास, एम.सी.ए. 21, बीमा, राष्ट्रीय नागरिक डेटाबेस, केन्द्रीय उत्पाद शुल्क, पेंशन, बैकिंग व ई-आफिस शामिल है।
- राज्य सरकार श्रेणी के अनतर्गत मिशन मोड परियोजनाओं में भू-अभिलेख, सड़क परिवहन, संपत्ति पंजीकरण, कृषि राजकोष, नगरपालिका, ग्राम पंचायत, वाणिज्यकर पुलिस व रोजगार कार्यालय शामिल है जबकि
- एकीकृत सेवाभोगी के अन्तर्गत मिशन मोड परियोजनाओं में ईडीआई (ई-वाणिज्य), ई-बिज, सामान्य सेवा केन्द्र, इंडिया पोर्टल, ई.जी.गेटवे, ई-न्यायालय, ई-अधिप्राप्ति को सम्मिलित किया गया है।

उपर्युक्त अभिवर्णित परियोजनाओं के पोषण के लिये एनईजीपी के अन्तर्गत क्रियान्वयन हेतु प्रमुख संघटकों को भी अभिज्ञात किया गया है। ये संघटक परस्पर अंतःसंबंधित है तथा परियोजनाओं के सफल निष्पादन में सहायता करते है। इसके अन्तर्गत महत्वपूर्ण नीतियां, महत्वपूर्ण मूल संरचना, सहायता मूल संरचना, तकनीकी सहायता, अनुसंधान एवं विकास, मानव संसाधन विकास एवं प्रशिक्षण, जागरूकता तथा आकलन और संगठन संरचनाएँ सम्मिलित हैं तथा जिन्हें समर्थक घटक श्रेणी परियोजनाओं के तहत अवलोकित किया जाता है (IT Annual Report : 2005-2006)।

अन्य महत्वपूर्ण पहल

सरकारी सेवाओं तक व्यापक पहुँच को एकीकृत करने व विस्तारित करने, सेवा के स्तर को पूर्णतः परिभाषित करने, दूरस्थ ग्रामीण क्षेत्रों व उनके द्वार तक सेवाओं की उपलब्धता, कार्यक्षमता में वृद्धि, पारदर्शिता में वृद्धि, विश्वसनीयता में सुधार, संवहनीय लागत व डिजिटल विलम्बना को कम करने हेतु अन्य महत्वपूर्ण प्रयासों को भी सम्मिलित किया गया है।

राज्य व्यापी एरिया नेटवर्क (स्वान) : सरकार ने 'स्वान' की स्थापना को पहले ही अनुमोदित किया है। ये स्वान देश के सभी राज्यों तथा संघशासित प्रदेशों में ब्लाक स्तर तक 2 मेगाविट प्रति सेकेण्ड का आंकड़ा संपर्क उपलब्ध करायेंगे। ब्लाक स्तर के नोडो में समकालीन वेतार प्रौद्योगिकी का प्रयोग करके इस संपर्क को आगे ग्राम स्तर तक ले जाने का प्रावधान होगा।

सामान्य सेवा केन्द्र (सी एस सी) : भारत अभी भी मुख्यतः एक ग्रामीण देश है जिसकी लगभग दो तिहाई जनसंख्या गांवों में रहती है। इस उद्देश्य हेतु कि सफल सेवा प्राप्त हो, ग्रामीण क्षेत्रों में व्यापक स्तर पर सामान्य सेवा केन्द्र (सी.एस.सी.) स्थापित करने का प्रस्ताव है जो न केवल अधिकांश सरकारी सेवाओं के लिए फ्रंट एड के रूप में कार्य करेंगे बल्कि ग्रामीण भारत के नागरिकों को विश्वव्यापी वेब के साथ जोड़ने सामान्य सुविधा केन्द्र सरकारी तथा निजी दोनों ही प्रकार की इलेक्ट्रानिक सेवायें ग्राम स्तर तक पहुँचायेंगे।

भारतीय भाषा प्रौद्योगिकी : सूचना प्रौद्योगिकी का लाभ भारत की सामान्य जनता तक तभी पहुँच सकता है जब अंकीयकृत सूचना सभी भाषाओं में उपलब्ध

हो। इस समय सूचना प्रौद्योगिकी की सफलता तथा लाभ अधिकांशतः बड़े शहरों क्षेत्रों, शिक्षित व्यक्तियों तथा अंग्रेजी बोलने वाले लोगों तक ही सीमित है। भारतीय भाषाओं में आई.सी.टी. का व्यापक प्रसार करने के लिये सूचना प्रौद्योगिको विभाग ने विभिन्न भारतीय भाषाओं के साधन तथा फोंट जनता को निःशुल्क रूप से उपलब्ध करने की दिशा में प्रयास किया है। इसने अप्रैल 2005 में तमिल भाषा के विभिन्न फोंट ई-मेल उपभोक्ता, प्रकाशित अक्षर पहचान साटवेयर साधन फोंट तथा हिंदी में व तेलुगु में साटवेयर साधन व फोंट को जारी किया गया है और आने वाले वर्षों में सभी भारतीय भाषाओं का साटवेयर व फोंट आम जनता हेतु उपलब्ध होगा।

इंटरनेट संवर्धन : IN इंटरनेट डोमेन नाम के प्रसार में काफी वृद्धि करने के उद्देश्य से सरकार द्वारा अक्टूबर 2004 तक नई IN इंटरनेट डोमेन नाम नीति की घोषणा की गई। इसका उद्देश्य बड़ी संख्या में IN डोमेन नामों का पंजीकरण करने के लिये एक उदार एवं बाजार उपयोगी दृष्टिकोण अपनाना है। इस नीति को पूरे देश में स्वीकार्यता मिली है। इसके लिये इंटरनेट एक्सचेंज नोड को भी स्थापित किया गया है।

रूट सर्वरों की स्थापना : सूचना प्रौद्योगिकी विभाग तथा भारत का राष्ट्रीय इंटरनेट एक्सचेंज (निक्सी) ने दिल्ली, मुम्बई तथा चैनेई में तीन मिरर इंटरनेट रूट सर्वर प्रतिष्ठापित किया है। रूट सर्वर वैश्विक इंटरनेट मूल संरचना के महत्वपूर्ण अंग होते है। देश में इन रूट सर्वरों के प्रतिष्ठापन से महंगे अन्तर्राष्ट्रीय बैड विड्थ लोड को कम करने, विदेशों में स्थित रूट सर्वरों पर हमारी निर्भरता को कम करके इंटरनेट के लचीलापन में वृद्धि करने तथा होस्ट नाम स्पष्टता को सैकड़ों मिली सेकेंड से सुधार करके दस से कम मिली सेकेंड में लाने में सहायता मिलती है।

इंटरनेट प्रौटोकाल संस्करण 6 (आई पी वी 6) : आई पी वी 6 के क्षेत्र में वैश्विक प्रवृति को ध्यान में रखते हुए सूचना प्रौद्योगिकी विभाग ने आई पी वी 6 में संचरण तथा आई पी वी 6 के कार्यान्वयन के लिये एक राष्ट्रीय रोड मैप तैयार करने का प्रयास किया गया है। इसके अन्तर्गत आई पी वी 6 संचरण के बारे में जागरूकता निर्माण कार्यक्रम अनुसंधान एवं विकास, टेस्ट वेड परियोजनायें तथा नेटवर्क प्रदाताओं द्वारा नियोजन शामिल है। भारत में आई पी वी 6 का नियोजन अर्नेट तथा सिफी नेटवर्कों में किया गया है।

सामुदायिक सूचना केन्द्र : साधारण जनता को इंटरनेट अभिगम तथा सूचना प्रौद्योगिकी समर्थित सेवाएँ उपलब्ध कराकर अंकीय विभाजन को कम करने तथा सरकार के साथ नागरिकों के संपर्क की सुविधा उपलब्ध कराने के उद्देश्य से पूर्वोत्तर जम्मू कश्मीर व अन्य राज्यों में सामुदायिक सूचना केन्द्र स्थापित किया गया है। सूचना व संप्रेषकीय प्रौद्योगिकी आधारित शिक्षा प्रदान करने के लिये अंडमान एवं निकोबार द्वीप समूहों के सरकारी विद्यालयों तथा लक्षद्वीप समूह में भी सामुदायिक सूचना केन्द्र स्थापित किया गया है।

मीडिया लैब एशिया : मीडिया लैब एशिया का उद्देश्य गरीब तथा जरूरतमंद जनसंख्या के लाभार्थ सूचना एवं संचार प्रौद्योगिकीयों के क्षेत्र में अनुसंधान एवं अभिनय संबंधी विकास करना है। मीडिया लैब एशिया जन सामान्य के लाभार्थ इन अभिनवों को लाने के लिये शैक्षिक/अनुसंधान संस्थानों, उद्योग गैर सरकारी संगठनों तथा सरकार के साथ मिलकर कार्य करती है। मीडिया लैब एशिया प्रौद्योगिकीयों को प्रयोगशाला से कार्यस्थल तक ले जाने के लिये सुविधा व सहायता देती है।

सूचना सुरक्षा : विभाग के मानकीकरण, परीक्षण तथा गुणवत्ता प्रमाणन (एसटीक्यूसी) निदेशालय ने देश में सुरक्षा प्रबंध प्रणाली प्रमाणन अवधारणा को लागू करने में अपने आप में एक अग्रणी संगठन के रूप में प्रस्थापित कर लिया है और यह इस क्षेत्र में प्रमाणन को लागू करने का पहला प्रत्यातित प्रमाणन निकाय है। दोषपूर्णता मूल्यांकन तथा प्रसार परीक्षण के माध्यम से तकनीकी सुरक्षा परीक्षाएं भी आयोजित की जाती है।

हाल ही में सामान्य मापदंड (आई एस ओ 15408) मानक पर आधारित एक सामान्य मापदंड सुरक्षा परीक्षण/मूल्यांकन सुविधा स्थापित करने का एक कार्यक्रम आरंभ किया गया है। भारत सामान्य मापदंड मान्यता व्यवस्था (सीसीआए) का एक हस्ताक्षरकर्ता बन गया है। इस परियोजना का उद्देश्य सूचना प्रौद्योगिकी उत्पादों के सुरक्षा मूल्यांकन एवं प्रमाणन के लिये सरकार तथा उद्योगों की आवश्यकताओं को पूरा करना है। भारत-अमेरिका साइबर सुरक्षा मंत्र के अन्तर्गत एसटीक्यूसी राष्ट्रीय मानक एवं प्रौद्योगिकी संस्थान (एनआईएसटी) संयुक्त राज्य अमेरिका के साथ घनिष्ठ रूप से मिलकर सुरक्षा मानकों तथा दिशा-निर्देशों का विकास करने तथा उनकी समीक्षा करने की दिशा में कार्य किया जा रहा है जो

भारतीय संगठनों को नेटवर्क अर्थव्यवस्था में व्यापार के लिये अमेरिकी सूचना सुरक्षा संबंधी आवश्यकताओं का अनुपालन करने की सुविधा प्राप्त होगी।

ई-खरीद : ई-खरीद समाधान का कार्यान्वयन राष्ट्रीय सूचना विज्ञान केन्द्र में किया जा रहा है जो अन्य सरकारी विभागों व संगठनों में भी शामिल करेगा। यह समाधान वास्तविक प्रयोक्ता के अनुरोध पर व्यवसाय प्रक्रिया की आवश्यकताओं को पहले पूरा करता है और उसके बाद मांग प्रस्तुत करने तथा टेंडर/खरीद संबंधी कार्यकलाप करने और अंततः अनुबंध/क्रयादेश देने पर समाप्त होता है। इसमें विभिन्न चरणों पर कार्य प्रवाह के अनुमोदन, व्यवसायिक प्रयोक्ताओं की सुविधा के लिये आपूर्तिकत्ाओं की उपलब्धता, बहुविध भुगतान गेटवे के साथ एकीकरण, अंकीय हस्ताक्षर एवं कूट लेखन तथा सुरक्षित लेखा परीक्षा के प्रावधान, किसी संभावित आवश्यकता के परीक्षण के प्रावधान शामिल है।

अनुसंधान एवं विकास : इलेक्ट्रानिक उपस्करों तथा प्रणालियों के लिये इलेक्ट्रो-चुम्बकीय व्यतिकरण (ई एम आई) तथा इलेक्ट्रो-चुम्बकीय संगतता के लिये चेन्नई में एक राष्ट्रीय सुविधा स्थापित की गई है जो भारत में अपने तरह की पहली तथा दक्षिण पूर्व एशिया में तीसरी सुविधा है। इन सुविधाओं से भारतीय इलेक्ट्रानिक उत्पादों की अन्तर्राष्ट्रीय बाजार को स्वीकार्यता को बढ़ावा देने में सहायता मिलेगी। इसके अतिरिक्त एक नैनो-इलेक्ट्रानिक केन्द्र स्थापना का भी अनुमोदन है।

जी आई एस तथा सुदूर संवेदन सेवाएँ : राष्ट्रीय सूचना विज्ञान केन्द्र ने अलग-अलग विषयों पर राष्ट्रीय स्तर के स्थानिक डेटाबेस का विकास करने की सुविधा उपलब्ध कराने तथा विभिन्न प्रयोक्ता समूहों के लिये स्थापित डेटा सेवाओं एवं अनुप्रयोगों की प्रदायगी के लिये निकनेट पर स्थानिक डेटा मूल संरचना का विकास किया गया है। प्रशासनिक जिला सीमा डेटाबेस तैयार किया गया है जिसने ग्रामों तक राष्ट्रीय फ्रेमवर्क डेटा विकास सफलतापूर्वक स्थापित किया है। विभिन्न सामाजिक एवं आर्थिक, भौगोलिक तथा जीआईएस के आसपास प्राकृतिक संसाधन परतों के दृष्टि से राष्ट्रीय स्थानिक डेटावेस (एन एस डी बी) में आगे वृद्धि की जा रही है तथा जी आई एस अनुप्रयोग सेवाओं की और अधिक प्रदायगी का कार्य आरंभ किया गया है (IT Annual Report : 2005-2006)।

2. सूचना प्रौद्योगिकी और स्वास्थ्य

स्वास्थ्य रक्षा के क्षेत्र में, इलेक्ट्रानिक्स की व्यापक संभावना है। स्वास्थ्य सांख्यिकी के संचालन में (ताकि जनस्वास्थ्य क्रियाकलापों का संकलन व संचालन सरलता व तीव्रगति से संपन्न किया जा सके) कम्प्यूटर तथा संचार प्रौद्योगिकी का अतिशय उपयोग है (Vittal et al. : 2001; Chandra : 2003)। यह जन स्वास्थ्य के क्षेत्र में तत्कालिक व महत्वपूर्ण अन्तर्निवेशित जानकारी व सूचना को उपर्युक्त नीति निर्माण हेतु प्रस्तुत करता है। उदाहरण के लिये एड्स, टी.बी., बर्डफ्लू जैसी खतरनाक बीमारियाँ व प्राकृतिक आपदा हेतु संचालित व सतर्क व्यवस्था के माध्यम से उचित निर्णयन व कार्यवाही में सहायता मिलती है। दूसरी तरफ अस्पताल की प्रभावशाली प्रक्रिया तथा रिकार्ड रखने की प्रक्रिया में इलेक्ट्रानिक संलग्नता मेडिकल कार्मिकों की कार्यशीलता व प्रभावशीलता को स्थापित करने का एक सशक्त दीर्घ अवधिक माध्यम हो सकता है। इसके अतिरिक्त पिछड़े ग्रामीण क्षेत्रों में डाक्टर व कार्यकर्मियों के मध्य प्रभावकारी संप्रेषण स्थापित किया जा सकता है (Vittal et al : 2001; Hindu : 2004 : 2006; Gupta and Papagari : 2004; Chandrasekhar and Ghosh : 2001)।

सूचना प्रौद्योगिकी संयुक्त रूप से राष्ट्रीय स्वास्थ्य सूचना आधार संरचना (एन एच आई आई) का निर्माण स्वास्थ्य सूचनाओं पर सरल नियंत्रण प्रस्थापित करने तथा सूचना से संबंधित विश्वसनीयता के व्यापक फैलाव हेतु कर रहा है। इस आधार संरचना के समर्थन हेतु तथा कानूनी सुरक्षित वातावरण को सृजित करने हेतु अत्यावश्यक कदम उठाये जा रहे हैं जो स्वास्थ्य सूचना की गोपनीयता व विश्वसनीयता को संरक्षित रख सके। सरकार राष्ट्रीय सीमा के अन्दर स्वास्थ्य सूचना व सेवा के अतिरिक्त ई-हेल्थ सेवा को स्व-सीमा से बाहर भी प्रसारित करने हेतु उत्सुक है। आज 'हेल्थकेयर' अतिशय नियामक युक्त होता जा रहा है। इसे विकसित के संदर्भ में (जैसे - यू.एस.ए.) अवलोकित किया जा सकता है। हेल्थकेयर से संबंधित दाता व प्रदाताओं की इच्छा अनवरत आउटसोर्सिंग की ओर अभिमुख है जो आसानी से स्वास्थ्य से संबंधित सूचनाओं की विश्वसनीयता व गोपनीयता को संरक्षित किये रहते हैं।

सूचना प्रौद्योगिकी क्रांति का इस क्षेत्र में व्यापक बढ़ाव है। इसने ई-हेल्थ को अतिशय प्रसारित किया है। भारत के पास आने वाले भविष्य में ई-हेल्थ हब

के रूप में प्रस्थापित होने की क्षमता है जो क्लिनिकल प्रोसेज आउटसोर्सिंग के माध्यम से पूर्ण होता है। क्लिनिकल प्रोसेज आउटसोर्सिंग द्वारा इलेक्ट्रिनिकली रूप से सुझावों व निराकरणों को जो हेल्थकेयर से संबंधित होता है, विकसित देशों को प्रसारित किया जाता है (Hindu : 2004)।

भारत में हेल्थकेयर की सुविधा प्रदान करने वाले संगठनों द्वारा व्यापक रूप से ई-हेल्थ के विकास को प्रोत्साहित किया जा रहा है जो साथ-साथ हेल्थकेयर पेशेवरों, हेल्थकेयर प्रशासकों, हेल्थकेयर प्रौद्योगिकविदों के नवीन बीज को उद्भूत कर रहा है क्योंकि ई-हेल्थ व इसके घटक सूचनाओं तक तात्कालिक पहुँच को सुनिश्चित करता है जो रोगी के साथ-साथ हेल्थकेयर प्रदाता के लिये भी अत्यावश्यक होता है। रोगी अपने स्वास्थ्य के संदर्भ में, सही स्वास्थ्य निर्णयन हेतु उत्तरदायित्व व कदम उठाते हैं। विश्लेषकों का आंकलन है कि 21वीं शताब्दी में इस क्षेत्र में व्यापक बदलाव अभिलक्षित होगा। यह हेल्थकेयर उपभोक्ताओं को भौगोलिक सीमा से परे, योग्यता की क्षमता बढ़ाने में मदद करेगा। यह नवीन हेल्थकेयर उपभोक्ताओं के लिये अद्वितीय व प्रभावशाली माध्यम का प्रस्तोता होगा। इसे रोगों, बीमारियों व कमजोरियों से संबंधित हस्तक्षेप, हेल्थकेयर के तरीकों व प्रकारों में अवलोकित किया जा सकता है (Kaur and Gupta : 2006; Gupta and Papagiri : 2004)।

सूचना प्रौद्योगिकी व इसके नवीन उपकरणों द्वारा टेलीमेडिसिन की अभिधारणा सशक्त व सर्वत्र प्रायोगिक हुई है। टेलीमेडिसिन एक पद्धति है जिसके द्वारा रोगी का परीक्षण, नियंत्रण व संचालन किया जाता है। इसके अन्तर्गत डाक्टर व रोगी दोनों अन्य स्थानों पर रहते है। इसमें रोगी से संबंधित किसी भी रिपोर्ट को टेक्स्ट, आवाज, इमेज या वीडियो के माध्यम से भेजा जाता है तथा संबंधित सुझाव सूचनात्मक उपकरणों द्वारा संचालित स्थान से प्रस्तुत किया जाता है जो व्यापक दूरी व असंवहनीय तथा अत्यधिक व्यय को कम करता है। एक तरह से टेलीमेडिसिन 'वर्चुअल डाक्टर' के उद्भव का आधार स्तंभ है (Sood : 2003)। टेलीमेडिसिन एक ऐसा क्षेत्र है जो दूर से रोगों के निदान व उपचार के लिये विशिष्टीकृत परामर्श करने के लिये दूरसंचार का प्रयोग करता है। आज भारत की एक विलियन से अधिक जनसंख्या प्रमुख रूप से ग्रामीण है तथा दूरस्थ अवस्थाओं में फैली हुई है। टेलीमेडिसिन सुविधा ग्रामीण तथा सुदूरवर्ती क्षेत्रों में

रोगियों की लंबी यात्रा करने की कठिनाई झेले बिना विशेषज्ञ चिकित्सकों का सामयिक व तत्कालिक परामर्श प्राप्त करने में सहायक होता है।

एक सुविधा कारक के रूप में सूचना प्रौद्योगिकी विभाग ने देश में टेलीमेडिसिन प्रौद्योगिकी के विकास प्रायोगिक योजनाओं के आरंभ तथा टेलीमेडिसिन, ई-हेल्थ, हास्पिटल प्रबंधन प्रणालियों के मानकीकरण के लिये उपाय किये है। प्रायोगिक योजनाओं में वर्तमान में उपलब्ध दूरसंचार मूल संरचना विशेषज्ञ की उपलब्धता भौगोलिक विचारणाओं इत्यादि से जुड़े मुद्दों को ध्यान में रखा जाता है। इसके अन्तर्गत बहुतेरी परियोजनाओं को पूरा किया है। इसके अन्तर्गत टेलीमेडिसिन साटवेयर प्रणालियों का विकास, कटिबंधीय रोगों के निदान एवं अनुवीक्षण के लिये टेलीमेडिसिन का विकास, विकिरण-चिकित्सा विज्ञान के लिये टेलीमेडिसिन का विकास व अनुप्रयोग, ग्रामीण जन साधारण के लिये टेली-आन्कोलोजी प्रणाली का विकास सम्मिलित है। टेलीमेडिसिन नेटवर्क लीज्ड लाइनों के अतिरिक्त इंटरनेट संयोजकता का प्रयोग करता है। इसके अतिरिक्त टेलीमेडिसिन, टेलीएजुकेशन, उच्च अस्पताल प्रबंधन, मानव संसाधन पोर्टल, टेलीमेडिसिन केन्द्र, टेलीमेडिसिन नेटवर्क का कार्य प्रभावपूर्ण है।

भारत की बहुतेरी जनसंख्या को स्वास्थ्य सुविधायें सुलभ हो तथा कम व्यय व कम समय में विशेषज्ञतायुक्त सेवायें, विश्वस्तरीय सुझावों व निदानों के साथ उपलब्ध हो इसके लिये योजना आयोग द्वारा तैयार पंचवर्षीय योजना के लिये मध्यावधि मूल्यांकन दस्तावेज में स्वास्थ्य देखभाल परिदाय के विभिन्न स्तरों पर स्वास्थ्य में सूचना प्रौद्योगिकी के प्रयोगों हेतु स्वास्थ्य एवं परिवार कल्याण मंत्रालय तथा सूचना प्रौद्योगिकी विभाग के बीच सहयोग का सुझाव दिया गया है। स्वास्थ्य एवं परिवार कल्याण मंत्रालय ने भारत में टेलीमेडिसिन के लिये एक टास्क फोर्स का गठन भी किया है जो देश में स्वास्थ्य देखभाल में प्राथमिक, अनुषंगी एवं तृतीयक स्तरों को स्वास्थ्य में आई.टी के अनुप्रयोग करने हेतु सूचना प्रौद्योगिकी विकास के सहयोग से एक राष्ट्रीय टेलीमेडिसिन नेटवर्क (एन.टी.एन.) के निर्माण हेतु अभिमुख है।

सूचना प्रौद्योगिकी का अन्य प्रौद्योगिकीयों के साथ समामेलन

ई-हेल्थ और टेलीमेडिसिन के क्षेत्र में सूचना प्रौद्योगिकी की व्यापक सार्थकता के

बाद, इसका अन्य प्रौद्योगिकी व उपकरणों के साथ समामेलन स्वास्थ्य से संबंधित परेशानियों व चिंताओं का निराकरण व सुरक्षित स्वास्थ्य आधारभूत प्रणाली का निर्माण अतिशय रूप में हो सकता है। सूचना प्रौद्योगिकी का जैव प्रौद्योगिकी के साथ समामेलन जैव-इंफोर्मेटिक्स को आविर्भूत करता है जबकि नैनो प्रौद्योगिकी सूचना प्रौद्योगिकी से समामेलित होने हेतु तैयार है। मेडिसिन, इलेक्ट्रानिक्स और मैटेरियल साइंस के बहुतेरे भागों में यह भविष्य में परिवर्तन प्रस्थापित करेगा। सूचना व संप्रेषण प्रौद्योगिकी का नैनो प्रौद्योगिकी के साथ मिलन सिलिकान इलेक्ट्रानिक्स और फोटोनिक्स के सृजन को एकीकृत करता व आविर्भूत करता है। इसके साथ ही मैटेरियल समामेलन घटित होता है। मेटेरियल समामेलन और जैव प्रौद्योगिकी एक नवीन विज्ञान, जैव विज्ञान का सृजन करती है जो रोगमुक्त, आनन्द व अतिशय बौद्धिक मानवीय आदत उच्च मानवीय क्षमताओं और दीर्घ अवधि को प्रस्तुत करता है। सूचना प्रौद्योगिकी का जैव व नैनो के साथ समामेलन नैनोरोबोट्स के विकास को जारी करता है जो रोगी के प्रभावी क्षेत्र, रोग प्रभावी क्षेत्र का निदान विशिष्ट रूप में करेगा और निदान को एक नया रूप देगा।

जैव-इनफारमेटिक्स ने शोधकर्मियों हेतु जिनोम आधारित ड्रग के खोजों व विकास को प्रभावित करने का कार्य किया है। इससे दवा निर्माताओं या कंपनियों के ऊपर कीमत को नियंत्रित या कम करने की बाध्यता आविर्भूत हुई है। जैव-इंफोर्मेटिक्स से संबंधित डाटा मेडिकल व फार्मासिस्टों के लिये एक व्यवसाय प्रारूप व मुख्य भूमिका में प्रस्तुत हुआ है। बायो-सुइट इस क्षेत्र में एक ऐसा साटवेयर पैकेज है जो कम्प्यूटेशन बायोलोजी के सभी पक्षों की आवश्यकता का प्रबंधन करता है जबकि जेनेचिप का प्रयोग जेनेटिक रोगों के अस्तित्व के खोजों हेतु किया जा सकता है (Kalam : 2006)।

3. सूचना प्रौद्योगिकी और राजनीतिक अन्तःक्रियात्मकता

सूचना प्रौद्योगिकी ने व्यक्तियों की राजनीतिक स्वतंत्रता को अतिशय स्तर पर प्रभावित किया है। इसने लोकतांत्रिक मूल्यों की संस्कृति के नये आयाम को प्रस्तुत किया है। भारत जैसे विशाल देश में, सूचना प्रौद्योगिकी ने चुनावी समर के दौरान एक्जिट पोल व लोगों के लिये तत्क्षण परिणाम प्रस्तुत करने की सुविधा ने एक अलग वातावरण का निर्माण किया है। सूचना प्रौद्योगिकी के

कारण सरकारें लोगों के प्रति जबावदेह हुई है। आज राजनीतिक मुद्दे, सकारात्मक-नकारात्मक प्रभाव, संबंधित दलगत स्थिति, मतदाता अभिलक्षण व भविष्यमूलक प्रभाव का विश्लेषण, सूचना प्रौद्योगिकी की उपलब्धता से तत्क्षण कर सकते हैं (Vittal et al : 2001)।

सूचना प्रौद्योगिकी के क्षेत्र में आनलाइन अभिव्यक्ति आनलाइन वोटिंग, ई-मशीन, ई-वोटिंग, आई-वोटिंग व आनलाइन सहभागिता समानार्थी प्रायोगिक है। लोकतांत्रिक आनलाइन इस क्षेत्र में एक महत्वपूर्ण अभिव्यक्ति है। इसके माध्यम से लोकतंत्र के नागरिक व्यापक स्तर पर तीव्र गति से सूचना तक पहुँच सकते हैं व संभावित रूप से अपनी समस्या का निदान तेजी से कर सकते हैं। सूचना प्रौद्योगिकी की व्यापक प्रवाहशीलता सरकारी व्यवस्था में अन्तर्निहित समस्याओं के निदान का एक सरल व सशक्त माध्यम है। लोकतांत्रिक सरकार के निर्माण हेतु राजनीतिक दल व उनके कार्यकर्ता तथा सदस्य अपने मुख्य संदेशों को सामाजिक परिवेश में प्रेषित करते हैं जिसके अन्तर्गत इलेक्ट्रानिक मीडिया की सशक्त भूमिका होती है। प्रसारण के उदारीकरण से जहाँ इलेक्ट्रानिक मीडिया सशक्त हुई है वहीं इसने नौजवान पीढ़ी को मुद्दों व व्यक्तित्व के आधार पर क्षण-प्रतिक्षण मत देने की भावनात्मक परिधि को प्रभावित किया है। नवीन इलेक्ट्रानिक मीडिया ने एक समालोचनात्मक जन-परिवेश निर्मित किया है। इससे एक नवीन पीढ़ी आविर्भूत हो रही है जो पूर्णतः सूचना प्रौद्योगिकी व नवीन सूचना उपकरणों का उत्पाद है। बहुविध चैनलों की स्वयं की गुणात्मक व मात्रात्मक प्रकृति (जो प्रतिदिन सार्वजनिक व राष्ट्रीय-अन्तर्राष्ट्रीय मुद्दों पर विभिन्न राजनीतिक दलों व उनके सदस्यों, विषय-विशेषज्ञों व आमजन के मध्य संवाद आविर्भूत करता है व राजनीतिक तथा सामाजिक संगठन व व्यवस्था के निर्माण हेतु नवीन रूपरेखा का प्रस्तुतिकरण करता है) ने एक अलग किस्म की तीक्ष्णता प्रस्तुत की है (Vittal et al : 2001)।

इलेक्ट्रानिक मीडिया की एक महान सेवा संसदीय कार्यवाही का व विचार संवाद का समवेत स्थिति में प्रसारण है ताकि अति दूरस्थ भी भविष्य निर्माण हेतु संलग्न राजनीतिक विचार-प्रक्रिया का आकलन कर सके। इस संदर्भ में सूचना के उपकरण राजनीतिक मिथकों को ध्वस्त करता है व खुली लोकतांत्रिक व्यवस्था को प्रोन्नत व प्रोत्साहित करता है। निष्पक्ष चुनाव परिणामों का प्रसारण व आविर्भूत तत्कालिक प्रतिक्रिया का आकलन व इस पर आविर्भूत प्रश्नों की श्रृंखला को

सामाजिक परिवेश के समक्ष प्रसारित करती है। इससे एक स्वतंत्र तथा मजबूत लोकतंत्र का निर्माण होता है। इसके अतिरिक्त डिजिटल टेक्नोलोजी में उत्तरोत्तर वृद्धि ने अंतक्रियात्मक संप्रेषण के युग को उद्भूत किया है। इसके अन्तर्गत सूचना प्रस्तोता व दर्शकों के मध्य सूचना उपकरणों के माध्यम से (फोन, मोबाइल, ई-मेल) संवाद प्रेषित होता है। भारतीय संदर्भ में हम 'चन्द्रबाबू नायडु' का अवलोकन कर सकते है जिन्होंने प्रत्येक सोमवार को जन-सामान्य से संपर्क बनाये रखने हेतु सूचना उपकरणों का प्रयोग किया। यह एक स्वस्थ व वृद्धिमूलक सहभागिता है। इंटरनेट पर राजनीतिक दलों की अपनी आनलाइन वेबसाइट व नीतियों पर संवाद प्रक्रिया एक अगली अवस्था है जो व्यापक पारदर्शिता व सहभागिता का प्रतीक है। सबसे बड़े लोकतंत्र के रूप में प्रस्थापित भारत के शासक पार्टी (बीजेपी) ने फरवरी 2004 में ई-कैपेंन को प्रस्तुत कर हमेशा के लिये अप्रत्याशित परिवर्तनों का सूत्रपात किया है तथा सूचना के नवीन उपकरणों अर्थात् - टेलीफोन, मोबाइल, टेलीविजन, इंटरनेट के माध्यम से लोगों को वोटिंग व मत अभिव्यक्ति हेतु तैयार किया है। ई-कैंपेन के दौरान लाखों लोगों तक संदेशों को प्रसारित किया गया जो मोबाइल, टेलीफोन व अन्य उपकरणों से युक्त थे (Voxpolitics : 2004; Rai : 2005)।

ई-पोलिटिक्स, सूचना व अन्य मीडिया उपकरणों का एक नया प्रसार है। इससे भारतीय लोकतंत्र व राजनीति की नवीन कार्यप्रणाली प्रारम्भ हुई है। ई-पोलिटिक्स हेतु ई-मशीन का प्रयोग भारतीय लोकतंत्र व राजनीति को क्रांतिकारी रूप से परिवर्तित होने हेतु अनुमोदित करता है। यह अवलोकित है कि मई 2004 में 380 लाख भारतीयों ने 1 लाख से अधिक ई-मशीनों से मतदान किया।

यह ई-मशीनों से वोटिंग की प्रक्रिया, विश्व स्तर पर प्रायोगिक सबसे बड़ी प्रक्रिया थी तथा जिसने सफलता का एक नवीन अध्याय लिखा क्योंकि यह पूर्व के संपन्न मतदान प्रक्रिया से बहुतेरे रूप में विभिन्न थी। दशकों पूर्व लाखों अशिक्षित लोग वैलेटकार्ड पर अंगूठे के निशान से वोटिंग करते थे लेकिन 2004 के चुनावों के दौरान उन्होंने इलेक्ट्रानिक बटन के द्वारा इस कार्य को संपन्न किया। इसने कम्प्यूटराइज्ड वोटिंग मशीन के विश्व सर्वोच्च प्रयोग को प्रस्तुत किया व सर्वत्र ई-मशीन के प्रयोग को लागू करने की प्रस्तावना निर्मित की।

इसका कारण मूलतः यह है कि इससे वोट फ्राड बूथ कैपचरिंग करने वाले लोगों, गुंडों व अवैध लोगों (जो विशिष्ट राजनीतिज्ञों के इशारे पर पोलिंग स्टेशन को नियंत्रित कर लेते थे या अधिकारियों या कार्यकार्मियों पर बाध्यता या गलत तरीके द्वारा वोटों की हेरा-फेरी को प्रस्तुत करते थे या वोटों को अपने राजनीतिक पार्टी के उम्मीदवारों के समर्थन में करते थे) से छुटकारा मिला है। इसके अतिरिक्त इसकी संवहनीयता, सरलता व तीव्रता तथा गणन में विश्वसनीयता व अन्य मानवीय समस्याओं को खत्म करने की क्षमता से युक्त ई-मशीन आने वाले भविष्य हेतु अनवरत प्रवाहशील व व्यापक रूप से अनुमोदित होने वाला उपकरण व स्रोत साबित हो सकता है (Srivastava : 2004)।

ई-पोलिटिक्स, ई-वोटिंग, आनलाइन डेमोक्रेसी नीतियों व वाद-विवाद-संवाद के नवीन राजनीतिक परिवेशों व प्रचार-प्रसार तथा मतदान प्रक्रिया में सहभागिता व मत अभिव्यक्ति के नव-स्रोतों को प्रस्तुत करता है। सूचना प्रौद्योगिकी के नवीन उपकरण - इंटरनेट, कम्प्यूटर, मोबाइल विश्वसनीयता, सुरक्षा, स्वतंत्र अभिव्यक्ति व समय तथा लागत की कमी से युक्त आसानी व आराम से विश्व व देश के किसी भी भाग से, किसी भी स्थान से, किसी भी समय विचार व मत प्रस्तुत करने की स्वतंत्रता देना है। यह भीड़भाड़ व हिंसात्मक पोलिंग स्टेशनों तथा अवैयक्तितता से अलग इंटरनेट अर्थात् वर्ल्ड वाइड वेब के माध्यम से निवास स्थान से ही क्षेत्र, राज्य राष्ट्र के शासकों को चयनित करने की अनुमति प्रदान करता है/करेगा। यह अशिक्षितों को मल्टीमीडिया से संबंधित पसर्नल कम्प्यूटरों के माध्यम से बहुतेरे स्तर पर पसन्दों को निर्धारित करने की अनुमति प्रदान करता है तथा अशिक्षित व्यक्ति सरल तरीके से अपना वोट डाल सकता है। भारतीय संदर्भ में यह और अधिक महत्वपूर्ण होता है जहाँ हर 2 साल बाद व्यक्तियों पर चुनाव थोपा जाता है (यह राजनीतिक झंझावतों व उठा-पटक तथा नीतिगत भ्रंसता के कारण होता है)। चुनावों के अनवरत आगमन व पड़ते व्यापक आर्थिक बोझ से आई-वोट आनलाइन वोट व ई-वोट भविष्य में एक यथार्थ के रूप में निर्मित होता दिखाई दे रहा है (Alexander : 2000) और यही ई-पोलिटिक्स समय की मांग व आवश्यकता है (Deccan Herald : 2006; Rai : 2005)।

4. ई-पुलिस व ई-सुरक्षा : एक नवीन प्रारूप

पिछले दो दशकों से सूचना प्रौद्योगिकी के महत्वपूर्ण योगदान को पुलिस व सुरक्षा से संबंधित तरीकों व क्रियाकलापों में अवलोकित कर सकते हैं। यह जहाँ सूचनाओं के वितरण व रूपान्तर हेतु सूचना व संप्रेषण प्रौद्योगिकी का प्रयोग करता है वहीं यह सामान्य प्रशासन तथा कार्यक्षमता में वृद्धि व पारदर्शिता व बाधाओं के निस्तारण हेतु सूचना प्रौद्योगिकी का प्रयोग कर रहा है क्योंकि विश्व के साथ वृद्धिगत तीव्र संबंध व कार्य संरचना की जटिलता तथा पुरातन सोच को नवीन समाज प्रणाली में अनुपर्युक्त अवलोकित कर, पुलिस को नयी संरचना व कार्यप्रणाली के रूप में प्रस्तुत करने का कार्य व्यापक रूप से सूचना प्रौद्योगिकी व उसके उपकरणों द्वारा ही संभावित हो सकता है। तहसील व जिला स्तर पर पुलिस कार्यालय को सूचना प्रौद्योगिकी के उपकरणों से युक्त करने का प्रयास हो रहा है वही कार्यों में स्पष्टता, तीव्रता, सरलता व विश्वसनीयता हेतु अत्याधुनिक सूचना व सूचना के उपकरणों तथा इलेक्ट्रानिक युक्तियों का प्रयोग हो रहा है। भारतीय पुलिस के आधुनिकीकरण तथा तत्कालिक घटनाओं पर त्वरित नियंत्रण व सफल कार्य निष्पादन हेतु सूचना प्रौद्योगिकी के प्रयोग को अधिकारिक व सरकारी स्तर पर मान्यता व बढ़ावा दिया जा रहा है। इस संदर्भ में एन.सी.आर. बी.ने बहुसंख्यक मात्रा में सर्वर आधारित कम्प्यूटर प्रणाली को, प्रत्येक डी.सी. आर.बी. और एस.सी.आर.बी. स्तर पर संपूर्ण देश में स्थापित किया है। यह एम.एच.ए. की आधुनिककृत परियोजना है जो 'क्राइम क्रिमीनल इनफारमेशन सिस्टम' (सी.सी.आई.एस.) के रूप में अनुमोदित है। यह राष्ट्र स्तरीय अपराध, अपराधी तथा प्रोपर्टी के अपराध में संलग्न या संबंधित डेटा को राष्ट्रीय स्तर पर उपलब्ध करायेगा (Awasthi : 2006)।

एन.सी.आर.बी. ने आटोमेटेड फिंगर प्रिंट आइडेंटीफिकेशन सिस्टम (ए.एफ. आई.एस.) को भी प्रस्तुत किया है जो केवल विश्व के गिने-चुने भागों में है। डिजिटाइज्ड फिंगर प्रिंट डेटाबेस यहाँ निर्माणाधीन है। आने वाले कुछेक वर्षों में, क्राइम क्रिमिनल इनफारमेशन सिस्टम का आटोमेटेड फिंगर प्रिंट आइडेंटीफिकेशन सिस्टम के साथ एकीकरण भारत में नेटवर्कड कम्प्यूटर सिस्टम के एक अतिशय उच्च रूप को प्रस्तुत करेगा तथा जो क्रिमिनल जस्टिस सिस्टम हेतु काफी प्रभावकारी होगा (Awasthi : 2006)। इसके पीछे निहित उद्देश्य क्राइम रोकथाम में सुधार, आंतरिक कार्यक्षमता में सुधार तथा जनसमाज तक सेवा वितरण में सुधार है।

भारतीय पुलिस के बहुल स्तरीय पेशेवर आवश्यकताओं हेतु साटवेयर का विकास प्रयोग विशेषीकरण का दूसरा क्षेत्र है। सी.सी.आई.एस. की तरह, एन. सी.आर.बी. संपत्ति समन्वयन और विशेष रेखाचित्र निर्माण प्रणाली को प्रत्येक राज्य में संचालित कर रहा है। क्राइम क्रिमिनल इनफारमेशन सिस्टम को बहुल भाषाओं से युक्त किया जा रहा है ताकि क्षेत्र के अनुसार आवश्यकताओं को संचालित किया जा सके। इसके अतिरिक्त सूचनाओं को वेब आधारित किया जा रहा है ताकि कहीं भी किसी भी समय इंटरनेट के द्वारा देश के किसी भी क्षेत्र से सूचनाओं को संग्रहित किया जा सके (Awasthi : 2006)।

आने वाले वर्षों में सूचना प्रौद्योगिकी के बढ़ते प्रभाव तथा स्वीकारोक्ति को, आसानी से पुलिस व सुरक्षा के संदर्भ में अवलोकित किया जा सकता है। पुलिस एफ.आई.आर. को लिखने हेतु डिजिटल व सूचनात्मक उपकरण का सहारा लेगी। न्यायिक प्रक्रिया के सुधार व सरल जनसेवा हेतु सरकार हाईटेक परियोजनाओं को लागू कर रही है। डिजिटल पेन, न्यायालय प्रक्रिया का टेम्परप्रुफ रिकार्डिंग, जी.पी.आर.एस. और वाई फाई इनऐबल्ड क्राइम सीन रिकार्डिंग सिस्टम और ब्रेन फिंगर प्रिंट प्रोफाइल जल्द ही प्रचलन में होगा।

डिजिटल पेन और पेपर का प्रयोग, सूचनाओं के संकलन हेतु पुलिस स्टेशन पर होगा जो सूचनाओं के सही व उपर्युक्त रूप को प्रस्तुत करेगा। इससे सूचनाओं को आसानी से पुनःप्राप्त, संचालित व वरिष्ठ अधिकारियों तक त्वरित रूप से भेजा जा सकता है। इसके अतिरिक्त पोर्टेबल क्राइम सीन रिकार्डिंग सिस्टम सर्वर क्लाइंटवेस्ड एप्लीकेशन, कोर्टरूम जेल साक्ष्यरूप, एफ एस एल और पुलिस स्टेशन के मध्य विडियो कांफ्रेंसिंग, (जो एक एकीकृत उपकरणात्मक व्यवस्था - माइक्रोफोनूस, डिजिटल कैमरा, स्वीच्स, कांफ्रेंसिंग उपकरण और डेटा एक्वीजन सिस्टम की स्थापना) तथा ब्रेनफिंगर प्रिंट के लिये एस एण्ड टी का उपयोग, पुलिस व सुरक्षा में क्रांतिकारी रूपान्तरणों व सफल प्रस्ताओं का प्रस्तोता होगा। पुलिस व सुरक्षा का भविष्य में केन्द्रण - सूचना प्रौद्योगिकी, डी.एन.ए. फिंगर प्रिंट और साक्ष्य, कम्प्यूटर फोरेसिंक मैथड और सायबर फोरेंसिक है (Pandey : 2006)। देश, राष्ट्र के विरूद्ध क्राइम से सामना करने हेतु सूचना और संप्रेषकीय प्रौद्योगिकी (आइसीटी) के दो संभावित व उद्भूत प्रयोगों का अवलोकन कर

सकते हैं (Kalam : 2005)। ओपन सोर्स इंटेलीजेंस तथा सोशल नेटवर्क सूचना की क्रांति का एक प्रमुख रूप वर्ल्ड वाइड वेब का आविष्कार है। यह लोगों कारपोरेटों और राष्ट्रों के सूचना के व्यापक प्रवाह को जारी करता है। प्रारंभिक दिनों में, इंटेलीजेंस सूचना फिल्ड आफिसर्स द्वारा एकत्रित होता था लेकिन आज डेटा का इंटेलीजेंट माइनिंग समाचार पत्र, वेबसाइट व अन्य कारकों से आता है जो संभावित समूह उनके अभिधारणा और उनके अन्तर्संयोजन के बारे में प्रचुर सूचना दे सकता है। इंटरनेट का नियमित संचालन लोगों को या सुरक्षा विश्लेषकों को आतंकवादी समूह और उनके समर्थन के पूर्व सूचनात्मक क्रियाकलापों के संकेतों को प्रस्तुत कर सकता है (Kalam : 2005)। 'गुगुल अर्थ' के द्वारा अर्थ अवलोकन का व्यापक स्तर पर स्वतंत्र चित्र अवलोकन कर सकते हैं। यह इंटरनेट पर बहुतेरे साइटों द्वारा प्रस्तुत होता है उदाहरण के लिये गुगुल अर्थ डब्ल्यू.डब्ल्यू.डब्ल्यू. फैस ओ.आर.जी. इत्यादि द्वारा इसका खतरनाक पहलू यह है कि यह भारत के कुछ अति महत्वपूर्ण व अतिसंवेदनशील स्थानों का चित्रण करता है जो राष्ट्र की सुरक्षा व गंभीरता के लिये खतरा तथा संकट का प्रतीक है। विकासशील देश जो शुरू से इन आसन्न संकटों/खतरों का सामना कर रहे हैं इस प्रकार के स्थान अवलोकन के प्रति उच्च प्रतिबद्धता को प्रस्तुत करना होगा। क्योंकि गहन आकलन यह प्रदर्शित करता है कि कुछ देशों में विशिष्ट कानूनी नियम (जो स्थानिक अवलोकन से संबंधित है) और यू.एन. अनुमोदन (स्थानिक अवलोकन व प्रदर्शन के प्रति) अपर्याप्त तथा संक्षिप्त है। जरूरत इस पर विचार व चिंतन तथा संभावित खोज की है।

'सोशल नेटवर्क' दूसरा आविर्भूत प्रयोग है। सोशल नेटवर्क विभिन्न सामाजिक इकाइयों का जुड़ाव है। इसके अन्तर्गत प्रत्येक व्यक्ति एक दूसरे से अर्न्संबंधित होता है। यह एक ऐसी संरचना का प्रतीक है जहाँ प्रत्येक एक-दूसरे को संपर्क कर सकता है। इसे कम्यूनिकेशन वर्ल्ड के रूप में अवलोकित किया जा सकता है। सोशल नेटवर्क इसके केन्द्र में है। डेटा माईनिंग और नेटवर्क मानिटरिंग प्रौद्योगिकी की वृद्धि ज्यादा है जो लाखों ई-मेलों और टेलीफोनों को प्रत्येक दिन उद्भूत करता है। इसे प्रत्येक समय बंधित, विश्लेषित और निष्कर्ष के रूप में प्रस्तुत किया जा सकता है तथा सोशल नेटवर्क को संरक्षित व सफल बनाया जा सकता है (Kalam : 2005)।

इसके अतिरिक्त यह सत्य है कि बहुतेरे भारतीय 2020 तक अपने व्यवसायिक/वाणिज्यिक/आर्थिक क्रियाकलाप डिजिटल वर्ल्ड और वर्ल्ड वाइड वेब के माध्यम से करेंगे, जहाँ वर्तमान की अपेक्षा क्राइम, कानून और न्याय का रूप अलग होगा। तथा 21वीं शताब्दी में धन का सृजन सीमाहीन विश्व में नेटवर्कों के द्वारा इलेक्ट्रानिक फार्म में सूचनाओं के रूप व प्रवाह पर आधारित होगा। इस हेतु भारतीय पुलिस को अपनी गतिविधियों, कार्य के तरीकों व कानूनी रूपों में देश की विरूद्ध घटित क्राइम का सामना करने की क्षमता हो। यह अन्य राष्ट्रों के संदर्भ में सत्यापित हो सकता है। पुलिस समुदाय को 'डिजिटल अर्थतंत्र' से संबंधित अपराध हेतु रोकथाम के लिये प्रगृतिकामी और नवाचारी खोजी प्रणाली का सूत्रीकरण करना चाहिये जो कि विकसित राष्ट्र के मुख्य घटकों का एक रूप होगा (Kalam : 2007)। पुलिस व सुरक्षा हेतु एक पुलिस ई-गवर्ननैस ग्रिड, पुलिस काल सेंटर, आनलाइन ट्रैफिक, अद्यतन प्रौद्योगिकियों एवं उसमें प्रशिक्षण (सूचना व सूचना के उपकरण), पेशेवरीकरण और आधुनिककरण की पूर्णता से युक्त होना चाहिये (Kalam : 2007)।

5. सूचना प्रौद्योगिकी तथा बैकिंग प्रणाली : उच्चतर वृद्धि की ओर अग्रसर

वित्तीय सेवा की संपूर्ण आधार संरचना आने वाले भविष्य में पूर्णतः सूचना प्रौद्योगिकी व इसके नवीन उपकरणों पर आधारित होगी। यह सत्य है कि बैकिंग व अन्य वित्तीय संस्थायें कम्प्यूटरीकरण की प्रक्रिया को बढ़ावा दे रही है लेकिन यह अभी भी रेलवे आरक्षण व्यवस्था की तरह सफलीभूत नहीं है। इस क्षेत्र में नित नवीन प्रयोग ए.टी.म (प्लास्टिक काडी) इंटरनेट आनलाइन बैकिंग, मोबाइल बैकिंग, प्लास्टिक बैकिंग के माध्यम से किये जा रहे हैं लेकिन इसकी पहुँच बड़े व छोटे शहरों तक ही सीमित है। एक आकलन के अनुसार आने वाले वर्षों में आनलाइन बैकिंग का कार्य करने वाले इंटरनेट प्रयोगी भारतीयों की संख्या में तीव्र रूप से वृद्धि लक्षित हो रही है (इसके अन्तर्गत इंटरनेट व मोबाइल बैकिंग दोनों सम्मिलित है) (Daily-reckoning : 2007)।

आनलाइन बैकिंग/साइबर बैकिंग के तहत चेकिंग, स्टेटमेंट्स वितरण, पेयिंग बिल, ट्रांसफरिंग फंड आईरिंग चेक्स, सेटिंग अप डायरेक्ट डिपाजिट आथराइजेशन, मेकिंग स्टापपेमेंट के अतिरिक्त यह इंटरएक्टिव सर्विसेज जैसे - अप्लाइंगकार

क्रेडिटकार्ड, डेबिट कार्ड, आटो एण्ड पर्सनल लोनूस इत्यादि का भी प्रस्तोता है। यह आनलाइन बैकिंग फ्री होता है व धन के हस्तांतरण को स्वयं के एकाउंट या किसी तीसरी पार्टी के एकाउंट से हस्तांतरण की अनुमति देता है। यह आनलाइन एकाउंट्स स्टेटस का परीक्षण, चेक के लिये अनुग्रह पेमेंट को रोकने, एक ही एकाउंट से स्वतंत्र निवेश की अनुमति क्रेडिट कार्ड, लोन या चेक के लिये आवेदन को आनलाइन से स्वीकृत करता है। क्रेडिट कार्य प्रयोग क्रेडिट कार्ड बिल को आनलाइन पे कर सकते हैं और कार्ड के आधार पर लोन प्राप्त कर सकते हैं। अतिरिक्त कार्ड के लिये भी आवेदन आनलाइन कर सकते हैं या रिक्वेस्ट कर सकते हैं और खोये कार्ड हेतु आनलाइन रिपोर्ट कर सकते है। कुछ बैंक आनलाइन बैकिंग के माध्यम से म्यूच्यूअल फंड को प्रत्यक्षतः खरीदने की सुविधा देते हैं। इस इंटरनेट बैकिंग के माध्यम से आनलाइन होटल बुकिंग, रेलवे व एयर टिकटों के क्रय-विक्रय में व्यापक बढ़ोत्तरी हो रही है। इसके पीछे मूल निहितार्थ यह है कि इंटरनेट बैकिंग, आनलाइन बैकिंग, ई-बैकिंग या साइबर बैकिंग अतिशय सुविधायुक्त होता है। इससे समय व लागत में कमी तथा भीड़ व आसन्न खतरों से छुटकारा मिलता है तथा बिना बाधा व कष्ट के उपलब्ध होता है (Business Standard : 2007; Chandra : 2003; Daily-reckoning : 2007)। हालांकि इस क्षेत्र में अभी संपूर्णता नहीं आ पाई है अतः जरूरत सूचना प्रौद्योगिकी के उपकरणों तक 'सर्वत्र पहुँच' की है ताकि वित्तीय लेन-देन की पारदर्शिता, गोपनीयता, संरक्षण व सरलता तथा सहजता बनी रहे (Chandra : 2003)।

6. ई-संस्कृति का निर्माण : अतीत व भविष्य का अद्भुत सम्मिश्रण

सूचना प्रौद्योगिकी, संस्कृति के क्षेत्र में, भौतिक व अभौतिक सांस्कृतिक विरासत में सहभागिता व इसके उत्तरोत्तर वृद्धि में सहयोग हेतु व्यापक संभाव्यता को प्रतिपादित करता है। सूचना प्रौद्योगिकी की सार्वभौमिक अन्तर्संयोजिता तथा सूचना सर्वोच्च राजमार्ग की परिकल्पना सांस्कृतिक उत्पादन सेवाओं की उपलब्धता, वैश्विक स्तर पर विविध सांस्कृतिक विविधता होने के बावजूद एक दूसरे को आनंदित करने की असीमित क्षमता को प्रस्तुत करता है। यह सांस्कृतिक व्यक्तित्व भारत का अन्य दूसरे सांस्कृतिक व्यक्तित्व से अन्तर्संवाद तथा कलाकृति संबंधी सृजनात्मकता को विस्तारित करता है। किसी भी समय व्यक्ति सांस्कृतिक

संग्रहालयों का अवलोकन बिना पहुँच के सूचना व संप्रेषण के उपकरणों द्वारा कर सकता है। इससे चित्रण और अन्तक्रियात्मक स्वरूप में नवीन क्षितिज का सृजन हुआ है। सूचना प्रौद्योगिकी के अन्तःक्रियात्मक टेलीविजन और मल्टीमीडिया से न केवल अव्याख्यायित परिप्रेक्ष्य मनोरंजन व निवर्चन हेतु खुला है अपितु शैक्षणिक व सांस्कृतिक कार्यक्रमों का लोकप्रियकरण हुआ है। नवीन संस्थायें जो कम्प्यूटर और सूचना के अन्य उपकरणों पर आधारित है पर्याप्त उत्पादन वितरण को प्रोत्साहित करती है तथा परिकल्पना से परे नवीन असीम संभावना व क्षमताओं को प्रतिपादित करती है।

सूचना प्रौद्योगिकी का भारत में बढ़ता वर्चस्व क्रांतिकारी परिणामों को आविर्भूत करता है। इससे भारत के बड़े शहरों तथा नगरों में एक आनलाइन संस्कृति का उद्भव हो रहा है जो सूचना व सूचना के नवीन उपकरणों से लैस होते हैं तथा शिक्षा, मनोरंजन, ज्ञान, संवाद, खोज, सहभागिता व वर्चस्व स्थापना हेतु इसका का प्रयोग करते हैं। यह पारंपरिक भारत से अलग एक आनलाइन भारत का निर्माण है जो आने वाले भविष्य में अपनी संपूर्ण व्यवस्थिति इकाइयों का आनलाइन प्रतिनिधित्व करेगा। यह जहाँ भारत की लघु परंपराओं का आनलाइन प्रदर्शन है और भारत के संदर्भ में जानने की उत्सुकता का विकास है वही यह विश्व के अन्य भागों की लोकरीतियों, परंपराओं, मूल्यों व गाथाओं का चित्र, डेटा, आवाज, इमेज के माध्यम से भारत में प्रदर्शन है। लेकिन इसके आसन्न संकटों को अलग नहीं किया जाता है (Singh : 2002)। यह पूर्व के विद्यमान सांस्कृतिक मूल्यों को विनष्ट करता है वही यह समामेलित सांस्कृतिक मूल्यों व जीवन शैली को प्रस्तुत करता है। यह सामुदायिक व्यक्तित्व, आमने-सामने की अंतःक्रिया स्थानीय लोककलाओं का क्षरण, हस्तलिखित ग्रंथों व अभ्यासों तथा अपनत्व की भावना व पारस्परिकता का अंत है वहीं यह दूसरी तरफ नवीन वैश्विक समाज का उद्भव है तथा सूचना प्रौद्योगिकी के प्रभावों का आकलन करें तो यह सकारात्मक तथा नकारात्मक दोनों तरह के प्रभावों का प्रस्तोता है ऐसा भारतीय समाजशास्त्री टी.के. ओमन का आकलन है (Kumar and Welz : 2003)।

7. सूचना प्रौद्योगिकी और ग्रामीण विकास : एक साकारात्मक अभिमुखन

सूचना का समृद्ध और सतत प्रवाह पारदर्शिता को वृद्धिगत करता है (जिसे

गवर्नमेंट संचालित करता है) तथा उपर्युक्त नियंत्रण और संभाव्यता को उन्नत करता है। भारतीय संदर्भ में अवलोकन किया जाय तो यह स्पष्ट है कि शहरों और बड़े टाउनों में, साइबर सार्वजनिक केन्द्र, तीव्र रूप से बढ़ाव की ओर अग्रसर है क्योंकि अत्यावश्यक नगरीय जनसंख्या घनत्व, आयस्तर, सांस्कृतिक दृष्टिकोण और टेलीकाम आधार संरचना, इन उद्यमतिताओं की सफलता के लिये पर्याप्त प्रतीत होता है। हार्डवेयर का गिरता लागत दर और विविध इग्लिश साटवेयर की उपलब्धता इस प्रवृत्ति की सफलता को अनुमोदित करता है। व्यवसायिक प्रतिस्पर्धा में भाग की प्रवृत्ति, समर्थनकारी विकास का एक महत्वपूर्ण तत्व हो चुका है। इसके बावजूद ग्रामीण भारत के ग्रामीण क्षेत्रों और छोटे शहरों में बहुतेरे जनांनकीय और सामाजिक-आर्थिक कारक जैसे - आयस्तर, सांस्कृतिक दृष्टिकोण भौगोलिक और सामाजिक विकेन्द्रीकरण, एक संरूपण के रूप में उपलब्ध नहीं होता है ताकि सूचना प्रौद्योगिकी आधारित सेवाओं का आसानी से पहुँच हो सके या सूचना आधारित सेवाओं तक की व्यवसायिक पहुँच का प्रसार आसानी से हो सके। पारंपरिक ग्रामीण मध्यस्थों की बाजारू शक्ति भी आंशिक नवाचारों हेतु बाधा का कार्य करता है तथा वर्नाकुलर भाषा और बहुविध मांग प्रतिमान उस तरह के साटवेयरों के आवश्यकताओं की मांग करता है जो कि विखण्डित ग्रामीण बाजार व समाज को अनुकूल बना सके। सार्वजनिक क्षेत्र द्वारा इलेक्ट्रानिक पावर का सही से वितरण न कर पाना और टेलीकम्यूनिकेशन की उपलब्धता सुनिश्चित करने में अनवरत कमी, सूचना प्रौद्योगिकी के प्रयोगों को अवरूद्ध करने का कारण है लेकिन निजीकरण और डिजिटल कम्यूनिकेशन में नवाचार ने ग्रामीण आधारित सूचना प्रौद्योगिकी की पहुँच को सुनिश्चित किया है व संपूर्ण ग्रामीण आधारित सेवाओं के वितरण का आधारस्तंभ बना है क्योंकि पूर्ववर्ती टेलीफोन अंतर्संयोजिता इंटरनेट के लिये अपर्याप्त थी व डेटा ट्रांसमिशन की क्षमता अति कम थी लेकिन बहुतेरे नवाचारों ने वैकल्पिक प्रणाली को उपलब्ध कराया जो कम लागत के साथ-साथ डेटा, इमेज, आवाज, चित्र प्रस्तुतिकरण हेतु उपर्युक्त था। उदाहरण के लिये वायरलेस इनलोकल लूप, फाइबर आप्टिक्स केबल, वार्ड-फाई का उच्च्व शक्तिशाली प्रतिरूप इत्यादि। अमेरिका में इंटरनेट में वृद्धि ने लागत को कम करने में निःसंदेह एक उच्च्व स्तरीय भूमिका प्रस्तुत की है और फाइबर आप्टिक्स तथा वायरलेस ट्रांसमिशन में नवाचारों की तीव्रता प्रदान की है

(Singh : 2004)। कुछ उदाहरणों को अवलोकित किया जाय तो यह उद्‌भूत है कि बीसैट सेटेलाइट अन्तर्संयोजन इंटरनेट की पहुँच के लिये प्रयुक्त होता है लेकिन बी-सैट यह बहुत लागत प्रभावी नहीं है। अन्तर्संयोजन की प्रमुख समस्या नियमितता से संबंधित है जो नेटवर्क और उसके रखरखाव से है।

'इलेक्ट्रिक पावर' भी अतिशय गंभीर समस्या है और इसको व्यापक रूप से भारत के संदर्भ में अवलोकित किया जा सकता है तथा बैटरी संचालित पावर का रूप एक आंशिक हल है और ऐसा आकलन है कि सोलर ऊर्जा से संचालित प्रौद्योगिकी भारत में एक प्रभावी भूमिका का प्रस्तोता होगा क्योंकि यह अच्छी तरह से चिन्हित समस्या है कि 'पावर की समस्या' क्षमता, मांग और ट्रांसमिशन की गुणवत्ता व गरीबों तक वितरण के क्षेत्र में प्रमुख चिन्हित समस्याओं में एक है (Singh : 2004)।

डेस्कटाप कम्प्यूटिंग के घटकों का स्तरीकरण तीव्र प्रौद्योगिकी सुधार, उत्पादन का गिरता लागत तथा आयातित हार्डवेयरों के टैरिफ में परिवर्तन से, मूल्यों में कमी, इसके अनवरत पूर्ति का कारण है। आज यह संभव है कि भविष्य में, संपूर्ण उपकरणों से युक्त ग्रामीण कम्प्यूटर-इंटरनेट सार्वजनिक गृह को कम लागत में आसानी से स्थापित करते हैं। इस हेतु कम्प्यूटर के साटवेयर व हार्डवेयर उपकरणों के संदर्भ में व्याप्त प्रतिस्पर्धा, लागत की कमी का कारण है तथा स्थानीय भाषाओं में साटवेयरों की सुनिश्चित उपलब्धता इसकी व्यापक स्वीकार्यता के रूप में अनुमोदित हो रहा है।

मानवीय स्रोत प्रबंधन (एच.आर.एम.) और ग्राहक संबंध प्रबंधन (सी.आर. एम.) को विश्लेषण से अलग नहीं रखा जा सकता है। ग्रामीण सार्वजनिक ग्रहों के संचालकों का प्रशिक्षण (चाहे वो औपचारिक कंपनी के द्वारा हो या स्वतंत्र किसान संचालन के द्वारा) वितरण प्रारूप का प्रमुख पक्ष होता है। बहुतेरे स्तरों पर क्षेत्र वैयक्तिकों का प्रशिक्षण भी काफी समालोचनात्मक है। प्रयोग प्रतिमान (प्रकृति, प्रयोग का समय इत्यादि) के सूचनाओं का एकत्रीकरण, आय स्रोत, मूल्यों के प्रति उत्तरदायित्व, सामाजिक स्वीकार्यता, ग्रामीण भारत में स्तरीकरण के परंपरागत आधारों की समाप्ति और अन्य भी प्रमुख है जो नवीन बाजार हेतु ब्रांड के रूप में अनुमोदित होता है। अतः सफल प्रयोगीकरण के लिये अत्यावश्यक है कि इन पर समयानुकूल रणनीतिक प्रारूप निर्मित किया जाता रहे। सूचना प्रौद्योगिकी और ग्रामीण विकास

से संबंधित समालोचनात्मक अध्ययन को सूचना प्रौद्योगिकी के प्रयोग- दृष्टि.काम (ज्ञानदूत परियोजना) अक्श (फाइबर आप्टिक केबल कंपनी) एन-लॉग (आई.आई.टी. मद्रास/अशोक झुनझुनवाला) आई.टी.सी.ई.चौपाल (भारतीय निगम) ताराहाट (बुंदेलखण्ड) में अवलोकित कर सकते हैं (Singh : 2004; Bhatnagar and Schware : 2000; Singh : 2002; Kumar : 2006)।

मौलिक निष्कर्ष

सूचना प्रौद्योगिकी आधुनिक समाज में अतिशय क्षमतायुक्त साधन के रूप में अभिलक्षित है जो नवाचार व्यवस्था, उत्पाद व सम्बन्धित व्यवसाय, उद्योग, व्यापार, शिक्षा, प्रशासन, राजनीतिक व सामाजिक-सांस्कृतिक व्यवस्था पर इसका प्रभाव व्यापक रूप से स्थापित हुआ है। ऐसा आकलन है कि सूचना प्रौद्योगिकी सेवाओं व समाधानों में अनुभवी व परिष्कृत रूप से सज्जित दुकानों व कृत्रिम व्यवहारयुक्त लोगों में, भारत ने भी उच्चस्तरीय सफलता अर्जित की है। इस प्रतिस्पर्धात्मक युग में भारत भी सूचना कम्प्यूटर व संप्रेषण प्रौद्योगिकी की सेवा में, कुशल व तकनीक मूलक योग्य जनशक्ति, लागत प्रभावशीलता, विश्व स्तरीय योग्यता, उच्च विश्वसनीयता व तीव्र प्रलब्धता में अद्वितीय स्तर को हासिल किया है। अंग्रेजी बोलचाल वाले मध्यमवर्गीय जनसंख्या के एक निश्चित आकार ने वैज्ञानिक व प्रबंधकीय ज्ञान जनशक्ति का एक विशाल समूह प्रस्तुत किया है। यह विश्व स्तर पर एक बड़े समूह के रूप में आकलित हैं। इससे भारत ने एक 'वैश्विक हब' के रूप में सर्वोच्च स्तर को प्राप्त किया है। भारतीय संदर्भ में आकलन है कि सूचना, सेटेलाइट कम्यूनिकेशन, कम्प्यूटरीकरण, टेलीफोनिक पहुँच व इंटरनेट की व्यापक होती सर्व सुलभता सामाजिक-सांस्कृतिक-राजनीतिक-आर्थिक स्वरूपों को क्रांतिकृत किया है तथा अन्य विकासशील देशों की अपेक्षा सूचना क्रांति से तद्जनित प्रभावों की संग्रहणशीलता व अनुकूलता हेतु या प्रतिरोध हेतु व्यापक व अद्वितीय लोचनीयता तथा क्षमता विद्यमान है। यह भारतीय समाज में व्यवसायिक उद्यमियों व अकादमिक लोगों की नवीन पीढ़ी, प्रसार और नवाचार प्रक्रिया की सृजनात्मकता का प्रतिबिम्ब है।

सूचना प्रौद्योगिकी से ई-गवर्नमेंट की सार्थकता बढ़ी है। इसे गवर्नमेंट के कार्यों, सूचना सहभागिता और सेवाओं के वितरण हेतु सुधारों की प्रक्रिया के रूप

में अवलोकित किया जा सकता है। विशिष्ट रूप से ई-गवर्नमेंट का मूल उपकरण-सूचना व संप्रेषण प्रौद्योगिकी है अर्थात् इंटरनेट, वर्ल्ड वाइड वेब और मोबाइल फोन्स के माध्यम से सेवायें वितरित होती है। यह पारदर्शिता तीव्र कार्यक्षमता, समय व लागत में कमी तथा सुधारों का प्रतीक है। यह सुरक्षा व गोपनीयता के संरक्षण के रूप में प्रक्षेपित होता है। ई-गवर्नमेंट के द्वारा यह सामाजिक-आर्थिक सशक्तिकरण है।

भारत ई-हेल्थ को प्रासंगिक व उपयुक्त वातावरण के रूप में विकसित कर रहा है ताकि स्वास्थ्य से संबंधित रूढ़िवादी ढाँचा व कार्यगत शैली में बदलाव हो व सर्वसुलभ तथा सरल चिकित्सा सुविधायें आधारभूत स्तर तक के लोगों को प्राप्त हो। यह कम्प्यूटर, इंटरनेट, विडियो कांफ्रेसिंग तथा मोबाइल उपकरणों द्वारा संचालित है जो राष्ट्रीय आपदा व विपत्ति से तद्‌जनित स्वास्थ्य समस्या से लेकर दूर-दूरस्थ निवास करने वालों की चिकित्सा समस्या व रोगों से निदान है। यह एक तरह से वर्चुअल पेशेंट (रोगी) व वर्चुअल डाक्टर का उद्‌भव है जो आने वाले समय में वर्चुअल मोबाइल हास्पिटल तथा वर्चुअल हेल्थकेयर को प्रस्तावित करेगा। एकाकी, अनामीय, अलगावित वृद्धों की स्वास्थ्य दशाओं व उनके निदान का भी यह प्रारंभ है। सूचना प्रौद्योगिकीयों से समामेलित होने की अन्य प्रौद्योगिकीयों की योग्यता स्वास्थ्य के क्षेत्र में नवीन परिणाम का द्योतक है जिसे जैव इंफोर्मेटिक्स, सिलिकान इलेक्ट्रानिक्स और फोटोनिक्स, वायो-सुइट, जेनेचिप के रूप में अवलोकित कर सकते हैं।

सूचना प्रौद्योगिकी से भारत में वर्चुअल पोलिटिक्स का प्रादुर्भाव हुआ है। यह मतदान तथा कैपेन के संदर्भ में इंटरनेट, टेलीफोन, मीडिया के अन्य नवीन उपकरणों का प्रयोग है जो मुद्दे, प्रभाव, दलगत स्थिति व नेतृत्व अभिलक्षण का तीव्र व सफल परीक्षण कर सकता है। यह 'आनलाइन राजनीतिक परिवेश' का प्रारम्भ है जहाँ ब्लागिंग व पारदर्शितायुक्त कैपेनिंग नवीन चुनावी प्रवृत्ति तथा सफल भविष्य के निर्माण के रूप में प्रस्तुत है। सूचना प्रौद्योगिकी व इसके उपकरणों का प्रयोग राजनीतिक झंझावत उठा-पटक व नीतिगत भ्रंशता के युग अतिशय सफलीभूत हो सकता है।

आज भारत 'वर्चुअल पुलिस व पुलिस स्टेशन' के निर्माण की ओर अग्रसर है। सरकार परियोजनाओं, कार्ययोजनाओं, कृतिकबलों के गठन के द्वारा इस

कार्य को पूर्ण कर रहा है। इस संदर्भ में व्यापक स्तर पर सूचना व सूचना के उपकरणों से पुलिस व पुलिस आफिस को सुसज्जित किया जा रहा है। दिल्ली व बम्बई में इसको उदाहरण के तौर पर अवलोकित कर सकते हैं। डिजिटलपेन पेपर, न्यायालय प्रक्रिया का टेपरप्रभु रिकार्डिंग, जी.पी.आर.एस. वाई फाई इन ऐबल्ड क्राइमसीन रिकार्डिंग, ब्रेन फिंगर, प्रिंट प्रोफाइल, विडियो कांफ्रेंसिंग व कम्प्यूटर फोरेसिक मैथड का प्रयोग बढ़ाव पर हैं यह ओपनसोर्स इंटेलीजेंस व डेटा माईनिंग और नेटवर्क मानीटरिंग प्रौद्योगिकी के द्वारा भी उपर्युक्त बनाया जा रहा है ताकि आने वाला डिजिटल सामाजिक संरचना एवं संगठन में बहुतेरे नवीन व परासीमाओं से तद्जनित अपराध व सूचना विध्वंशक गतिविधियों से सामना करने की क्षमता हो।

भारत वित्तीय बैकिंग सेवा के क्षेत्र में भी सर्वोच्चता की ओर अग्रसर है। भारत का शहरी परिवेश पूर्णतः आनलाइन बैकिंग, इंटरनेट बैकिंग, ए.टी.एम., प्लास्टिक बैकिंग, मोबाइल बैकिंग व सायबर बैकिंग की ओर अभिमुख हैं यह एक तरफ जहाँ चेकिंग, स्टेटमेंट्स वितरण, पेयिंग बिल, ट्रांसफरिंग फंड, मेकिंग स्आप पेमेंट, क्रेडिट कार्ड, डेबिट कार्ड, म्यूच्युअल फंड इत्यादि सेवाओं को प्रस्तुत करता है वहीं यह पारदर्शिता, गोपनीयता, संरक्षण व सरलता तथा सहजता तथा आसन्न संकटों से मुक्त रखता है।

सूचना प्रौद्योगिकी व सूचना के नवीन मीडिया उपकरणों को संस्कृति संरक्षण के संदर्भ में भी प्रक्षेपित कर सकते है। भारत सरकार द्वारा बहुविध भाषायी साटवेयरों का निर्माण स्वनिर्मित स्थानीय संस्कृति को संरक्षित व संपोषित करता है वही यह वैश्विक मंच पर स्थानीय-सांस्कृतिक प्रवृत्तियों व ज्ञान तथा आविर्भूत योग्यता का वर्चुअल प्रस्तुतिकरण है। इस संदर्भ में पारंपरिक ज्ञान का डिटिजललाइजेशन अनवरत जारी है ताकि मौलिक सांस्कृतिक धरोहरों व अभिज्ञानों को संरक्षित व वैश्विक स्तर पर स्वर्णिम इतिहास के रूप में प्रस्तुत कर सके। यह सूचना प्रौद्योगिकी एक नवीन प्रकार के मोबाइल संस्कृति, इंटरनेट संस्कृति, वर्ल्ड वाइड वेब संस्कृति व तदजनित प्रकट/अप्रकट प्रभावों का भी द्योतक है जिसे विशिष्ट युवावर्ग, व्यवसायिक/पेशेवर्ग, अकादमिक परिवेश के लोगों तथा अतिशय स्तर पर निजी क्षेत्रों में सातत्य की अवस्था में अवलोकित किया जा सकता है जहाँ कार्यकारी जीवन का वर्चुअल यथार्थ संरचित व पुनर्संरचित होता है।

मीडिया, सूचना व सूचना के उपकरणों से संचालित वर्चुअलाइजेशन की सोद्देश्यता ग्रामीण जन समुदाय की ओर भी अभिमुख है। इसे मध्य प्रदेश, आंध्र प्रदेश, कर्नाटक, केरल, उत्तर प्रदेश की ग्रामीण कम्प्यूटरीकृत सेवाओं और पोर्टल के रूप में अवलोकित कर सकते हैं। लेकिन कम्प्यूटर प्रौद्योगिकी प्रलब्धता की अनवरत कमी, टेलीकम्यूनिकेशन तक पहुँच का अभाव व इलेक्ट्रिक पावर की अनुपलब्धता, ग्रामीण समाज के वर्चुअलाइजेशन में अवरोधक है। इन अवरोधकों का निस्तारण भारत को वर्चुअल भारत के रूप में विश्व स्तर पर प्रदर्शित कर सकता है जो सूचना व सूचना के उपकरणों की अनवरत प्रलब्धता से ही सुनिश्चित हो सकती है।

REFERENCES

Alexander, J. (2000): Casting Vote from the drowing room, Nov. 6, 2000, Chandigarh, India, www. tribuneindia.com/ 2000/ 106/ Diz. htm#1.

Arunachalam, S. (2004): Information and Communication Technologies and Poverty Alleviation, Vol. 87, No. 7, Oct. 10, 2004, www. ias. ac. in/currscil oct 10 2004/ 960. pdf.

Ashok, B. (2006): Securing the BPO Network, Thursday, December 28, 2006. http: // infotech. indiatimes. com/BPO.

Asia-Annual Reseqarch Report (2006): Telecoms, Mobile and Broadband in Asia Report 2006, India, http: // www. budde. com. au/publications/ annual/ asia/ india_summary. html.

Awasthi, S. (2006): Use of Information Technology for Modernization of Indian Policy, 10.03.2006. www// ncrb. nic. in/ dirmsg. htm.

Bhagwati, J. (2004): 'Why Your Job Isn't Moving to Banglore', New York Times, 15 February.

Bhatnagar, S. (2003): Building Knowledge Societies in India and Southeast Asia, paper developed for UNESCO, Paris, France, November, 2003.

Bhatnagar, S. (2003a): Role of Goverment: As an Enabhler, Regulator, and Provider of ICT Based Services, Asian Forum on Information and Communicaion Technology Policies and e-strategies, Kualalumpur, October 20-22, 2003.

Bhatnagar, S. (2003b): The Future of e-Government, ITP Asia, August 2003, pages 40-41.

Bhatnagar, S. (2003c): The Economic and Social Impact of E-Government, Background Technical paper, E-Government, the Citizen and the State: Debating Governance in the Information Age (World Public Sector Report for 2003: E-Government at the Crossroads), Proposed 'UNDESA' Publication, June 2003.

Bhatnagar, S. (2003d): Transparancy and Curruption: Does E-Government Help? Draft paper prepared for the compilation of ChRI2003 Report, OPEN SESAME: Looking for the right to Information in the Commonwealth, Commonwelath The4man Rights Initative, 2003.

Bhatnagar, S. and Schware, R. (2000): Information and Communication Technology in Development: Cases from India, New Delhi, Sage Publications.

Bhatnagar, S.C. (2000a): Social Implication of Information and Communication Technology in Developing Countries: Lessons From Asian Success Stories, The Electronic Journal of Information System in Developing Countries, Vol. 2000.

Bhatnagar, S.C. (2003): Access to Information Report: E-Government, Global Curruption Report 2003, Hobess, Inowlocki and Wolfe (Eds.), London, Profile Books Ltd. 2003.

Bhatnagar, S.C. (2003): E-government: Building a SMART Administration for India's States, Howes, S.L.A. and Stern, N. (eds.), State-Level Reforms in India: Towards More Effective Government, New Delhi, Macmillan India Ltd. 2003, pages 257-267.

Bhatnagar, S.C. and Madon, S. (2000b): Institutionalising decentralized Information Systems for Local Level Planning: Comparing Approaches Across two States in India: Journal of Global Information Technology Management, Vol. 3, No. 4, 2000, pages 45-49.

Business Standard (2007): Cyberbanking is More Than Virtual Reality, 8 Jan. 2007.

Calaco, B. (2006): Internet Dating In India: What Women Want. Paper presented at the Annual Meeting of the International Communication Association, Sheraton, New York City Online: pdf. 2006-10.05. www. allacademic. com/meta/P14713_index html.

Chandra, R. (2003): Infroation Technology: A Revolutionary Change, 9 Volumes, Delhi, Kalpaz Publications.

Chandrasekhar, C.P. and Ghosh, J. (2001): Information and Communication Technologies and Health in Low Income Countries: The Potential and the Constraints, Bulletin of the World Health Organization, Vol. 79, Issue 9.

Chandrashekhar, R. (2005): National e-Governance Plan-Workshop with States and Uts, 11-12 March 2005, H.S. New Delhi, www. mit.gov. in/plan/about asp.

Daily-reckonig (2007): Internet Pentration in India, 17 Jan. 2007, www. Daily-reckoning. com.

DECCAN HERALD (2006): e-politics need of the horer tuesday, August 31, 2006.

Finch, J. (2003): 'In India, it's Service with a compulsory Smile', The Guardian, The Guardian, 17 November.

Gupta, S. and Papagari, S. (2004): Information Economy and Healthy Citizenry: Role of Internet in Implementing Role of Internet in Implementing India's Health Policy, Internet Health 2004, 3(1): e4. www. internet_health. org/ in 2004 31 e04. html.

Hindu (2004): India Set to Make giant strides in e-health: Expert, The Hindu, Sunday, Feb. 01, 2004, www. hindu. com.

Hindu (2006): Global Convention on Telemedicine, e-health. The Hindu, Sunday, August 20, 2006, www. hindu. com.

Internet World Stats (2007): www. Internetworldstats. Com.

IT Annual Report (2005-06): Information Technology Annual Report: 2005-06, government of India, Ministry of Communication & Information Technology, Department of Information Technology, http:// www. mit. gov. in/ annual report 2005-06. pdf.

Kalam, A.P.J. (2005): National Development: Police A Partner, Sardar Vallabhbhai Patel Memorial Lecture at the Sardar Vallabhbhai Patel National Police a Cademy, Hyderabad, 15.10.2005, http: // president of India. nic. in/ scripts/ sllatest 1. jsp? id=615.

Kalam, A.P.J. (2006): Towards World Knowledge Plateform, 16th JNTATA LECTURE, Indian Institute of Science, Benglore, 19.02.2006, www. president of India. com.

Kalam, A.P.J. (2007): Dynamics of Police System, Address at the 150th Year of Chennai Metropolitian Police, Chennai, 05.01.2007, www. president of India. com.

Kaur, G. and Gupta, N. (2006): E-Health: A New Perspective on Global Health, Journal of Evolution & Technology 15(1) February 2006, pages 23-35.

Kumar, A. and Welz, F. (2003): Approaching Cultural Change in the Era of Globalization: An Interview with T.K. Oommen, Social Identities, Vol. 9, No. 1, 2003, Anand Kumar and Frank Welz, Professor of Sociology, J.N.U., New Delhi and Abert Ludwigs University, Freiburg.

Kumar, D. (2006): Information Technology and Social Change, Jaipur, Rawat Publication.

Lohr, S. (2004): 'Many New Causes for Old Problem of Jobs Lost Abroad', New York Times, 15 February.

Mittal, R. (2006): The Internet is a Low Cost Instrument of Social Advocacy, Oct. 30, 2006. www. hindustantimes. com/ news/ 7849_1831748, 001601090001. htm.

Pandey, P.N. (2001-2003): Globalization, Cultural Change and the Issues of Global Uniformity, Professor of Sociology and Dean, Faculty of Social Science, B.H.U., Prajna, Vol. 47-48, Part 1-2, Pages 301-308.

Pandey, V. (2006): Police Will soon get Digital Edge in Fighting Crime, Tuesday, April 18, 2006. www. dnaindia. com/ report. asp? News ID = 1024728.

Porter, E. (2004): 'The Bright Side of Sending Jobs Overseas', New York Times, 15 February.

Rai, N.K. (2005): Media, Mobile aur Internet: Sama-Sanskritik Rupantaran, Paper Presented at the XXXI All India Sociological Conference, Organized by Department of Sociology, University of Jammu, Jammu, October 25-27, 2005, RC No. 15.

Ramesh, R. (2004): 'Cheap Phone Services Come at a Price', The Guardian, 6 February.

Singh, N. (2002): Information Technology as an Engine of Broad-Based Growth in India, in the Information Economy in India, ed. Parthasarathi Banerjee and Frank-Jugen Richter, London: Palgrave/ Macmillan, Pages 24-57.

Singh, N. (2004): Information Technology and Rural Development in India, This paper is posted at the e-scholarship Repository, University of California. http: // repositories. cblib. org/ usscecon/ 563.

Singh, Y. (2002): Culture Change in India: Indentity and Globalization, Jaipur, Rawat Publication.

Singh, Y. (2003): Social Sciences and Social Revolution in India: Challenges and Responses, Convocation Address by Professor Yogendra Singh, Emeritus Professor, J.N.U., New Delhi, on the Occasion of the 3rd Convocation of Faculty of Social Sciences as part of the 84th Convocation of B.H.U., 23rd April, 2003.

Sood, S.P. (2003): Emergence of Virtual Doctor, Express Computer, March 10, 2003, www. spsood. com/ pub/ indian tellemede – merge. htm.

Srivastava, L. (2004): Social and Human Consideration for a More Mobile World; ITU/MIC Workshop On shaping the Future Mobile Information Society, Seoul, 4-5 March, International Telecommunication Union. http:// www.itu.int/Futuremobile.

Srivastava, S. (2004): A Lesson in e-democracy from India, Oct. 6, 2004. www. atimes. com/ atimes/ south_Asia/Fj06DF04. htm/.

Sullivan, K. (2006): For India's Traditional Fishermen, Chellphones deliver a sea change, Washington Post; Foreign Service, Sundey, October 15, 2006. www. washington post. com/ wp-dyn/content/article/2006/ 10/14/ AR 2006 101400342. htm.

Vijayanand, K. and Ananda Sagar, K. (2003): Information and Communication Technology: An Indian Perspective, www. gis development. net/ proceedings/ mapasia/ 2003/ papers. i4d/ i4d004. htm.

Vittal et.al. (2001): Information Technology: India's Tomorrow, New Delhi, Manas Publication.

Voxpolitics (2004): www. voxpolitics. com/ weblog/ arthives/ 000482. htm/. Sept. 30, 2004.

BIBLIOGRAPHY

Aganbegyan, A. (1988): The Economic Challenge of Perestroika, Bloomington, Indiana University Press, 10-11.

Agre, P.E. (2002): Real-Time Politics: The Internet and The Political Process, The Information Society, Volume 18, Issue 5, October, Pages 311-331.

Ahmed, K. (1998): 'Digital T.V. Leaves Poor out of Picture', The Guardian, Sturday, 31 January, 1998.

Aleksander, I. (1986): 'Information Technology and the Management of Change', Journal of Information Technology, Vol. 1, No. 1, February, pp. 7-13.

Alexander, J. (2000): Casting Vote from the drowing room, Nov. 6, 2000, Chandigarh, India, www. tribuneindia.com/ 2000/ 106/ Diz. htm#1.

Allan, S. and Zelizer, B. (2002): Journalism after September 11 (eds.); London/ New York, Routledge.

Amin, S. (1989): Eurocentrism, Zordon, Zed Books.

Anderson, C. (1995): 'The Accidental Super Highway: A Survey of the Internet', The Economist, 1 July, 1995, 9.

Appadurai, A. (1990): 'Disjunction and Difference in the Global Culture Economy' in M. Featherston (ed.) Global Culture: Nationalism, Globalisation and Modernity, London, Sage.

Aron, R. (1972): Progress and Disillusion: The Dialectics of Modern Society, Harmondsworth, Penguin.

Arunachalam, S. (2004): Information and Communication Technologies and Poverty Alleviation, Vol. 87, No. 7, Oct. 10, 2004, www. ias. ac. in/currscil oct 10 2004/ 960. pdf.

Ashok, B. (2006): Securing the BPO Network, Thursday, December 28, 2006. http: // infotech. indiatimes. com/BPO.

Asia-Annual Reseqarch Report (2006): Telecoms, Mobile and Broadband in Asia Report 2006, India, http: // www. budde. com. au/publications/ annual/ asia/ india_summary. html.

Awasthi, S. (2006): Use of Information Technology for Modernization of Indian Policy, 10.03.2006. www// ncrb. nic. in/ dirmsg. htm.

AWC (2001): 'International Calling', Andrews Worldwide Communications, www.andrews.com/click/international. htm., 10th April.

Badham, R. (1986): Theories of Industrial Society, London, Croom Helm.

Bahro, R. (1984): From Red to Green, London, Verso.

Barnes, Peter (2006): Capitalism 3.0, A guide to Reclaiming the Commons, San Francisco (http://whatiseconomy. com/ joomla/ index. php? option=com_content&task = view &id=29.

Barron, I. and Curnow, R. (1979): The Future with Microclectronics, Milton Keynes, Open University Press.

Barzilai-Nahon, K. and Barzilai G. (2005): Cultured Technology: The Internet and Religious Fundamentalism, The Information Society, Volume 21, Issue 1, 2005, Pages 25-40.

Bassanini, et.al.(2000): Knowledge, Technology and Economic Growth: Recent Evidence from OECD Countries. Paper Presented at the 150th Anniversary Conference of the National Bank of Belgium, 11-12 May, Brussels.

Baudrillard, J. (1983): Simulations. Foss, P., Patton, P. and Beitchman, P. (Trans.), New York, Semiotext (e).

Bauman, Z. (1988a): 'Is there a Postmodern Socilogy?', Theory, Culture and Society, Vol. 5, Nos. 2-3.

Bauman, Z. (1988b): 'Sociology and Postmodernity', The Sociological Review, Vol. 36, No. 4.

Bauman, Z. (1989): Modernity and the Holocaust, Cambridge, Polity Press.

Bauman, Z. (1991): Modernity and Ambivalence, Cambridge, Polity Press.

Beck, U. (1992): Risk Society: Towards a New Modernity, London, Sage.

Behar, R. (1997): 'Who's Reading Your E-mail?', Fortune, 2 Feburary, 1997, 31.

Bell, D. (1973): The coming of Post-Industrial Society: A Venture in Social Forecasting, New York, Basic Books.

Bell, D. (1976): The Cultural Contradictions of Capitalism, New York, Basic Books.

Bell, D. (1979): 'The Social Framework of the Information Society' In M.L. Dertouzos and J. Moses (eds.) The Computer Age: A Twenty Year View, London, MIT Press.

Bell, D. (1980): Sociological Journey: Essays 1960-1980, London, Heinemann.

Beniger, J. (1986): The Control Revolution: Technological and Economic Origins of the Information, Society, Cambridge, Harvard University Press.

Bernstein, D. (2003): 'Making Something out of Nothing', New York Times, 18 December, E1.

Bhabha, H. (1994): The Location of Culture, London, Routledge.

Bhagwati, J. (2004): 'Why Your Job Isn't Moving to Banglore', New York Times, 15 February.

Bhatnagar, S. (2003): Building Knowledge Societies in India and Southeast Asia, paper developed for UNESCO, Paris, France, November, 2003.

Bhatnagar, S. (2003a): Role of Goverment: As an Enabhler, Regulator, and Provider of ICT Based Services, Asian Forum on Information and Communication Technology Policies and e-strategies, Kualalumpur, October 20-22, 2003.

Bhatnagar, S. (2003b): The Future of e-Government, ITP Asia, August 2003, pages 40-41.

Bhatnagar, S. (2003c): The Economic and Social Impact of E-Government, Background Technical paper, E-Government, the Citizen and the State: Debating Governance in the Information Age (World Public Sector Report for 2003: E-Government at the Crossroads), Proposed 'UNDESA' Publication, June 2003.

Bhatnagar, S. (2003d): Transparancy and Curruption: Does E-Government Help? Draft paper prepared for the compilation of ChRI2003 Report, OPEN SESAME: Looking for the right to Information in the Commonwealth, Commonwelath The4man Rights Initative, 2003.

Bhatnagar, S. and Schware, R. (2000): Information and Communication Technology in Development: Cases from India, New Delhi, Sage Publications.

Bhatnagar, S.C. (2000a): Social Implication of Information and Communication Technology in Developing Countries: Lessons From Asian Success Stories, The Electronic Journal of Information System in Developing Countries, Vol. 2000.

Bhatnagar, S.C. (2003): Access to Information Report: E-Government, Global Curruption Report 2003, Hobess, Inowlocki and Wolfe (Eds.), London, Profile Books Ltd. 2003.

Bhatnagar, S.C. (2003): E-government: Building a SMART Administration for India's States, Howes, S.L.A. and Stern, N. (eds.), State-Level Reforms in India: Towards More Effective Government, New Delhi, Macmillan India Ltd. 2003, pages 257-267.

Bhatnagar, S.C. and Madon, S. (2000b): Institutionalising decentralized Information Systems for Local Level Planning: Comparing Approaches Across two States in India: Journal of Global Information Technology Management, Vol. 3, No. 4, 2000, pages 45-49.

Bierstedt, R. (1979): 'Sociological Thought in the Eighteenth Century', In T. Bottomore and R. Nisbet (eds.) A History of Sociological Analysis, London, Heinemann.

Blattman, et.al. (2003): Assessing the Need and Potential of Community Networking for Development in Rural India, The Information Society, Volume 19, Issue 5, November 2003, pages 349-364.

Blom, et.al. (2002): Social Contradictions in Informational Capitalism: The Case of Finnish Wage Earners and Their Labor Market Situation, The Information Society, Volume 18, Issue 5, October 2002, Pages 333-343.

Bock, K. (1979): 'Theories of Progress, Development Evolution' In T. Bottomore and R. Nisbet (eds.) A History of Sociological Analysis, London, Heinemann.

Bolter, J.D. and Grusin, R. (2000): Remediation: Understanding New Media, Cambridge, Ma.: MIT Press.

Boudrillard, J. (1991): The Gulf War did not Take Place, Sydney, Power Publications.

Boyd-Barrett, O. (1977): Mass Communications in Cross-Cultural Contexts : The Case of the Third World, Milton Keynes, Open University Press.

Boyer, R. (1987): Technical Change and the Theory of Regulation, Paris, Cepremap.

Bryson, B. (1995): Made in America: An Informal History of the English Language in the United States, New York, William, Morrow.

Burnett, R. and Marshall, P.D. (2003): Web Theory: An Introduction, London, Routledge.

Business Standard (2007): Cyberbanking is More Than Virtual Reality, 8 Jan. 2007.

Cairncross, F. (2000): The Death of Distance, London, Orion Business.

Calaco, B. (2006): Internet Dating In India: What Women Want. Paper presented at the Annual Meeting of the International Communication Association, Sheraton, New York City Online: pdf. 2006-10.05. www. allacademic. com/meta/P14713_index html.

Capecchi, V. (1989): 'The Informal Economy and the Development of Flexible Specialization in Emilia-Romagna', In A. Portres, M. Castells and L. Benton (eds.), The Informal Economy: Studies in Advanced and Less Development Countries, Baltimore, Johns Hopkins University Press.

Carnoy, M. (2000): Work, Family and Community in the Information Age, New York, Russell, Sage.

Castells, M. (1989): The Informational City: Information Technology, Economic Restructuring, and the Urban-Regional Process, Oxford, Basil Blackwell.

Castells, M. (1993): 'The Informational Economy and the New International Division of Labor', In M. Camog, M. Castells, S. Cohen and H. Condoso (eds.), The New Global Economy in the Information Age, London, Macmillan.

Castells, M. (1996): The Rise of the Network Society; The Information Age: Economy, Society and Culture, Volume I, Oxford, Blackwell.

Castells, M. (1997): The Power of Identity; The Information Age: Economy, Society and Culture, Volume II, Oxford, Blackwell.

Castells, M. (1998): End of Millennium; The Information Age: Economy, Society and Culture, Volume III, Oxford, Blackwell.

Castells, M. (2000a): Materials for an exploratory theory of the Network Society, BJS, Volumes No. 51, Issue No. 1, January/March 2000, Pages 5-24.

Castells, M. (2000b): Information Technology and Global Capitalism', In A. Giddens and W. Hutton (eds.) (2000): On the Edge, London, Jonathan Cape.

Castells, M. (2001): 'The Informational Economy', In D. Trend (ed.): Reading Digital Culture, Oxford, Blackwell.

Castells, M.; Goh, L.; Kwok, R.W.Y. (1990): Economic Development and Public Policy in Hong Kong and Singapore, London, Pion.

Castless, M. and Hall, P. (1994): Technopoles of the World: The Making of twenty-First Century Industrial Complexes, London, Routledge.

Chandra, R. (2003): Information Technology: A Revolutionary Change, 9 Volumes, Delhi, Kalpaz Publications.

Chandrasekhar, C.P. and Ghosh, J. (2001): Information and Communication Technologies and Health in Low Income Countries: The Potential and the Constraints, Bulletin of the World Health Organization, Vol. 79, Issue 9.

Chandrashekhar, R. (2005): National e-Governance Plan-Workshop with States and Uts, 11-12 March 2005, H.S. New Delhi, www. mit.gov. in/plan/about asp.

Chesher, C. (1996): 'CD-Rom's Identity Crisis', Media International Australia 81, August, 27-33.

Chohe, A. P. (1985): The Symbolic Construction of Community, Routledge, New York.

Clemens, J. and Key, J. (1996): Tends in Viewing in Cable T.V. Homes 1990-95, London, Independent Television Commission, 1996,7.

Cohen, S.S. and Zysman, J. (1987): Manufacturing Matters: The Myth of the Post-industrial Economy, New York, Basic Books.

Colaco, B. (2006): Internet Dating In India: What Women Want. Paper Presented at the Annual Meeting of the International Communication Association, Sheraton, New York City Online: p.d.f.. 2006 – 10.05. www. allacademic. com/ meta/ p 14713_index html.

Cortese, A. (1997): 'A Way out of the Web Maze', Business Week, 27 February, 1997.

Cresswell, S. (1996:1997): The Shock of Recognition, Voice International December/January, 32-36.

Croteau, D. and Hoynes, W. (1997): Media/Society: Industries, Images and Audiences, Thousand Oaks, CA: Pine Forge Press.

Cthoun, C. (1994): Social Theory and the Politics of Identity (ed.), Oxford, Blackwell.

Culf, A. (1997): 'Switch on to Two-way Television', The Guardian, 8 May, 1997, 3.

Daily-reckonig (2007): Internet Pentration in India, 17 Jan. 2007, www. Daily-reckoning. com.

David, P.A. (1999): 'Digital Technology and the Productivity Paradox: After Ten Years, What has been Learned?', Paper Presented at a US Department of Commerce Conference on Understanding the digital economy: Data, Tools and Research, 25-26 May, Washington, D.C.

De Kerckhove, D. (1997): 'Connected Intelligence', Toronto, Somerville House.

DECCAN HERALD (2006): e-politics need of the horer tuesday, August 31, 2006.

DeCerteau, M. (1984): The Practice of Everyday Life, Berkeley, University of California Press.

Denison, E. (1985): Trends in American Economic Growth 1929-1982, Washington D.C., Brooking.

Deuze, M. (2006): Participation, Remediation, Bricologe: Considering Principal Components of a Digital Culture, The Information Society, vol. 22, Issue 2, April 2006, papges 63-75.

Dugger, W.C. (2000): 'Connecting Rural India to the World', New York Times, 28 May.

Durkheim, E. (1984): The Division of Labour in Society, London, Macmillan.

Dutton, W.H. (1999): Society on the Line: Information Politics in the Digital Age, Oxford, Oxford University Press.

Eco, U. (1987): Travels in Hyperreality, London, Picador.

Effland, R. (1998): The Cultural Evolution of Civilizations (http:// www. mc. maricopa. edu/dept/d10/ asb/ anthro 2003/ glues/ model_complex. html) Mesa Community College.

Ellul, J. (1964): The Technological Society, New York, Knopf.

Farooq et.al. (2007) : Supporting Community based hearning : case study of a grographical community organization desiging its website, Behaviour and Information Technology, Volume 26, Issue 1, Journal 2007, p. 5-21.

Fejes, F. (1981): 'Media Imperialism: An Assessment', Media, Culture and Society, 3(3), 281-289.

Ferkiss, V. (1969): Technological Man: Myth and Reality, London, Heinemann.

Fessenden, F. (2003): 'Slipping into a New Shell', New York Time, Thursday 23 Oct. E1.

Finch, J. (2003): 'In India, it's Service with a compulsory Smile', The Guardian, The Guardian, 17 November.

Fletcher, R. (1974): The Crisis of Industrial Civilization: The Early Essays of August Comte (ed.), London, Macmillan.

Floridi, L. (2007): A Look into the Future Impact of ICT On Our Lives, The Information Society, Volume 23, Issue 1, December 2007, pages 59-64.

Forester, T. (1985): The Information Technology Revolution (ed.), Oxford, Blackwell.

Forester, T. (1987): High Tech Society, Oxford, Blackwell.

Forrester (2004): Online www.forrester.com.

Forsberg, A. (2006): Definitions of Culture. http: // fog. ccsf. cc. ca. us/ - aforsber/ ccsf/ culture_defined. html.

Foucault, M. (1979): Discipline and Punish: The Birth of the Prison, London, Allen Lane.

Fukuyama, F. (1992): The End of History, London, Penguin.

Fuller, F. (1998): Society's Shifting Human Computer Interface: A Sociology of Knowledge for the Information Age, Information, Communication and Society, volume 1, Number 2, Summer 1998.

Galbraith, J.K. (1969): The New Industrial State, Harmondsworth, Penguin.

Gandy, O.H. (1989): The Surveillance Society: Information Technology and Bureaucratic Soc ial Control, Journal of Communication, 39 (3), 61-76.

Gates, B. (1995): The Road Ahead, New York, Viking Penguin.

Gellner, E. (1964): Thought and Change, London, Weidenfeld and Nicolson.

Gere, C. (2002): Digital Culture, London, Reaktion Books.

Gershuny, J. I. and Miles, I. (1983): The New Service Economy: The Transformation of Employment in Industrial Societies, London, Frances Pinter.

Giddens, A. (1984): The Constitution of Society, Cambridge, Polity Press.

Giddens, A. (1987): Social Theory and Modern Sociology, Cambridge, Polity Press.

Giddens, A. (1990): The Consequences of Modernity, Cambridge, Polity Press.

Giddens, A. (1991): Modernity and Self-Identity, Self and Society in the Late Modern Age, Stanford, Stanford University Press.

Giddens, A. and Hutton, W. (2000): On the Edge (eds.), London, Jonathan Cape.

Gilder, G. (1992): Life after Televison; The Coming Transformation of Media and American Life, New York, W.W. Norton and Company.

Gilder, G. (2000): Telecosm : How Infinite Bandwidth Will Revolutionize Our World, New York, Free Press.

Goel, S.K. (1999): Communication Tomorrow, New Delhi, Commonwealth Publishers.

Goonatilake, S. (1995): The Self Wandering Through Cultural Localization and Globalization; In J.N. Pieterse and B. Parekh (es.), The Decolonization of Imagination, London, Zed Books.

Gore, A. (1994): Remarks Delivered at the Meeting of the International Telecommunication Union, Buenos Aires, March 21.

Gorz, A. (1976): 'On the Class Character of Science and Scientists' In H. Rose and S. Rose (eds.), The Political Economy of Science, London, Macmillan.

Gorz, A. (1980): Ecology as Politics, London, Pluto Press.

Gorz, A. (1982): Farewell to the Working Class: An Essay on Post-Industrial Socialism, London, Pluto Press.

Gorz, A. (1985): Paths to Paradise: On the Liberation from Work, London, Pluto Press.

Graham, S. and Marvin, S. (1996): Telecommunication and the City: Electronic Spaces, Urban Places, London, Routledge.

Gray, J. (1995a): 'The Sad Side of Cyberspace', The Guardian, 10 April, 1995.

Gray, J. (1995b): 'Virtual Democracy', The Guardian, 15 September, 1995.

Green, S. (1999): A Plague on the Panopticon: Surveillance and Power in the Global Information Economy, Information, Communication and Society, Volume 2, Issue 1, March 1999, Pages 26-44.

Gupta, S. and Papagari, S. (2004): Information Economy and Healthy Citizenry: Role of Internet in Implementing Role of Internet in Implementing India's Health Policy, Internet Health 2004, 3(1): e4. www. internet_health. org/ in 2004 31 e04. html.

Gurley, J.W. (1997): 'E-mail Gets Rich', Fortune, 17 Feburary 1997, 67-68.

Habermas, J. (1986): Autonomy and Solidarity Interviews (ed.), P. Dews, London, Verso.

Habermass, J. (1981): 'Modernity versus Postmodernity', New German Critique, No. 22.

Habermass, J. (1984): The Theory of Communicative Action, Vol. 1, Reason and the Rationalization of Society, London, Heinemann.

Habermass, J. (1987): The Philosophical Discourse of Modernity, Cambridge, Polity Press.

Habermass, J. (1989): The Structural Transformation of the Public Sphere, Thomas Burger (Trans.), Cambridge, Ma.: MIT Press.

Hage, J. and Powers, C. (1992): Postindustrial Lives: Roles and Relationship in 21st Century, London, Sage.

Hall, P. (1998): Cities in Civilization, New York, Pantheon.

Hallin, O.C. (1994): We Keep America on Top of the World; Television, Journalism and the Public Sphere, London, Routledge.

Halton, J. (1985): 'The Anatomy of Computing' In T. Forester (ed.): The Information Technology Revolution, Oxford, Blackwell.

Hampton, K.N. (2003) : Grieving for a last Network : Collective Action in a wired suburb, the Information society. Volume 19, Issue 5, November 2003, Pages 417-428.

Haraway, D. (1991): Simians, Cyborgs and Women: The Reinvention of Nature, New York, Routledge.

Harvey, D. (1989): The Condition of Post-modernity, Oxford, Blackwell.

Hayles, N.K. (1999): How we became Post-human: Virtual Bodies in Cybernetics, Literature and Informatics, Chicago, Chicago University Press.

Haythomth Waite, C. (2001): Exploring Multiplexity: Social Newwork Structures in a Computer Supported Distance Learning Class, The Information Society, Volume 17, Issue 3, July 2001, Pages 211-226.

Haythomthwaite, C. (2002): Strong, Weak and Latent Ties and the Impact of New Media, The Information Society, Volume 18, Issue 5, October 2002, Pages 385-401.

Heilbroner, R.L. (1961): The Future as History, New York, Grove Press.

Heilbroner, R.L. (1976): Business Civilization in Decline, London, Marion Boyars.

Held, et.al. (1999): Global Transformations: Politics, Economics and Culture, Standford, Standford University Press.

Heller, A. and Feher, F. (1988): The Postmodern Political Condition, Cambridge, Polity Press.

Hempton (2003): Grieving For a Last Network: Collective Action in a Wired Suburb, The Information Society, Volume 19, Issue 5, November 2003, Pages 417-428.

Hepworth, M. (1989): Geography of Information Economy, London, Belhaven Press.

Hillner, J. (2000): 'Venture Capitals', Wired 7 August.

Hindu (2004): India Set to Make giant strides in e-health: Expert, The Hindu, Sunday, Feb. 01, 2004, www. hindu. com.

Hindu (2006): Global Convention on Telemedicine, e-health. The Hindu, Sunday, August 20, 2006, www. hindu. com.

Horkheimer, M. and Adorno, T.A. (1987): The Dialectic of Enlightenment, New York, Continuum.

Horrigan et.al. (2006): Broadband Utilization in Space: Effects of Population and Economic Structure, The Information Society, Vol. 22, Issue 5, December 2006, Pages 341-354.

Houlder, V. (1997): 'Failing to Get the Message', Financial Times, 17 March, 1997.

Huber, et.al. (1993): The Geodesic Network II: 1993 Report on Competition in the Telephone Industry, Washington D.C., The Geodesic Company.

Hutton, W. (1996): The State We're In, London, Jonathan Cape.

IDC (2000): Digital Planet 2000: The Global Information Economy, Vienna, Va: World Information Technology and Services Alliance, International Data Corporation.

Illich, I. (1985): Tools for Conviviality, London, Marion Boyars.

Innis, H.A. (1950): Empire and Communication, Ldonon, Oxford University Press.

Innis, H.A. (1951): The Bias of Communication, London, Oxford University Press.

Interactive Advertising Bureau (2004): Online: http://www.iab.net/news/pr 2004 524asp accessed May 26.

Internet World Stats (2007): www. Internetworldstats. Com.

IT Annual Report (2005-06): Information Technology Annual Report: 2005-06, government of India, Ministry of Communication and Information Technology, Department of Information Technology, http:// www. mit. gov. in/ annual report 2005-06. pdf.

ITU (1994): International Telecommunication Union, World Telecommunication Development Report, Geneva, ITU, 1994, 33.

ITU (1995): International Telecommunication Union, World Telecommunication Development Report, Geneva, ITU, 1995, 58.

ITU (1996): International Telecommunication Union, African Telecommunication Indicators, Geneva, ITU.

Jameson, F. (1991): Post-modernism or the Culture Logic of Late Capitalism, London, Verso.

Jenkins, R. (2002): Foundations of Sociology, London: Palgrave MacMillan, ISBN 0-333-96050-5.

Jones, A. (2004): Bloggers are the Sizzle; Not the Steak, Los Angeles Times, July 20.

Jorgenson, et.al. (2000): 'Raising the Speed Limit: US Economic Growth and the Information Age', Brookings Papers on Economic Activity 2, Washington, D.C. Brookings Institution.

Kahney, L. (2003): 'E-mail mobs materialize all over', Wired News, 5 July, Online:http://www.wired.com/news/culture/0,1284,59518.00 ht ml.

Kalam, A.P.J. (2005): National Development: Police A Partner, Sardar Vallabhbhai Patel Memorial Lecture at the Sardar Vallabhbhai Patel National Police Academy, Hyderabad, 15.10.2005, http: // president of India. nic. in/ scripts/ sllatest 1. jsp? id=615.

Kalam, A.P.J. (2006): Towards World Knowledge Plateform, 16th JNTATA LECTURE, Indian Institute of Science, Benglore, 19.02.2006, www. president of India. com.

Kalam, A.P.J. (2007): Dynamics of Police System, Address at the 150th Year of Chennai Metropolitian Police, Chennai, 05.01.2007, www. president of India. com.

Kaur, G. and Gupta, N. (2006): E-Health: A New Perspective on Global Health, Journal of Evolution and Technology 15(1) February 2006, pages 23-35.

Kavanaugh, et.al. (2005): Weak Ties in Networked Communities, The Information Society, Volume 21, Issue 2, April 2005, Pages 119-131.

Kee, et.al. (1996): Cable: The Emerging Force in Telecoms and Interactive Markets, London, Ovum.

Keegan, V. (1996): 'Highway Robbery by the Super-rich', The Guardian, 2, July 22, 2-3.

Keegan, V. (1997): 'What a Web we Weave', The Guardian, 2, May 13, 2-3.

Kehoc, L. (1997): Home Telephones Under Siege, Financial Times, 1997/ 2 Februrary.

Kehoe, L. (1996): 'Big Rise in Hacker Break-Ins', Information Technology Review, Financial Times, 3 July, 1996.

Kellner, D. (1992): The Persian Gulf T.V. War, Boulder Co. Westview.

Kellner, D. (1995): 'Intellectuals and New Technologies', Media, Culture and Society, 17(3), 427-448.

Kim, U. (2001): Culture, Science and Indigenous Psychologies: An Integrated Analysis, In D. Matsumoto (Ed.), Handbook of Culture and Psychology, Oxford University Press.

Klein, N. (2000): No Logo, No Space, No Choice, No Jobs: Taking Aim at the Brand Bullies, London, Flamingo.

Klinenberg, E. and Benzecry, C. (2005): Cultural Production in a Digital Age, The Annals of the American Academy of Political and Social Science, Vol. 597, January.

Klinenberg, E. and Perrin, A. (2000): Symbolic Politics in the Information Age: The 1996 Republican.

Kowal, D. (2002): 'Digitizing and Globalizing Indigenous voices: The Zapatista Movement', In G. Elmer (ed.) Critical Perspectives on the Internet, Lanham, Maryland: Rowman & Little Field, 105-26.

Krishnakumar, A. (2001): 'Weavers in Distress', Frontline, Vol. 18, Issue 8, 14-27 April.

Krishnakumar, R. (2002): 'Women on the Move', Frontline, Vol. 19, Issue 12, 8-21 June.

Kroeber, A.L. and Kluckhohn, C. (1952): Culture: A Critical Review of Concepts and Definitions. Cambridge, MA: Peabody Museum.

Kroker, A. (1984): Technology and the Canadian Mind: Innis/ McLuhan/ Grant, Montreal: New World Perspectives.

Kroker, A. and Weistein, M.A. (1994): Data Trash: The Theory of the Virtual Class, New York, St. Martin's Press.

Kumar and Best (2006): Impact and Sustainability of E-Government Services in Developing Cuntrries: Lessons Learned From Tamil Nadu, India, The Information Society, Vol. 22, Issue 1, June 2006, pages 1-12.

Kumar, A. and Welz, F. (2003): Approaching Cultural Change in the Era of Globalization: An Interview with T.K. Oommen, Social Identities, Vol. 9, No. 1, 2003, Anand Kumar and Frank Welz, Professor of Sociology, J.N.U., New Delhi and Abert Ludwigs University, Freiburg.

Kumar, D. (2006): Information Technology and Social Change, Jaipur, Rawat Publication.

Kumar, K. (1978): Prophecy and Progress: The Sociology of Industrial and Post-Industrial Society, Harmondswarth, Penguin.

Kumar, K. (1987): Utopia and Anti-Utopia in Modern Times, Oxford, Blackwell.

Kumar, K. (1988): The Rise of Modern Society: Aspects of the Social and Political Development of the West, Oxford, Blackwell.

Kuo, E.C.Y. and Low, L. (2001): Information Economy and Changing Occupational Structure in Singapore, The Information Society, Volume 17, Issue 4, October 2001, Pages 281-293.

Laabs, J.J. (1992): Surveillance: Tool or Trap?, Personal Journal, June, 72, 96-104.

Laclau, E. and Mouffe (1985): Hegemony and Socialist Strategy: Toward a Radical Democratic Politics, London, Verso.

Lal, N. (2007): Call Centres for Farmer, Women Feature Services, Jaunary 2007, www. infochange india. org/features 405, jsp.

Lamb, R. and Davidson, E. (2005): Information and Communication Technology Challenges to Scientific Professional Indentity, The Information Society, Vol. 21, Issue 1, 2005, Pages 1-24.

Landler, M. (2001): 'Opportunity Knocks: India's High-Tech Bull Is Ready for Bear', International Herald Tribune, 14 March.

Lash, S. (1990): Sociology of Postmodernism, London, Routledge.

Lash, S. and Urry, J. (1987): The End of Organised Capitalism, Cambridge, Polity Press.

Lash, S. and Urry, J. (1994): Economics of Signs and Space, London, Sage.

Lenski, G. (1974): Human Societies: An Introduction to Macrosociology, New York: McGrawHill, Inc.

Leonhardt, D. (2003): 'A Voice in the Calling Wilderness', New York Times, 18 Dec., E 1.

Levinson, P. (1999): Digital McLuhan: A Guide to the Information Millennium, New York, Routledge.

Lohr, S. (2004): 'Many New Causes for Old Problem of Jobs Lost Abroad', New York Times, 15 February.

Long, L. and Long, N. (2000): Computers, 8th edn. New York, Prentice-Hall Business Publishing.

Luke, T.W. (1995): 'New World Order or Neo-world Orders: Power Politics and Ideology in Informationalizing Glocalities', In M. Featherstone, S. Lash and R. Robertson (eds.) Global Modernities, London, Sage.

Luxiao, J. and Carrol (2007) : Fosfering an infornel Learing community of computer technologies at school, Behaviour and Information Technology, Vol. 26, Issue 1, January 2007, Page 13-36.

Lyon, D. (1988): The Information Society: Issues and Illusions, Cambridge, Polity Press.

Lyon, D. (1993): An Electronic Panopticon? A Sociological Critique of Surveillance Theory, Sociological Review 41(4), 653-678.

Lyon, D. (1994): The Electronic Eye: The Rise of Surveillance Society, Minneapolis, University of Minnesota Press.

Lyon, D. (1998): The world Wide Web of Surveillance: The Internet and Off-world Power – flows, Information, Communication and Society, Volume 1, Number 1, Spring 1998.

Lyon, D. (1999): Postmodernity, Buckingham, Open University Press.

Lyotard, J.F. (1986): The Postmodern Condition: a Report on Knowledge, Manchester, Manchester University Press.

Macionis, J.J. and Plummer, K. (2002): Sociology: A Global Introduction, Harlow, Pearson Education, www. pearsoneduc. com.

Mader, R. (1993): 'Globo Village; Television in Brazil', In T. Dowmunt (eds.) Channels of Resistance: Global Media and Local Empowerment, London, BFI Publishing.

Madon, S. and Sahary, S. (2000): Democracy and Information : A Case Study of New Local Governance Sturcture in Bangalore, Information, Communication and Society, Volume 3, Issue 2, June 2000, Pages 173-191.

Maffesoli, M. (1996): The Times of Tribes; The Decline of Individualism in Mass Society, London, Sage.

Mansell, R. and Silverstone, R. (1996): Communication by Design: The Politics of Information and Communication Technologies, Oxford, Oxford University Press.

Marcuse, H. (1964): One Dimensional Man: Studies in Ideology of Advanced Industrial Society, Boston, Beacon Press.

Mark, J.A. and Waldorf, W.H. (1983): 'Multifactor Productivity: A New BLS Measure', In Monthely Labour Review 106, December, 3-15.

Markham, A. (1998): Life Online: Researching Real Experience in Virtual Space, Walnut Creek, Ca: Atlantic Press/Sage.

Marshall, P.D. (1997): 'The Commodity and the Internet: Interactivity and the Generation of the Audience Commodity', Media International Australia, February, 51-62.

Marshall, P.D. (2001): 'Video and Computer Gaming', In S. Cunningham and G. G. Turner (eds.), The Media and Communications in Australia (3rd edn.), Sydney, Allen and Unwin, 258-74.

Marshall, P.D. (2002): 'The New Intertextual Commodity', In D. Harries, The New Media Book, London, BFI, 69-81.

Marshall, P.D. (2004): New Media Cultures, New york, Oxford University Press, L.Arnold.

Marx, K. (1973a): Grundrisse, Harmondsworth, Penguin.

Marx, K. and Engels, F. (1975): Selected Correspondence, Moscow, Progress Publishers.

Marx, K. and Engels, F. (1976): The German Ideology, Collected Works, Vol. 5, London, Lawrence and Wishart.

Marx, K. and Engles, F. (1968): The Communist Manifesto, Harmondsworth, Penguin.

Marx, K. Engels, F. (1848): The Communist Manifesto. http:// www. marxists. org/ archive/ marx/ works/ 1848/ commnist-manifest/ index. htm

Mattelat et. al. (1984): International Image Markets, Lonon, Comedia.

Mattlelart, A. and Mattlelart, M. (1992): Rethinking Media Theory: Signposts and New Directions, Trans., J.A. Cohen and M. Urquidi. Minnesota, University of Minnesota Press.

Mbarika et.al. (2007): IT Education and workforce Participation: A New Era For women in Kenya?, The Information Society, Vol. 23, Issue 1, December 2007, pages 1-18.

McLuhan, M. (1994) : Understanding Media: The Extensions of Man, New York, McGraw Hill.

McLuhan, M. and Fiore, Q. (1967): The Medium is Message, London, Penguin.

Mercer, D. (1998): Future Revolutions: A Comprehensive Guide to Life and Work in the Next Millennium, London, Orion Business.

Mesch, G. and Talmud,L. (2006): The Quality of Online and Offline Relationship: The Role of Multiplexity and Duration of Social Relationship, The Information Society, Vol. 22, Issue 3, June 2006, Pages 137-148.

Metz, C. (1982): The Imaginary Signifier: Psychoanalysis and Cinema, Bloomington, Indiana, Indiana University Press.

MIDS (1997): Data From Matrix Information and Directory Services, Austin, Texas, www. MIDS.org, January, 1997.

Miles, I. (1988): Home Informatics – Information Technology and the Transformation of Everyday Life, London, Pinter Publishers.

Milner, H.V. (2006): the Digital Divide: The Role of Political Institution in Technology Diffusion, Comparative Political Studies, Vol. 39, No. 2, Pages 176-199.

Mittal, R. (2006): The Internet is a Low Cost Instrument of Social Advocacy, Oct. 30, 2006. www. hindustantimes. com/ news/ 7849_1831748, 001601090001. htm.

Monk, P. (1989): Technological Change in the Information Economy, London, Pinter Publishers.

Mullholland, J. (1998): 'ITV Failing Quality Standards Says Report', The Guardian, January.

Nagala, S.V. (2006): India's Story of Success: Promoting the Information Technology Industry, www. Stanford. edu/group/sjir/6.1.05_nagala html. 2006.

Nash, N.C. (1994): Gore Sees World Data Privatizing, The New York Times, March, 22, 1994.

Nayar, P.K.B. (2006): Sociology's Quest for 'Society': An Enquiry into the Current Persuits and Needed Concerns in the Discipline, Presidential Address, Indian Sociological Society, XXXII, All India Sociological Conference, Chennai, December 27-29, 2006.

Negroponte, N. (1995): Being Digital, New York, Vintage Books.

Nelson, R.R. (1981): Research of Productivity Growth and Productivity Differences: Dead Ends and New Departures', Journal of Economic Literature 19, September, 1029-64.

Nielsen/Netratings (2004):

http://direct. www.nielsen-netratings. com/news.jsp? section=dat_gi, January.

NII (1993): Agenda for Action, Executive Summary, Washington, September 15, The National Information Infrastructure.

Nisbet, R. (1980): A History of the Idea of Progress, New York, Basic Books.

Noble, D. (1983): 'Present Tense Technology', Democracy, Vol. 3, Nos. 2-4.

Noble, D. (1984): Forces of Production: A Social History of Industrial Automation, New York, A. Knopf.

Noronha, F. (2003): It Still not reaching 70 percent of India's masses, 1 Sept. 2003, www. express computer online. com/ 2003 0901/ india computer 03. S htm/.

Norris, P. (2001): Digital Divide: Civic engagement, Information Poverty and the Internet World Wide, New York, Cambridge University Press.

NSF (2001): Science and Engineering Indicators 2000; www.nsf.gov/sbe/srs/ seind 00/ start. htm. 1 February 2001, Nation Science Foundation.

OECD (1997): Communication Outlook, Paris, OECD, 1997, 115.

OECD (2000): A New Economy? The Changing Role of Innovation and Information Technology in Growth, Paris, Organisation for Economic Co-operation and Development.

Offe, C. (1985): Disorganised Capitalism, Cambridge, Polity Press.

OTA Report (1986): US Congress, Office of Technological Assessment, Intellectual Property Rights in an Age of Electronic and Innovation (OTA-CIT-302) Cited in S. Saxby (1990): The Age of Information, London, Macmillan.

OTA Report (1990): US Congress, Office of technological Assessment, Critical Connections: Communication for the Future (OTA-CIT-407) cited in S. Saxby. (1990): The Age of Information, London, Macmillan.

P.C. World(2000): 'Simputer Aims at the Developing World', www. pcworld.com/resource/ printable/ article/ O, aid, 17401,00.asp 2 April, 2001.

Paltridge, S. (1996): 'Information Infrastructure, Convergence and Princing: The Internet, Paris, OECD, 30.

Pandey, P.N. (2001-2003): Globalization, Cultural Change and the Issues of Global Uniformity, Professor of Sociology and Dean, Faculty of Social Science, B.H.U., Prajna, Vol. 47-48, Part 1-2, Pages 301-308.

Pandey, V. (2006): Police Will soon get Digital Edge in Fighting Crime, Tuesday, April 18, 2006. www. dnaindia. com/ report. asp? News ID = 1024728.

Parayil (2005): The Digital Divide and Increasing Returns: Contradictions of Informational Capitalism, The Information Society, Volume 21, Issue 1, 2005, Pages 41-51.

Parsons, T. (1951): The Social System, New York, Free Press.

Parsons, T. (1977): The Evolution of Societies, Englewood Cliffs, Prentic Hall.

Patel, I. (2002): Information and Communication Technology and Distance Adult Literacy Education in India', Working Paper No. 166, IRM, Anand, Gujarat.

Paul, A. (2002): 'Can India Catch Up?', Fortune, Friday 19 April.

Penty, A. (1917): Old Worlds for New: A Study of the Post-Industrial State, London, Allen and Unwin.

Penty, A. (1922): Post-Industrialism, London, Allen and Unwin.

Petit, P. (1986): Slow Growth and the Service Economy, London, Pinter.

Petric, G. (2006): Conceptualizing and Measuring the Social Uses of the Internet: The case of Pesonal Web Sites, The Information Society, Vol. 22, Issue 5, December 2006, pages 291-301.

Pew Internet and American Life Project (2000): Tracking Online Life: How Women use the Internet to Cultivate Relationship with Family and Friends, Washington, D.C., Online: www.pewinternet.org.

Piore, M. and Sabel, C. (1984): The Second Industrial Divide, New York, Basic Books.

Platridge, S. (1996): 'How Competition Helps the Internet', Paris, OECD, August/September, 1996, 25.

Pogue, D. (2003): 'Satellite Radio extends its Orbit', New York Times, Thursday, 18 December, E1.

Porat, M. (1977): The Information Economy: Definition and Measurement, Special Publication 77-12 (1), Washington D.C., U.S. Department of Commerce, Office of Tele Communication.

Porter, E. (2004): 'The Bright Side of Sending Jobs Overseas', New York Times, 15 February.

Porter, R. (1996): 'The Keeper of the Global Gate', The Guardian, October 29, 2-4.

Poster, M. (1984): Foucault, Marxism and History: Mode of Production Versus Mode of Information, Cambridge, Polity Press.

Poster, M. (1990): The Mode of Information: Poststructuralism and Social Context, Cambridge, Polity Press.

Poster, M. (1995): The Second Media Age, Cambridge, Polity Press.

PUS (2001): Economic Report of the President Transmitted to the Congress, January, House Document 107-2, Washington D.C. US government Printing Office.

Rai, N.K. (2005): Media, Mobile aur Internet: Sama-Sanskritik Rupantaran, Paper Presented at the XXXI All India Sociological Conference, Organized by Department of Sociology, University of Jammu, Jammu, October 25-27, 2005, RC No. 15.

Rai, N.K. (2007): Online Sociology, 21st Century and a New Virtual World: Some Points of Consciousness, Paper Presented at the National Seminar on Role of Sociology in the 21st Century Organized by Department of Sociology, Faculty of Social Science, B.H.U., Feb. 24, 2007.

Ramesh, R. (2004): 'Cheap Phone Services Come at a Price', The Guardian, 6 February.

Reddy, N.K. and Graves, M. (2000): 'Electronic Support for Rural Health Care Workers', In S. Bhatnagar and R. Schware (eds.). Development: Cases from India, New Delhi, Sage.

Reuters (2000): 'Mobile Web Users Seen Outstripping PC Users by 2005', July 12.

Rheingold, H. (1994): The Virtual Community-Surfing the Internet, London, Martin Secker and Warburg.

Rhoads, K. (2006): The Culture Variable in the Influence Equation,

http:// www. workingpsychology. com/download_folder/ culture_And_Influence.pdf.

Riesman, D. (1958): Mass Leisure, Illinois, Glencoe.

Robbins, B. (1993): The Phantom Public Sphere (ed.), Minneapolis, MI: University of Minneapolis Press.

Robertson, R. (1992): Globalization; Social Theory and Global Culture, London, Sage.

Robertson, R. and Lechner, F. (1985): 'Modernisation, Globalization and the Problem of culture in World-System Theory', Theory, Culture and Society, Vol. 2, No. 3.

Robins, K. and Webster, F. (1989): The Technical Fix: Education, Computers and Industry, London, Chatham House Publishers.

Rocher, G. (1974): Talcott Parsons and American Sociology, London, Nelson.

Rose, F. (1996): The End of TV as We know It, Fortune, 23 December, 1996, 62.

Rosenberg, N. and Birdzell, L.E. (1986): 'How the West Grew Rich: The Economic Transformation of the Industrial World, New York, Basic Books.

Roszak, T. (1972): Where the Wasteland Ends: Politics and Transcendence in Post-Industrial Society, New York, Doubleday.

Roszak, T. (1986): The Cult of Information: The Folklore of Computers and the Ture Art of Thinking, Cambridge, Lutterworth Press.

Rubin, M.R. and Huber, M.T. (1986): The Knowledge Industry in the United States 1960-1980, Princeton, Princeton University Press.

Sah, S.L. (1999): Information Technology, New Delhi, Gyan Publishing House.

Said, E. (1993): Culture and Imperialism, London, Chatto and Windus.

Sandvig, C. (2003): Public Internet Access for Young Children in the Inner City: Evidence to Inform Access Subsidy and Content Reulation, The Information Society, Volume 19, Issue 2, April 2003, Pages 171-183.

Sassen, S. (1991): The Global city, Princeton, Princeton University Press.

Saxby, S. (1990): The Age of Information, London, MacMillan.

Schiller, H. (1996): Information Inequality: The Deepening Social Crisis of America, London, Routledge.

Schiller, H.I. (1992): Mass Communication and American Empire, New ed. Boulder: Westview.

Schiller, H.I. (2001): 'The Global Information Highway: Project For an Ungovernable World' In D. Trend (ed.): Reading Digital Culture, Oxford, Blackwell.

Scott, et.al. (1998): Regions and the World Economy, The Coming Shape of Global Production, Competition and Political Order, New York, Oxford University Press.

Servon, L. (2002): Bridging the Digital Devide: Technology, Community and Public Policy, Oxford, U.K. Blackwell, U.K.

Shannon, C.E. and Weaver, W. (1949): The Mathmatical Theory of Communication, Urbana III, University of Illinosis Press.

Shapiro, C. and Varian, H.R. (1999): Information Rules: A Strategic Guide to the Network Economy, Boston, Harvard Business School Press.

Simputer Trust (2000): 'The Simputer Project', www. SIMPUTER. org. March 2001.

SIMS (2001): 'How Much Information? World Wide Web', www.sims.berkeley.edu/research/projects/how-much-info/ internet. html#www.2 April 2001, School of Information Management and Systems, Berkeley, University of California.

Singh, N. (2002): Information Technology as an Engine of Broad-Based Growth in India, in the Information Economy in India, ed. Parthasarathi Banerjee and Frank-Jugen Richter, London: Palgrave/ Macmillan, Pages 24-57.

Singh, N. (2004): Information Technology and Rural Development in India, This paper is posted at the e-scholarship Repository, University of California. http: // repositories. cblib. org/ usscecon/ 563.

Singh, Y. (2002): Culture Change in India: Indentity and Globalization, Jaipur, Rawat Publication.

Singh, Y. (2003): Social Sciences and Social Revolution in India: Challenges and Responses, Convocation Address by Professor Yogendra Singh, Emeritus Professor, J.N.U., New Delhi, on the Occasion of the 3rd Convocation of Faculty of Social Sciences as part of the 84th Convocation of B.H.U., 23rd April, 2003.

Smart, B. (1990): 'On the Disorder of Things: Sociology, Post-modernity and the "End of Social", Sociology, Vol. 24, No. 3.

Smart, B. (1992): Modern Conditions, Postmodern Controversies, London, Routledge.

Smith, D. (1973): The Concept of Social Change: A Critique of the Functionalist Theory of Social Change, London, Routledge.

Solow, R. (1957): 'Technical Change and the Aggregate Production Function', Review of Economics and Statistics 39, 312-20.

Solow, R.M. (1970): Growth Theory: An Exposition, Oxford, Oxford University Press.

Solow, R.M. (1987): "We'd Better Watch Out", New York Review of Books, 12 July.

Sood, S.P. (2003): Emergence of Virtual Doctor, Express Computer, March 10, 2003, www. spsood. com/ pub/ indian tellemede – merge. htm.

Srivastava, L. (2004): Social and Human Consideration for a More Mobile World; ITU/MIC Workshop On shaping the Future Mobile Information Society, Seoul, 4-5 March, International Telecommunication Union. http:// www.itu.int/Futuremobile.

Srivastava, S. (2004): A Lesson in e-democracy from India, Oct. 6, 2004. www. atimes. com/ atimes/ south_Asia/Fj06DF04. htm/.

Stallabras, J. (1996): Gargantura; Manufactured Mass Culture, London, Verso.

Staple, G.C. (1995): Tele Geography (ed.): Global Telecommunications Traffic Statistics and Commentary, Washington, D.C. 84.

Staple, G.C. (1996): TeleGeography (ed.): Global Telecommunication Traffic Statistics and Commentary, Washington, D.C. XV.

Stevenson, N. (1999): The Transformation of the Media, Harlow, Pearson Education Limited.

Stonier, T. (1983): The Wealth of Information: A Profile of Post-Industrial Economy, London, Thames Methuen.

Sullivan, K. (2006): For India's Traditional Fishermen, Chellphones deliver a sea change, Washington Post; Foreign Service, Sundey, October 15, 2006. www. washington post. com/ wp-dyn/content/article/2006/ 10/14/ AR 2006 101400342. htm.

Tan, M. (1998): Plugging into the World: Perspective From Singapore, Information, Communication Society, Volume 1, Number 3, Autumn, 1998.

The Economist (1995): 'Prime-Time Passions', The Economist, 5 August, 63-64.

The Economist (2000): 'The New Economy', 23 September.

Thrift, N.J. (1990): 'The Making of Capitalism in time Consciousness', In J. Hassard (ed.), The Sociology of Time, London, McMillan.

Toffler, A. (1971): Future Shock, London, Pan Books.

Toffler, A. (1983): The Third Wave, London, Pan Books.

Toffler, A. (1984): Previews and Premises: An Interview, London , Pan Books.

Toffler, A. and Toffler, H. (1985): 'An Appointment with the Future', The Sunday Times, 17 Feb. 1985.

Tomlinson, J. (1991): Cultural Imperialism, London, Pinter Publishers.

Touraine, A. (1971): The Post Industrial Society, New York, Random House.

Touraine, A. (1982): 'Triumph or downfall of Civil Society', Humanities in Review, Vol. 1, Cambridge, Cambridge University Press.

Touraine, A. (1984): 'The Waning Sociological Image of Social Life', International Journal of Comparative Sociology, Vol. 25, Nos. 1-2.

Touraine, A. (1989): 'Is Sociology Still the Study of Society', Thesis Eleven, No. 23.

Turkle, S. (1995): Life on the Screen: Identity in the Age of the Inte..iet, New York, Simon & Schuster.

Turner, T. (1994): 'The Mission Thing: Index on Censorship, Sept./Oct. 1994.

UNDP (1999): Human Development Report: Globalization with a Human Face, New York, Oxford University Press, United Nations Development Programme.

UNDP (2001): Human Development Report : Making New Technologies work for Human Development, New York, Oxford University Press, United Nations Development Programme.

UNESCO (2002): Universal Declaration on Cultural Diversity. http: //www. unesco.org/education/imld_2002/ unversal_decla.shtml, Issued on International Mother Language Day, Februrary 21, 2002, Retrieved: 2006-06-03.

Venkatesh, et.al. (2007): Civil Society and Cyber Society: The Role of the Internet in Community Associations and Democratic Politics, The Information Society, Vo0l. 23, Issue 1, December 2007, pages 29-50.

Vijayaditya, N. (2000): 'A Wired Village: The War and Experiement', In S. Bhatnagar and R. Schware (eds.), Development: Cases from India, New Delhi, Sage.

Vijayanand, K. and Ananda Sagar, K. (2003): Information and Communication Technology: An Indian Perspective, www. gis development. net/ proceedings/ mapasia/ 2003/ papers. i4d/ i4d004. htm.

Vittal et.al. (2001): Information Technology: India's Tomorrow, New Delhi, Manas Publication.

Voxpolitics (2004): www. voxpolitics. com/ weblog/ arthives/ 000482. htm/. Sept. 30, 2004.

Wallerstein, I. (1974): The Modern World System, New York, Academic Press.

Warner, M. (2000): 'The Indians of Silicon Valley', Fortune, 15 May.

Waterhouse, P. (1995): Technology Forecast: Entertainment, Media and Communications, Calif., Menlo Park, 109.

Webb, S.A. (1998): visions of Excess: Cyberspace, Digital Technologies and New Cultural Politics, Volume 1, Number 1, Spring 1998, Information Communication and Society, Presidential Campaigns in Cyberpace, Information Communication and Society, Volume 3, Issue 1, March 2000, Pages 17-88.

Weber, M. (1970): From Max Weber: Essay in Sociology, (eds.) H.H. Gerth and C. Wright Mills, London, routledge and Kegan Paul.

Webster, F. and Robins, K. (1998): The Iron Cage of the Information Society, V. Information Communication and Society, Volume 1, Number 1, Spring 1998.

Webster, F. (1986): 'The Politics of New Technology' In R. Miliband et.al. (eds.): The Socialist Register 1985/86, London, The Mertin Press.

Webster, F. (2000): Information, Capitalism and Uncertainty, Information, Communication and Society, Volume 3, Issue 1, March 2000, Pages 69-90.

Webster, F. and Robins, K. (1986): Information Technology: A Luddite Analysis, New Jersey, Ablex.

Webster, J. (1996): Shaping Women's Work: Gender, Employment, and Information Technology, London, Longman.

Weizenbaum, J. (1979): 'Once More: The Computer Revolution', In M.L. Dertouzos and J. Moses (eds.), The Computer Age: A Twenty Year View, London, MIT Press.

Weizenbaum, J. (1984): Computer Power and Human Reason, Harmondsworth, Penguin.

Wellman, B. (1999): Networks in the Global Village, Boulder, Colorado, Westview Press.

Wiener, N. (1948): Cybernetics, MIT Press, CA, Mass.

Wikipedia. (2007): http:// en. wikipedia. org/wiki.

Wilkinson, B. (1983): The Shopfloor Politics of New Technology, London, Heinemann.

Williams, R. (1974): Television, Technology and Cultural Form, London, Fontana.

Williams, R. (1976): Key Words: A Vocabulary of Culure and Society, London, Fontana.

Wilson, E. O.(1998): Consilience: The Unity of Knowledge, Vintage, New York.

Winston, B. (1998): Media Technology and Society: A History, From the Telegraph to the Internet, London, Routledge.

WIR (1993): Transnational Corporation and Integrated International Production, United Nations Conference on Trade and Development, Programme on Transnational Corporation, New York, United Nations.

Zook, M. (2005): The Geography of the Internet Industry, Oxford, UK, Blackwell.